岩倉使節団の比較文化史的研究

芳賀　徹　編

思文閣出版

図版：威尼斯「サンマリコ」寺前広遠
(『米欧回覧実記』銅版画、久米美術館蔵)

目　　次

III

Ⅳ

凡例

一、久米邦武編『特命全権大使米欧回覧実記』（一八七八年）については、『米欧回覧実記』と略記し、また、引用箇所については、岩波文庫版（全五冊、一九七七―一九八二年）の巻数・ページ数をⅠ二五七頁のように略記した。

一、翻訳論文の場合、原註番号には（　）を、訳註番号には［　］を用いた。

一、引用文には、句読点あるいはルビを付したり、読み下したものもある。また、旧漢字は新漢字に改めた。

I

巴黎　門〈「ポールト、サン、マルチン」門〉(部分)
(『米欧回覧実記』銅版画、久米美術館蔵)

明治維新と岩倉使節団——日本近代化における連続性と革新性

芳賀　徹

明治維新は、それまで二百五十年余りつづいた徳川幕藩制を廃止して日本を近代的国民国家へと変革した大きな政治革命であった。積極的に大胆に西洋文明を摂取して、それによって西洋列強の支配する十九世紀後半の国際関係のなかに参入し、国の独立を維持しようとした点で、対外関係の急激な拡張でもあったし、日本社会におけるその影響の深刻さから見て一種の文化革命であったともいえる。同時代の清朝中国あるいは李朝朝鮮の動向とくらべて、これが十九世紀アジアにおける最大の近代化革命であったことは疑いえない。

一八五三年の日本の開国から一八六八年の維新とその後の日本の近代化過程にいたる歴史—そのなかでも、いまここでは、明治最初期の一つの画期的な事件をとりあげて、それを通じて明治維新の意義と日本近代化のダイナミックスを考えてみることとする。その事件とは、一八七一年十二月から七三年九月まで、一年九ケ月におよぶ岩倉使節団のアメリカ、ヨーロッパにおける「先進」文明視察旅行のことである。

一八七一年といえばいわゆる「御一新」の年からわずか四年目である。徳川幕府の本拠地であった江戸が東京と改称されて、京都から天皇を迎えてその親政のための首都となり、新しい中央政府によって官制、兵制、税制、また教育制度の改変がつぎつぎに幾度も試みられていたさなかである。廃藩置県という国内行政組織の大変革が断行されたのも、この七一年の、使節団出発のわずか四ケ月前のことにすぎなかった。維新革命直後の不安と不満と不安定が列島内の各地各層にまだまだ山のようにわだかまっているなかから、右大臣（副首相）岩倉具視を特命全権大使とし、新政府の首脳数名とエリート官僚四十数名を擁する使節団が、さらに約五十名の海外留学生をもひきつれて、七一年十二月二十三日、アメリカ商船で横浜港を出帆したのである。

明治後年の一批評家（三宅雪嶺）は、この岩倉使節団派遣の事件を指して、「勇敢とせば勇敢、軽率とせば軽率、一の奇異なる現象とすべし」と評した（『同時代史』）。たしかにこれは、そう評しようと思えば評しうるような一大冒険行であった。明治の近代化革命の過程そのものと同じように、いくつもの試行錯誤と失敗とを犯しながらも、なおいたるところで思いがけぬ視野の展開と、知的好奇心の旺盛な発動と、西洋文明学習の驚くべき深化と、各国各層の人々との交流の豊かさとをもたらした明治日本最大の冒険の一つであった。

使節団一行は、明治天皇が明治最初の年（一八六八）の春、まだ京都の御所にあったとき、公卿、諸侯、百官を率いて天地の神に誓ったあの有名な「五ケ条の御誓文」—そのなかでもとくに第五条の「智識ヲ世界ニ求メ、大ニ皇基ヲ振起スベシ」を、いわばそのまままじめに実行に移そうとしたのだともいえる。そして一行の横浜出発の一週間前、太政大臣（首相）三条実美邸で催された送別の宴で、三条自身が読みあげた一行への送別の言葉は、右の「御誓文」の精神を体しつつ、さらに強くはっきりと明治新政府がこの使節団に寄せていた期待の大きさと、一行およびその周辺の政治指導者たちの気運の昂揚と熱っぽさとを伝えている。

外国ノ交際ハ国ノ安危ニ関シ、使節ノ能否ハ国ノ栄辱《えいじょく》ニ係《かかわ》ル、今ヤ大政維新、海外各国ト並立《へいりつ》ヲ図ル時ニ方《あた》リ、使命ヲ絶域万里ニ奉ズ、外交内治前途ノ大業、其成其具否、実ニ此挙ニ在リ、豈《あに》大任ニアラズヤ（中略）行ケヤ海ニ火輪《かりん》ヲ転ジ、陸ニ汽車ヲ輾《めぐ》ラシ、万里馳駆《ちく》、英名ヲ四方ニ宣揚シ、無恙《つつがなき》帰朝ヲ祈ル私はこの送別の辞を明治日本の「文明開化」、そして今日の言葉でいう「グローバリゼーション」へと向かっての行進曲、と評している。

岩倉使節団に与えられた使命は三つあった。第一は、幕末開国以来の条約締結国に対する新体制政府としての国書の捧呈。第二はその諸条約の改正協議の期限が迫っている事態に際し改正延期のための予備交渉。第三は、欧米の「開化最盛」の諸国の近代的制度、産業、文物全般にわたっての実地調査と、それらの日本への摂取導入の可否と方法の研究。これらのなかで、第一は儀礼的なものであり、第二は最初の訪問国アメリカでいわばフライイングをして直接に条約改正の交渉にまで踏み込んでしまって失態を演じ、以後とりやめとなった。結局、第三の使命こそが一行にとって最大最重要の課題だったのであり、彼らは右の失敗ゆえにアメリカに七ケ月も滞在することになった後、イギリスに四ケ月、フランスに二ケ月、以後ベルギー、オランダ、ドイツ、ロシア、デンマーク、スウェーデン、イタリア、オーストリア、スイスと、計十二ケ国を歴訪して、この課題を当時として考えうる最大の規模と密度で遂行した。その上で、マルセーユからスエズ運河、インド洋、南シナ海経由で帰国したのである。

当初の予定（十ケ月）を一年近くも超過して敢行された、文字どおり空前にして絶後の西洋文明研究のための使節旅行であり、三条実美の期待のとおり、明治日本の国是たる「文明開化」と「富国強兵」、国際化と近代化のために最大の寄与をなした「米欧回覧」の冒険行であった。彼らの日々の旅程と、各国各地での観察と洞察と、それにもとづいた自国文明への批判については、使節団の公的報告書である久米邦武編述の『特命全権大使米欧回覧実記』全五巻の大著（一八七八年刊、現在岩波文庫全五冊。以下『米欧回覧実記』と略記する）に、みごとな文章で記述されている。明治文化史上の一モニュメントともいうべき、この著述と使節団の事績については最近いよいよ研究が進みつつあり、本書もその研究への一つの寄与たるべきものである。まず、この序章では、岩倉使節団の米欧回覧に読みとることのできる維新期日本、近代化途上国日本のさまざまな歴史的特徴を、思いつくままに挙げて、若干の考察を加えておくこととしよう。

一　武士知識人の集団

一八七一年々末の横浜出帆のとき、使節団のメンバーは総数四十六名だったが、そのうち大使岩倉具視（一八二五―一八八三）と、理事官として参加した侍従長東久世《ひがしくぜ》通禧《みちとみ》（一八三三―一九一二）という二人の公卿出身者をのぞけば、他は全員が武士階級の出身だった。これは明治初期、さらに明治半ばまでは、中央政府・官庁また地方行政や司法、軍隊などのほとんどすべての主要ポストを士族、つまり旧武士層の者が占めていたのだから、いまさらここで指摘するまでもないことかもしれない。しかし、徳川幕藩制下の社会から維新の変革をへて明治の近代化と国際化にいたるまで、その激動の過程を一貫して荷担し、指導したのが、ほかならぬその徳川日本が育成した武士たちであったことを、この使節団の構成員はまたあらためて鮮明に示している。

岩倉大使がこの年満四十六歳だったのを使節団中の最高齢として、四名の副使のうち長州藩出身の参議木戸孝允（一八三三―一八七七）は三十八歳、薩摩藩出身の大蔵卿（大臣）大久保利通（一八三〇―一八七八）は四十一歳、長州出身の工部大輔（次官）伊藤博文（一八四一―一九〇九）は三十歳、そして佐賀藩出身の外務少輔（次官補）山口尚芳《なおよし》（一八三九―一八九四）は三十二歳という、みなまさに働き盛りの壮年たちだった。ペリー来航以後に生まれた十七歳、十八歳の者を最年少として、団員の平均年齢は三十歳前後であったろう。

しかもこの旧武士たちは、木戸、大久保、伊藤をはじめとして、諸藩の大名とか家老とか、旧幕府の旗本とかはいうまでもなく、上級武士であった者はほとんど一人もなく、みな中級ないし下級の層の出身者だった。その彼らが幕末以来の政争と試練のなかを潜りぬけ、あるいは先頭に立って駆けぬけてきて、いまこの西洋文明の徹底的研究を目的とする使節団に合流したのである。

新政府の各省各分野から選抜され、あるいは競い合ってここに結集した人材は、彼らがもと倒幕派であったにせよ幕府方であったにせよ、壮年にせよ青年にせよ、すべて徳川日本の武士として、政治、行政上の能力の習練と、学問と行動倫理における陶冶を受けてきた人物であった。つまり彼らこそ、徳川の旧日本が、みずからの瓦壊の試練をへてなお明治の新日本へと遺贈した最良の遺産であったと評しえよう。

二　薩長閥と旧幕臣

大使岩倉は東久世と同じく公卿の身ながら、かつて幕末に尊王攘夷派と連携して朝廷政治に暗躍した過激派であったし、副使の木戸、大久保、伊藤らはいうまでもなくその薩長倒幕派の謀将であり、闘士であり、指導者であった。使節団の首脳である彼らに加えて、団内のいわゆる薩（摩）・長（州）・土（佐）・肥（前＝佐賀）の旧反幕諸藩出身者を総計すると十八名におよぶ。彼らが使節団構成員のマジョリティであることはたしかだ。

ところが興味深いことに、彼ら革命派が打倒したはずの旧体制《アンシャン・レジーム》の幕府方に属していた者も、この使節団のなかにけっして少なくはなかった。大使・副使の直下で外交折衝の実務に当たった一等書記官から四等書記官までの九名を中心に、和歌山や尾張（名古屋）など旧徳川御三家に属していた者も合わせると、旧幕臣また旧幕系といってよい団員の数は十四名にのぼる。

これも、明治日本の近代化指導者層の実態を象徴する興味深い数のバランスといえるのではなかろうか。すなわち、旧公卿と薩長土肥の旧反幕派は、地位において数において優越を保ち、いわばステーツマンとして近代的国民国家建設のためのヴィジョンと智慧と見取り図を獲得しようとした。それに対して旧幕臣系は、やや劣等の地位と数に忍従しながらも、外交や文部行政や軍事や工業技術などにおいては、彼ら旧「志士」に先んじた知識と経験をもつことを誇りとして、いわば近代的テクノクラートとして「先進」文明のさらなる学習と摂取に奉仕したのである。

昨日までの敵と味方が、こうしてまさに「呉越同舟」で一団をなし、新国家計画のために洋行するなどということは、清朝中国や李朝朝鮮では考えられもしないことだったろう。横浜出航後間もないころは、アメリカ号の船上で、昨日までの尊皇攘夷派である上層部と、すでに西洋通をもって自任する旧幕系専門官との間に、若干の心理的葛藤はあったようだ。だが、いよいよアメリカ、ヨーロッパの「文明」の本場に乗り込むと、もうそのような派閥心理に拘泥する暇はなかった。彼らは互いにそれぞれの役割を納得しあって、機能の分担をはかりながら使節団本来の使命に協力献身したのである。

三　徳川日本の西洋研究の継承

以上一と二に述べてきたことは、いずれも岩倉使節団の団員構成に見られる徳川日本から明治日本への社会的文化的連続性に触れる事柄であったが、それを狭い意味でさらにはっきりと示すもう一つの点がある。それは右にあげた旧幕臣系の多くの者が、すでに幕末のうちに西洋研究に従事し、あるいは直接に欧米渡航の経験をもつ者だったという点である。

いくつかの例をあげれば、一等書記官の筆頭である田辺太一（一八三一―一九一五）は、元来は儒学の学徒であったが、一八六四年、幕府の遣仏使節（池田）に加わって以来、幕末の日本外交に関与することとなり、一八六七年にはふたたびパリの万国博覧会参加のための徳川昭武の使節一行に加わった。同じく一等書記官の福地源一郎(一八四一―一九〇六)は、青年の頃から蘭学と英学を修めた上で、一八六一年には幕府の最初の遣欧使節(竹内)に通訳官として加わり、さらに、一八六五年には造船技術導入のための幕府使節(柴田)の一員としてフランスに渡った。同様に二等・三等書記官の二十代の若者たちのなかでも、林董三郎《とうさぶろう》(董《ただす》、一八五〇―一九一三)と川路寛堂(一八四四―一九二八)の二人は、ともに一八六六年の幕府派遣の留学生としてイギリスに学んだ秀才たちであったし、渡辺洪基(一八四八―一九〇一)や安藤太郎(一八四六―一九二四)はまだ渡欧の経験こそなかったが、渡辺は箕作麟祥や福沢諭吉、安藤は大村益次郎について、それぞれ幕末のうちに蘭学=西洋学を学んだ青年たちであった。

さらに陸軍理事官随行の原田一道(一八三〇―一九一〇)は、幕府の蕃書調所教官として西洋兵学を研究ののち、一八六四年の遣仏使節(池田)に加わり、使節の帰国後はフランスからオランダに移って兵学の研究を続けたという、その道の先達であった。もう一人の幕臣肥田為良《ためよし》(浜五郎、一八三〇―一八八九)も蘭学の出で、幕府が開国直後にオランダ海軍の協力を得て長崎に開設した海軍伝習所で造船技術を学んだのち、一八六〇年には有名な蒸気帆船咸臨丸の機関長として江戸―サンフランシスコ間の初航海に成功した。一八六四年にはさらに技術導入のためにオランダに派遣され、翌年、そこからパリの柴田使節一行に合流して帰国したという、西洋通であり、また船舶技術の第一のエキスパートであった。

これらの旧幕府系人材の閲歴を一覧しただけでも察せられるように、明治新政府派遣の最初の大使節団は、旧徳川幕府が一八六〇年以降その終焉にいたるまでの間に少なくとも六回は欧米に派遣した大小の使節団、また官費留学生らによる知識と経験の蓄積を、そのすべてについてとはいわなくとも十分にたっぷりと、しかも寛容に、継承し、とり入れて、使節活動の一つの中核機関とさえしたのである。これはたしかに田中彰氏の言葉を借りて

「明治維新を遂行したリーダーたちが旧幕臣を包みこんで編成した大使節団」(『「米欧回覧実記」の学際的研究』一九九三)と呼ぶにふさわしい集団であった。

この徳川日本からの継承の関係を、岩倉使節団に参加した旧幕系人材の面に限定せず、それと平行し重なりあった徳川期の蘭学・洋学の系譜とその豊かな知的蓄積にまでひろげて考えれば、徳川から明治への文化的連続性はいっそう強い分厚いものとして見えてくる。たしかに、前野良沢、杉田玄白の「蘭学事始」の時代まではさかのぼらなくとも、大槻玄沢、山村才助から高野長英、渡辺崋山、佐久間象山、緒方洪庵、福沢諭吉にまでいたる十九世紀日本の西洋研究の蓄積があってこそ、岩倉使節団の活動は可能だったのであり、使節団は彼ら洋学の先達たちの多くの者の憧憬と羨望と慨嘆と焦燥の声を背後に感じながら、その回覧の旅をつづけたのである。

四　空前絶後の西洋文明研究

しかし、明治維新はやはり大きな深刻な政治革命であり、文化革命でもあった。その一環である岩倉使節団も、右に見たように多くの面で徳川日本の遺産を受けつぎながらも、なお、さらに重要な点で断然新しく、本稿冒頭でも言ったように日本史上空前の規模の異国文明研究使節団であった。

幕末の幕府遣外使節とくらべて、岩倉使節団の構成員数が格別に多かったというのではない。一八六〇年の遣米使節団などは八十名に近い人員を擁し、それに咸臨丸が別行動で随伴したのだから、はるかに大規模なものだった。だが、岩倉使節団は、その首脳部に現中央政府の最有力指導者を四名までも並べ、その配下に政府省庁の各分野から理事官とその専門随行員を多数、整然と配置して、いわば万全の態勢で、西洋近代文明の歴史と構造をその全体と細部について真っ向から研究し、把握しようとした—その点でこれはやはり、文明開化と富国強兵とを新しい国民統一の国是とする明治日本ならでは不可能な冒険集団だったのである。

たとえば一八六二年の幕府遣欧使節（竹内）も、福沢諭吉らの洋学者を擁していたことによって、一年に近いヨーロッパ各国歴訪の間に、意外なほどに広く深い西洋研究の成果をあげた。だがそれも、確固たる目的意識と強い危機意識につらぬかれた岩倉使節団の研究と調査の徹底性、そして周到さには、まだとうてい及ぶべくもなかった。

岩倉使節団の西洋文明研究の視野は格段に広く、しかもその批評眼は後代からみても驚くほどに鋭く、また自由であった。アメリカ国民の自由とデモクラシーへの信奉については、ときにその独善ぶりに辟易しながらも、その根強さがこの国民の楽天的な開放性と産業開発における活力とをつちかっていることを見抜いていた。彼らのプロテスタンティズム信仰についても同様で、その教理の怪には顰蹙しながらも、その「熱心篤守」こそが彼らの言行一切の核をなしていることを讃嘆せずにはいられなかった。しかし、この自由・平等・民主の憲章の裏で、この国には長い無残な黒人奴隷使役の歴史があることを詳細に論じ、南北戦争以後にもなお人種差別の歴然たるものがあることをけっして見逃しはしなかった。

アメリカ、イギリス、フランスを見た後に新興ドイツの首都ベルリンに入ると、普仏戦争勝利後の市民、とくに学生と軍人の風俗の粗放と頽廃ぶりに眉をひそめ、そのためか名宰相ビスマルクの卓上演説にも全面的に心服することはなかった。これらはほんの一、二の例にすぎないが、このような自由で、歴史への視野をもちながらフォーカスの鋭い観察は、幕末の遣外使節はもちろん福沢諭吉にさえまだなかったもので、この明治革命後の使節団にしてはじめてなしうるようになった洞察といえよう。

岩倉使節団はこのように欧米各国の歴史と現在の国情を的確に把握してゆく一方で、近代文明の所産と呼びうる一切の施設と文物を歴訪し、調査し、記述した。それは機関車工場や造船所からビスケット工場にいたるまで、あらゆる種類の工業施設におよび、農業、商業の生産流通高は各地ごとに一の単位まであげて記録し、さらに教育、軍事、司法、貨幣、郵政、鉄道、港湾、河川、鉱山、都市基盤などのすべてを見、さらには博物館、美術館、図書館、公園の類のいわゆる社会資本の整備とその文明史的意味にまで考察をひろげ、各地の寺院、旧蹟、名所、そして山野や都市の美観にまで注意深い眼を向けたのである。

岩倉使節団はアメリカ、イギリスからロシア、イタリアにいたるまでの各国文明について、いわば地域研究を徹底して、その上で総合を試みたのであって、その西洋文明総体への一貫した把握の試み、そしてそれに立脚した同時代日本への痛切な反省と批判という点では、これは「空前」であるのみならず今日にいたるまで「絶後」とさえいいうる大事業であったかもしれない。唯一、彼らの考察の外にあったものといえば、それは当時欧米各国に盛んであったはずの哲学や文学や美術の作品であったろう。だがこれはどうみても、旧徳川武士の集団に期待するのは無理であって、彼らの直後の世代の秀才たち、つまり彼らが日本にもたらした文明開化の新制度によって教育された後続世代、森鷗外や岡倉天心や上田敏や夏目漱石らの学習にゆだねられるべき仕事だったのである。

五　『特命全権大使米欧回覧実記』の公刊

最後に一項目をつけ加えるとすれば、それは岩倉使節団の一年九ケ月におよぶ全旅程の観察の成果が、『米欧回覧実記』全五冊、二千ページ余の大著として、使節帰国後五年にして（一八七八）日本国民一般に向けて公刊されたことである。この点でも岩倉使節団は空前のみならず絶後の事業をなしとげた。

岩倉具視はすでに出発の前から、使節団は国民同胞の代理として海外に赴くのであり、海外諸国民が使節団を歓迎するのは日本国民への親愛の情をあらわし、日本国民との友好を求めてのことであると考えていた。そのため使節団の米欧諸国における見聞は「務《つと》メテ之《これ》ヲ国中ニ公ニセザルベカラズ」ときめ、大使の眼となり耳となって一切を記録すべき有能な直属の書記官を選んで、これを自分に随行させたのである。それが『米欧回覧実記』の編著者で、佐賀藩出身の漢学者にして歴史家久米邦武（一八三九―一九三一）であった。

岩倉にこの報告書公刊のアイデアを示唆したのは、新政府のアドヴァイザーとなっていたオランダ系アメリカ人の宣教師フルベッキ（G. Verbeck, 1830-1898）だったといわれるが、あの明治「専制政治」の権化のごとくに評される岩倉がこのまことに理想主義的に民主的なアイデアを進んで受け入れ、これを「公務要件ノ一」としてさっそくに実行したのである。このような快挙は明治以前にはもちろんありえず、また遺憾ながら岩倉使節団以後今日にいたるまで、この国ではついに二度と繰り返されることがなかった。

久米邦武は岩倉大使の期待に十分にこたえ、いや、おそらくその期待さえこえて、みずからの旺盛な好奇心と、疲れることを知らぬ責任の自覚と、周到で緻密な観察力と、するどい自己批判の能力と、豊富な歴史知識と、さらに無尽の漢語語彙のストックとをすべて動員して、このみごとな使節報告書を完成した。それらの美徳によって『米欧回覧実記』全五冊は明治文化史上の一金字塔として今日いよいよ評価高く、岩倉使節団の事蹟はこの書によって今日なお圧倒的に鮮烈な印象をもって私たちに迫るのである。

II

威尼斯「サンマリコ」寺前広逵（部分）
(『米欧回覧実記』銅版画、久米美術館蔵)

アメリカにおける岩倉使節団

マリウス・ジャンセン
（太田昭子訳）

一　はじめに

政権樹立の四年後、明治政府は約五十名の政府高官を西洋世界に送り出した[1]。五十余名の留学生ならびに華士族の子弟も同行したこの遣外使節団は、その後およそ一年十ケ月にわたって日本を留守にしたのである。このようなことが望ましいと見なされ、また実行可能だったのは、実に驚くべきであった。しかも使節団の帰国後、同僚たちは彼らを迎え入れたばかりか、日本の指導的立場を再び彼らに明け渡したのである。使節団派遣の決定やメンバー選定の経緯、使節たちの行動や考察などが、今日でもなお多くの研究者の注目を集めているのは当然の成りゆきといえよう。西洋では、マリーン・メイヨ氏の研究が最も啓発的であるし、ユージン・ソヴィヤック氏の論考も大きく貢献した(1)。日本では、久米邦武に関する芳賀徹氏の秀逸な論文が先駆的役割を果たし、続いて田中彰氏がすぐれた研究を発表している。田中氏はまた、久米の著した『米欧回覧実記』に校注を施し、再版を刊行した(2)。また、大久保利謙氏は使節団の派遣をめぐるかけひきを分析し（大久保論文の収録されている論文集には、芳賀氏が日本人読者のために邦訳したメイヨ論文も収められている)、家近良樹氏もこの問題をさらに掘り下げて論じている。[3] 一方、岩倉使節団のメンバーが残した回想録や記録も重要であるが、その筆頭にあげられるのが木戸孝允の書簡ならびに日記であろう。尚、木戸日記はシドニー・D・ブラウン氏により英訳されているが、岩倉使節団関係の記録はその第二巻に収められている。[4]

岩倉使節団の一員に加えられることは、どのメンバーにとっても、最高のご褒美であった。たとえば中江兆民が何とか自分を留学生の一行(彼の場合にはフランス留学)に加えてほしいと大久保利通になりふりかまわず嘆願しつづけ、ついに念願を果たしたというのは有名な逸話である。さらにまた、明治政府の高官たちは自分の親族を使節団に参加させる便宜を図るのにやぶさかでなかった。岩倉と木戸の子息たちはすでにアメリカに留学していたし、山県も養子を留学生一行に加えていた。また牧野伸顕は大久保利通の子息であった。これにひきかえ五人の女子留学生は、田中彰氏の指摘するように、旧幕府に仕えた下級士族の息女によって主に占められていた。彼女たちは天皇より、将来婦女の模範になるよう心がけよと申しつけられ、それを忠実に実行した。帰国後五人のうち二人が各々陸海軍の高官(瓜生外吉海軍大将と大山巌陸軍元帥)のもとに嫁し、[2] 津田梅子が女子高等教育の先駆者となったのである。

牧野伸顕(左)
(牧野伸和氏蔵)

このような使節団の派遣を最初に提言したのはグイド・フルベッキであった。彼は大隈重信に建言書を提出したのだが、大久保利謙氏の指摘するように、大隈がこれを実行することによって威信を高めるのを恐れた薩長派が、大隈使節団構想の実現を阻止した。このことによって想起されるのは、明治初期にはほとんど誰もが外遊したがっていたということだろう。板垣退助も彼の人気を牽制しようとするかつての同士たちに外遊したことを批判されたし、西郷隆盛の唱えた征韓論にさえ彼自身による現地視察案が含まれていたのである。また留守政府と岩倉使節団との間に交わされた十二ケ条の細かい約定の中には、大使帰国の上は政府内で事務にあたった官員と理事官等とを交替させて外国に派遣する、という条項[3]が含まれていた。しかし約定の他の条項と同様、この約束も守られはしなかった。岩倉使節団は当初の予定を大幅に超えて外遊を続けたし、一方の留守政府の方も約定を無視して抜本的な改革を次々に実施したのである。彼らが征韓論を推進しようとしたことはいまさら言うまでもない。

フルベッキは建言書の中で、頑強な保守派（「攘夷家」）を数名使節団に加えるよう提案していた。それによって使節団と彼らの思想の歩み寄りを図ることができると考えたのである。(5) 安場保和が一行に加えられた背景には、このような思惑が働いていたといえよう。彼はアラビヤ数字に慣れることがどうしてもできなかったし、自分の要望を表現することはおろかホテルの部屋を捜すことさえできない有様だった。もっとも安場は横井小楠の門下であったから、必ずしも反動的な保守派だったとは言えまい。総体的に見て、多彩な顔ぶれが集められたことにより使節団に対する信頼は高まったようである。一行の構成メンバーはまた、固定的なものではなかった。岩倉使節団に途中から合流した者もあれば、逆に別行動をとるようになった者もあった。他の使節団に行き会うこともしばしばであったが、その一つに、たとえば士族の秩禄処分計画のため外債募集の交渉にアメリカ合衆国（そして最終的にはイギリス）に派遣されていた吉田清成率いる小使節団などがあげられる。

岩倉使節団のメンバーを検討すると、トップ・レベルで薩長の均衡が図られたことを除けば、明治政府がむしろ能力本位に人選を行い、有用な人材を使節団の主要な地位につけていたことが、田中彰氏の研究からうかがえる。上層部の顔ぶれを出身別に見ていくと次のようになる[4]—公家三名、長州五名、肥前三名、土佐二名、しかし薩摩は一名しかいない。旧幕臣は四名でそのうち和歌山、尾張、静岡出身者が各一名となっている。そして長崎から二名、福井、佐倉、鳥羽、熊本、東京から各一名。このように片寄りの少ない構成は、明治政府が主要閣僚などの中枢部を除く全ての部署に、徳川幕府に出仕して経験を積んだ人材を積極的に登用していたこととも符合していたといえよう。(6)

海外への使節団派遣を提案したのは無論フルベッキだけではない。彼の建言はその主要なものでさえなかったかもしれないが、一八六九年に彼が大隈に提出した意見書はその最も初期の部類に属していたといえるだろう。アルトマン論文が示しているように、幾つかの調査班を組織したらどうかというフルベッキ提言は、その後遂行されないまま御蔵入りになってしまった。しかしその二年後、フルベッキは岩倉具視から建言書の原本を見せてほしいと頼まれ、使節団派遣について相談を受けたのである。結果的には、このようにフルベッキの建言[5]が端緒となって、政府高官より成る使節団の海外派遣が具体的に検討されるようになった。もっとも、フルベッキは使節団の訪問国について次のように具申していた。「歴訪するのはフランス、イギリス、プロイセン、オランダ、アメリカ合衆国だけでよい。これらの諸国に対する理解を充分得ることができれば、他の国々は時間を費やすに値しない。それぞれの国には特に学ぶべき分野がある―たとえばイギリスならば外交、フランスは財政政策、教

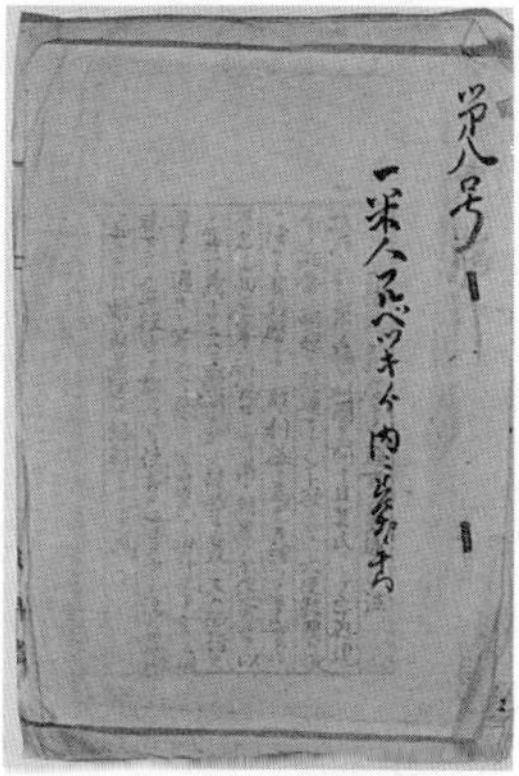
第八号
一米人フルベッキヨリ内ニ差出候書

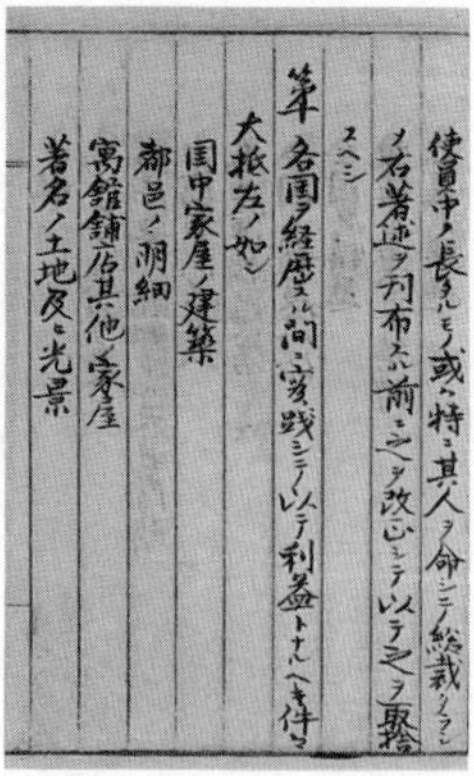
使員中ノ長タルモノ或ハ特ニ其人ヲ命シテ総裁タラシ
メ右著述ヲ刊布スル前ニ之ヲ改正シテ以テ之ヲ取捨
スヘシ
第 各国経歴ノ間ニ実践シテ以テ利益トナルヘキ件
大抵左ノ如シ
国中家屋ノ建築
都邑ノ明細
商館舗店其他ノ家屋
著名ノ土地及ヒ光景

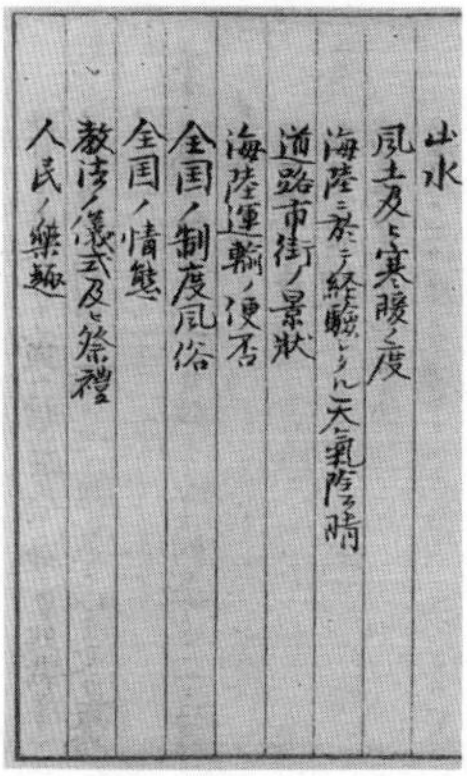
山水
風土及ヒ寒暖ノ度
海陸ニ於テ経験シタル天ノ気陰晴
道路市街ノ景状
海陸運輸ノ便否
全国ノ制度風俗
全国ノ情態
教法ノ儀式及ヒ祭礼
人民ノ楽趣

フルベッキより内に差出候書（木戸家文書、国立歴史民俗博物館蔵）

育についてならばプロイセンまたはアメリカ合衆国、等々という具合である」。しかし実際には、岩倉使節団は十二ケ国を歴訪し、使節たちはそれぞれの国について、外交、財政、教育その他のあらゆる側面をつぶさに考察したのであった。たとえばイタリアは、かつて文化の一大中心地でありながら今は沈滞しており、その意味では中国に似ていた。しかし最近国家統一を果たしたばかりの国という観点からは極めて興味深い国であった。またデンマークやベルギーのような小国からも、略奪的な隣国に囲まれながら国家の主権を守る術について、貴重な教訓を得ることができたのである。

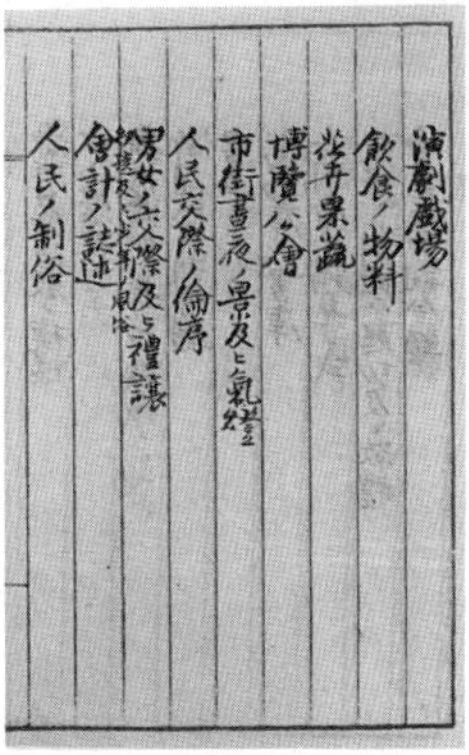

二　まずアメリカを見よ

フルベッキはまずヨーロッパを訪れ、アメリカ経由で帰国するよう提案していた。「そうすれば地球を一周することができる」というわけである。ところが使節団は順路を逆転させ、アメリカから旅を始めることにした。久米邦武の著した『米欧回覧実記』にしても、欧米という語順をひっくり返したようで奇異な語感を帯びている。岩倉使節団は何故アメリカ合衆国から旅を始めたのだろうか。一八七一年には通航する船がさほど多くなかったとはいえ、スエズ運河も一八七〇年にはすでに開通していた。天候に関するフルベッキの警告を実証するように、使節団一行は大雪に行く手を阻まれてソルトレークシティーに二週間も足どめされることになった。スケジュールの遅れからワシントンで夏を過ごさねばならなくなった彼らが酷暑をこぼしているのも無理もない。

岩倉使節団がアメリカから歴訪を始めた理由はいくつか考えられる。第一に徳川幕府が西洋列強と結んだ不平等条約の改正協議期限が一八七二年夏に来ることになっていた。これら一連の条約の最初の締結国がアメリカ合衆国であったため、将来の条約改正へ向けての話し合いをまずアメリカから行なうべきだと考えたのも妥当なことだったといえよう。アメリカの教科書が述べているほど日本人の対米観が好意的でアメリカを有難がってはいなかったにせよ、すでに世界中に帝国主義的進出を遂げていた他の西洋列強に比べ、アメリカ合衆国ならびに今後進められるであろう太平洋地域への進出はそれほど強奪的ではないという印象を日本人は持っていたようだからである。

第二に、明治時代初期にアメリカ合衆国はヨーロッパ諸国のどの国よりも多くの日本人留学生を受けいれていた。一八七一年と七二年、つまり岩倉使節団が渡米した年のアメリカにおける日本人留学生の数は、それぞれ（二百十八人中）八十人ならびに（八十六人中）四十四人であった。これは両年のイギリスへの留学生（七十一人と十八人）を上回り、他のヨーロッパ諸国への留学生数をはるかに超える数であった。チャールズ・ランマンは *The Japanese in America*（一九三一年に *Leaders of the Meiji Restoration in America* という題で再版された）の中で次のように述べている。「アメリカをこれまでに訪れた日本人留学生の総数はのべ五百人にのぼると概算されているが、現在学んでいるのは二百人であろう。……（中略）……その大半が政府給費留学生で、金持ちの親類縁者から出資してもらって

Lanman, *Leaders of the Meiji Restoration in America*

いる者がごく少数、その他自力でまかなっている者が十二、三名ほどいるというところだろうか。…（中略）…留学生たちはワシントン駐劄公使を通してお金を受け取っている」[7]。駐米少弁務使の森有礼は使節団歓迎のレセプションを企画し、留学生たちも出席した。その中には新島襄の姿もあった。当然自分たちにお辞儀をするだろうと使節たちが考えていたのに彼はそれを拒んだが、新島の言葉を借りれば、この「異教の使節団」に同行することを彼は承諾し、その人格と仕事ぶりから使節たちの尊敬を集めることになったのである。木戸は日記の中で新島を次のように賞賛した。「彼の厚志篤実、当時軽薄浅学之徒漫《みだり》に開化を唱ふるものと大に異なり、余与《と》彼交自ラ如旧知、得其益不少、後来可頼之人物也」[8]。

ヨーロッパで学んでいた留学生の方が、有力者との縁故関係もあり帰国後政府高官に立身出世を遂げた者を多く輩出したかもしれないが、アメリカに渡った留学生の方が人数の上ではるかに他を上回っていた。そしてまた、政府が中央ヨーロッパから指導を仰ぐ方針に転換する以前の明治初期においては、アメリカ留学生が大いに将来を嘱望されていたのである。森有礼は神田孝平の子息[6]の後見人を務めたが、政府がドイツ寄りの姿勢を打ち出すようになってから、神田の明治政府における発言力は弱まってしまった。神田乃武の葬儀にあたって、内村鑑三は次のような弔詞を述べている。「一八九〇年頃から、いかなる理由にてか定かではないが、日本は英国米国、殊に米国よりも独逸に学ぶべしという風潮が大勢を占めるようになりました。…（中略）…その結果、日本ではあらゆるものが独逸化されるに至り、教育制度もその例外ではありませんでした。そしてまた、アメリカ帰りの留学生は猜疑の目で見られるようになり、彼らの活躍の場は著しく制約を受けることとなったのです。神田氏もその災禍を受けた一人でありました……」[9]。

岩倉使節団が歴訪の旅をアメリカから始めた今一つの理由が考えられる。それは当時のアメリカ合衆国が日本と同じく発展途上の、あるいは近代化を推進中の国家だったことである。日本が近代的な経済システムを構築する際に、アメリカの経済発展のあり方が格好のモデルになりうると見なされたのであろう。たしかに関税政策に関してはそのとおりであった。当時のアメリカは、自由貿易政策を提唱していたイギリスとは対照的に、保護主義の立場をとっていたからである。伊藤博文は、一八七一年初頭に同僚たちに宛てた覚書の中で、まだ揺籃期の日本の産業を守るために条約改正を行なうことが必要であると強く主張した。これらの問題で私利私欲を追求することは道義に反することかもしれないが、「一国の富を増強するためにはこれより他に道がないのだから、誰も異論はさしはさむまい。」と彼は説いたのである。イギリス人は自由貿易政策をとるべきだと大いに主張するに相違ないが、彼らとて経済発展を遂げる途上にあってはやはり保護主義政策をとった時期もあったのだと伊藤は指摘した。日本は必須だと思われる物品だけを輸入して適正な関税をかけるように配慮し、それ以外の物品に対しては重い関税を課すべし、というのが伊藤の考えであった。[10]

久米の『米欧回覧実記』は、アメリカの発展を裏づける統計学的な側面にたえず注目している―ユタの羊毛産業、ローレンスとローウェル一帯の繊維産業などをはじめ、どの訪問先においてもその地のあらゆる産業に着目しているのである。その中で彼が繰り返し、日米の規模の違いを強調したのは事実である。アメリカの尺度には日本と比較できない点が多々ある―アメリカは人口密度も低く、資源が豊富であり、その上何よりまだ歴史の浅い国である―と久米は再三にわたり述べた。ロードアイランド州を訪れた久米は、九州の十分の一にも満たない小さな州をアメリカの地でようやく見出し、安堵感を覚えたようである。[11] しかし全体的傾向としては、アメリカが人や動物にかわって機械によるエネルギー生産を行なおうとしていたことは明白であり、ヨーロッパではこの移行がすでに完了していたことを久米は見抜いていた。

このように、一八七〇年代初頭には、使節団がアメリカ合衆国を旅程の出発点とする理由は充分にあったわけである。さらにまた付随的な利点もあった。アメリカ西海岸から西洋諸国歴訪の旅を始めるのは使節たちにとっても好都合だったに相違ない。使節団一行が出発前に買い揃えた、完璧というには程遠い洋装をもっとましなものに整える時間と機会を与えられることになったからである。彼らの身なりは長い船旅でさらによれよれになっていた。久米の回顧録をひもとくと、船内の便所にズボンの黒いボタンが散乱するようになった逸話が登場する。ボタンの扱いに不慣れな日本人がもどかしさのあまりひきちぎったものとわかり、船長から注意を促された伊藤が使節団一行を甲板上に招集し、日本の体面を汚す行為のないよう厳しく注意したという(12)。

全米各地で、使節団一行は歓待された。地元の産業や観光の振興を図ろうという打算と純粋に異国からの賓客を歓迎する気持ちが相俟って、使節団の行く先々でお国自慢の数々が披露されたのである。その中でも一八七二年八月二日にボストンで催された、ボストン市民の自己満悦の結晶とも呼べるような盛大な歓迎の宴をしのぐものはなかったといえよう。木戸は日記に次のように記している。

「当州有名の学者詩人百□□（ママ）人余相会し、使節一統へ晩食を饗応、大盛会と云へし、食後スピーチを述るもの十余人、余も亦応請不得止一言を陳述せり」。また『ボストン・イヴニング・トランスクリプト』紙の記事からも、使節団一行がアメリカ各地で遭遇したアメリカ人の自己満悦ぶりの一例をうかがい知ることができる。ウォシュバーン知事は使節たちに「当地の諸施設をご覧になり、その数の多さを目のあたりにされたことと存じますが、十年毎にその数が倍増していることもお忘れいただきませぬように。」と述べた。ラルフ・ワルド・エマスンは「日本政府が我国の学校や大学に多数の青少年を留学させている果敢で率直な姿勢」を讃え、アメリカ留学が

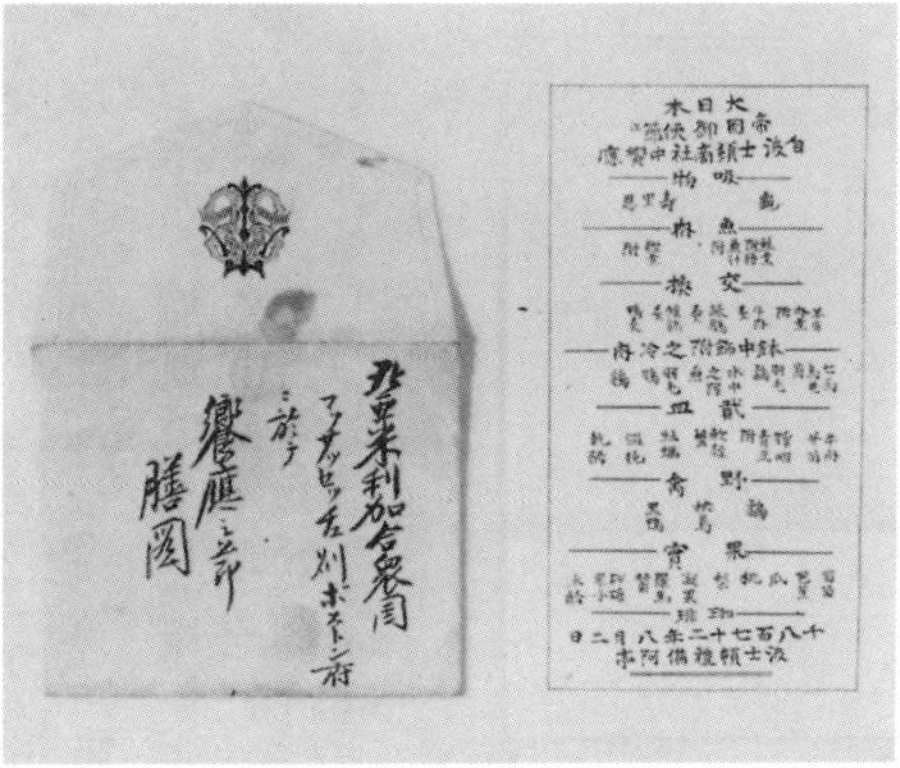

リヴィア・ハウス晩餐会メニュー
(久米美術館蔵)

「頭脳明晰で気高い心を持つ日本人青少年にとって大いなる名誉となっている」と語った。またラッセル収税官は、さきの南北戦争について触れ、「わがマサチューセッツ州においてはあらゆる階層に浸透している知性と倫理観が米国全土に行きわたってさえいたならば、我々に多大な犠牲を強いたあの悲惨な戦争は決して起きなかったでありましょう。大衆の無知と、それゆえ少数の者が権力を掌握したからこそ、あのような叛乱が可能になったのです。」と論じた。さらに木戸が「有名の詩人」と記したオリヴァー・ウェンデル・ホームズ教授[7]は、歓迎式典用の長詩を聴衆の前で朗唱した。

ようこそ、太陽の国の諸侯の皆様！
多くの人々の声が私一人の声を通して弱々しく響きます
ああ、この声がもっと音楽的な響きであったなら
しかし狼星がすでにまたたき始め鳴鳥たちはもう飛び去ってしまいました
[訳註　狼星《シリウス》は真夏に輝く星で、けだるさを象徴する]

このようにお詫びの言葉を述べた後、ホームズの詩はさらに続くのだった。

我が巡礼たちの社《やしろ》は貴国のそれとは違うのです
富士の高嶺が誇らしげに白く輝く貴国とは。
雪をいただく富士の姿を私たちは扇の上で目にします
暑くほてった私たちの頬に、日本から涼風を送ってほてりを冷ましてくれる扇の上に。

（中略）
剣とペンで私たちが教える教訓は
神の創り給うたすべての子供たちに向けられ、「我々もまた人間だ」と説いています
あなたがたが不当に扱えば私たちは傷つき、あなたがたにちくりと刺されれば血も流すでしょう
だがもしあなたがたが私たちを愛してくだされば人種や信仰ゆえの争いは起きますまい

皆様は私たちが善意に溢れ開けっ広げな集団だと感じることでしょう
根は善良だが多少騒々しいと
たしかに一寸した争いはいつも起きています
私たちが大君を選ぶ時、そして特に今は
（中略）
どうぞ全てを冷静に受けとめて下さい　皆様に見きわめてほしいのは
誰がどの政党に与しどこに一票を投じるか
ただたしかなことといえるのは
我国の選挙民が皆様の友となるような人々をきっと選ぶということです

木戸の行なった演説がどのように報道されたかについても、ここで付け加える価値があるだろう。「彼は、自分の気持ちをうまく表現する適切な言葉が見つからないが、故国より五千マイル以上も離れたこの地にあって、他のどこよりも居心地の良さを覚えていると述べた。英語で自分の気持ちを伝えることはできないけれど、今日

が人生の中で最も記念すべき日のひとこまとなるだろうし、またいつまでも歓びと共にこの日を思い出すだろうということをお伝えしたいと彼は語りかけた。そして彼は会場に集まった列席者全員とボストン市の繁栄を心より祈るとしめくくったのである。(大喝采)」[13]。

三　アメリカから学んだ教訓

いうまでもなく、ボストンは使節団のアメリカ滞在の出発点ではなく、終着点であった。サンフランシスコで伊藤があの「日の丸演説」をぶちあげた時から、一行の旅が始まっていたのである。「我国旗の中央に点ぜる赤き丸形は、最早帝国を封ぜし封蠟の如くに見ゆることなく、将来は事実上その本来の意匠たる、昇る朝日の尊き徽章となり、世界に於ける文明諸国の間に伍して前方に且つ上方に動かんとす」。使節団のメンバーや一行に随行していたC・E・デロング駐日公使の行なった意気盛んなスピーチを受けて、使節団を迎えた諸都市の新聞も好意的な記事をこぞって書きたてた。ランマン氏はサンフランシスコの『デイリー・イヴニング・ブレティン』紙の記事を引用している。「過去に置かれていた状況を全て考慮に入れると、今日の日本は世界中で最も進歩発展を遂げている国と言えよう」。この記事は明治維新をめぐる政局の変化を詳しく解説した後、次のようにしめくくった。「私たちは日本人に対して、親切に礼儀正しく、徒らに偏見をかき立てることなく、西洋文明のすばらしさを示してやるだけでよい。比類ない知性を生来備えている日本人のことだから、きっと納得し、何を自国に導入すべきかを判断し、全ての関係者にとって満足

サンフランシスコのグランドホテル

のいく結論に達するに相違ない」[14]。

このような対日感情は、使節団が訪問したアメリカ各地のそれを代表するものだったといえよう。アメリカ人は自己満足気味でいくらか恩着せがましいところがあり、将来の日米関係については楽観的であった。そして何かにつけては、日本人の近代的な国民性を、一八七〇年の天津大虐殺によって「強情で反抗的で反啓蒙的な国民性だ」という印象を改めて与えた中国人と比較するのだった。

四　教　育

一月二十三日、木戸は日記に次のように書きつけた。「今日小学校へ公使と領事官の案内にて十字より巡見せり（中略）其規則実に可見、女子而已《のみ》入学の校あり、又男女とも入学の校あり、真に我国をして一般の開化を進め、一般の人智を明発し、以て国の権力持し独立不羈たらしむるには、僅々の人才世出するとも尤難かるへし、其急務となすものは只学校より先なるはなし」。その二日後、彼は同様の主旨の書簡を杉山孝敏に宛てている。「後来、子弟之為には大に心を用ひ不申而は、全国之保安は所詮無覚束、（中略）全国之風を察し、全国之弊を顧みすんは、国家之保安元より難し、此風を改め此弊を矯る、学校を以急務とする之外他なし、（中略）国家永安之長策は、僅々之賢才世出するとも、一般に忠義仁礼之風起り確乎不抜之国基不相立候而は、千年を期し候とも国光を揚る事不可知、風を起す基之確定する、只人に在り、其人を千載無尽に期す、真に教育に在る而已、決而今日之人米欧諸洲之人と異なる事なし、只学不学にある而已」[15]。

使節団一行が歴訪諸国でもっとも強く印象づけられたのは、何よりも教育の重要性であった。木戸は、文部省から理事官として使節団メンバーに加わっていた田中不二麿が教育制度調査のための特別視察班を率いることができるよう取り計らったが、可能な限り自らも田中に同行した。ワシントンで使節団が日本人留学生を招いたレセプション開催の後、新島襄が田中の通訳兼案内役を務めることとなった。またワシントンではジョン・イートン教育局長が時々彼らに同行した。明治初期の学校制度に対する政府の統制が緩やかであったのは、明らかにこれらの影響が反映されているからといえよう。

これに加えて森有礼の活躍も見逃すことができない。二月三日、岩倉使節団がワシントンに到着する何週間も前に、森は主だった教育者たちに宛てて次のような質問状を送った。「日本が知徳育の諸側面において向上するためにはどのような条件を整える必要があるとお考えか、見解をお教え下さい。特に以下の点に着目していただければ幸いです。教育の効果―一、日本の物質的繁栄に対して、二、日本の通商に対して、三、農業ならびに産業上の利益に対して、四、国民の社会的、道徳的、精神的状況に対して、五、法律ならびに政府に対する教育の影響」。これに対して寄せられた回答の主なものは、森の*Education in Japan: A Series of Letters Addressed by Prominent Americans to Arinori Mori* (1873) に載せられている。それらは道徳的向上、産業や通商振興のために教育が大切だと強調したがる日本人の好みを裏打ちする内容であった。農科、工科などの設置を条件に政府から国有地を供与され設立された教育機関（州立大学の前身）をめぐって近年高まっていた教育論について熱っぽく語ったものが多かった。その中でもラトガース・カレッジのディヴィッド・マレー学長の教育論は群を抜いて緻密な論考だった。彼は「日本がアジア大陸及びアメリカ西海岸に占める立場は、イギリスがヨーロッパ大陸及びアメリカ東海岸に占める立場とほぼ同一である」点を指摘し、「日本にとって必要なのは、イギリスと同じくらい強大な経済力をつけるために、近代的な通商手段を導入し、政府が適正な振興政策をとることだけだ」と述べた。(16) この一年後、マレーは日本に招聘され、文部省の学監として一八七八年まで日本に滞在した。これら諸々の要素によって、学校と教育こそが健全な日本国家の基礎を作るとサンフランシスコで確信した木戸の思いは、ますます揺ぎないものになっていった。近年解放されたばかりの黒人奴隷に必要なのは教育であるとした久米の考えも、木戸のそれと同じ流れを汲むものといえよう。スウェーデンでも岩倉使節団の関心はその優れた教育制度に集まったのである。

アメリカの教育システムが日本の基礎教育の必要性を満たすものとしてふさわしいと見なされはしたものの、森有礼がチャールズ・ランマンの助力を得て一八七一年に編集した *Life and Resources in America* をひもとくと、彼がアメリカの高等教育を初等教育ほど高く評価していなかったことがうかがわれる。森はアメリカ合衆国を発展途上国と見なしており、高等教育においてはヨーロッパ全般から、わけてもプロシヤからはかなり遅れをとっていると見なしていた。「理論科学の調査研究を進める基盤の最も整備された国が、少なくとも一つの方面においてはもっとも高度の文明が発達した国である。その意味では、現在ある国家の中でプロシヤが最も進んだ国といえるだろう。…（中略）…アメリカ合衆国では自然を征服しこの新しい国の資源を開発することに力が注がれてきた。その結果、応用科学の発展が大いに求められてきたのに対し、つい最近まで独創的な発明を奨励することにはあまり関心が向けられてこなかった。」

しかしその反面、アメリカでは労働力が不足しているのに仕事量が膨大だった結果、「労働を節約する機械の発明に多くの優秀な人材が投入されてきた。アメリカ人ほど様々なものを発明する国民は世界にいないだろう。特許局に登録された物品の数の多さと多様さがそれを如実に物語っている」とも森は指摘している。これは久米が『米欧回覧実記』の中で特に注目した特許局の一節を予見させるものといってよい。しかしアメリカの主要な大学や単科大学では「独創的な調査研究は軽視される傾向にある」と森は言う。つまりそこには矛盾が残る訳である。すなわち「アメリカほど科学的な成果を人々が知りたがり、科学に関する有名な著書が広く読まれている国はない。しかし同時に、これほど純粋に科学を調査研究する独創的な才能の持ち主が報われない国もないのである。[17]」

これらのコメントは実に明晰で興味深い。というのも、それから数年後には日米両国の高等教育のモデルとしてドイツの教育がもてはやされるようになったからである。二、三十年後には、森鷗外が日本には本当の科学革新がなされていないと嘆く時が訪れようとしていた。また、『米欧回覧実記』がアメリカの高等教育機関にほとんど関心を示していないことにも注目すべきだろう。ニューヨーク大学についてもわずか二、三行の記述しかなされていない。ニューヨーク大学は大変有名で、ワシントン・ストリートにあり、白石造りで、数学、歴史学、工芸の諸学部とアメリカの古器物や美術品のコレクションがあるが、「当時ハ休課中ナレハ一見スルヲ得ス」[18]とあるだけなのである。一行はコロンビア大学もハーヴァード大学も黙って素通りしてしまったが、消防署やデパートについては事細かな記述を残しているのである。

五　外　交

岩倉使節団が外交面で得た教訓は、一行のアメリカ滞在中の経験の中でことに大きな割合を占めることとなった。条約改正の予備交渉だけの予定から交渉を実際に行なうことに方針を切り換えようとした結果、より明確な委任状が必要なことが明らかになった。これをめぐって四ケ月近くの時間が空費され、使節団の当初の旅程は大幅にずれてしまい、対外的に非常に気まずく、しかも明治政府内に

サンフランシスコでの岩倉使節団首脳
（大久保利泰氏蔵）

も紛糾をもたらす事態をひき起こしてしまったのである。マリーン・メイヨ氏の"A Catechism of Western Diplomacy"がこの間の経緯について詳しく論じている。使節団の気持ちがこのように揺らいだのは、伊藤と森が条約改正交渉に乗り出すべしと熱心に自信たっぷりに主張したのと、グラント政権が使節団一行を温かく友好的にもてなしてくれたことに惑わされたからであった。大久保の一時帰国中、木戸と岩倉は条約の起草にとりかかった。その内容は、日本が関税自主権、犯罪人引渡し権、条件つき最恵国待遇などを獲得し、アメリカ軍の上陸を保証し（日米安全保障条約を予告するような内容である！）、条約をめぐる紛争を解決するために戦争を放棄する、などを含んでいた。一方アメリカ合衆国に対しては貿易、日本国内旅行の範囲、居留地の便宜などの拡大を約束し、信教の自由の原則を認める内容となっていた。

しかし長期間待たされている間に、岩倉と木戸は次第にこの問題を考え直すようになっていった。本国へ帰国途中のフォン・ブラント駐日公使がワシントンに立ち寄り、アメリカに特権を与えれば他国に対しても同様にしなければいけないことになると警告した。イギリスで学んでいた留学生たちもワシントンに駆けつけ、同じように、条約改正のもたらす危険性を説いた。結局、大久保がワシントンに戻った直後の七月二十二日、木戸と山口はフィッシュ国務長官を訪れ、条約改正交渉の打ち切りを告げてフィッシュを驚かせたのである。「国務卿甚失望の様子なれども従容不失常、彼私の情を顧み不堪ものあり、百方の敵に對するよりも今日の応接不可言の苦情

ワシントンでの岩倉使節団首脳
（財団法人岩倉旧蹟保存会蔵）

あり」と木戸はフィッシュとの会見の模様を日記に記している。[19]

木戸が「為レ国に事を処する、其始ハ謹慎沈黙思慮を尽さずんばあるへからず」[8]と述べたように、この蹉跌は日本人に外交政策のあり方を大いに反省させる教訓を残した。そればかりでない。日本の国内政治に与えた影響もまた甚大であった。大久保が突如帰国し全権委任状を請うたことに留守政府は驚き、いったん決めた外交方針を突然変更することに難色を示した。なかでも外務卿の副島種臣と寺島宗則は強硬に反対した。わざわざ帰国した大久保や伊藤が、委任状がもらえないのなら面目上切腹するほかないと気色ばむ一幕もあり、留守政府はこの問題をめぐってもめにもめた。結局、寺島が大久保と伊藤に同行することで妥協が成立し、委任状が下付される運びとなった。寺島は駐英公使としてイギリスへ赴任する途上、二人に同行するというのが名目であったが、本当の目的は下付された委任状がいい加減に利用されることのないよう監視するためであった。[20]

岩倉使節団の中にも亀裂が生じた。狭

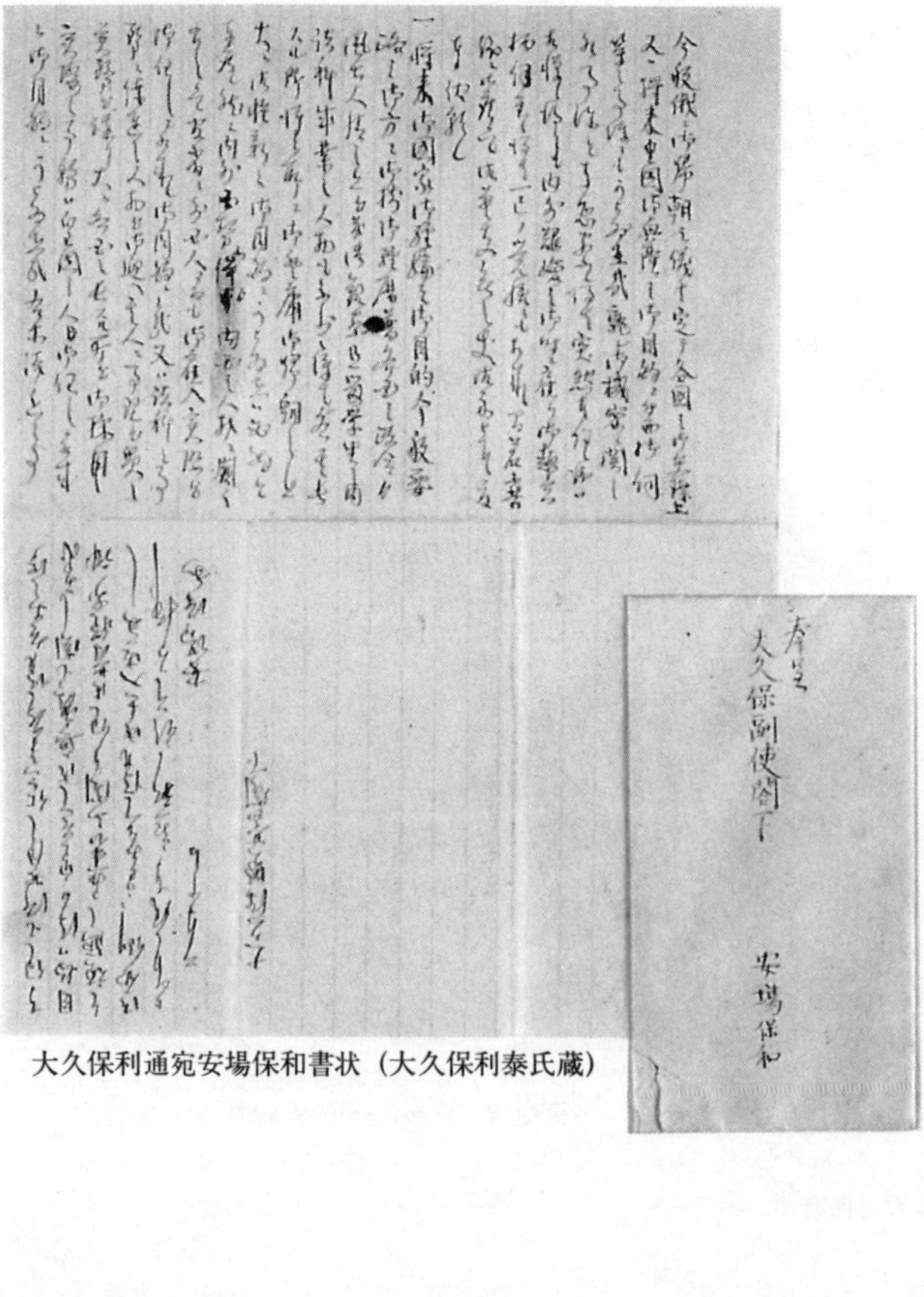
大久保利通宛安場保和書状（大久保利泰氏蔵）

苦しい宿舎を泊まり歩く長旅を続けるうちに人間関係がぎくしゃくしてくることは、ままあるものである。大久保の伝記によれば、アメリカ横断鉄道の長旅の道中も、岩倉、大久保、木戸、山口、久米、畠山が一緒に座って会話を楽しんでいたにもかかわらず、伊藤は彼らとほとんど同席しなかったという。彼はそれよりも福地源一郎と一緒になって女を観察したり女漁りをするのを好んだようである。福地と伊藤には共に留学経験があった。そして二人とも大久保を怖れていた。諸国歴訪中、西洋諸国の都市を歩きまわる度に使節たちは売春婦に遭遇した。この経験から、木戸が売春制度を禁止する法律を制定するのは誤りであるとの見解に達したのに対し、大久保は最初は木戸と同意見だったにもかかわらず、まったく正反対の立場をとるようになっていたのである。旅程を通して、木戸と大久保の相違点は次第に鮮明になっていったようである。珍しい光景やすばらしい景観に接すると、木戸を含む使節団メンバーは一様に感嘆の声をあげたものだが、大久保だけは違っていた。彼一人が葉巻煙草をくゆらし、沈黙したままだったのである。(21) 久米は、木戸が大久保にこれ以上権限を与えることに対して危惧の念を抱いていたと回顧している。ビスマルクに匹敵する野望の持ち主である大久保が、いったん掌握した権限をおいそれと手放すわけがあるまいと木戸は危ぶんだのである。(22) 大久保がワシントンに戻ってきた日に使節団の主要メンバーが集まって下した決定により、岩倉と木戸は気まずい立場に立たされることとなった。

外交交渉でこのような遠回りをすることになったのは、森と伊藤のタイミングを見誤った熱意にほだされたためといえるが、わけても木戸は「才子の一時求名之説」に惑わされたことを悔いていた。木戸の日記には彼らに対する不満がしばしば綴られているが、伊藤は大臣の器ではないとの結論に木戸が達したようだと久米も当時を回顧している。(23)

この一件をきっかけに、木戸が明治政府の表舞台から次第に片隅に置かれるようになっていったと評しても過言ではあるまい。彼には大久保のような一貫性が欠けており、すぐ人を決めつけ非難するきらいがあった。また彼は大久保よりもチームプレーが不得手であった。本国から帰国命令を受け取った時も、きびきびと対応した大久保に対し、旅程を切り上げることに抵抗を示した木戸の態度は対照的だったといってよい。これらに加えて、使節団がワシントンで延々と待たされている間、東京で数ケ月過ごした大久保が政府中枢における政治的影響力を強めたという点も見逃せないだろう。

六　政治制度

ワシントンで長期間足どめされていた間、使節たちは政治制度を研究し検討する充分な時間を得ることとなった。木戸の日記からも、彼が英語の勉強とアメリカの政治制度に関する文書の翻訳を日課としていた様子がうかがわれる。ヨーロッパにおいても同様だったが、アメリカでこれらを学んだ結果、日本には憲法が必要であると木戸は確信するようになった。帰国後彼が提出した代議政体に関する上申書は理想主義でありすぎたが、彼がかつて抱いていた政治理念と比べると大きな進歩の跡が見られるのである。

近年日本が経てきた政治的変革も新たな意義を帯びるようになった。久米は回顧録の中で次のような逸話を紹介している。木戸は、久米と畠山がアメリカ合衆国憲法の翻訳を進めている最中に一寸立ち寄っては、明治維新期に佐賀藩が犯した過ちをちくちく指摘したり大隈重信は字が書けないという噂だなどと言っては久米を挑発しようとした。久米はそれには取り合わず、話題を天皇の誓約の方に転じた。木戸は明らかに五箇条の御誓文の意義を失念していた様子で、その写しを見たいと所望した。その翌日、木戸は情熱に溢れて現われた。前夜に五箇条の御誓文を読み返した彼は、そのすばらしさを再認識したのである。「此の御主意は決して変易してはならぬ、自分が眼の黒い間は死を賭しても之を支持する」と木戸は断言したという。[24] 外遊によって、木戸は五年前に自分の参画した政治活動の意義を再評価することになったわけである。

久米の『米欧回覧実記』からも、アメリカでの経験が及ぼした政治面における影響を垣間見ることができる。一見したところ、各州が自治権を持つ連邦制度は、十九世紀日本における幕藩体制を想起させる側面がなかったわけではない。しかしながら、連邦制度にはこれと表裏一体となっているもう一つの側面があることに、久米はワシントンで気づいたのである。共和政体をとっているアメリカ政治はあらゆる面で日本の政治システムとは異なることが、やがて明らかになった。共和政治にはそれなりの長所もあるが、最上の人材あるいは最善の政策の選択を必ずしも保証するものではない、と久米は記している。日本人が本能的に抱いていた根強いエリート志向ゆえに、岩倉使節団は当然の帰結としてヨーロッパの君主制度により好感を持ったのである。

アメリカ社会が人種のるつぼであることも久米の注目をひいた。進取の気性に富み冒険心に溢れたヨーロッパ人が各国から集まってきており、これがアメリカ社会と経済の活気とたくましさの原動力になっていると久米は考えた。しかし反面、アメリカでは万人に平等な生活が約束されているわけではない。久米は黒人問題についても『米欧回覧実記』の中で論究した。黒人たちはつい最近まで役畜のように扱われ、今でも環境、生活、教育面で不利な立場に立たされており、彼らがアメリカ社会の中に溶けこむまでには少なくとも十年はかかるだろうと久米は考察した。また使節団はアメリカ大陸の原住民の存在にも注目していた。『米欧回覧実記』の中で久米は、一行が汽車の車窓から見たネヴァダ州の先住民居留地に触れている。ワシントンでは先住民数名が使節団一行を

「ハンボールト」荒野印度土蕃ノ住居
(『米欧回覧実記』銅版画、久米美術館蔵)

訪ねて投宿先のホテルを訪れ、伊藤が代表して彼らと会見した。久米は回顧録の中でネィティヴ・アメリカンのルーツをめぐる諸説を検討し、アメリカ大陸の先住民族に対する処遇のし方にアメリカ民主主義の限界があらわれていると指摘した。このように、岩倉使節団はアメリカの諸制度の内包する矛盾点を冷静に見抜いていたのである。

七　慣習と価値観

宗教は岩倉使節団が大きな関心を寄せた問題の一つだった。浦上の切支丹に対する弾圧が日本国内で衝撃的に受け止められたばかりでなく海外でも物議をかもしていたからである。岩倉使節団が日本を出発した時点では、キリスト教は日本ではまだ禁止されていた。ランマンの復刻した学生たちの作文には、近世初期の日本で布教活動を行ったカトリックの宣教師は帝国主義的な野心を持っていたと軽蔑的な論調で述べたものが数多く含まれている。また岩倉使節団について報じた新聞記事の中には、徳川幕府の政策を正当化する論調のものさえあった。十九世紀のアメリカ政治は反カトリックの立場を鮮明に打ち出していたが、カトリックとプロテスタントの宣教活動はどちらも日本社会を秘かにむしばむものだと日本人が同一視していたことには納得がいかなかった。それだからこそ、フルベッキは使節団が着目すべき問題の一つを次のように提議したのである。「切支丹禁制が廃止されたならば日本の政府や国民が特に危険にさらされ危害を被ることになるような要素を西洋諸国の宗教が本当にはらんでいるのだろうか。この点を使節団の参加者全員が歴訪先で存分に調査する自由を与え、しっかり見きわめるよう特に命じること」。しかしここで看過してはならないのは、彼が提案した旅程の中にイタリアが入っていなかったことであろう。訪問国候補として彼が挙げた中では、フランスが唯一のカトリック国であった。

使節団一行がアメリカ社会の宗教的側面に敬意を表したのは、特に驚くにあたらない。久米はアメリカで遭遇した人々がみな宗教を重んじていると、いくらか驚いた様子で記している。またアメリカで学んでいた日本人留学生にとって、キリスト教に改宗する誘惑は大きいものだったということも容易に想像できる。田中不二麿の教育制度視察隊に同行した新島襄は、「異教の使節団」に仕えることを大いに喜んでいたという。

前述したように、ニューヨークでは高等教育機関がほとんど注目されなかったが、これに対して『米欧回覧実記』はアメリカ聖書協会の訪問にかなりの紙幅をさいている。久米は西洋文明に果たす聖書の中心的役割について論じた。聖書は四書と仏典を一つにしたようなものであり、各家庭、各個人が必ず一冊ずつ聖書を持っており、半月の旅行にも必ず携えて行く。また聖書はすでに三十種類の言語に翻訳されており、西洋人の品行の基となっていると久米は記している。(25)

もっとも、二週間に及ぶソルトレークシティー滞在中、使節団一行はキリスト教の常道を逸脱した宗派を知ることとなった。久米は多少誇張して、モルモン教の教えでは一夫七婦以上を娶らなければ天国に行けないと説いていると記し、モルモン教の始まりや歴史について丹念に解説した。一行はモルモン教の大会堂を訪れて礼拝に参列した。久米は『米欧回覧実記』の中で建物の特徴を事細かに描写し、礼拝については、聖書の朗読、讃美歌合唱、説教などがあってプロテスタント教会の礼拝と大差ないと記している。一行はまた、ブリガム・ヤングのもとを訪れた。ランマンは、使節たちの「預言者ブリガム」に対する丁重ながら否定的な反応をさも面白そうに書きとめている。「岩倉大使は、何故預言者の方から訪ねて来ないのかと問うた。これに対して使いの者は、預言者が連邦政府から外出を禁じられ、不本意ながら自宅に軟禁されているからだと答えた。大使はそれが何を意味しているかを直ちに察し、眉をひそめてこう言った。『私共はこの偉大な国の大統領と会うためにアメリカにやって来たのです。自分の国の法律を破り逮捕された男を私共が訪ねることについて大統領はどのようにお考えになりますかな。』」しかしランマンにはあいにくだが、実際には、使節たちはヤングのもとを訪れた。木戸は「寺より直にヨンクを訪ふ兼て公使より申來し約束あり當年七十歳と云」と日記に書きつけている。[26]

しかし何といっても使節たちが最も驚いたのは、アメリカで女性が尊重されていることであった。デロング公使が妻と共に一行に同行したので、すでにアメリカへ向かう船旅の間に使節たちにも多少の心の準備はできていた。しかしアメリカ本土に上陸して数日のうちに、彼らはデロングが特別の例外ではないということを悟ったのである。当初はすべてが困惑することばかりであった。たとえば久米は男女が連れだってホテルのロビーから何やら小さな部屋に入っていくのを見て仰天した。ほどなく彼は、それがホテルの上階に行くのに便利な方法〔訳注・エレベーターの利用〕だということを発見したという按配である。それでもなお、大きな問題が解決されなかった。婦人たちは晩餐会にも、ホワイトハウスでのレセプションにも出席していたし、特別の催しや舞踏会に際しては陸軍士官学校の構内に入ることさえ認められていたのである。このような風習はアメリカならではに違いないと考えたものの、イギリスへ行ってみると事態はまったく変わらなかった。わずかにドイツで、男たちが葉巻をくゆらせながら、イギリスやアメリカでは女を下にも置かぬように扱いすぎると笑いものにしていたのが、使節たちにとってせめてもの救いであった。

木戸はこれにはもっと重大な道徳観の問題が関わっていると考えた。久米は木戸がある「アメリカの老學者」と交わした会話を回顧録の中で紹介している。

「貴方達は一家の内で最も親愛する者は妻であらう」

「否。妻よりも親である」

「成程親子も親しいに相違ないが、夫婦の情愛には及ばぬ、早い話が、貴方が今後歐羅巴から歸朝して最も先に旅行の無事を歓談するものは夫婦ではないか」

「否、如何に戀着せる愛妻でも、日本では先づ父母の安否を問うて祝福し、然る後に、妻に談話する作法である」

老学者は大いに驚き入った怪訝そうな面持ちだったが、木戸も彼の言い分に賛同しかねる様子だった。西洋人は妻を大切にするが両親をおろそかにしがちだという結論に木戸は達した。はたして忠孝の理念は近代化の波をくぐり抜けていきのびることができるのだろうかと彼は危惧したのである。(27)

これらは無論、岩倉使節団が滞米中に経験し印象づけられたことや学んだことのごく一部にすぎない。不首尾に終わった条約改正交渉のおかげで、アメリカ滞在は旅程の中で最長の二百五日間となった（これに比べ英国は百二十二日間、プロシアは二十三日間）。『米欧回覧実記』の中でもアメリカはイギリスと並んで二十巻を占めている。これはドイツ十巻、フランス九巻、ロシア五巻、ベルギー、オランダ、オーストリア各三巻をはるかに上回る巻数だった。もっとも、後年プロシアとオーストリアの政治制度が明治国家に大きく影響したことを考え合わせると、記録の分量が必ずしも使節団の関心に正比例するものではなかったといえよう。

西洋諸国が使節団にどのような衝撃を与えたかを知る最良の手がかりとなるのは、やはり久米邦武の『米欧回覧実記』であろう。五冊の洋装本として出版されたこの報告書の一冊目がアメリカの巻にあてられている。著者の久米邦武は新しい世界に出逢った日本人エリートの典型例だったと評してもさしつかえあるまい。彼は使節団の中でも一目置かれる存在だった。木戸は彼を評して、久米には見せかけでない優雅さがあり、そのため他の随員から賢人と呼ばれており、また倹約家で、決してお金の無駄使いなどしない男だと記している（それだけに、ロンドンの銀行が破産して臍栗《へそくり》金を預けていた使節たちがお金を失う騒ぎがあった時、久米も百五十ポンド失ったことは使節団メンバーを大いに驚かせたのである）。久米の記録には、イザベラ・バードがこの数年後に書いた東北旅行記と相通ずるものがある。彼は距離、面積、高さ、人口をはじめ、ありとあらゆるものの統計的数値を項目別に詳しく記した。しかしそれらの記録の間に、彼はもっと重要な問題に関する考察を挿入したのである―この場所の特色は何なのか、それはこの国の歴史とどのような関わりがあるのか、日本との関連性はどこにあるのか、等々である。このようにルポルタージュ、著者の反応、そして考察の三者が一体となったからこそ、『米欧回覧実記』は古今東西を問わず紀行文の名著となったのだといえよう。久米の判断基準、価値基準は実にしっかりしていた。儒学の研鑽を積んできた久米は、たとえば男女の差、企業家の推進力、アメリカの人種問題など、道徳観や倫理観の問題、長期的な問題の所在を正確に把握することができた。彼は東洋と西洋の相違点をしばしば指摘したが、それと同じくらい数多く両者の類似点も見出している。しかし根本的に、久米はエリート主義であったし、日本の伝統文化に深い愛着を持ち尊重していた。従ってアメリカ社会の多くの側面を、これは共和政体ゆえのものであり日本にはふさわしくないと一蹴してしまったのである。彼はまた、近代化の成果に必ずしも心を奪われはしなかった。晩年になって箱根で隠居生活を送るようになった久米が、あたりの静謐を破る飛行機の爆音に腹を立て「無用なもの」と決めつ

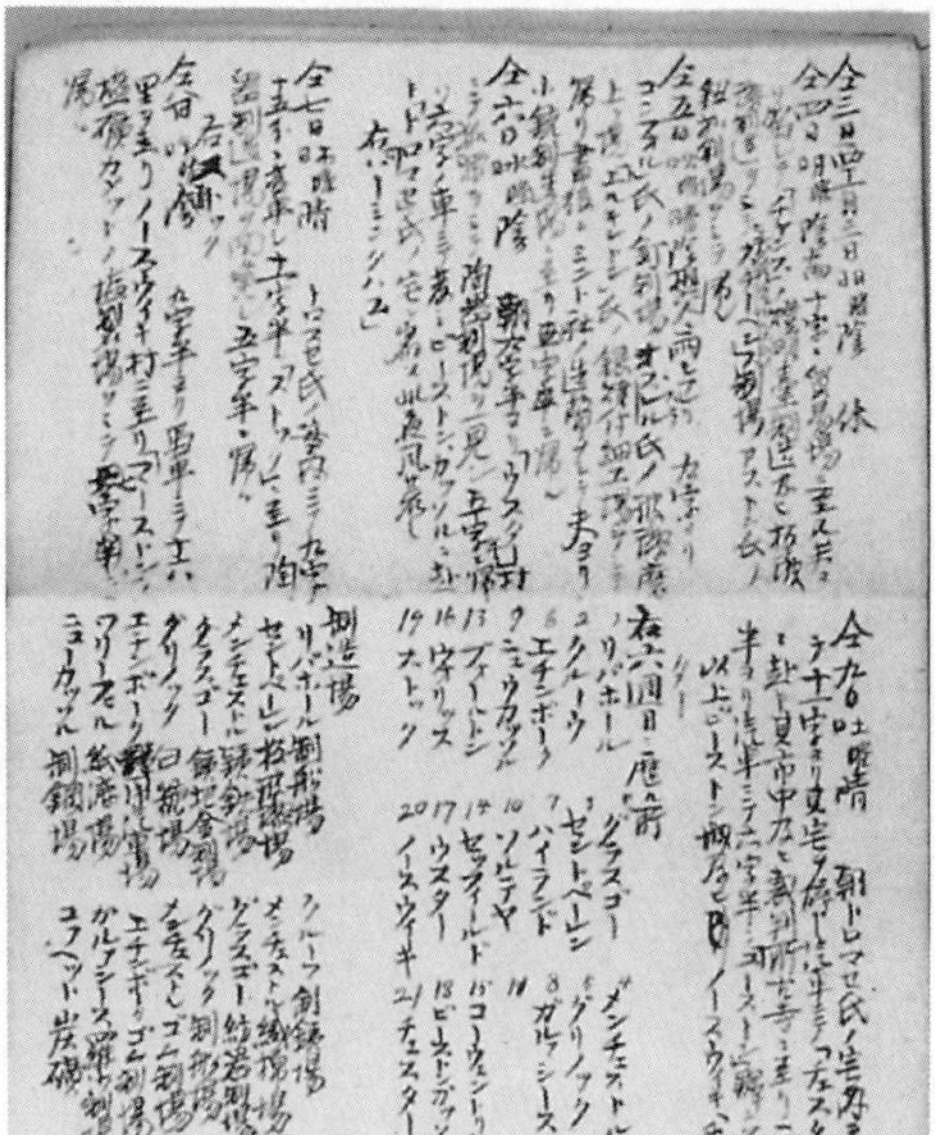

回覧中の久米邦武のメモ帳
（久米美術館蔵）

けたのもうなずける。

一歩下がって物事を考察する姿勢と幅広い展望を持つ視野があったからこそ、『米欧回覧実記』は岩倉使節団全体の、また久米個人の、異文化接触体験を綴った貴重な記録となったのである。

（1）メイヨ氏の業績としては、未刊行の博士論文の他に以下の論文があげられる。“Rationality in the Meiji Restoration: The Iwakura Embassy”, in B. S. Silberman and H. D. Harootunian, *Modern Japanese Leadership: Transition and Change* (University of Arizona Press, 1966), pp.323-369; “A Catechism of Western Diplomacy: The Japanese and Hamilton Fish, 1872”, *Journal of Asian Studies*, XXVI, 3, 1967, pp.389-410; “The Western Education of Kume Kunitake, 1871-6”, *Monumenta Nipponica*, XXVIII, 1, 1973, pp.3-67. また、ソヴィヤク論文 “On the Nature of Western Progress: The Journal of the Iwakura Embassy” は、Donald H. Shively, *Traditon and Modernization in Japanese Culture* (Princeton University Press, 1971), pp.7-34. に収録されている。

（2）芳賀徹「明治初期一知識人の西洋体験」（『島田謹二還暦記念論文集比較文学比較文化』一九六一年）。田中彰氏の主要著書には以下のものがあげられる。『岩倉使節団』（一九七七年）、『脱亜の明治維新―岩倉使節団を追う旅から』（一九八四年）、「岩倉使節団のアメリカ観」（『明治国家の展開と民衆生活』一九七五年、九九―一二四頁）。「岩倉使節団と『米欧回覧実記』」（『「米欧回覧実記」の学際的研究』一九九三年、三―六六頁）。

（3）『岩倉使節の研究』（一九七六年）。家近良樹「岩倉使節の派遣をめぐる一考察」（『日本史研究』二二二号、一九八一年二月、一―二九頁）。

（4）*The Diary of Kido Takayoshi*, vol.2, 1871-1874 (University of Tokyo Press, 1985).

（5）原文は、Albert Altman, “Guido Verbeck and the Iwakura Embassy”, *Japan Quarterly*, XIII, 1, 1966. に収録されている。

（6）田中彰『明治国家』（日本評論社、一九六七年）一二五頁参照。ここには石塚氏が二つの出身階級別に一八七一一七年の官僚の出身地を示した一覧表が収録されている。それによると、勅任官では鹿児島並びに山口出身者が東京出身者を僅かに上回るが、判任官では東京出身者に圧倒されていることがわかる。

(7) Y. Okamura, "re-ed.", *Leaders of the Meiji Restoration in America* (Tokyo, 1931), p.52. 森有礼に雇われワシントンの日本公使館に勤めていたランマンは、津田梅子をはじめ若い日本人留学生の住居や教育に関する責任を引き受けていた。日本人留学生については、石附実『近代日本の海外留学史』(一九七二年)ならびに James F. Conte, "Overseas Study in the Meiji Period: Japanese Students in America, 1867-1902". (一九七七年、プリンストン大学に提出された未刊行博士論文)参照。論文の中では、外務省発行のパスポートの数から、一八六八—七九年にかけて日本の海外留学生数が以下の通りだったことが示されている。アメリカ合衆国二百九十三名(三二・一二パーセント)、英国百七十八名(一〇・一パーセント)、ドイツ六十九名(七・八パーセント)。

(8) *The Diary of Kido Takayoshi*, vol.2, p.145 (1872.4.1).(『木戸孝允日記』第二巻、一五二頁。明治五年二月二十四日付)。

(9) Kanda Memorial Committee, *Memorials of Naibu Kanda* (Tokyo, 1927), pp.74-75. 神田乃武は、東京大学でいわゆるヘボン講座を担当した高木八尺教授の父にあたる。

(10) 春畝公追頌会編『伊藤博文伝』(一九四〇年)第一巻、五九二—五九七頁。この覚書の存在を喚起して下さったグレアム・ヒーリー氏に感謝する。

(11) 『特命全権大使米欧回覧実記』第一巻、三六七頁。〔訳註:頁数は一八七八年の初版ではなく、一九七七年の岩波文庫版に基いている。〕

(12) 中野禮四郎編『久米博士九十年回顧録』(一九三四年)一八一—一八三頁。

(13) *Kido Diary*, p.193 (1872.8.2)(『木戸孝允日記』第二巻、二〇九頁。明治五年六月二十八日付)。*Boston Evening Transcript*, 1872.8.3.

この数年前にバーリンゲイム使節団が中国から訪問した時に、ホームズは「幅広いミズーリ川が黄河の流れと一つになるだろう」と明るい未来を約束した。

(14) Lamman, p.13.

(15) *Kido Diary*, p.118 (1872.1.23).(『木戸孝允日記』第二巻、一二六—一二七頁。明治四年十二月十五日付)。木戸

の書簡は、Irokawa, Daikichi, *The Culture of the Meiji Period* (Princeton University Press, 1985) p.55. に引用されている。（『木戸孝允文書』第四巻、三三〇―三三一頁。杉山孝敏宛書翰。明治四年十二月十七日付）。

(16) Herbert Passin, *Society and Education in Japan* (N.Y. Columbia University Press, 1965), pp.216-225. にその抜粋が収められている。

(17) 森の著書はランマンの一九三二年版、一三四―三四八頁に収録されている。

(18) 『米欧回覧実記』第一巻、三五一頁。イギリスでも使節団はオックスフォード大学やケンブリッジ大学にほとんど関心を払っていない。日本にはもっと実用的な教育や技術教育が必要だと彼らが考えていたからに相違ない。

(19) *Kido Diary*, II, p.187 (1872.7.22)（『木戸孝允日記』第二巻、二〇二頁。明治五年六月十七日付）。

(20) 田中彰『岩倉使節団』八二―八三頁。

(21) 田中彰「『脱亜』の明治維新」二九―三二頁。

(22) 『久米博士九十年回顧録』第二巻、二六一頁。

(23) *Kido Diary*, II, p.180 (1872.6.26)（『木戸孝允日記』第二巻、一九三頁。明治五年五月二十一日付）。森について木戸は「森從來の擧動に付書記官一統も大に不便を生し」たと記している（*Kido Diary*, II, p.181《1872.7.1》（『木戸孝允日記』第二巻、一九五頁。明治五年五月二十六日付）。木戸の伊藤評に関する記述は『久米博士九十年回顧録』第二巻、二六二頁を参照。

(24) 『久米博士九十年回顧録』第二巻、二五九頁。

(25) 『米欧回覧実記』第一巻、三四一―三四二頁。

(26) Lanman, p.20; *Kido Diary*, II, p.124 (1872.2.5)（『木戸孝允日記』第二巻、一三三頁。明治四年十二月二十八日付）。

(27) 『久米博士九十年回顧録』第二巻、二六三〜二六四頁。「文明開化と共に忠孝の道は危殆に陥る」と木戸は嘆息したという。

[訳註]

[1] 横浜出航時、岩倉使節団が総勢四十六名であったことが現在明らかになっている。

［2］　永井繁（父永井久太郎は旧幕臣で静岡県士族）が瓜生外吉海軍大将の、また山川捨末（父山川与十郎〔尚江〕は元会津藩士で、青森県士族）が大山巌元帥の妻となった。

［3］　第三条にあたる。

［4］　いわゆる徳川御三家。

［5］　俗称「ブリーフ・スケッチ」。訳文については梅溪昇『お雇い外国人—政治・法制』、田中彰編『開国』（近代日本思想大系第一巻、岩波書店）参照。

［6］　神田孝平（一八三〇—一八九八）は蘭学をおさめ幕臣として出仕していたが、明治維新後は政府に招かれ、地租改正法の成立に寄与するなど、啓蒙的開明的な政策立案に貢献した。神田乃武（一八五七—一九二三）は孝平の養嗣子。一八七一—七九年アメリカに留学して教育学を学び、帰国後は外国語学校長、一高教授などを歴任し、日本の英語学、英語教育の発展に尽力した。

［7］　オリヴァー・ウェンデル・ホームズ（一八〇九—一八九四）はアメリカの生理学者、詩人、随筆家。*The Autocrat of the Breakfast Table*（『朝の食卓の独裁者』一八五八年）、*The Poet of the Breakfast Table*（『朝の食卓の詩人』一八七二年）など諧謔、機知に富んだ作品集がある。同名の子息（一八四一—一九三五）は連邦最高裁判所判事に三十年在職し、リベラルで人権重視の立場をとった憲法解釈を貫いたことで有名。

［8］　*Kido Diary*, II, p.187（1872.7.22）（『木戸孝允日記』第二巻、二〇二頁。明治五年六月十七日付）。

フィラデルフィア物語——一八七二年、肥田為良の工場視察

マリーン・メイヨ
（井戸桂子訳）

一　はじめに

一八七二年三月、明治維新を経て四年のちのこと、日本人の代表団がフィラデルフィアを訪れて、三週間にわたり同市の商工業施設をあわただしく視察して歩いた。この日本人たちは西洋へ派遣された岩倉使節団の一員で、七ケ月におよぶ米国滞在の半ばにさしかかる頃であった。この一行を率いたのは、肥田為良という技術者で、岩倉使節団のなかでも専門的な調査研究を任務とした、十名の理事官のうちの一人であった。

肥田のフィラデルフィア視察は、岩倉使節団に関するさまざまな物語の中でも、未だに知られざるエピソードである。しかしこの視察は、岩倉使節団の性格を、一般的な調査研究の派遣団から工場視察の大派遣団へと変えさせる結果となった。さらには使節団に、国

肥田為良
（肥田和子氏蔵）

の産業化の過程と機械技術の役割とについて、より深く理解させることとなった。この成果は、明治日本の近代化に大きな影響を与えた。

ただし、肥田の視察の模様については、日本側の記録が紛失あるいは破棄されたため、アメリカ側の新聞記事と、地元フィラデルフィアの準備委員会のために編集された作者不詳の視察記録しか残っていない。米国の他のどの都市も、フィラデルフィアほど日本人の一行に商工業の手ほどきをしてくれなかったし、また、西洋の他のどの都市の人々も、フィラデルフィアの熱心な人たちほど日本との貿易を成功させようとはしなかった。フィラデルフィアは、その後の岩倉使節団のさまざまな工場視察体験に、ひとつの小宇宙として役に立ったのである。しかも、岩倉使節団のこうした工場視察に関する論考は、十九世紀の中葉から後半にかけての西洋から日本への最初の機械技術の移転を研究する分野において、これまで一つの欠けた環となっている。産業主義という観念は、一八七一年の明治政府にとって決して耳慣れないものではなかったが、燈台や鉄道の建設あるいは電信の架設といった事業は、まだ、一貫した産業政策のもとに計画実行されていたわけではなかった。

肥田為良と訪米使節団
(肥田和子氏蔵)

二　肥田の経歴と専門知識

明治政府は、当初から、新しい世代に高度な技術訓練を行なうとともに、他方、徳川時代の技術専門家たちも活用していた。肥田為良（一八三〇―一八八九）の経歴は、新政府のこうした方針をよく示している。徳川時代、一八五〇年代から六〇年代にかけて、内外での研修を通じて西洋の造船技術と操舵の知識を得た技術者たちが、ほんの一握りではあるが育っていた。肥田はその一人であった。(1)

肥田は静岡（現・伊東市）出身の武士で、若くして蘭学者となり、江戸の有名な師のもとで砲術を学んだ。(2)その後才能を認められ、幕命により長崎に赴き、オランダ将校のもとに造船工学を修め、(3)草創期の徳川海軍の指導者となった。一八六〇年、小さな蒸気船の咸臨丸に機関長として乗り込み、日本最初の遣米使節団を乗せるアメリカ船のあとについて、サンフランシスコまでの長い航海を行なった。帰国後、江戸湾に面した小さな石川島造船所で、国産初の蒸気艦のエンジン設計に携わった。一八六四年には、工作機械の買付けとその使用法の修得のためにオランダに派遣された。しかし幕府は突然、フランスの援助のもとに横須賀に製鉄所と造船所を建設することを決定し、フランス人の海軍技師フランソワ・ヴェルニーを監督官として雇った。その結果、肥田は一八六五年の初め、オランダでの任務を中断してパリの柴田使節団に加わるようにと急遽命じられた。パリでは、横須賀向けの設備の買付けをめぐって、ヴェルニーと衝突した。帰国後、一八六六年、第二次長州征伐に参加し砲艦に乗艦した。そののちは石川島に戻り、全国からの技師たちとともに六十馬力の蒸気艦の建造に尽力した。彼のこのような数々の業績は、日本の造船技術のもう一人の開拓者、小野友五郎のかげに隠れており、肥田が船舶技術の普及に貢献したことは、これまで看過されている。

明治維新の後の二年間、肥田の足どりは、明らかでないが、一八七〇年、当時すでに四十歳を迎えて、明治新政府に出仕を勧められ、工部省の土木正、後に造船兼製作頭として、横須賀造船所に勤務した。一八七一年の終わり、岩倉使節団の理事官のひとりに任命された。彼の造船技術と海外経験からすれば、いわば当然の派遣である。この時、工部省の上司で二回の海外渡航の経験もある、工部大輔伊藤博文も、特命全権副使として派遣された。肥田の当初の任務は蒸気機関駆動の機械の修得であったが、のちに鉄道と鉱山の調査にしぼられた。

肥田は一八七二年一月の半ば、アメリカで経験する近代産業社会の研修を、淡々とカリフォルニアで始めた。大使一行とともにサンフランシスコの小さな工場を短時間みてまわったのである。しかし当初、こうした訪問は、西洋の諸制度を調査するという包括的な計画の一つであり、まだ、特段の目的をもったものではなかった。首府ワシントンD・Cまでの大陸横断鉄道の長旅では、肥田は時折、大使一行が科学技術の驚異の数々に目を見張るとき、共に立ち会って調査した。たとえば、二月一日、サクラメントで、使節団は初めて内容のある工場視察を行なった。ユニオン・パシフィック鉄道の広大な機械工場と修理工場を二時間かけて見学したのである。その

ユニオン・パシフィック鉄道

際、肥田は副使の木戸孝允に、この製鉄場は彼が欧州で見た製鉄場と比べても「右に出るもの少し」と語った。また三週間後、ネブラスカ州オマハで下車した折には、彼は木戸とアメリカ人の案内人と共に、ミズーリ河岸まで徒歩で降りて行き、オマハとアイオワ州のカウンセル・ブラッフスとを繋ぐ、完成間近い鉄橋を眺めた。その橋は、水底深くに据えた十一の橋脚の上に建造され、まさに工学技術の偉業といえた。さらにシカゴでは、肥田は人造石工場を見学する木戸に加わった。岩倉と副使の大久保利通は、同市の水道施設を見学し強い印象をうけた。そして肥田は、使節団の行動を追うアメリカの新聞記者たちの関心を、この時すでに、かなり集めていた。(4)

大使一行が首府に到着し、グラント大統領（Ulysses S. Grant）とフィッシュ国務長官（Hamilton Fish）への公式謁見を行なった後は、使節団内では、外交が視察調査に優先した。岩倉と木戸は国務省で条約改正交渉に鋭意つとめることとなり、副使の大久保と伊藤は新たに全権委任状を要請するために東京へ戻ったのである。また、たとえワシントンの博物館や連邦の諸機関、ことに特許庁とスミソニアン博物館がすばらしい発明発見の数々を展示していたとしても、ワシントンはそもそも政治の町で、商業あるいは製造業の中心地ではなかった。そこで、理事官たちは三月と四月のあいだ、裁判所、病院、学校、造幣廠などを、それぞれ別行動で視察してまわっていた。

こうしたときに、フィラデルフィアの経済人たちからの招聘状が

フィラデルフィアのコンチネンタル・ホテル

使節団に届いたのである。ただちに理事官の肥田が命をうけ、アメリカ第二の都市へと派遣された。こうした形での派遣は、今回初めてのことであった。

三　心からの歓迎

三月十五日の午後遅く、肥田一行の十名はフィラデルフィアに到着し、即座に、コンチネンタル・ホテルへと案内された。彼らを待ちうけていたのは、じつに精力的な二十五日間であった。ありとあらゆる製造工場を、休みなしに訪問してまわるのである。すなわち、機関車工場、蒸気船のドッグからミシン会社、ガス燈製作所、連邦造幣局まで、あらゆるものを視察することとなる。一行は、才能もあり、幅広い分野から選ばれたグループであったので、自分たちが見学したものを、資本主義の企業という広い世界に結びつけて理解することができた。肥田のもとには通訳官として、外務省の長野桂次郎二等書記官が配された。長野は十八歳にして一八六〇年の遣米使節団に随行して、「トミー(Tommy)」というあだ名をもらっていた。その他の重要人物としては、鉱山冶金技術者の大島高任と、農業専門家の阿部潜と沖守固がいた。ときには、中山信彬(兵庫県知事)および内海忠勝(神奈川大参事)も、三名の書記官、渡辺洪基、林董、安藤忠経と共に、肥田の一行に加わった。(5)

フィラデルフィアのガイドブック
(久米美術館蔵)

この肥田の視察旅行が行なわれるに至ったのは、使節団自身が産業へ関心を抱いたからだけではなく、自信に溢れたフィラデルフィアが自ら提案し招待したからでもあった。明らかに同市は、大きな見返りを期待していた。一行の見学日程は準備委員会によって丹念に練られたのだが、この準備委員会を構成する地元の有力な商人や工場主たちは、フィラデルフィアとその近郊にある最上のものを見せたいと思っていた。また見学先の選定にあたっては、日本を貿易の「広大な市場」としようという意図も働いていた。一行の案内の責任役を務めたのは、産業資本家のウイリアム・ペインター（William Painter）と経済人のジェイムズ・コールドウェル（James Caldwell）であった。またどの訪問先でも、その会社の経営者が一行の応接にあたった。フィラデルフィアの主要紙である『プレス』紙（*The Press*）は三月十五日、岩倉使節団の目的は貿易協定の締結ではないと読者に注意を喚起しながらも、やはり、「一行は緻密に観察を行ない、自分たちが見たものを日本国民に知らせることであろう」とつけ加えた。さらに大使の岩倉が国会の議場で行なった演説を引用して、「将来、日米の通商関係が拡大されるなら、あらゆる形において我々の国家利益をひとつに結びつけることとなるであろう」と発言したことを紹介した。

フィラデルフィア、この人口八十万のにぎやかな町は、自らを「住まいの都市、そして製造業の女王都市」(The City of Homes and Queen City of Manufacturing) と宣伝して、使節団を歓迎することとなった。一行の来訪を祝って、日章旗と星条旗があらゆるところに―ホテルに、商店の店頭に、工場に、公共の建物に―たなびいていた。日刊紙五、六紙からなる地元の報道関係者が肥田の行動を丹念に追い、準備委員会も日記の形の小冊子を視察記録として製作させた。幸い、これらの新聞と小冊子には、工場視察の様子がよく報告されており、これを貴重な情報源として、肥田の一行がどのような種類の機械と機械操作とを実際に目撃したかを確認することができる。(6) ただし、これらの記事では、しばしば、日本の一行の反応ぶりを書き残すことと同時に、アメリカの読者を啓発することにも力点が置かれていたようである。当時、南北戦争が終って間もないころ、彼らアメリカ人記者たちは、フィラデルフィアや米国における工業の進歩の様相を見れば日本人はきっと驚嘆するに違いないと確信していたが、その記者たち自身が様々な進歩に驚嘆してしまったのである。多くのアメリカの同胞と同様に、記者たちは数多くの新しくて不思議に満ちた機械を愛し、また畏敬の念を持って接した。

四　第一週

肥田のフィラデルフィア体験が、いかに多様で強烈であったかを知るには、順を追って視察日程を辿っていくのが最も良い方法である。公式訪問は、三月十六日、土曜日に開始された。一行は、同市を訪れる来賓ならば必ず訪ねる、フェアマウント公園（Fairmount Park）の有名な水道施設に赴いた。機械装置と貯水池を視察し、公園をゆっくりと馬車で巡った。この公園は広々とした景勝の地として有名で、また、その貯水池は清らかな水をたたえ、市の公共用水や家庭用水として役立てられていた。この一八七二年の時点での水道施設は、一八一五年の創立時よりもずっと大規模になっていた。ポンプ装置を作動させるのも、水車からタービンへと代わっていた。だが、ギリシャ様式を模して建てられた機械庫は、往時そのままに美的景観をとどめていた。『プレス』紙によれば、「機械技術者」の肥田理事官は、ウォーシントン・ポンプ・エンジンについて同僚に詳細に説明したということである。(7)

翌日曜日はホテルで休息を取り、三月十八日、月曜日の朝から、一行は工業視察を本格的に開始した。ボールドウィン機関車製造会社（Baldwin Locomotive Works）をたっぷり一日かけて見学するのである。同社はすで

フェアマウント公園

に有名な大企業であったが、創立は、故マサイアス・W・ボールドウィンが一八二五年に始めた、小さな工作機械工場にさかのぼる。そして一八三〇年代までには、ボールドウィンは、この工作機械工場を蒸気機関車専門の工場に転換させていた。時まさに、アメリカの鉄道時代が始まったところであった。一八六〇年代末に、工場責任者でパートナーのマシュー・ベアードによって再編されて、同社はフィラデルフィア最大の企業となり、国内向けの旅客用と貨物輸送用の蒸気機関車を製造した。一八七二年までには、さらに、ブラジル、キューバ、ヴュルテンベルグ、ロシア、フィンランドを含む海外市場向けの機関車製造を開始していた[8]。一八六〇年の遣米使節団も同社を訪れていたが、肥田の一行に比べると、文明への理解力もなかったし、その技術も習得していなかった。たとえば『プレス』紙によれば、長野は「前回の米国東部行脚は表面的な見物の類いだったが、今回のはきつい仕事である」と気がついていたという。

ボールドウィン社は広大な煉瓦づくりの建物であったが、その応接室で、日本の一行は、会社の経営者たちの同席のもとに、ほぼ午前中を費やして蒸気機関の模型を検分した。肥田が適切で機敏な質問をしているので、「彼らの行動のねらいが、たんなる観光ではなく、役に立つ情報の入手であることがわかった」と、アメリカ側の視察記録は

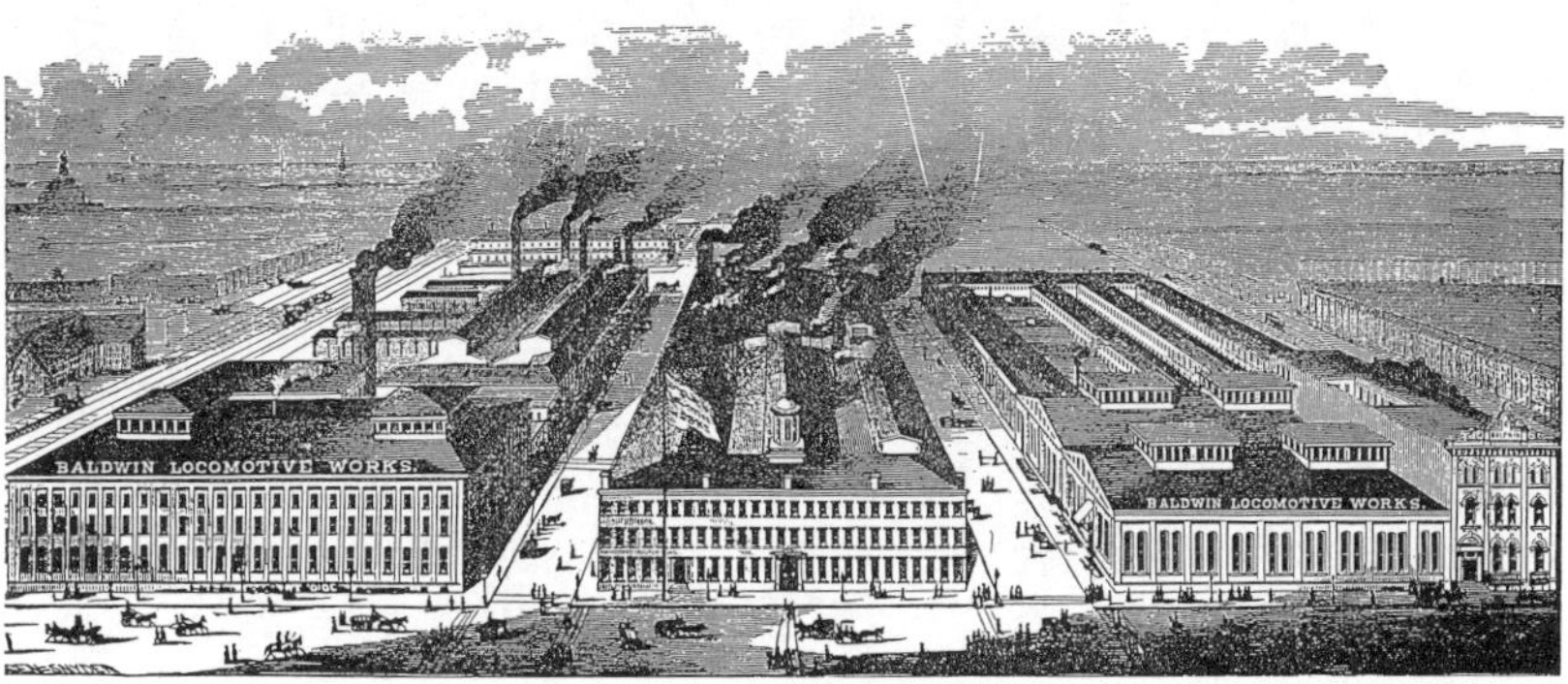

ボールドウィン機関車製造会社

述べている。肥田は、優秀な民間のエンジニアという評判に十分応えた。というのも、彼は弁作用の模型を何回も動かしてみたが、それも「彼が基本原理だけでなく、あらゆる細部にわたって確実に理解するまで」繰り返し試したからであった。さらに彼は、ボールドウィン社から模型の複製を送ってもらう約束を取り付けた。

ひきつづき一行は、ハンマー工場、鋳物工場、鍛冶工場、機械工場で、それぞれの作業をつぶさに見てまわり、長時間の視察をこなした。ボールドウィン社は、二千五百名の従業員を雇い、週に八台の機関車を製造しているが、それでもすべての注文には応じきれていないと、一行に説明した。日本側がさらに質問を重ねたので、一台の機関車を作るのに二十日間しかかからないことや、同社が毎週消費する鉄の量は、鍛造用に百トン、鋳造用にもう百トン要することも明らかにされた。肥田の一行は各工場の作業のなかでも特に、どのようにして鋳物が造られていくのか、すなわち「どのようにして溶解した金属が注ぎ込まれて、車輪、バー、ピストン棒、車軸、側板、レバーができあがっていくのか」を熱心に見学した。鋸やハンマーや槌を適切に動かすための多くの装置も検分した。さらに、蒸気によってボイラーの鋲締めを行なう作業や、新しい蒸気噴射エンジンのテストも観察した。一八七〇年代は、産業秘密をとやかくいう時代ではなかったのである。視察を終えると、肥田は、またいつでも来訪するようにと招かれ、あらゆる「できるかぎりの情報はどんどんお知らせしましょう」という約束ももらった。

翌火曜日の午前半ば、日本の一行はクランプ・アンド・サンズ社（Cramp and Sons）の新しく完成した造船所に到着した。同社はフィラデルフィア有数の私企業であり、デラウェア河に面していた。一八三〇年の創立で、その設備は日本がそれまで横須賀造船所に備えたもののどれよりも、はるかに優れていた。敷地のうち河に面する土地は、長さ六百フィート（約九百六十メートル）にわたり、河に向かって突き出る長い桟橋が人目をひいているのだが、その辺りは、つい前の年の十月にはまだ「ただ湿地ばかり」が広がっていたところであった。フィラデルフィアとリバプールを結ぶ航路にあてられる四隻の巨大な蒸気船が、それぞれ異なった段階で建造中であった。(9)『フィラデルフィア・インクァイアラー』紙(*Philadelphia Inquirer*)の記者は明らかに自ら畏怖の念を込めて、息をのむばかりに次のように記した。

千人の労働者が二、三千エーカーの広さの中に散らばり、袖をまくり上げそれぞれの仕事についている。鋸をひき、ハンマーを打ちつけている。ドシンドシン、ジャンジャン。機械類のものすごい音もする。ガタガタ。鉄板、木枠、梁が高く積み重ねられている。巨大な起重機が、重い板金、梁、肋材を建造中の船のしかるべき場所に、ゆっくりと運び上げる。そして造船の細部の工程が何百と続いていく。眼前に展開するこうした光景を、彼ら日本人は、東洋の自国ではいまだかつて見たことがなかっただろう。西洋の岸に上陸するまでは、おそらく夢見ていただけであっただろう。

実際、造船所構内は、数多くの最新の精巧な機械工具を誇らしげに揃えていた。すなわち、蒸気駆動のリベット穴あけ機械、強力な平削り盤と剪断機、そして非常に鋭い山形鋼切断機が、驚くべき方法で、しかし数学的にも正確に、固い鉄を相手に作動していた。日本人一行のうちの何名かは確かに、この新聞記者が思ったようにすっかり圧倒されてしまったかもしれないが、肥田自身は、ヨーロッパですでに造船所について熟知していた。つまり、有能で、じつに「機敏なエンジニアである肥田」という、かなり異なった人物像を、視察記録の記者は描いている。その記述によれば、彼は「携帯用のコンパス」を使って、「彼がいつもするようなやり方で」一枚の鉄板にあけられたボルト穴が完璧かどうかを注意深く確かめ、さらに、機械が「人間よりももっと正確に仕事をするか」どうかを見たがったという。また『プレス』紙が伝えるところでは、肥田が尋ねたたくさんの質問のひとつは、蒸気船フィラデルフィア号の船首はなぜそんなに平らなのか、というものだった。答えは、「同一平面の船首」が蒸気船には理想的であり、そのおかげで船はデラウェア河を簡単に旋回できるのだとのことであった。肥田は船の形についてメモをとり、ことに興味をもった箇所はスケッチもしていた、とも報告されている。そして案内する側の会社は彼の熱心さに喜び、図面一式をホテルに届けることを約束した。

この時点ですでに午後遅くになっていたが、一行はさらに視察をつづけ、造船所に隣接した鉄工所のI・P・モリス社（I.P.Morris）を訪問した。同社の鋳造工場で最も注目をひいたのは、モリス運河のための巨大なドラム管の製造工程であった。鍛冶工場では、力強い蒸気ハンマーが「まっ赤に熱せられた鉄の巨大な塊」を圧し延ばすところを見学した。機械工場にいくと、工員たちは忙しげに船舶用のボイラーと機械類を製造中であったが、これらは隣のクランプ造船所で建造されている大洋航海蒸気船のためのものであった。ところで、ハバナの葉巻をくゆらしながら小休止をとったときに、氷塊をつくる機械をめぐって、意志の疎通にやや手間どったことがあった。つまり案内するアメリカ側が製氷機械の原理を一行に説明しても、なかなか理解してもらえなかったのである。なぜなら記事によれば、日本人たちはアンモニア（ammonia）という語とハルモニアー（harmonia: ギリシャ神話に出てくる「調和」の女神）という語を、最後まで混同していたからである。さていつものように、肥田は長野を伴って、事務室で図面を調べ、工場風景の写真と機械の図面を贈られた。

肥田の一行は、この長い一日を、キーストーン鋸・工作機械・鋼鉄製作所の名でよく知られる、ディストン鋸製作所（Disston Saw Manufac-

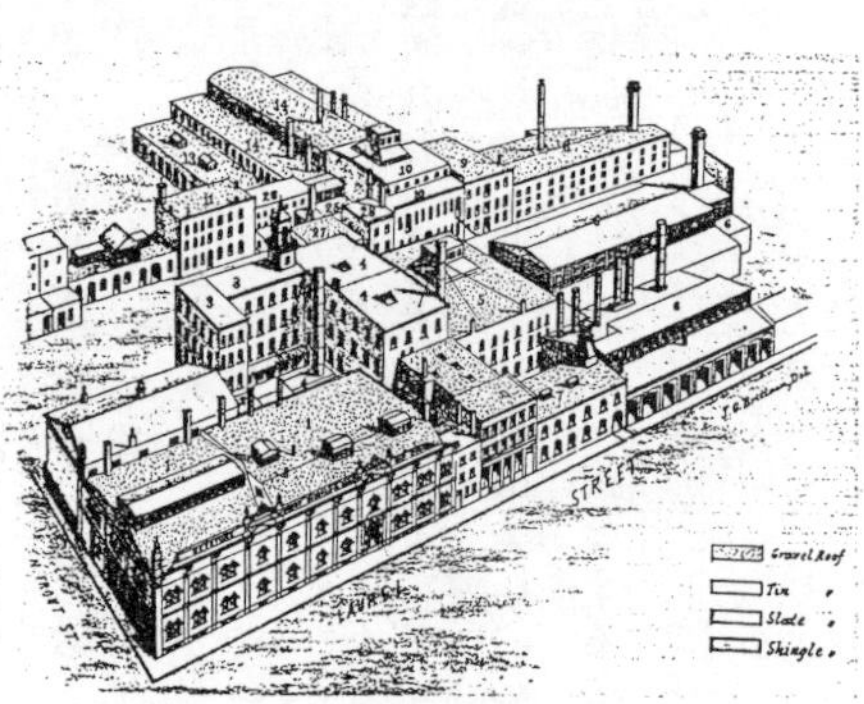

ディストン鋸製作所

tory）への視察で締めくくった。この大会社は、ありとあらゆる、考えられるかぎりの種類の鋸─円形鋸、横引き鋸、細身の長鋸、手動鋸、外科用の鋸─を製造していた。こうした鋸は、「いまや機械技術にとって必須のもの」なのに、日本では、「どちらかというとよく知られていない器具」であると記者は指摘している。会社の新しくて立派な構内は、デラウェア河一帯の製造工業地帯のなかでも八エーカーを占める大きなものだったが、ここではハミルトン・ディストン自らが、一行の案内をしてくれた。ディストンはまず彼らに、鋼鉄がどのようにして歯形をつけられ、台に取り付けられて鋸となっていくかを説明した。次に、鋸がカシの梁を切断していくのを、実演してみせた。一行は、大円形鋸を金剛砂で研磨する工程にも興味をもった。この年一八七二年、ディストン社は合衆国でも有数の鋸製作所となっていた。創業者のヘンリー・ディストンはイギリスからの移民で、ここフィラデルフィアで見習い工として人生を始めた。一八六〇年代までには、イギリスのシェフィールドの鋸会社と同じ値段で輸出を競うことができるようになり、この鋸製造という商売を一大ビジネスへと転換させたのである。工場の建物自体も、訪問する価値があった。建物にはビクトリア朝様式の影響を受けた装飾がよくほどこされていて、「レンガ造りで、鋳型で模様のつけられた鉄の柱や、亜鉛めっき板の縁飾り」もあった。構内では、貨物輸送車が行きかい、ちょうど中央から製造場や石炭置き場

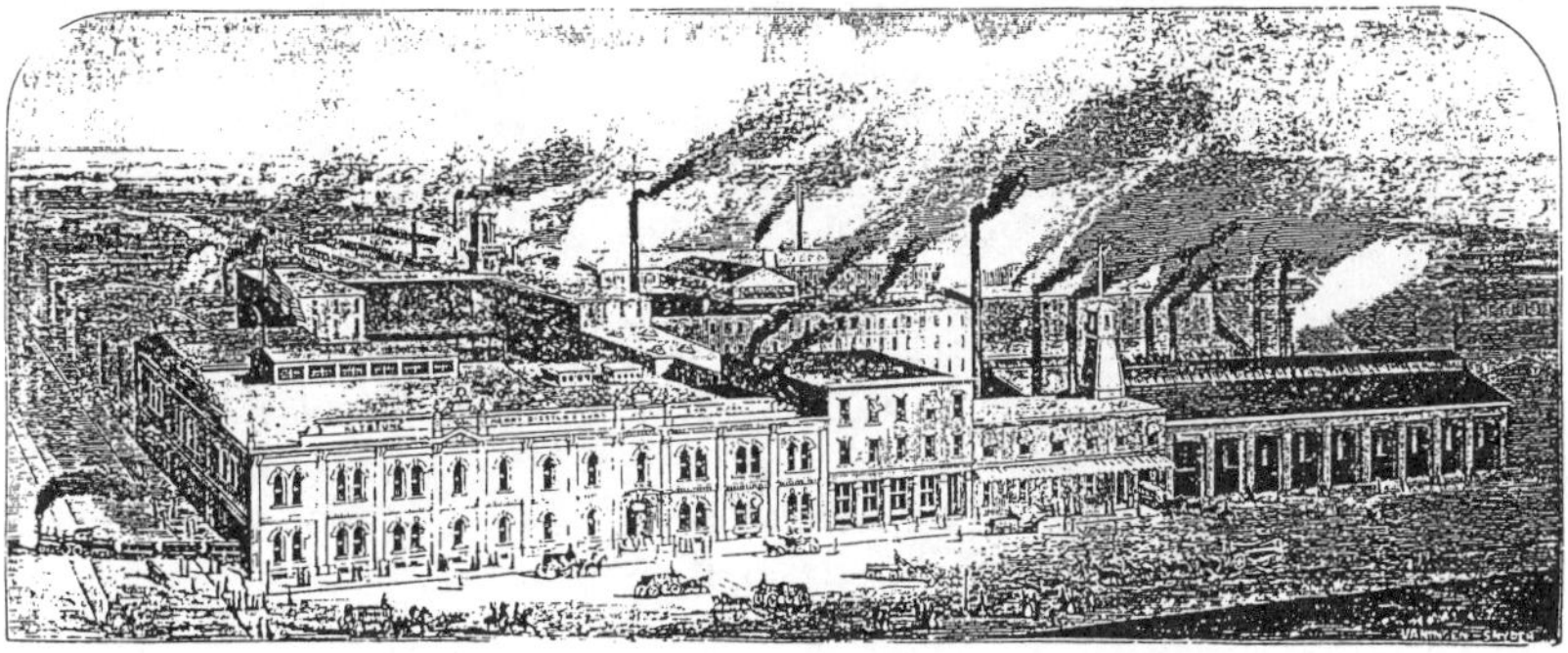

ディストン鋸製作所

へと走り去っていくところであった。(10)

フィラデルフィアでの五日目にあたる翌水曜日の朝、肥田、大島そして長野は、一行のうちの農業専門の人々と別れて視察することとし、それゆえ肥田たちは、地元紙に「派遣団のなかでも中心となる技術専門集団」と報じられた。彼らはその日のほとんどを、フィラデルフィアの世界的有名企業である、工作器具・機械製造会社、ウィリアム・セラーズ社（William Sellers and Company）にて過ごした。彼らを案内したのは、ウィリアムとジョンのセラーズ父子であった。

視察はまず、「セラーズ改良の有名なギフォード自動調節インジェクター」の詳しい説明を図面によって聞くことから始まった。このインジェクターはバルブ、パイプ、プラグからなる複雑な装置で、スチーム・ボイラーに供給する水を調節するものである。それは三十六個の部品からなり、一八六〇年代より同社で製造されてきた。肥田は、最近の数ケ月に一万七千個ものインジェクターが販売されたと聞いて、自分の目の前で一つそれを分解しそれから動かしてほしいと頼んだ。そのあと一行は、ギフォード・インジェクターを作っている広大な機械工場へと案内された。長さ三百フィート（四百八十メートル）以上あるこの工場は、頭上に回転輪を設置して、べ

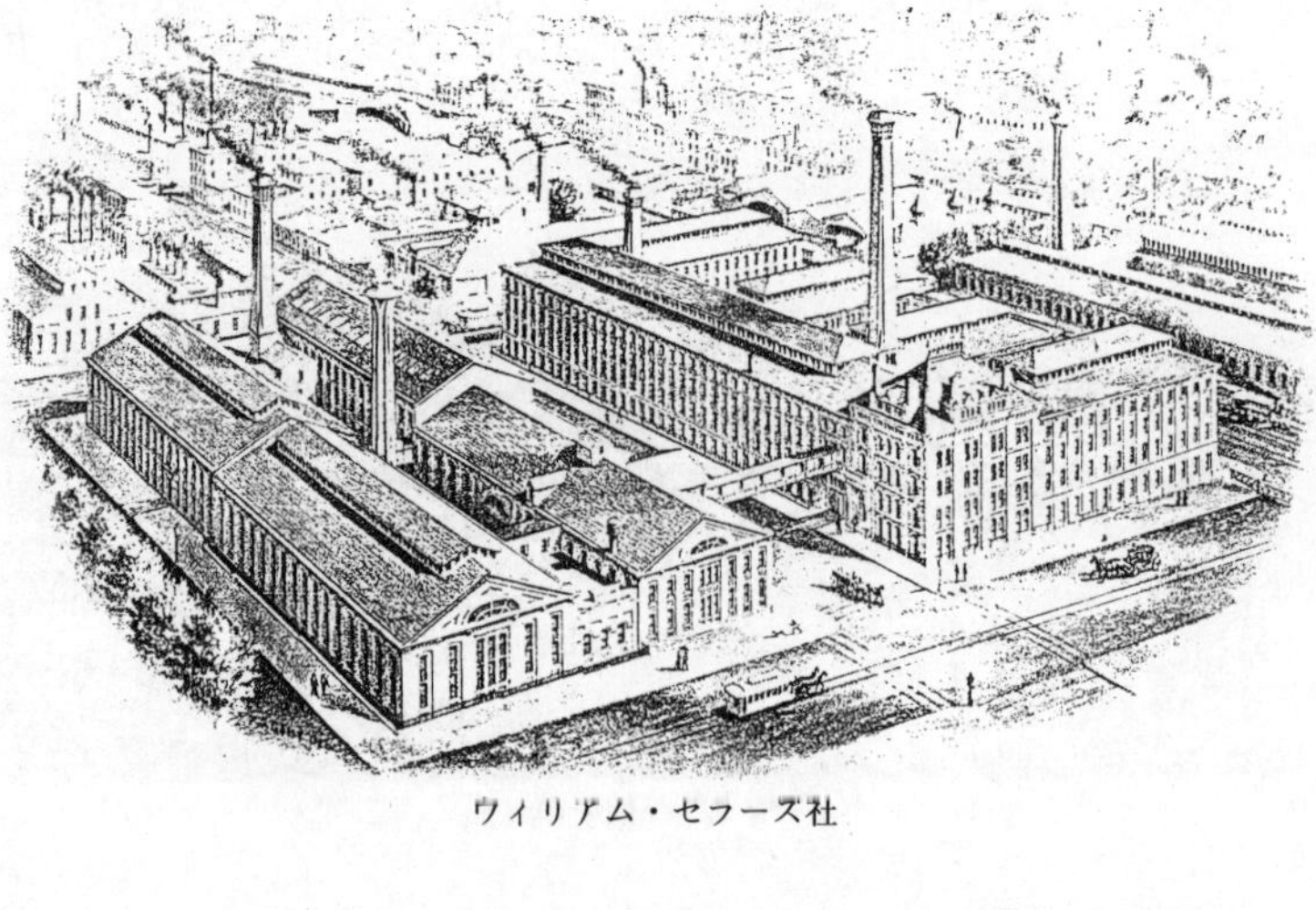

ウィリアム・セラーズ社

ルトや帯環で満たされていた。『プレス』紙が述べるには、インジェクターの様々な部品を作るために使用される、百に及ぶ特別の工具は「それ自体が完璧で」あり、非常に良く仕上がっているので、「外科手術の器具一式を思い起こさせる」ほどであった。(11)

セラーズ社には他にも強く印象に残る光景があった。鍛冶工場では、モリソン蒸気ハンマーを改良したハンマーが、一本の小さなピンを軽く叩いて木片に押し込んだり、ひと塊の鋼鉄を長方形の棒に圧し潰したりという、実に多様な芸をするところを見せてもらった。ハンマーはたった一人の工員によって動かされていたのだが、毎分二百五十回までも打ち付けることができた。視察記録によれば、肥田は、「気体排出の調節弁を改良した結果、圧縮した蒸気はハンマーのクッションとしての役目を持つこととなった、という説明をうけた。また、この機械は毎分最高二百五十回までならどんな速さによってでも、自動制御でハンマーを動かすことができ、しかも同時にそれを抑制したり、制止したり、変更したりできるし、あるいはまた従来通りに手動レバーで作動させることもできる」ということであった。セラーズ社はさらにもう一つの機械を日本の一行に誇らしげに実演してみせた。それはホイットウォース鍛造機といい、打ち延ばしたり、ボルトを成型したり、その他の細々とした作業のための機械であった。

一行は心のこもった昼食をもてなされ、ひと休みした。というのも、「あの疲れを知らぬ長野でさえ、『少し疲れた』と認めた」からである。その後、一行は大型機械工場へと案内された。「そこでは、旋盤、ターンテーブル、巨大なネジ、微小なネジが動いていた」。記者の伝えるところによれば、このような「非常に多くの精巧な機械」のうち日本人がことに興味を抱いたのは、歯車とベルトで力を変化させる摩擦ギア、七段階調節のきくネジ製造機械、巨大平削り台、水圧ポンプの四つの機械であった。鋳型工場へいくと、五十トンの重さを吊り上げられるクレーンが誇らしげに並んでいた。『フィラデルフィア・インクァイアラー』紙の記者は、ここでの訪問を要約して次のように明言した。日本人たちは、その機械がのみやネジ回しを作るためのものであれ、あるいは機関車のターンテーブルや蒸気機関を製造するためのものであれ、「広大な工場にある、ほとんどすべての機械を、注意深く眺め、確かめていた」と。セラーズ社を去るとき、またしても肥田は、同社の好意により製品のいろいろな図面を譲り受けた。

一行はこの日の午後、エイサ・ホイットニー車輛製作所（Asa Whitney's Car Works）を二時間ほど視察して日程を終えることとした。同社は一八四七年創立の有数の車輛製作所である。百八十名の工員が、あらゆる種類の車輛を日に二百二十台生産するといわれていた。鋳物工場に立ち寄った一行は、溶解した金属が巨大な釜から、二輪運搬車の上に並べられた幾つかの小さな容器へと注がれるところを見学した。「溶けた鉄は、数分間のうちに固まり、予定した通りの形をなすと、今度は型からはずされて、焼き固めるために焼きなまし炉へと直ちに運ばれていった」。肥田はことに、たった一人の工員が操作していた水圧クレーンに注意を払っていた。

多忙な視察は休む間もなく第一週の終わりまで続いた。例えば、三月二十一日木曜日の主要訪問先は、ガス燈製作所のコーネリアス・アンド・サンズ（Cornelius and Sons）とアメリカ・ボタンホール・シーマー・ミシン会社（American Buttonhole, Overseaming and Sewing Machine Company）の二つであった。コーネリアスの工場では、ドリル、旋盤、型込機械を熱心に見学したが、なかでもハイライトとなったのは、めっきのシャンデリアの組み立てを一行の目の前でやって見せてもらったことである。この実演には長野も参加してみたのだが、ここで作業に立ち会ったことは、イギリスの指導のもとに目下建設中の横須賀の新しいガス燈工場を監督する際に、役立つことになる。一行はさらに地下へ案内され、工場の機械の動力源であるコーリス蒸気機関とハリソン・ボイラーとを見学した。

アメリカ・ミシン会社は、ウィリアム・F・メンデンホールの指揮のもと、たった三年前に創立したばかりの、設備の整った新しい製作所であった。同社は、家庭用、絨毯用、皮革用、製靴用、厚地用の五種類のミシンを、日に百二十五台、製造するといわれていた。一行は同社のシーマー（縫合機）の設計図と模型を検分してから、実際に動かすところを見せてもらった。まずは単純縫い、次に合わせ縫い、そしてボタン・ホールかがりの実演を見た。(12) それから、様々の仕事場を見てまわったが、そこではミシンの部品を製造したり、組み立てたりしていた。その中には、「継ぎ目が見えないようにして絨毯を縫う、世界で唯一のミシンもあった」。この特別のミシンは、「作業員によって動かされると、絨毯の縫い代にそって進み、絨毯を縫い合わせるようになっていた。この作業員はいとも簡単にこの仕事をしていたが、まことに驚嘆するばかりである」。一行が感心したもう一つの機械は、はがねの針金から渦巻バネを作る機械であった。絵つけ、塗装、漆塗り（japanning）作業室では、「東洋人たちはくつろぎを覚えはじめた」ようで、ワニス原料（マスチック）を調合したカードから花模様を布地の上に写しつけていく作業を見守った。ここメンデンホールの会社でも、心のこもった昼食会が催され、数多くの乾杯が繰り返された。ホテルで夕食をとったのちも、気晴らしに出かけたり早めに帰還したりすることもなく、続いてもう一箇所、マッカラム・クリース・アンド・スローン絨毯製造会社（McCallum, Crease and Sloan Carpet Manufacturers）の倉庫と販売所で、夕方の視察を行なった。

翌日、三月二十二日金曜日の行程は、さらに変化に富み、多岐にわたるものとなった。この日は趣向を変えて、まず、宝石会社から始めることにした。この会社は、一行の案内役の一人である、ジェームズ・E・コールドウエルの会社である。彼は派手な品々をみせて一行をもてなした。すなわち、時計とその鎖、指輪の数々、合わせて一万ドル相当のダイアモンドのブローチとお揃いのイヤリング、繊細なガラス製品、ブロンズや銀の塑像、そして油絵、と続いた。だがもう少し真面目な気分でその日の大半を費やしたのは、出版社および書籍販売社としてすでに世界的に有名な、J・B・リッピンコット社（J.B.Lippincott）であった。リッピンコット氏自身に案内されて、一行は、活字を組むところから製品として出来上がるところまでの、本の出版に関わるいろいろな工程を視察した。葉紙室では、チェインバー折り畳み機が十二ページ分の葉紙を作っていた。次にこの葉紙を「少女たち」が縫い合わせ、水圧プレス機が平に延ばし、自動裁断機が縁を整えるのであった。他の作業場でも、一行は「有能な工員たち」や「知的で幸せそうな若い女性たち」の働くところを見てまわった[13]。印刷室では、いろいろな種類の印刷機が、つまり最新のアダムズ円筒式印刷機、ホー円筒式印刷機から、もっと小さい手動印刷機にいたるまでの印刷機が稼働していた。視察記録が述べるには、日本人たちは一列に並んだ印刷機をみて「喜んだようにみえた」。また、愛想も良かった。アジアのほうが印刷技術が早く始まったと日本人たちは主張したものの、「些細なことにおいてすらも、不朽の科学を完成させ実用化させる点では、我々アメリカ人のほうが日本人よりもずっと進んでいるということを、一行は素直に認めたのであった」。

肥田の一行は、近くのデュヴァル・ハンター社（Duval Hunter and Company）というリトグラフ印刷工場に短時間立ち寄って、「どのようにして地図が作られるか」そして堅固な石灰岩を使って「どのようにしてリトグラフが五十色に印刷されるか」を見学した。リッピンコット社に戻ると、今度は売り場に案内された。漢字で印刷された地図を何部か贈られ、また、土木工学、機械工学、農業、

リッピンコット社の印刷機

鉱業についての本の中から、何でも好きなものを選ぶようにといわれた。ある店員が長野に、シモニン著『鉱業学、金属学、工学』の英国版もお気に召すのでは、と薦めると、彼は、「いえいえ、結構です。私たちはアメリカの工学に関するアメリカの本だけが欲しいのです。何でもアメリカのものが欲しいのです。」と外交辞令で答えた。肥田もまた会社側を喜ばせた。「石炭、鉄、石油」についての一冊の本を目にとめて、「ほう、ペンシルヴァニアの本ですね。(Ha! Pennsylvania book)」と感嘆して言ったとのことである。[14] この光景を見て、『プレス』紙の記者は次のように考えた。「この三つの単語は、私たちの客人が、これまでに受けたもてなしにいかに感謝しているかを示している」と。続けて彼は、フィラデルフィアと日本との間でいずれ行なわれるであろう、偉大なる貿易について以下のように空想を巡らした。

どんなにこの日本人たちは合衆国民を愛し崇めていることか。どんなにこの人たちは我々アメリカの東洋貿易を我々の思う通りにすすめてくれることか。その貿易を決定するのはこの人たちなのだから。そしてフィラデルフィアに、どんなに日本の製造業を独占させてくれることか。ひとたびこれが確実なものとなれば、中国、タタール地域、シャムもあとに続くだろう。というのも、日本人と同様に彼らも皆、文明と進歩への渇望を持っていて、それには勝てないから

フード・バンブライト社

である。

肥田の一行は次に、「織物製品の豪奢な殿堂」であるフード・バンブライト社（Hood, Bonbright and Company）を訪れ、キャラコ、肌着類、靴下類、レース製品、ショール、敷物、そして日本の絹製品を足ばやに視察した。午後遅く、今度は馬車で市の郊外に出かけ、ニカワ工場を訪問した。そこでは「廃棄物が日常品や便利な品々に加工されていた」。爪やすり、サンド・ペーパー、マットレス用のカールした髪、牛革から作る靴底……という具合である。

しかし、一行はまだ一日の予定を終えていなかった。フィラデルフィアの有力紙の一つであるパブリック・レッジャー社（Public Ledger）を夜遅く、午後十時三十分から深夜零時を回るまで訪問し、朝刊が作られていくところを見学した。一行は活字組みとステロ版印刷の工程について基本的な説明を受けたのち、世界最大と思われるグレイト・ホー電光印刷機が朝刊を印刷していくのを見守った(15)。

翌三月二十三日土曜日、非常に過密な一週間の最後の視察として、肥田の一行は、ジョンソン活字製作所（Johnson Type Foundry）（旧マッケラー・スミス・ジョーダン活字製作所）を、午前十一時から午後三時までの四時間にわたり訪問した。この視察先は、前回一八六〇年の日本使節団から「アメリカでのあらゆる訪問先のなかでも」必ず立ち寄らなければならない会社として推薦されていた。このことは、十九世紀中葉の日本が外国の技

ジョンソン活字製作所

術を学ぶ際に連続性があったことを示している。

肥田の一行はまず、大部の本から小さなカードまでの印刷に適した、ありとあらゆる版と組み様式のための活字が、非常にたくさん揃って収納されているのを見学した。それから鋳物室に行って、「鉛とアンチモンを混合するところと、この合金を鋳型に流して大きな文字サイズの活字をつくるところを」見守った。一行は次に、建物の最上階まで蒸気エレベーターにひと乗りして楽しんだ。上の方の階では、活字鋳造機、鋳型製造機、電気製版バッテリーを検分した。デザイン室に行ったとき、長野はある装置に特別に興味を持ち、その名前を教えてくれるよう頼んだ。その装置は写図器といい、飾り文字の大きさを変えるのに使われる、非常に正確な模写装置であった。肥田は活字鋳造室で、活字を製造しては投げ出す数多くの小さな機械を操作してみようと、一つのクランクを何回か回してみたし、また熱い活字を拾ったときには、「軽く」指にやけどをした。

印刷室に着いたときには、日本の一行は思いがけな

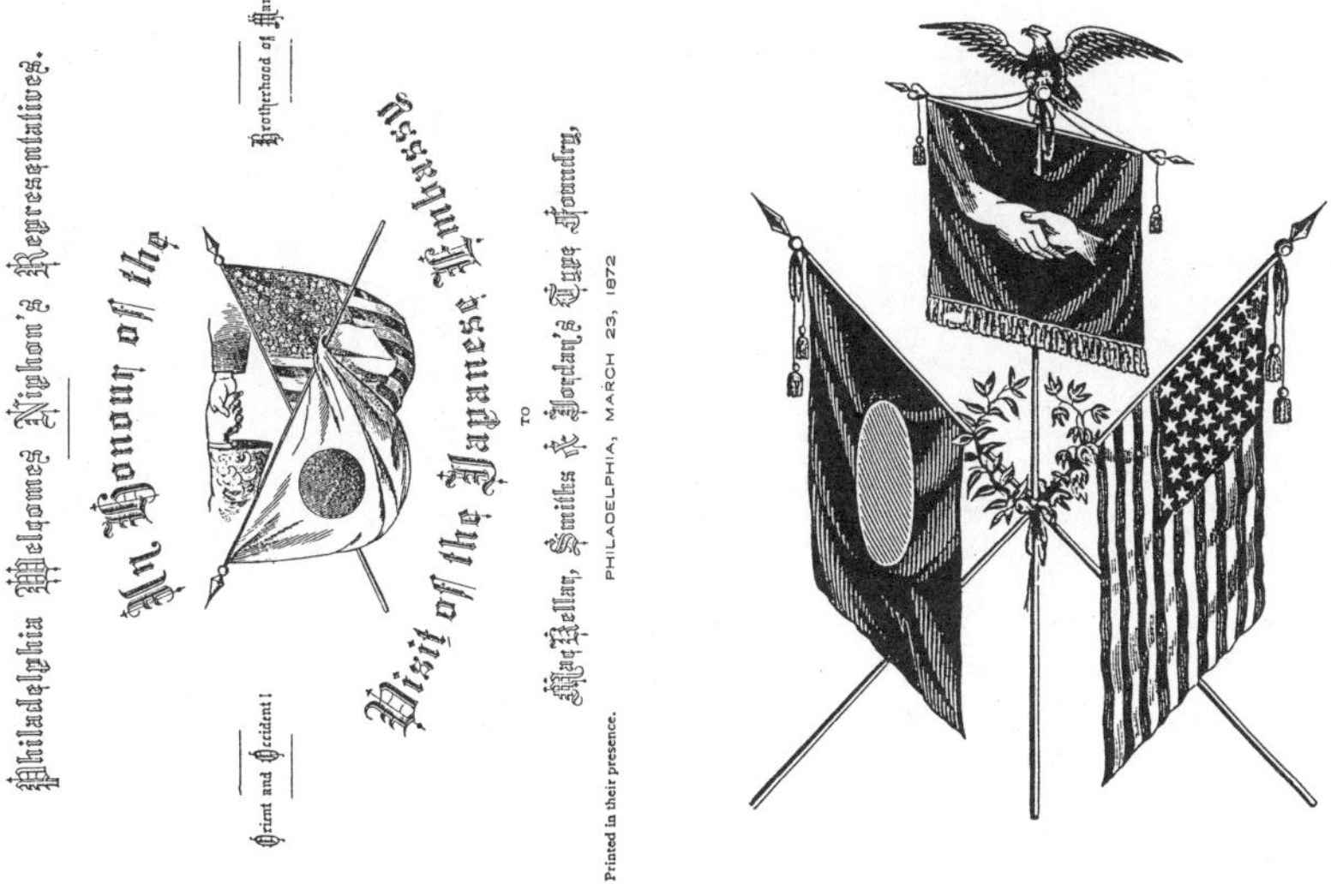

記念のカード

い贈物で迎えられた。彼らが見ている前で、「カードの形の優雅な記念品が幾つか印刷されたのである」。その表側の上部には、「フィラデルフィアは日本（Niphon）の代表団を歓迎します」という挨拶が書かれていた。この字句の下には、日米両国旗が交差し、二つの手が（一つの手は着物から、もう一つの手は背広から伸びていた）固く握手をしている模様が印刷されていた。さらに、左右の端には「東洋と西洋！」「兄弟同志！」という謳い文句が刷られていた。カードの裏側は金銅色の旗の模様で飾られていた。すなわち、最上部にワシを掲げ、握手の模様のある旗と両国の国旗がしっかりと組み合わされていた。またその他、作るのに五万ドルかかる『標本』が展示してあったのだが、一行は取り出してもらい検分した。最後に一行は、活字を作るのに非常に大切な鋳型をしまっておく、防火装置付きの保管室に案内された。

五　新聞報道

フィラデルフィアでの最初の一週間、肥田とその一行の行動に関する地元紙の記述は、かなりの賞讃に満ち溢れたものだった。フィラデルフィアの人々は自分自身と日本人とに満足していたのである。肥田の重要性と能力を強調することによって、自分たち歓迎委員会の労力と費用を当然のものと見なすことができたのである。

肥田は様々に描写された。四十歳ぐらいの分別のある紳士で、すでに最新の土木工学の教育を受けており、詳細な事柄にもよく気を配る人物であるという具合である。しかし『プレス』紙の目敏い記者は、「日本語には我々の技術用語に相当する単語がない」ため長野の通訳の仕事に支障が生じることがある、と指摘した。またこの記者は、機械工学の知識の不足もまた別の障害となっていることを知っていた。ボールドウィン社でのことだが、肥田はオランダで学んだことがあるとほのめかしたのだが、（恐らく記者の誤解と思われるが）「機械はあまり勉強したことがないし、ことに蒸気機関工学は勉強していない」と告白したという。だがそれにもかかわらず、同紙は肥田が「図面やデザイン画をすばやく把握し、それらが実際に応用されているのを見ても、その理解の仕方は遅くはなかった」と特に書き留めた。『パブリック・レッジャー』紙はもっと肯定的だった。同紙によれば、ボールドウィン社で肥田は、「うわべだけの視察には満足せず」通訳を通して必要な質問はなんでも尋ねていた。「また彼はオランダで教育を受けているために、明らかに、図面にも、技術用語にもよく通じていた。偏心輪、はめ歯、てこ、排気といったような語句は、彼の理解するところであった」。

『フィラデルフィア・インクァイアラー』紙はさらに好意的な印象を抱いた。「日本の使節団の趣味は機械である」と、三月二十日クランプ社訪問についての記事で断言した。さらに続けて同紙は、「肥田は天才である」、彼は科学、ことに造船学の勉強を望んでいたので、政府は彼をオランダへ派遣して、「工業の中でも重要な部門の実用的な知識をひと通り修得させたのである」。肥田はオランダからの帰国後、日本の造船業の育成に大いに寄与したたし、彼の今回のアメリカ訪問は、「日本にはかりしれない利益をもたらすであろう」と記した。記者はさらに肥田を、代表団の中で「最も有能な一員」であると賞讃した。身体的特徴としては、肥田は日本人の中でも「最も背の高い人の一人」で、「痩身ですらっとしており、いかり肩で、その学生のような風貌は、彼の考えと夢は事実であり実現しうるということを、示唆しているかのごとくである」と述べた。

『プレス』紙の記者は、日本のような孤立した国からの一団が「知識の追求」を実際に会得できるかどうか、当初は疑問に思っていたと白状した。だがこの記者が言うには、その疑念は、三月十九日の夜、コンチネンタル・ホテルをそっと訪ねたときに一掃された。一行の部屋を垣間見ると、「痩身で面長の立派なエンジニア」の肥田が「机の上に地図や図面や写真を山のように積み上げていた」。何時間も肥田はそれらを熱心に調べ、零時を回るまで席を立とうとしなかったのである。この記者は最後には、日本は使節団が海外で得た情報を役立てて、

「フィラデルフィアに利益をもたらす」であろうと確信した。

長野もボールドウィン社の視察時に好意的な新聞評をもらい、アメリカ側の期待を増やすのに貢献した。すなわち三月二十日の『フィラデルフィア・インクァイアラー』紙によれば、長野は「アメリカの熟練工は日本へ行けば、厚遇されるだろう。」と請け合い、日本人が必要としているのは「優れた人材と優れた機械である」と強調したとのことである。同紙は、フィラデルフィアはどちらも兼ね備えているので「我が市が疑いなく候補のトップに位置するだろう」と自慢していう。さらに「使節団が訪問した会社のうち、一つとして、日本からのたくさんの注文を依頼されないところはないであろう」と続けた。

時には、記事の中にも、肥田と長野を「ジャップ」「東洋人」と記述したり、彼らは当惑し驚いているとか、「よく分からず驚嘆し」うろたえている、というように、不正確に伝えているものもある。また長野の英語の発音は少なからず、からかわれた。だがそれ以上に、彼ら日本人たちは好奇心にあふれ、熱心で常に知的な質問をする、あるいは、「洗練された文明の開拓者である」という具合いに描写された。記事は時々やや恩着せがましくなることもあった。たとえば、ある記事は、三月二十日にセラーズ社の工場を訪ねた肥田が非常に細部にわたる検分をしていたので、「彼が質問して得た情報を例えば百項目でも忘れないでいられれば」彼は「機械工学の授業を一年」受けたのと同じだといえるだろうと評した。三月二十二日にコーネリアス社で鍍金《めっき》したシャンデリアに点火したときの模様は、肥田が嬉しそうなまた「独特の『そう!』」という声を発したと報ぜられたが、同時に、肥田は火をともすガスが、どこから来てどのようにしてパイプからバーナーへと通っていくかを完全に理解していると記述された。ジョンソン鋳物工場の金属混合室では、肥田と長野は「いつものように、使用される鉱物の種類と融合の方法について詳しく」尋ねたと、記事は伝えている。

地元紙の反応は一行の滞在中最後まで好意的であった。岩倉使節団本隊と同じく肥田使節団も、両国の良好な関係を築き、発展途上の新しい日本について肯定的なイメージを作るのに大いに成功した。一行は、アメリカのノウハウとアメリカの技術とを真摯に学びたいという、好感のもてる態度を持っていたので、フィラデルフィア側を完全に味方に引き入れた。アメリカ人は自分たちの能力と製品に自信を持っていたので、使節団が英国やヨーロッパの工場を視察して回った後に、貿易上のどんな競争が始まるかまでは予測できなかったのである。

六　第二週

フィラデルフィアでの二回目の日曜日は、幾つかの教会を短時間訪ねたあとは、休息日とした。翌日、三月二十五日、月曜日、「疲れを知らぬ」肥田使節団はもとのあわただしいペースに戻り、盛り沢山の日程が詰まった第二週を開始した。まず、合衆国造幣局を二時間に亙り訪問した。造幣局は当時、チェスナット通りにある大きくて印象深い建物のなかにあった。一行は局長の案内で、まず計量室に行った。ここには何百もの銑鉄棒、純金棒、純銀棒が山と積み上げられており、彼らは、計量し価値を決定する過程について説明を受けた。それから溶解室に赴いた。そこでは、四つの溶鉱炉で原料の金属を溶かし混ぜ、高温の液状金属を鉄の鋳型に注入するという初期工程を見学した。保管室にも行った。加工前の地金を再度計量し、純度を確かめ、その価値を決める作業を行う部屋である。こ

「ヒラデルヒヤ」合衆国造幣寮
(『米欧回覧実記』銅版画、久米美術館蔵)

の時点で、金や銀、その他の材料となる地金は、溶解装置と精錬装置によって硬貨になるのを待つばかりとなったのである。そのあとに次々と続く工程を見学した。まず地金精錬、次にインゴットの注入と鋳造、そして蒸気駆動圧延機と最新の切断プレス機によって思い通りの厚さにできる硬貨地板の製造、最後に様々な種類の硬貨の鋳造、という具合である。一行は硬貨鋳造室に長時間とどまり、十台のプレス機が各々、いろいろな種類の硬貨を毎分八十枚作り出すのを見つめた。硬貨鋳造のこの最後の工程で、一行はまたしても女子従業員が働いているのに目をとめた。硬貨鋳造機は「女性たちに見守られていたが、彼女たちは実に完璧に仕事をこなしていた。髪の毛一本の幅でもずれがあっては、硬貨にはならないのである」。最後にもう一つ興味をそそられたのは、「すばらしい写図器」つまりパントグラフであった。これは硬貨を打ち抜き、模様を彫り、硬貨の極印を作成するためのものであった。

その日の午後はフィラデルフィアの郊外に出かけ、ペンシルヴァニア牧畜場で、肥田たちエンジニアは農業専門のグループと落ち合った。醸造業者ウィリアム・マシー所有のこの農場で、馬、牛、羊、豚を視察した。それから、名馬と上等の牛がいることで有名なチャールズ・シャープレスの農場に行き、昼の「優雅な食事」をごちそうになった。夕方は、財界人ジェイ・クックに招かれ、チェルトン・ヒルの壮麗な邸宅「オーゴンズ」で歓待された。「格調高い人々に囲まれながら、日本の高官たちはアメリカの商人の内と外との生活を見比べる良い機会を得た」のであった(16)。

翌三月二十六日火曜日は風雨に見舞われたが、ほぼ一日を費やしてフィラデルフィア海軍造船廠を視察した。肥田の一行は汽船で赴き、理事官の山田顕義陸軍少将と合流した。何と同廠の副官は、一八六〇年に長野と遣米使節団本隊を日本まで送り届けた、アメリカの軍艦ナイアガラに搭乗勤務していたことがわかり、一行はとても喜んだ。同廠の準将に先導されて、まず兵器庫へ行って、大砲、銃、ライフル、カービン銃、連発ピストル、短剣といった展示品を見学した。機械工場では、巨大な平削り盤がスループ型軍艦の真鍮の船尾材を仕上げているところであった。次にノールトン・斜面・渦形鋸機の試験作業場へ行った。この鋸機は、「この種の仕事ができる世界唯一の機械」なのだが、これを使用すれば、かつては斧を使って手で作っていた船の湾曲し傾斜した肋材を、今や機械で削ることができるのである。時間と材料を節約しながら、二人の機械工が四十人分の職人の仕事をしてしまうのであった。(17)

その他、この日の重要な訪問先はワシントン・グロスター製綿工場(Washington and Gloucester Cotton Mills)とアナコナ捺染工場(Anacona Print Works)の二つで、どちらも汽船で行けばすぐのところにあった。視察記録の筆者は、一行が「世界で最も効率よく完璧に、案内されて」いたと誇らしげに記した。肥田の一行はワシントン製綿工場で社長のD・S・ブラウンに案内されながら、キャラコを作る全工程を順に見学した。その工程は『プレス』紙が挙げたところによれば、糸紡ぎ、けばだて、整経(縦糸を整えること)、機織り、布の漂白、糊付け、乾燥といった作業から、プリント模様に使用する銅ローラーの鋳造、さらに、製品のプレス、計量、最後の梱包まで続いた。また視察記録によれば、「若い女性たち」が写図器を操作して銅シリンダー機の上に模様を彫り刻んでいたし、「大勢のかわいい少女たちが」何千ものスプリンドル(紡錘)を動かしていた。ところで汽船での帰路、船長が気をきかせてリーグ島のところで旋回してくれたので、日本人の一行は、停泊中のモニトル艦―南北戦争時の有名な装甲艦―を一目見ることができた。

翌水曜日は、特別の視察小旅行をしようということで、肥田の一行のうちまだ当地に残っていた総勢六名のメンバーで、三月二十七日から三十日までの四日間、ペンシルヴァニア州の南東部の炭鉱地帯と鉄鋼地帯へ出かけた。旅程はことに大島の専門領域に照準を当てて計画された。(18) 一行は、北ペンシルヴァニア鉄道会社提供の豪華特別列車に乗り込み、再びペインターとコールドウェルに付き添われて、リーハイ渓谷に沿ってベツレヘムまで、五十マイルの旅をした。同地に到着すると、まずベツレヘム鉄鋼会社 (Bethlehem Iron Company) の広々とした構内を一時間半ほど見て回り、さらに社長のアルフレッド・ハントと監督のジョン・フリッツに案内されて最大規模の溶鉱炉を見せてもらった。この両名は、成長を続けるアメリカ鉄鋼産業界の重要人物であった。次の訪問先は、広大なリーハイ亜鉛会社 (Lehigh Zinc Works) である。ベツレヘムの『デイリー・タイムズ』紙は次のように報じた。「彼らは我々の工場を見て満足し、興味を抱いたようである。そして、我々の真の力強さと偉大さ、またその源泉を理解したように見えた」と。

日本の一行は午後も、リーハイ渓谷鉄道の特別列車を乗り継ぎ、今度は、カタスカのクレイン鉄鋼会社 (Crane Iron Works) とスレイティントンのスレート採石場を訪れた。夕食はマーチ・チャンクという小さな町の町長公邸でふるまわれた。翌朝、この町から、スイッチバック式の鉄道に乗って、荒涼としたピスガ山をドラマティックに上っていくのである。当地、「アメリカのスイス」の景色は息をのむばかりであったが、彼らのおもな目的は、リーハイ・ボイラー用石炭会社 (Lehigh Coal Navigation Company) の炭坑であった。肥田と大島は、「採掘した石炭をすぐに使用できるよう精錬する機械装置を、実に詳細に」検分したということである。昼食後ダンヴィルに行き、溶

・ベツレヘム鉄鋼会社

鉱炉・圧延工場・ナショナル鉄鋼会社（Furnaces and Rolling Mill, National Iron Company）を数時間、午後遅くまで視察した（一行の案内役のウィリアム・ペインターが当時、同社の社長であった）。

翌日三月二十九日金曜日は早朝からダンヴィル近くの鉱山を訪ねた。午後はフラックヴィルの炭鉱に行き、「一行は徹底的に踏査してまわった。数時間、地下の採掘現場にとどまって、アメリカで行なわれている炭鉱業のあらゆる項目を、詳細に調査した」のである。その日遅くにはマホニー・ハイツで、急斜面をケーブルカーが引き上げられていく様子を眺めた。その夜はマウント・カーボンで過ごした。三月三十日土曜日、視察小旅行の最後の朝、一行はリーディングの町に到着した。この町での視察先は、リーディング鉄道会社（Reading Railroad Company）の車輛工場と大機械工場であった。キーストーン・ハウスでの午餐会に出席し、毛織りの帽子工場を短時間で訪問したのち、多忙をきわめた視察小旅行は、ここに終わった(19)。

七　第三週

土曜日の夕方遅くにフィラデルフィアに戻ると、折りから復活祭の日曜日でもあったので、肥田と大島と長野はもう一週間この市にとど

リーハイ亜鉛会社

ピスガ山のケーブル

まることにした。彼らは疲れ、また喉の痛みと風邪からようやく治りかけたところであったが、四月一日月曜日の朝、視察の第三ラウンドを開始した。手始めは、商品取引所（Commercial Exchange）への二時間の訪問であった。所長の案内のもとに、一行は穀物の売買と一般的な商取引の仕組みを視察した。アメリカの穀物類、綿類の見本を検分し、次に、それら植物の成長の条件を記載したカタログを贈られた(20)。また一行のうちの農業専門家たちが肥田よりも前にすでにここを訪れており、コンチネンタル・ホテルで取引所の委員から穀物の植え付け時期や値段の設定の仕方、さらに仕入れの場所と方法について説明を受けていた。肥田たちはさらにこの日、南四番通りにあるペンシルヴァニア鉄道会社（Pennsylvania Railroad Company）の堂々とした新しい建物を訪問した。肥田は同社で、図面と時刻表を検分し、それから橋、駅、鉄道設備の設計図を吟味した。

火曜日、肥田と大島は馬車でマナヨンクの郊外へと向かった。彼らを乗せた馬車は、工場が連なる道また道を進んでいった。視察記録の筆者は確信をもって次のように記した。一行はスクールキル河畔沿いの「この夥しい数の工場施設が続く光景」を決して忘れないだろう、と。さらに「どの工場も活気と勤勉な労働者に溢れ、最新の立派な機械類の賑やかな音を響かせていた。それはアメリカの技術と発明の才の勝利の喜びの声でもあった。日本人たちはまさにこうした光景を視察し精通するべく、何千マイルもの道程を重ねてきたのである」と。実際、ここで幾つかの製紙工場を訪問したことは、一行の中部大西洋地域の視察行をより意義深いものとした。もっとも、マナヨンクといえば有名な綿・毛織物工場には、労働者のストライキのために行けなかったが。当地の工場施設の代表として彼らを迎えたのは、インクァイアラー製紙会社（Inquirer Mill）であった。この会社は、輸入原料の「ぼろ」から同市で使用されるほとんどの新聞紙を製造していた。日本の一行は次のような工程を見学した。まず「ぼろ」をボイラーで煮て、次に、高圧を加えて水と石灰で処理し、それから切断機にかけて「中間材料」にする。さらに、漂白したパルプを地下の大桶に送り込み、水気を切ってから、今度はエンジンで階上に持ち上げ、その後、すりつぶし、洗い、もう一度水きりするというものであった。材料は、今や、これまで見たようないろいろな機械によって、一枚の紙に形を変えられていた。だが機械はさらに、紙を必要な大きさに切り揃えるだけではなく、枚数を数え梱包するところまでをこなしていた。同工場は九十名の従業員で六トンの紙を日産していた。視察記録によれば、肥田は梯子に上って、ボイラーの上の部分をよく調査し、炉火について数多くの質問をしたということである。

四月三日から五日、日程も大詰めとなった。肥田の一行は力を振り絞って、まずウィリアム・ブッチャー鉄鋼会社（William Butcher Steel Works）を数時間にわたり視察した。この工場はちょうどベッセマー鋼のレールを生産し始めたところだったので、肥田の一行はこの製鋼方法を見た最初の日本人といえよう。その他の視察先は、製鉛所、製菓工場、醸造所を二ケ所、ボイラー製造所、計器製作所であった。四月五日のやま場は、エクセルシャー煉瓦製造所（Excelsior Brick Works）であるが、ここで一行は、発明者のアイザック・グレッグと配下の集団に迎えられた。同社は十五エーカーを占め、市内では「最大の」製作所で、一八七一年には煉瓦千二百万個の売り上げであった。九つの煉瓦窯が止まることなく操業され、かたや、グレッグ考案の煉瓦製造機が日に七万個の煉瓦を作り出していた。肥田はすっかり魅了され、数回足を止めては「プレス機の下を覗きこみ、その度に危うく頭をばね梁に叩かれるところであった」。そんな肥田を見て、フィラデルフィアの熱心な案内者たちは、彼なら帰国後すぐにでも責任をもって同社のこの煉瓦機を一台、注文してくれるだろうと確信した。

四月六日、春の麗らかな日、肥田の一行はフィラデルフィア滞在の最終日を素晴らしい過ごし方で終わらせた。朝のうちじっくり農産物市場を訪れたのち、正午前、チェスナッツ・ストリート波止場から蒸気タグボートに乗船した。船は「船舶工学の新しい概念を」呈していた。すなわち舵がなく、船尾にある回転式の舵輪で進む型であった。この船を建造し所有しているのはウッド・ダイアローグ社（Wood, Dialogue and Company）といった。

一行はケインズ・ポイントにある同社の造船所で上陸し、一時間ほど視察した。折りから造船所では、「怪物のような鉄製のフェリーボート」を建造中であった。この日の船旅のフィナーレに、一行は新型の連邦密輸監視艇に乗り換えた。同艇には港の役人たち、造船関係者、そして合衆国財務省の官吏も一人乗り込み、デラウェア河を下っていった。彼らの行き先は、対岸十二マイル離れたところにあるチェスターであった。三時に到着すると、デラウェア・リバー船舶機関建造会社（Delaware River Iron Ship Building and Engine Works）を一時間見学した。同社は千人の工員を擁して合衆国最大の造船所である。いろいろな蒸気船やタグボートが建造中で、そのなかの一そうの大型蒸気船は、岩倉使節団を横浜からサンフランシスコまで乗せた、太平洋郵便汽船会社のために建造されていた。肥田は、「世界で最も完璧なものの一つ」である同社の機械工場を高く評価したという。帰路、一行はミフラン城塞を過ぎるとき、二十一発の礼砲で迎えられた。(21)

フィラデルフィアの人々は、このときまでに、案内につぐ案内のために「身体的疲労と宣伝へのストレス」をおぼえ始めたが、日本人という彼らの「被後見人」と共にいることを依然として嬉しく思っていた。四月二日付の『プレス』紙はなおも次のように予言していた。日本の一行は、「歓迎委員会が費やした時間と労力と費用を感謝して」「少なからずの貿易を今後」フィラデルフィアにもたらすであろうと。視察記録の筆者も呼応して次のように思い描いた。肥田一行の視察は「おそらく、我が製造業の女王都市に巨大な商益という結果をもたらすであろう。そして、大日本帝国の最も気高く優秀な息子たちが鋭敏な知性と教養を以て見聞を広めたので、この視察は同国の文明開化における起動力として必ずや実を結ぶであろう」と。

フィラデルフィアの製造業者たちが日本の顧客からの注文を楽しみにしている間、肥田の一行は、二日間、ニュージャージー州のニューアークへと赴いた。というのも、同市の商工会議所から招待を受けたのである。ニューアークでは、製糸工場、貯蓄組合と州立銀行、宝石店二ケ所、そして、ズボン、馬具類、帽子、電信装置、靴、エナメル皮といった様々な製造工場を視察した。日本人の一行にとって一番興味深かったのは、シンガー絹織物縫製所（Singer Sewing Silk Factory）であった。[22] 一行はフィラデルフィアに続いてニューアークでも、アメリカの都市の発展と製造工業の振興の実情を、まざまざと見せつけられたし、一方、米国側は貿易が将来もたらす利益への期待で胸を踊らせたのである。

八　工業視察の重視

四月十日、肥田理事官はワシントンD・Cに戻り、岩倉と木戸にフィラデルフィア視察について報告した。フィラデルフィアの印象を口頭で述べただけでなく、詳細な報告書と図面とを提出したはずだが、現在のところ、すでに紛失されたか破棄されたと思われる。さて、他の理事官たちがヨーロッパへ調査研究に先に旅立ったのに対し、肥田は大使一行とともに尚も合衆国にとどまった。

四月末から五月にかけて、肥田は大使たちの技術に関する指南役の如くであった。たとえば四月二十八日、彼はジョージタウンの三つの橋の見学に、木戸を誘った。二日後には、ポトマック河にかかる完成間近の「ロング・ブリッジ」に、岩倉と木戸を先導した。この橋はその名の通り、全長一マイルに及ぶ長い橋で、現在の「十四番通りブリッジ」の前身である。木戸は、合衆国憲法の修得と条約改正交渉に気を取られていたので、橋についてはごく普通の関心しか示さなかったが、それでも、車輌と歩行者が別れて通行するのは都合が良いし、河川の船舶が下を通れるように橋を持ち上げる仕掛けは良い考案だと日記に書きとめた。[23]

六月中旬、肥田は岩倉や木戸とともに、ニューヨークとニューイングランド地方に二週間の周遊に出かけた。今回の旅行は、アメリカ政府が準備し、気晴らしをするためのものであったが、それにもかかわらず、産業に関する情報を若干集めることができた。たとえばニューヨークで日本の一行は、一日八時間労働を要求する労働者の行進に出会った。ナイアガラの滝では、肥田は数種類の橋を視察した。また六月の末に、マサチューセッツ州のスプリングフィールドにある合衆国造兵廠を訪れたが、これは使節団の産業視察の目的に最もかなない、肥田も特別の興味を抱いた訪問先であった。同廠は一七九四年創立の合衆国最大の兵器工場であり、その試験用建物では小火器を開発していた。この年、一八七二年には、八百名の従業員が働き、十七万五千丁の武器を生産していた。大使以下一行は工場施設を詳しく案内され展示品の説明を受け、さらにライフル銃の製造を見学し試射に立ち会った(24)。

七月のほぼ一ケ月間、肥田の行動は明らかでない。だが、その月の末に再び足跡が発見される。すなわち、情報収集に怠りない『ボストン・ポスト』紙が、肥田と長野がマサチューセッツ州の技官に案内されて、東部マサチューセッツとヴァーモントを視察した、と七月三十日付で報告している。肥田の主な目的は、「ニューイングランドの鉄道関係者の間で良く知られている技術や、橋やトンネルの建設に用いられる技法を修得すること」であった。彼らの視察には、アパラチア山脈の西の峰にあるフーザック・トンネルも含まれていたが、これは必ず行くべき訪問先であった。このトンネルは一八五四、五年に工事が始まり、一八七六年に完成されるのだが、建設途中でさえ、現場には技術関係者だけでなく観光客も多数、見物にやって来ていた。肥田が訪れた当時は、七百五十名以上の労働者たちが雇われており、その多く

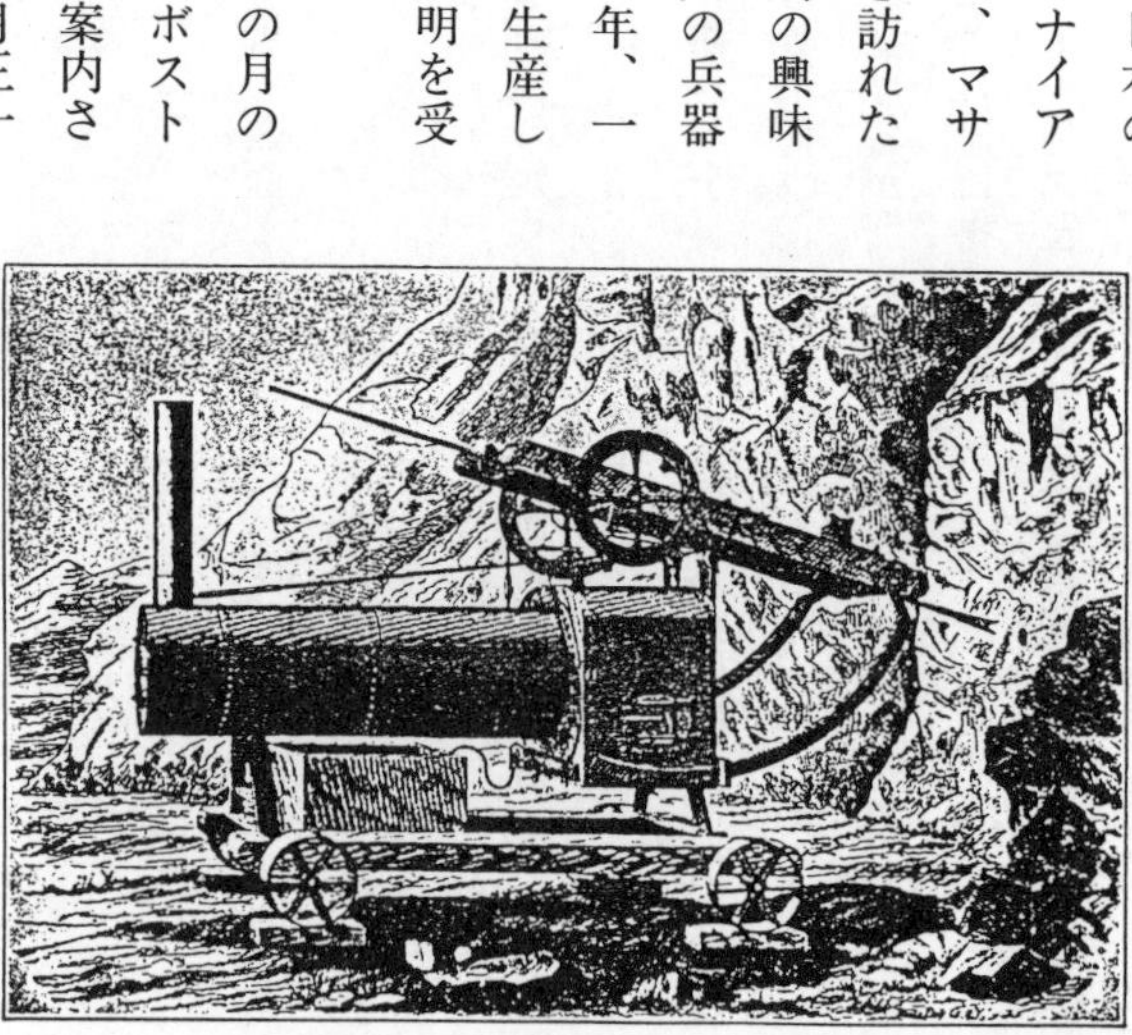

岩盤ドリル

はイングランド南西部のコーンウォール地方出身の鉱夫であった。彼らはフーザック山の両側からトンネルを掘り、ボストン、アルバニィ、ニューヨークを直接つなぐ、旅客貨物輸送線を建設しようとしていた。肥田はここで、圧縮空気で駆動する岩盤ドリルの使用をじっと見守った。[25]

八月一日、肥田はボストンの有力者一行とともに、ヴァーモント州セント・ジョンスベリーという町にある、フェアバンクス計器製作所（Fairbanks Scale Works）を訪問した。同社は、六百名の従業員を擁し、その年すでに五千台の秤を製作し、二百万ドルにおよぶ取引を行なっていた。肥田は創立者の子孫に案内されながら、同社の各部門を見学した。その中には、金敷作業場、カンナ削り場、絵つけ漆室、そして調整室があった。調整室では、台秤が合衆国重量規準に適うかどうかを試していた。訪問者たちは自ら願い出て、工場の機械類の動力となっている、二百五十馬力の低圧コーリス・エンジンを視察した。肥田の行動は、いつものことであるが賞讃を得た。「有能で科学的な技術者」という役をもらって、彼は鋳造の詳細を熱心に調べ、鉄、砂その他の原料の長所と特性について適切な質問を繰り返した、と描写された。肥田のヴァーモント州での一日は、町のホテルでの夕食と、案内者と州の副知事のスピーチとで締めくくられた。[26]

肥田がボストンに到着してみると、すでに大久保と伊藤が加わり全員が揃った使節団では、工業国としてのアメリカ合衆国が盛んに話題となっていた。そして彼らはアメリカ最後の日々に、これまで以上に、工場を視察して回ることにした。その視察は、軽工業から重工業まで、また機械製造機からすぐに消費者が使える商品まで、多岐にわたった。それはまるで、使節団、ことに大久保が、残された僅かな時間を機械技術の視察に向けようと決心したかのようであった。肥田の経験が使節団全体で共有されることによって初めて、全員が工業視察の重要性を理解したのである。

七月の終り、使節団はフィラデルフィアを訪れ、肥田に連れられてフェアマウント公園の水道施設を視察した。

同所では、もっと良い景色を見ようと貯水槽の上にまで登った岩倉の姿が、記者の目にとまっている。一行にはたった二日間しか自由にできる時間がなかったが、ボールドウィン機関車製造会社、ウィリアム・セラーズ社の機械工場、そして合衆国造幣局へ赴いた。(27)

八月の初めにボストンに到着した使節団は、英国のリヴァプールへ出航する日まで僅かしか残っていなかったが、八月三日、時間を作って、ローレンスおよびローウェルの工場地帯を視察しに出かけた。ローレンスは、キャラコや上物綿織物パーケールで有名なパシフィック・ミルズ (Pacific Mills) のある町であった。ローウェルは、米国最大企業の一つであるブート毛織物・絨毯製作所 (Boott Woolen and Carpet Mills) の町であった。『ローウェル・デイリー・クーリエ』紙が明言するところによれば、「まるで岩倉氏が日本に同じ工場を設立するのかと思うほど、注意深く、製造工程全体を検分した」。八月五日には、最後のぎりぎりのチャンスを生かすために、大使たちは二組に分かれた。すなわち、木戸と伊藤はボストン郊外の製本工場や製靴工場を見学し、一方、大久保はロード・アイランドのプロヴィデンスまで足をのばして、ある新聞がいみじくも伝えているように、「わが国の製造工業の工程と製品」とを視察した。大久保はまた、アメリカ・ネジ会社 (American Screw Company) とゴーラム銀器製作所

ジョージ・コーリス

コーリスエンジン

(Gorham Silver Works) へも訪問したことが判明している。だが、最も圧巻だったのは、巨大なコーリス蒸気機関会社 (Corliss Steam Engine Company) であった。同社では発明者のジョージ・H・コーリスが大久保のために、彼の有名な蒸気機関のうちの一つの模型を作動して見せてくれ、蒸気の吸気を調節する「締切り―カットオフ―装置」について説明した。コーリスがその後、一八七六年のフィラデルフィア万国博覧会のために設計した、一千四百馬力エンジンは、「アメリカの技術の進歩をまさに最大限に表している」と絶賛されることとなる。(28)

久米邦武が編集した五巻の公式記録『米欧回覧実記』は、こうした使節団の重点の置きかたの変化をよく反映している。つまり、アメリカでの製造業視察の様子について、次第に詳細な記述をほどこすようになり、旅の初めの頃にそれを怠ったことを弁解する。フィラデルフィアの造幣局で久米は、貨幣勘定室の光景と騒音を正確に表すには、また、自動袋詰め機を正当に評価するには、どのような表現を用いたらよいかと苦心した。パシフィック・ミルズ社では、銅管から布地に模様をつける際の写図器の工程を説明するのに、じつに巧みな表現を用いた。ブート毛織物・絨毯製造所に着いたときには、久米はジャガード織機の仕組みについて論じているだけでなく、アジアには何故それまでに産業革命が起こらなかったのかと問いかけるまでになった。(29) この久米の記録は、使節団がその後イギリスとヨーロッパ大陸を視察し一八七三年のウィーン万国博覧会を訪れるのにしたがって、一行が産業の研究にいっそう専心していく様子を、鏡のごとくに写し出すこととなる。結局、久米の価値ある『米欧回覧実記』は、西洋の他のどんな事柄よりも、工業と商業について、より多くの言うべきことがあったのである。

九　おわりに

肥田理事官が一八七二年当時のフィラデルフィアの企業や技術を包括的に紹介したことは、岩倉使節団の大使一行に、アメリカ産業資本主義に対する基本的な理解を与えた。それは大使一行がニューイングランドの製造工場を視察した際に、頂点に達した。このように肥田の経験は、日本人一行の視野を広げるとともに、ヨーロッパでのより密度の濃い産業研究への準備を促したのである。

今回の西洋世界への旅は全体として、日本の指導者たちが、一八六〇年代の曖昧な標語や未成熟であった観念を、一八七〇年代のより具体的で優先度の明確な政策へと転換させるのに大いに役立った。その政策とは、たとえば政府が経済政策上取るべき策として、模範となる工業を支援し、さらに民間企業を育成し奨励することを含んでいた。

技術専門家としての肥田は、後年も、日本における熱心な鉄道敷設推進者の岩倉と良い関係を保ち、明治政府の官職を得ることになる。一八七六年、彼は東京英語学校の校長となり、一八八二年には、海軍機関総監に昇進する。さらに一八八五年、宮内省御料局長官に任命された。四年後、彼が死亡したときには、日本は、より多数の技術者をより高度のレベルで養成しているところであった。

フィラデルフィアとアメリカ合衆国は、日本の経済構造転換からいずれ利益を得ることになるのだが、それには時間を要した。一八七〇年代、日本の工業の注文を大部分請け負ったのはイギリスであり、スコットランドの技術者たちが、工部省の工科大学校の教育過程設立に寄与した。もちろん多くのアメリカ人も、お雇い外国人として雇われた。しかし、日本との商売上のつながりが増加したのは、アメリカの産業がその特質を見せて実際に第二次産業革命を経験したのちのことであった。一八七六年、小さな第一歩ではあるが、ニューヨーク市で日米絹貿易が始まった。同じ年、フィラデルフィアのフェアマウント公園での独立百年記念万国博覧会は日本からの訪問者を再び迎え、彼らはアメリカの技術をより精密に吟味していった。肥田の二十五日間の視察から二十五年の後、ボールドウィン機関車会社はついに日本との大きな商売を始めた。[30] エイサ・ホイットニー車輛製作所とクランプ造船所もまた、注文を受けることとなる。

日本人たちはアメリカ人との取り引きに慎重すぎたのか、あるいは、「良い人材と機械」を正しく見極めていたのか。肥田が理事官としての公式報告書で警告していたように、彼が収集した全情報を整理してその重要性を正しく評価するには、時間を要した。

西洋世界から明治日本への技術移入の初期段階について、今日、より綿密な研究がなされることが必要である。その際、この「フィラデルフィア物語」は、日米商業・技術関係史という未だ多くは研究されていない分野への貴重な導入として役に立つものである。[31]

(1) 肥田浜五郎としても知られる。彼の経歴に関する基本資料は、土屋重朗『近代造船事始—肥田浜五郎の生涯—』(新人物往来社、一九七九年)に拠る。筆者がこの書に注意を向けることができたのは、国学院大学の上山和雄教授のおかげである。また、肥田の柴田使節団における体験と横須賀用地をめぐる対立については、次の論文を参照せよ。Mark D. Ericson, "The Bakufu Looks Abroad, The Sibata Mission to France", *Monumenta Nipponica*, vol. 34, Winter, 1979, pp.397-398.

(2) 肥田は青年期、主家の江川担庵の塾で砲術などの教育を受ける。優秀であったため江戸へ送られて、川本幸民と伊東玄朴の門で蘭学を学ぶ。

(3) 安政三年(一八五六)肥田は長崎海軍伝習所の第二回生となる。カッテンディーケ中佐や機関将校ハルデスから、造船、造機の科目を学ぶ。

（4） 一八七二年一月と二月の記載事項については、次の資料を参照せよ。妻木忠太編『木戸孝允日記』（日本史籍協会、一九三三年）および、John D. Galloway *The First Transcontinental Railroad* (Simmons Boardman, 1950) p.229; pp.287-291. *Sacramento Daily Union*, February 2; *Chicago Times*, February 26-28; *Chicago Tribune*, February 27-28, 1872.

（5） 当初は、もう少し多人数の視察グループが予定されたが、病気その他の理由により、何名かがワシントンに留まった。大島は独学の技術者で、一八五〇年代に水戸で反射炉を建造するのにオランダの手引書を使用した人物である。彼は後年、日本の官営製鉄工業の設立に尽力することとなる。『大島高任行実』（三秀社、昭和十三年）、Takesi Hayasi, *The Japanese Experience in Technology: From Transfer to Self Reliance*, (United Nations University Press, 1990), pp.94-96. 阿部と沖は、大蔵省の役人であった。岩山という三人目の農業専門家については、筆者はいまのところ確認できていない。彼は、当初の使節団名簿には記載されていなく、遅れて任命されたか、あるいは、使節団の仕事を手伝うために召集された留学生かと推測される。なお、日本側よりアメリカ国務省と報道関係者に渡されたこの使節団名簿には十名の理事官が記載されているが、『特命全権大使米欧回覧実記』（岩波書店、平成二年）の田中彰校注によれば理事官の数は七名（内一名は左院使節団へ転籍、翌明治五年一名追加発令）、また宮永孝『アメリカの岩倉使節団』（筑摩書房、平成四年）によれば六名である。

（6） 土屋前掲書と『大島高任行実』には、フィラデルフィアへの訪問についての言及がない。地元紙のなかで最も良く取材しているのは、*The Press*, *The Philadelphia Inquirer* と *Public Ledger* であるが、*The Philadelphia Evening Bulletin*, *The North American and United States Gazette* および *New York Herald* にも、詳細を補う記事が発見できる。一行の来訪を記念した視察記録は、*Dairy of the Japanese Visit to Philadelphia in 1872* (privately published, Henry Ashmead, printer) と題される。地元報道関係者が何度か報じているところによれば、肥田はフィラデルフィア滞在の詳細な記録をしたため、それを日本に伝送するためにワシントンへ届けていた。もしも事実だとすると、肥田自身の記録は紛失または破棄されたといえる。*Public Ledger* 紙はまた、一行の「端麗な写真」が、四月六日、グーテクンスツ・ギャラリーの前で撮影された、と伝えているが、これもまた、紛失されたのであろう。肥田の理事官としての公式報告書は、今回の西洋への旅すべての記録として一八七三年に書かれ、唯一残っている文書であるが、かなり短いものである（同報告書は、他の使節団の報告書と共に、内閣総理大臣官房図書館に保管されている）。同報告書で肥田が説明しているように、彼は現場で観察を施し、図面を収集した。彼は、調査してきたすべてを書き尽くさなかったことを詫びながら、特定の質問については、口頭で答える用意があると述べている。

（7）当時のフェアマウント公園および町のほかの風景については、J・B・リッピンコット社の一八七二年版絵つき案内書、*Philadelphia and its Environs* が良い情報源となる。

（8）*History of the Baldwin Locomotive Works, 1831-1923* (privately published, c. 1924), pp.70-71.

（9）Charles H.Cramp, “Sixty Years of Shipbuilding on the Delaware”, *Proceedings of the Numismatic and Antiquarian Society of Philadelphia* (1904-06).

（10）Albert S. Bolles, *Industrial History of the United States* (3rd edition, 1881, reprinted by Augustus M. Kelley, 1966). p.275.

（11）ギフォード・インジェクター（噴射給水装置）はじめ、当時の他の技術用語については、Edward H. Knight, *Knight's American Mechanical Dictionary* (New York, 1874) を参照せよ。

（12）*Diary of the Japanese Visit to Philadelphia*, pp.25-28. 日本の一行にとって、縫合機械は新しいものだったかもしれないが、ミシンはそうではなかった。一八六〇年代の横浜の木版画が、日本におけるミシンの登場を伝えている。

（13）視察記録によれば、一八七二年、フィラデルフィアには五百八十七業種の会社が八千三百三十九社あった。九万二千百十二名の男性労働者、三万五千四百七十八名の女性労働者、一万二百八十六名の若年労働者を雇っていた（七五頁）。米欧での岩倉使節団の行動に関する日本側と西洋側の資料は、工場での女性労働者や子供の労働者のことを多く言及しているが、いずれも、搾取という論点についてはのんきに無視している。

（14）“Pennsylvania book” とは、おそらく Samuel Harries Daddow の八百頁の絵入りの本、*Coal, Iron and Oil* (Pottsville, Pennsylvania, 1866) のことであろう。

（15）ホー印刷機とは円筒式印刷機、回転式印刷機のことである（*Knight's American Mechanical Dictionary*）。

（16）クックは自社の鉄道を太平洋岸北西部まで延長させたいと願っていた。彼はまた、四ケ月後、岩倉はじめ使節団本団が週末に滞在したときに、歓待する。Ellis Paxon Oberholtzer, II, Jay Cooke, *Financier of the Civil War*, Vol. II (Philadelphia, 1907), pp.457-458.

(17) *The Press* および *Philadelphia Inquirer* 一八七二年三月二十七日。

(18) 他の三人の日本人とは、阿部、沖、そしてラトガースの日本人留学生、手島清一である。手島は後に、工業と科学技術に関する日本での重要な指導者となり、東京工業学校の校長にある。Hayashi, *The Japanese Experience in Technology*, pp.164-165 を参照せよ。

(19) この記述は、ベツレヘムの *Daily Times* 紙三月二十七日付による。また同様の内容が、*Carbon Democrat* のコラム、*The Press* 紙三月二十九日付、リーディングの *Daily Eagle* 紙三月三十日付にも見られる。これらの町からの報告は、フィラデルフィアのときほど、想像力に富んだものではない。それぞれの地方の様子については、絵入りガイドブックの *Philadelphia and its Environs and the Railroad Scenery of Pennsylvania* (J. B. Lippincott, 1875) および Pamela Taylor (ed,), *The Lehigh Valley, An Illustrated History* (Windsor Publications, 1982) chaps.4-5 を参照せよ。

(20) 取引所は、印象的に修復されたレンガ造りの六層からなる建物にあり、その壮麗さは、小麦粉はじめ穀類の卸売り業者という新しい勢力を象徴していた。彼らは一八七〇年以降、フィラデルフィアの「最大かつ最も重要な商業団体」として出現していた。Richard Webster, *Philadelphia Preserved* (Temple University Press, 1976) pp. 42-43.

(21) 肥田の一行の視察は、商工業を中心としたものではあったが、フィラデルフィアの生活全般の見学の機会も与えられた。たとえば到着して間もなくの頃、夕方の気晴らしに Arch theater へ喜劇を観に行ったし、薬科大学の卒業式に出席したり、音楽アカデミーでフロトウのオペラ、「マルタ」の英語による上演を楽しんだりした。ある早朝、ホテルの近くで火事が起きたときには、現場に急行して消防隊が猛炎と闘う光景を見た。滞在も終りに近づいたある日には、教育委員会の招きに応じて初等中学校、男子中学校、女子中学校、小学校を訪問した。

(22) *Newark Daily Advertiser*, April 8-10, 1872.

(23) 木戸の日記には、陽暦での四月二十一、二十八、三十日と五月十八日に記載がある。木戸はまた、肥田が四月十一日に、フィラデルフィアでの案内役のウィリアム・ペインターを招いて夕食会をワシントンで催した際、出席した。

(24) *Springfield Daily Republican*, June 21, 1872; Robert L. Carper and Richard G.Turk, *Springfield Armory National Historic Site* (1984), p.1.

(25) 岩盤ドリルとフーザック・トンネルでのその使用方法については、次の書を参照せよ。Richard Shelton Kirby, *et al., Engineering in History* (McGraw-Hill, 1956), pp.480-81; and Waldemar Kaempffert (ed.), *A Popular History of American Invention*, Vol.II (Charles Scribner's, 1924), pp.66-67.

(26) *Boston Post*, August 3, 1872; *Boston Daily Globe*, August 2, 1872; *Vermont Watchman and State Journal*, August 2, 1872.

(27) *Philadelphia Inquirer*, July 30, 1872;『木戸日記』一八七二年七月三十日（陽暦）。

(28) 大久保の訪問も、新聞によってのみ再現できる。*Providence Evening Press* and *Providence Daily Journal*, August 5-6; *Boston Daily Advertiser*, August 6, 1872. コーリス・エンジンについては次の書を参照せよ。Robert C. Post (ed.), 1876, *A Centennial Exhibition* (National Museum of History and Technology, Smithsonian Institution, 1976), pp.31-33.

(29) 久米邦武『特命全権大使米欧回覧実記』（太政官記録掛刊行、明治十一年）一巻、三八四―九〇頁。

(30) ボールドウィン社が日本市場向けに初めて製作した蒸気機関は、一八八七年六月、三池鉱山に輸送された（*History of the Baldwin Locomotive Works*, p.81)。

(31) この分野の研究は、次に掲げるような最近の著作によって、ちょうど始まったところである。前掲 Hayasi; Tamohei Chida and Peter N. Davis, *The Japanese Shipping and Shipbuilding Industries* (Athlone Press, 1990); David J. Jeremy (ed.), *International Technology Transfer: Europe, Japan and the USA, 1700-1914* (Edward Elgar Ltd., 1991).

また Marie Conte-Helm, *Japan and the Northeast of England* (London, 1989) も参照せよ。

イギリスにおける条約改正交渉

イアン・ニッシュ
（鶴見太郎訳）

一　はじめに

一八七一年十一月十八日、江戸（東京）駐在イギリス代理公使F・O・アダムズは、外務卿の任にあった岩倉具視から維新政府が近々海外特使を派遣する予定であり、その構成は維新政府の最高首脳から成るとの通知を受けた。その内容は次の如く続く。「条約改正問題は従って諸外国間で入念に討議されるであろう……（我々）一行は諸外国と一層親密な関係を結ぶことを求める一方、一八六八年の革命を経て帝みかどの権力が復活するまでの経緯、並びに現在の実状と今後の新政府の政策を条約国に伝える事を切に希望している」[1]。岩倉自らが一行を率い、参議木戸孝允と大蔵卿大久保利通がこれを補佐する陣容とともに、この使節団が外交交渉を前提としたものではないことがここで判明する。というのも岩倉はアダムズに使節団が当初の予定である一年の巡遊を終えて帰朝するまで、条約改正の件は対象から外すことを明言しており、一行の眼目はむしろ諸外国に新政府閣僚の優秀さと誠意を印象づけ、日本の新時代が確固たる基盤の上にあることを示す点に置かれていたのである。

一週間後、外務大輔寺島宗則が公式に使節団派遣の承認を行い、十月に右大臣に昇進して間もない岩倉が特命全権大使を務め、「貴國ト取結タル條約改定ノ期限近キニ在ルヲ以テ右大臣派出ノ便ニ由リ併テ我政府ノ目的期望スル旨」[2]が通告された。岩倉自身も一八六五年以来駐日公使の任にあり、当時本国で休暇中のハリー・パークスにあてて、この機会を利用して「別シテ好意之御周旋ニ預リ度企望此事ニ存候」[3]と述べている。

岩倉とその随員達は翌七二年一月十五日、サンフランシスコに到着し、二月二十九日には首都ワシントンに到った。イギリス側は駐米公使エドワード・ソーントン卿を通じて一行の動静を探り、使節団が新たな条約調印の権限を与えられていないのにも拘らず、アメリカ国務長官ハミルトン・フィッシュと交渉を始めており、その結果を心待ちにしているとの情報を得た。三月に入って大久保利通と伊藤博文はワシントンを発ち、以後二ケ月間、日本にあって全権委任状を得るため奔走する。その間に一行の内ではヨーロッパの然る

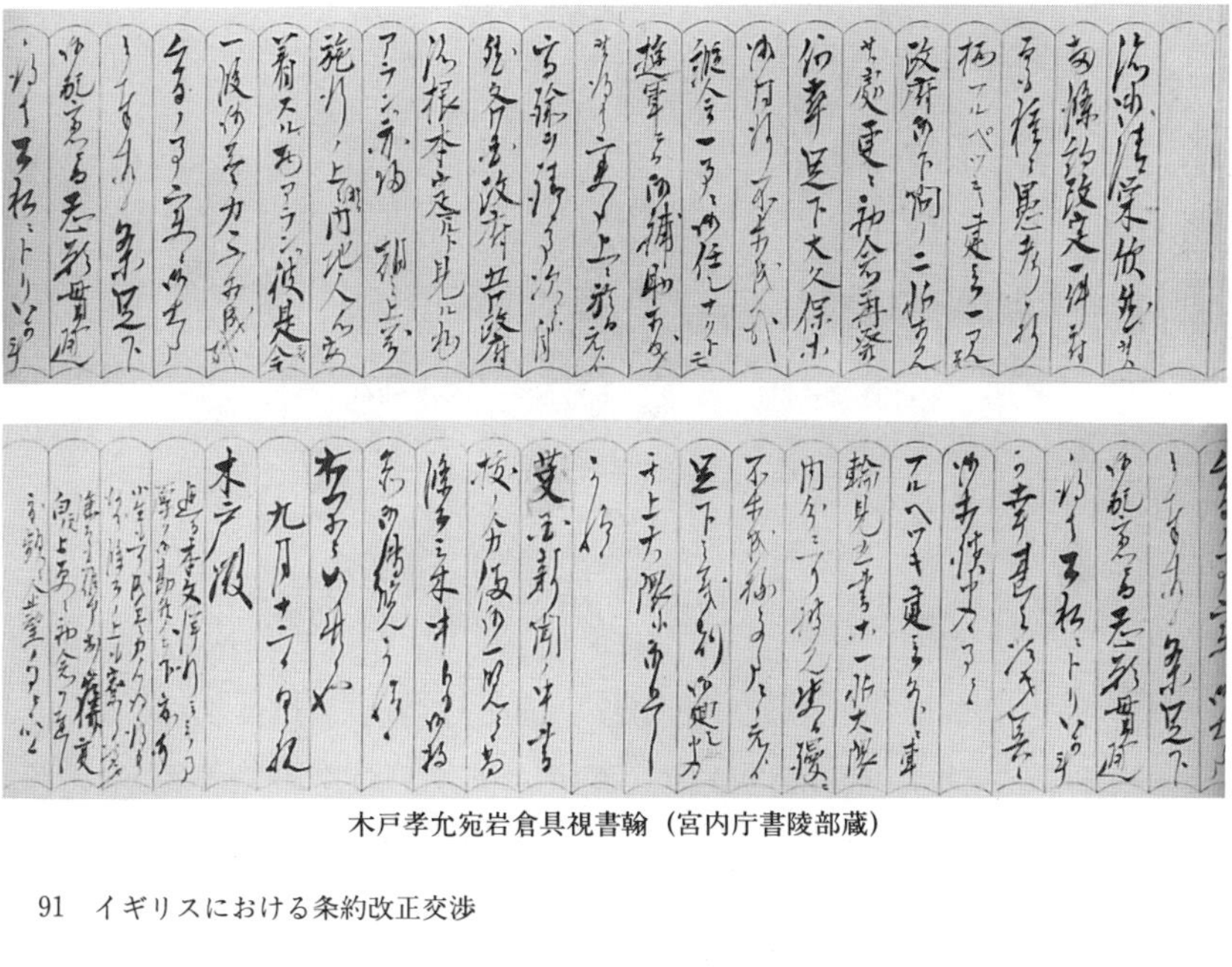

木戸孝允宛岩倉具視書翰（宮内庁書陵部蔵）

べき所で、イギリスが異議を唱えることのない条約国との協議の場を持つ提案が出されたが、フィッシュはこれに同意せず、大久保と伊藤がワシントンに帰着した頃、すでに議論は出つくしていた。そして多くの面で進展をみたにも拘らず、交渉は七月二十四日、岩倉の手によって打ち切られる。(4)

こうして使節団の渡英は当初の予定を大幅に遅れ、ロンドン政府とパークス(彼が落ち着いた気質の持ち主だったとは到底申すまい)の不興を買う。数ケ月遅れでボストンを出立した使節団の船は八月十七日、リヴァプールに入港した。既に五月二十四日付の委任状修正に従い、使節団のうち正使と副使は新規の条約について討議し、それに署名する権限を付与されていたが、不可解なことにその修正事項は、改定を要すると思われる部分については直接相手と会談すること、なおかつ改定は一行が帰国するまで実施しないこと、(5)との条件が付されていた。この文書に署名した外務卿副島種臣と寺島宗則は、こうした曖昧な表現を用いるこ

岩倉使節の来英を、北アイルランドの紛争を揶揄しながら報じた『パンチ』(1872.8.31)

とで使節団との政策上の相違を表に出さぬよう努めたと見られるが、日本側に立場の変化があった点を考慮しても、この混乱ぶりはイギリス外交官にとって理解し難いものであり、今日に到るまで日本側の史料からも納得のいく解説は得られない。

五月二十日、アダムズが東京を離れるにあたって行なわれた歓送会の席で太政大臣三条実美はアダムズに対し、今や日本はヨーロッパにおいて新たな条約を結ぶ用意のあることを知らせた。政策が急変した理由を三条は次のように説明した。すなわち使節団が日本を離れた昨年十二月の時点で、同じ年の八月二十九日に施行された廃藩置県による多大な混乱が予想されたので、政府は条約改正をしばらく先送りする決定を行なったわけだが、この大改革が軌道に乗ったため、いよいよ条約改正に全力を向ける時が来た、と。(6)

アダムズは三条の説明に懐疑的だった。彼は三条の言う「ヨーロッパでの協議」とは使節団の発意によるものだと考えた。

> 久しく世界から孤立していた国にはよくある事だが、日本人は並外れて自惚れが強い。なかんずくヨーロッパで「協議」を行うことほど彼等の自惚れを満足させるものはない。察するにその協議とは日本の眼鏡にかなった全ての条約国全権の列席のもとで行なわれるのだろう。そして日本で大勢を占めているのはその実この様な意見であり、使節団もまた全文明世界の眼前で自らの目的を討議するこの計画に乗り気である。(7)

日本側が海外で外交交渉を行なうことを好まなかったアダムズにとって、条約に付随する細目が本国を離れて検討可能な問題とは到底思えなかったし、外務大輔の寺島宗則もまた同様の考えを抱いていた。それゆえアダムズは別の私信の中で「寺島への反対を封じるため（日本政府は）寺島を公使としてロンドンに派遣し、併せて全権をも委ねた」[8]と書き添えている。

岩倉とその随員がイギリス外務省を訪れたのは、彼らがバッキンガム・パレス・ホテルに旅装を解いて間もない八月十九日だった。その日、一行はパークスと共に外務大臣グランヴィル卿（任一八七〇―一八七四）と会見し、グランヴィル邸で晩餐を共にした。（ジョージ・レヴェスン・ガワー）グランヴィルは第一次グラッドストン内閣（一八六八―一八七四）でクラレンドン卿から一八七〇年に外相の職を引き継いだ自由党の古参であり、首相のウィリアム・エワート・グラッドストンとは肝胆相照らす仲だった。

当時のロンドンで八月の後半は公的な訪問に不向きな時期だった。議会は十月末まで休会しており、閣僚も頻繁にロンドンを離れていた。一行がアメリカで受けた忠告通り、八月中旬に到着した場合、ヴィクトリア女王への謁見がかなう見込みはほとんどなかった。一八六一年にアルバート公を失ってからというもの、女王は毎年夏と秋を方々の別荘で、特にスコットランドのバルモラル城で過ごすようになっており、ロンドンでの謁見は通常、年末まで許されなかった。どれほど「君主の持つ社会的、視覚的職務」を怠っているかグラッドストンが率直な言葉で指摘しても、女王は腰をあげなかった[9]。そして使節団がロンドンに到着する前の八月十五日、女王はスコットランドに向けて旅立った。

そのため岩倉使節団は謁見を乞う前に先ず女王がロンドンへ帰還するのを待たねばならなかった。イギリス政府がこの謁見の許可に難色を示していたわけではない。君主がその閣僚の下僕ではなかったからである。

十一月十二日、パークスとの対談の中で岩倉は、使節団の本音を現段階でグランヴィル卿には伏せておくよう要求している。「岩倉が使節団のかかえてきた本来の用件を、女王への謁見がかなった上で切り出すのが得策と考えた」[10]ためである。これがはたして岩倉の本意なのか、交渉の遅延を取り繕うための口実に過ぎぬのかは判断し難い。いずれにしても岩倉は、東京の政府から託された任務をこれ以上引き延ばすことなく押し進め、ヨーロッパでの旅程を速めるようせき立てられていた。そこで岩倉は十一月二十二日、外務省においてグランヴィル卿と最初の重要な会談を持つことになる。この会談の一部始終はイギリス領事館に在任中、様々な公式行事の場で岩倉の通訳を務めた経験を持つウィリアム・ジョージ・アストンによって記録されている。(11)

会談は直ちに条約改正問題に及んだが、ここで改正を要するとされた日英間の条約とはいかなるものだったかを俯瞰しておく。

二　日英条約――一八五八年八月、江戸

一八五八年八月二十六日、江戸においてエルギン伯爵とキンカーディンはイギリス政府を代表して日英修好通商条約に調印した。このうちエルギンは当初、清との条約締結のためロンドンから派遣していたが、さらにこの途次、日本に立ち寄って当時始まったばかりの日英関係を進展させる意向を前年四月に受けていた。一八五四年にジェームズ・スターリング提督によって調印された従来の条約〔日英和親条約〕は宿敵であるロシアが日本から引き出した成果に見劣りしたし、エルギン自身が清と結んだ条約から得られる利益をも下回るものだった。「大英帝国を最優先した貿易など無用である。それどころか我々が望むのは、通商と文明化の双方を促進する活動によって得られたあらゆる利益を他の国々が享受することにある。……力づくで日本に対し新たな条約締結を迫ることは……我々の意図するところではない。我々は日本の政府及び民衆との親善を計っていく事を願って止まない」(12)。難航する対清交渉から一時的にエルギンが自由になったのは、漸く一八五八年夏以降のことである。下田でアメリカ総領事タウンゼント・ハリスと会見したエルギンは、滞在日数が限られていたことから、ハリスが日本との間に結んで間もない条約の文言や語法を随所に転用することにした。そして日本側の全権たちも、こ

の基礎の上に立って交渉する方が好都合だとしているのに気づいた。ハリスはエルギンに埒のあかない神奈川での交渉よりも、直接江戸へ行くことを勧めたほか、彼の通訳兼書記ヘンリー・ヒュースケンを二週間にわたって随伴させてくれた。こうしてエルギンを乗せた海軍護衛艦は江戸湾の幕府が築いた堡塁の真向いに停泊し、交渉の多忙な一週間が始まった。エルギンに依れば「将軍の重臣達は限られた知識の内で合理的な思考の持ち主の様に見受けられた」[13]。友好的な会談の結果、条約は締結された。エルギンはヴィクトリア女王から将軍への特別な贈物として蒸気帆船エンペラー号〔「蟠竜艦」〕を発注した。時を移さずエルギンは上海へ戻った。中国情勢は風雲急を告げ、イギリスの権益に翳りが見え始めていた。

この時調印された条約によって、イギリスは江戸に外交上の代理人を置くことが可能となり長崎、函館、神奈川の三港が開かれ、新潟と兵庫がこれに続いた。それら港での代表権は領事に属するほか、民事・刑事の双方に関する裁判権は領事に付与される治外法権が認められた。輸出の際の関税は三十五パーセントから評価額に応じ五パーセントに引き下げられ、一八六六年六月の日英改税約書によって再確認された。加えて両国にとって唯一意志疎通が可能なオランダ語を条約の「原文」と定めることが銘記された〔第二二条〕。こ

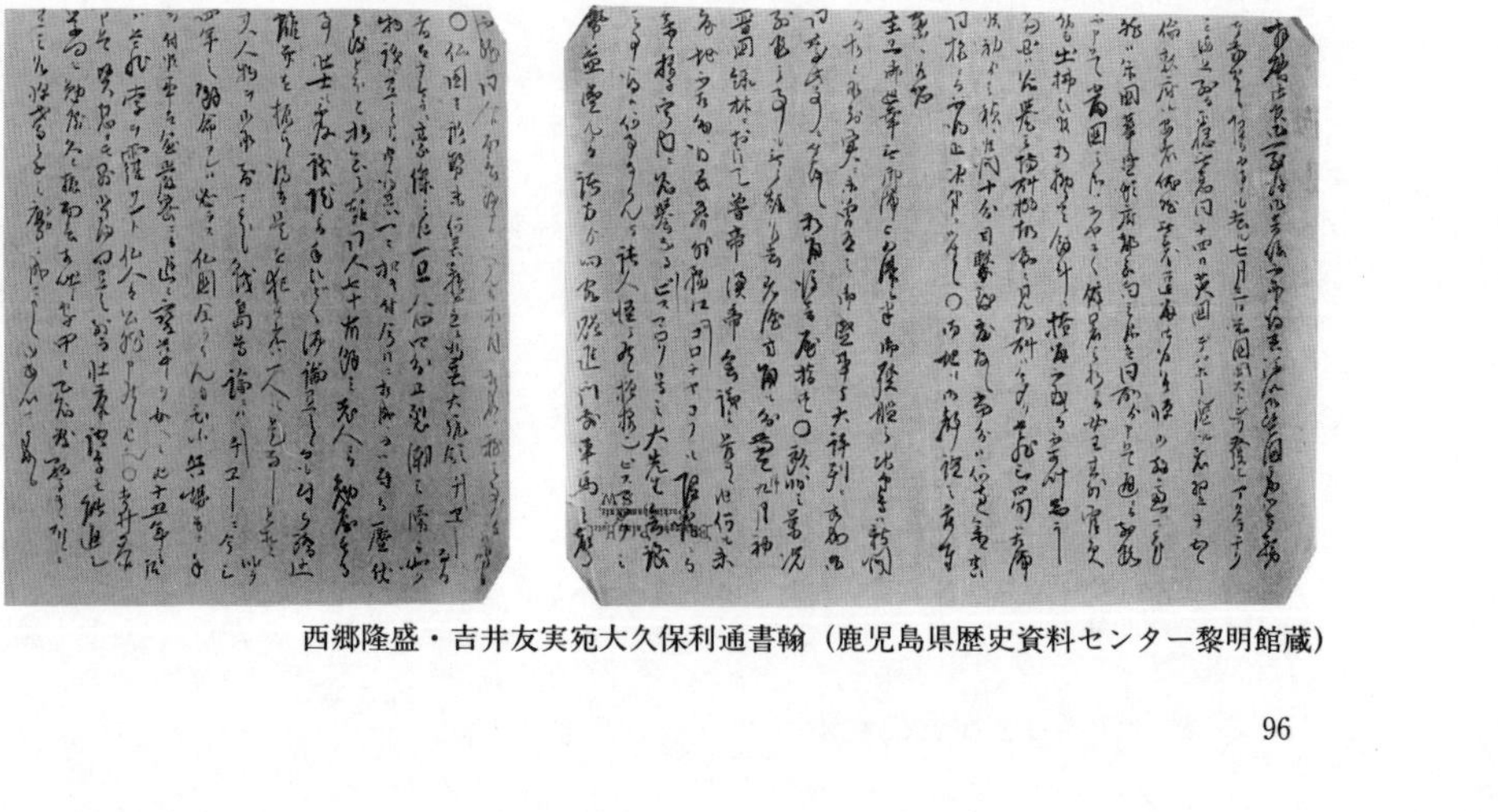

西郷隆盛・吉井友実宛大久保利通書翰（鹿児島県歴史資料センター黎明館蔵）

の条約についてエルギン当人は、ハリスが結んだ条約が手本になったと公言して憚らなかったが、実際の所その手本〔一四箇条〕よりも遙かに多くの項目〔二四箇条〕から成っていたし、エルギンの説得の甲斐あってアメリカに先駆けて日本側から幾つかの譲歩を引出していた（これらの譲歩項目は最恵国条款によりアメリカに対しても適用された）[14]。中国で発揮されたエルギンの外交手腕を考えれば、彼がこの条約を同年調印した天津条約に習ったとしても不思議ではない。しかしロンドンからの指令は同じ交渉相手として清と日本を明確に区別し、それは後者への低姿勢となってあらわれる。その意味でハリスの先例に従ったとする方が、エルギンの主張としては得策だった。いずれにせよエルギンは日本における条約を自ら作成するには時間が不足していた。そして江戸湾で交渉が続く折、悪化する中国華南情勢を伝える知らせが飛び込んでくる。エルギンが中国へ向けて出航したのは、早急に広東へ帰任せよという指令がロンドンから届く前のことだった。

　神奈川と江戸においてアメリカとイギリスが各々調印した条約は互いに別々のものであることは、その後の岩倉使節団のとった行動が裏付けている。明治政府は当初からこれら一連の不平等条約を嫌い、早くも一八六九年二月には条約改正を希望する旨を通達し、次

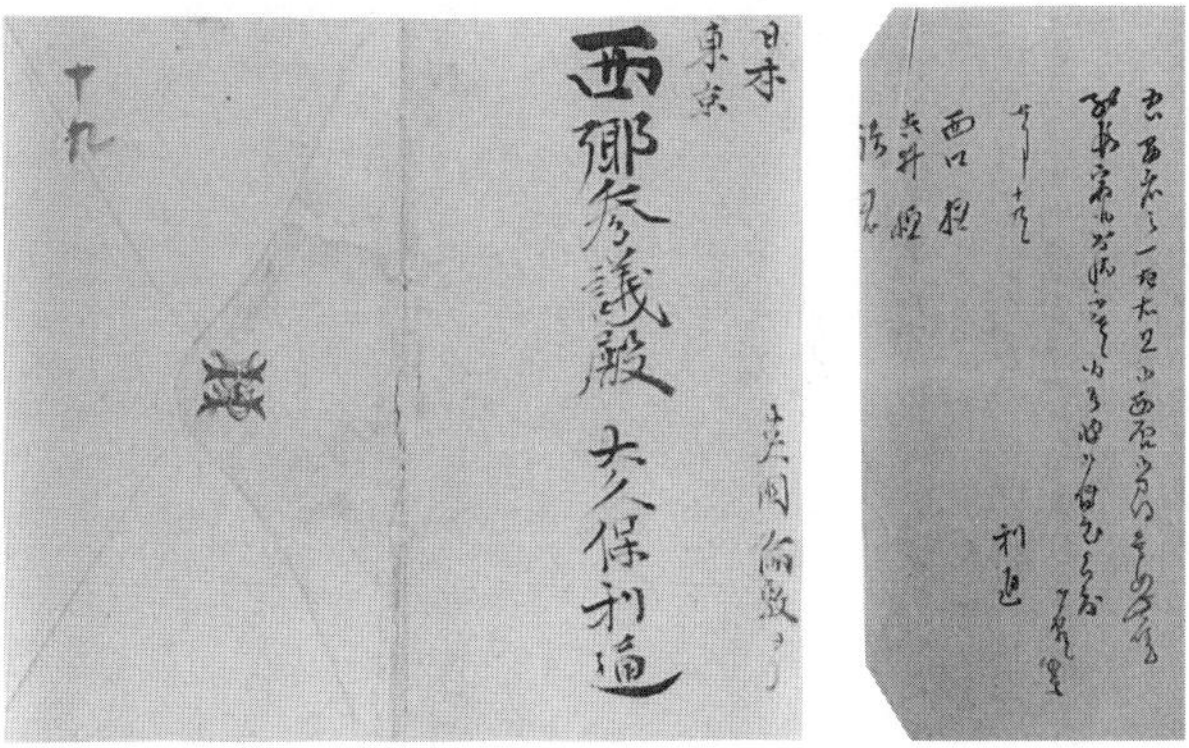

いでその交渉開始を要請してきた。見逃してならないのは日英修好通商条約における「両国ニテ條約ノ実地ヲ験シ改革セン事ヲ求ル時ハ其一年前ニ通達シテ再験ヲ為スヘシ其事ハ今ヨリ凡十四年ノ後ニ在ルヘシ」[15]（第二二条）との規定である。ワシントンに滞在中の使節団が、英米の日付で一八七二年七月が終わった段階で既に交渉を始めていた事実はなにより、一行がこの条文を念頭に置いていたことを示唆している。

三　岩倉・グランヴィル会談

一八七二年九月から十一月初めにかけて使節団はイギリス各地を転々としていた。訪れた都市は約二十、旅した行程は二千マイルに及んだ。ロンドンへ戻った一行は懸案の条約改正に本腰でとりかかる。先述したアメリカとの「交渉」を経て慢心しきっていた一行が、条約改正に向けて次なる布石としたヨーロッパで国際会議を行なう計画は、アメリカの強い反対に会い、ヨーロッパ各国の示す態度も微温的なものだった。ここに到って使節団は条約改正を帰国後まで延期することを余儀なくされた。岩倉は残されたロンドン滞在中、前よりも控え目な目的をもってイギリス側と接するほかなくなり、条約改正を実現する方策についてイギリス政府の見解を引出し、自分たちと意見を交換することになった。

十一月十二日に岩倉と寺島〔七月十一日、ロンドン着〕はパークスに面会し、グランヴィル卿との会談の段取りについて話し合った。来るべき会談の中で取りあげる予定の議題をパークスに問われた岩倉は、王政復古の後の情勢変化によって諸条約にある部分、修正を要するようになったと概括的に答えたが、それがどの点なのかは明らかにしなかった。三日後の十一月十五日、やはりパークスとの間でなされた話し合いの中でも、岩倉は前回以上のことはもはや述べなかった。グランヴィルから会談の承諾を取りつけたパークスは席上岩倉が切り出すと思われる問題の要約に追われることになる。修正には反対だったパークスの会談に関する予想は、岩倉の条約改正への取り組みと著しい乖離を見せている。

日本政府が最近身につけた自由と進歩を重んじる特性、そして日本人や使節団が海外で受けた歓待が、何か新たな譲歩を彼らから引き出すか否かは、今の所まだわからない。彼らが合衆国で行なった主張に基づいて我々が判断しようものなら、逆に彼らは外国人に対する自らの裁判権と、対外貿易及びそれを管轄する関税の統制を求めてくるだろう。(16)

十一月二十二日、待望のグランヴィルとの会談が実現した。席上、岩倉は現在の条約を改正する時が到来していることを告げ、併せてイギリス側の見解を求めた。これに対しグランヴィルは依然障壁となっている二つの問題、すなわち信教の自由を認めること、外国人が日本中どの地方へも旅行できる権利の確保を要請した。次回の会談を前にして双方はお互いの立場をそれまで以上に尊重することで意見の一致を見たが、一方で岩倉は日本の地方住民の無知を考えると、当分の間、外国人の自由な旅行は無理であると申し立てた。(17)

二十七日、外務省において拡大会談が開かれた。グランヴィル側はパークスを伴い、岩倉の方は新任のイギリス駐在公使・寺島宗則と特命全権副使・山口尚芳が臨席した。本国政府が条約について掲げる政策を詳述する中で、岩倉は日本側の態度が強固なことに論及した。あらかじめパークスから議題の要点を知らされていたグランヴィルは、未だ開かれていない港へのヨーロッパ船舶の入港と、外国人が内陸へ旅行する際の規則緩和を要請し、制限なしの交流の進展が、やがて日本に住む外国人の権利保護を目的とする治外法権的要素をなくしていくと述べた。遠からず治外法権を撤廃する用意があるのか否かを問われたグランヴィルは、イギリスの信頼に堪える法

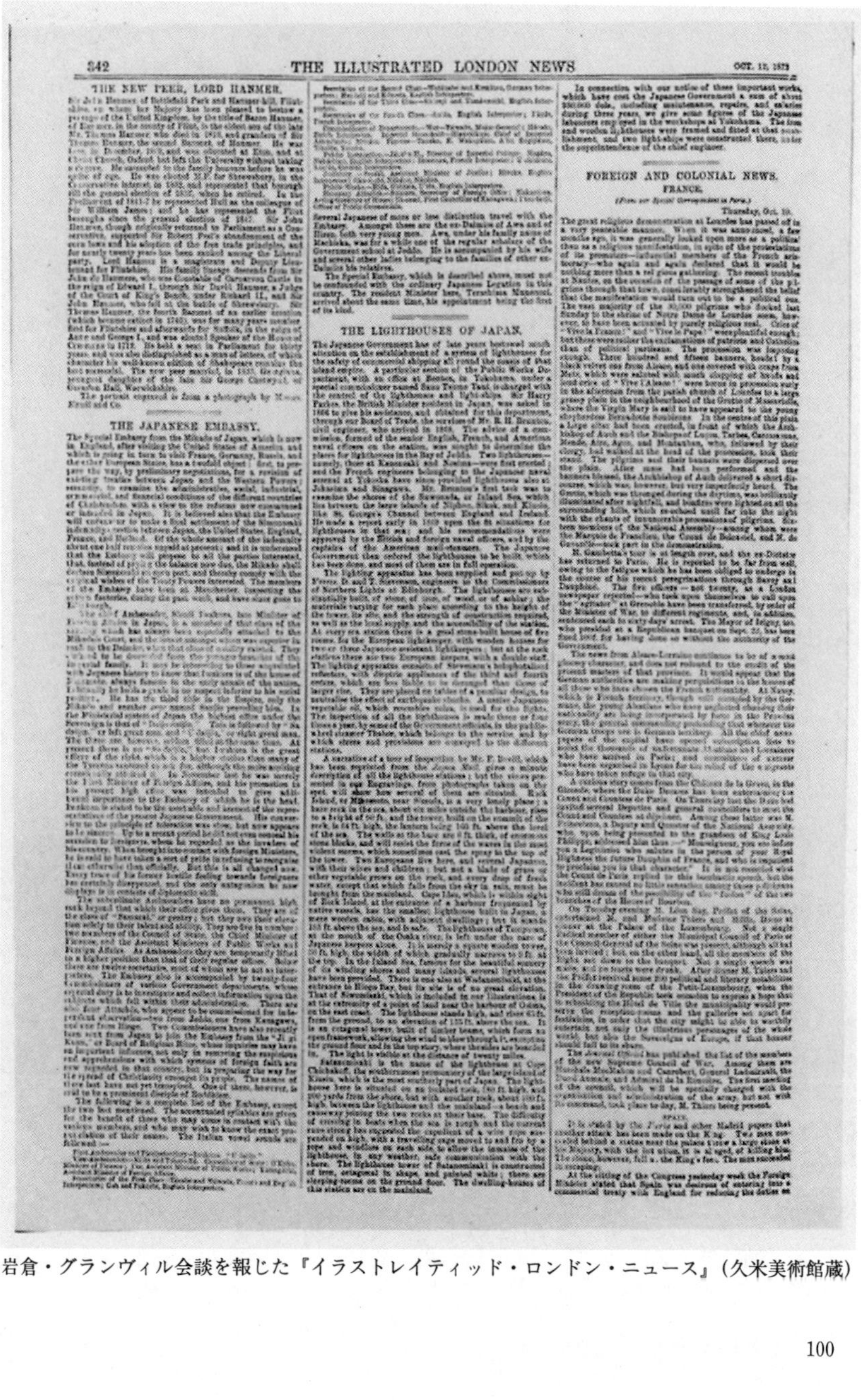
342 THE ILLUSTRATED LONDON NEWS OCT. 12, 1872

THE NEW PEER, LORD HANMER.

THE JAPANESE EMBASSY.

THE LIGHTHOUSES OF JAPAN.

FOREIGN AND COLONIAL NEWS.

FRANCE.

SPAIN.

岩倉・グランヴィル会談を報じた『イラストレイティッド・ロンドン・ニュース』（久米美術館蔵）

廷及びそれが掌る適切な規則を日本が持つに到った時、その履行を考慮すると答えた。イギリスの政策は「その土地の支配者に、文明開化の進度に厳密に対応するかたちで、イギリス人に対する裁判権を認める」というものだった。次いで議題は信教の自由に及んだが、岩倉は日本が通商上門戸を開放してからというもの、日本におけるキリスト教への対応は格段に寛大になっており、日本政府は政治的な動機と結び付いた行動を起こす場合を除き、聖職者に対しても目をつぶっていると主張した。この日の会談を終えるにあたって、日本側出席者は後日、討議されることを希望する二つの問題を示した。横浜に駐在するイギリス軍の撤退、そして下関砲撃事件の賠償金である。(18)

この時掲げられた二つの問題がイギリス内閣まで達したことは、岩倉使節団の存在の重さを物語っている。十二月五日に開かれた水曜定例の閣議で、グランヴィルは外務大臣としてこの問題を報告した。その際行なわれた討議の記録は、前日初めて使節団全権に会ったグラッドストン首相の簡潔な叙述が残っているのみである。

駐日（イギリス）軍の件、友好的に但し賠償問題については慎重に。向う側が交渉に賛意を表するならば寛大に。(19)

この短い文章から閣議の模様を知ることは難しい。だが少なくともグランヴィルが岩倉を迎えるにあたって受けた指示は、友好的な姿勢を基調とし、その反面、一八六四年十月二十二日に横浜で協定された下関砲撃事件の賠償金については、態度を崩すことのないものだったことが判明する。(20) この賠償金についてすでにアメリカは三十七万五千ドルに及ぶ未納分については支払いを免除していたが、イギリス側はここまでやるつもりはなかった。結局、内閣は当初の方針を変えることはなかったものの、岩倉が通商を広げる意志を見せれば、グランヴィルもまた寛大な態度をもって応じた。むろん、ここで「寛大な」とは広義の意味であって、賠償金取消までを含んでいたわけではない。翌日行なわれた使節団とグランヴィルの会談は、内閣の構想に全面的に沿ったものとはならなかった。しかしながらグラッドストン内閣自体が賠償問題を注目に値すると考えていた点は重要である。

十二月九日、公式の場における最後の会見が外務省で行なわれた。席上、岩倉は明治政府に政権が移って以来国内治安が安定している点を強調し、日本に駐留するイギリス軍の引き上げを要求した。しかしグランヴィルは最大時、二千人を擁した駐留軍のうち常備軍はその後全て撤収され、今や小型の軍艦数隻を残すのみであり、せいぜい公使館付の儀仗隊くらいのものでしかないとして取り合わなかった。そして攘夷論者による襲撃が最早、起こり得ないという証拠がないとして、撤退には同意しなかった。それでもなお岩倉は駐留軍の存在自体が明治政府を刺激すると主張した。日本にとってイギリスとの関係は、どの国にもまして多岐にわたっており、イギリスが示す駐留軍の処遇が他の列強に与える影響は多大なものであり得た。しかしグランヴィルは撤収を拒み、岩倉はこれに遺憾の意を表わす(21)。

続いて会談は岩倉が抱える外交上の任務のうちで一つの山場を迎えた。他ならぬ第四回目の賦払いが迫った下関砲撃事件の賠償金である。この問題に関しては寺島が事前に詳細な覚書を提出し、それはさらにパークス自身による十一月三十日付の覚書の中で入念な検討を経ていた。賠償金の賦払いは、初めの数回だけでも夥しい困難を江戸幕府、次いで維新政府に与え、双方とも支払いの繰延べに苦慮した点では変わらなかった。そして戊辰戦争を理由に第四回賦払いの延期が認められ、一八七二年五月十五日がその期限と定められていた。だが支払い期日の一週間前になって、イギリス側に岩倉がこの問題についてロンドンで交渉する任務を帯びているとの情報が伝えられた。寺島の覚書は例証として灯台の建設を挙げ、日本が抱えこんだ種々の公共事業による支払いは賠償金に相当するものであり、日本側は「列強の求める条件を既に充たしていて、列強は賠償金の支払いの一部を、こうした別の形式で日本に押しつけている」と論じていたが[22]、賠償金そのものの免除を掲げるまでには到らず、それはこの日の会談における岩倉の弁舌に託されることになる。明言を避けるという点ではグランヴィルも同様で、その主張は日本の賠償金支払いを当然としながらも、日本側の姿勢に「更なる進展」、すなわち国交、通商上の規則を緩和する用意があるならば、賠償金の未納分については支払い猶予するよう他の閣僚に提案するという条件を含むものだった。この抜け目ない取引の見返りに、岩倉は条約改正についてイギリス側のはっきりした見解の提示を求めた。これに対してグランヴィルは、この件を金銭上の問題とするのを好まないと斥け、むしろ先述の規制緩和を日本が基本政策に据える場合、イギリスは賠償金を完全に放棄する意志のあることをほのめかした。岩倉は使節団が本国に帰るまでに、イギリスは賠償金の支払いに固執しないと報告することができた[23]。

その後の日英外交に重大な影響を及ぼした会談はこうして終了した。日本政府の最高実力者とイギリス閣僚による首脳会議の様相を持つこの一連の交渉で、とりわけ目を惹いたのが岩倉の外交手腕だった。外交に経験の浅い、しかし内には勃々たる野心を秘めた若い使節団随員を率いてきたことを含め、岩倉は劣悪な条件下で交渉を行なったのである。仮に何らの収穫も得ずにロンドンを離れたとしても、岩倉はロンドンの閣僚たちから暖かく耳を傾けてもらった。おそらくそれは本国の開港場でイギリス領事館員から日本人が受けているよりも遥かに好意的だったはずである。ロンドンに駐在している条約国の外交官との取り決めに従い、グランヴィルは使節団が帰国するまで、いかなる条約改正も日本との間に行なわれないとの了承を取り付けた。

岩倉とその大勢の随員が、ヴィクトリア女王に謁見がかなったのは、イギリスの滞在が四ケ月になろうとする頃だった。十二月五日、一行はグランヴィル卿を伴い御用列車に乗ってウィンザー城に赴き、バルモラル城から戻ったばかりの女王に拝謁した。その際、一行は和装束ではなくヨーロッパ風の大礼服を着用していたと伝えられる。その場で岩倉は委任状を渡し、午餐を共にした。三日後、一行はサンドリガムの別邸を訪れた。当時そこはプリンス・オブ・ウェールズ、後のエドワード七世とその后アレクサンドラの住居となっていた。この訪問の模様は「一行は王室の前で洗練された宮廷人として振舞った」と大時代的な言葉で報じられ、その丁重な物腰は一行に高い評価をもたらした。(24)

これに前後して使節団全権はグラッドストン首相にも面会している。十二月七日、長引いた閣議の後でグラッドストンは彼らを夕食に招いた。グラッドストンの乾杯の言葉、〝帝《みかど》の健康を〟に対し日本側も〝ヴィクトリア女王の健康を〟をもって応じた。「それは興味深い体験だった」とグラッドストンは日記に記し、二日後、更にウィンザー城から一行に宛て感謝の手紙を書いた。(25)

十二月六日、岩倉使節団はフランスへ向けてドーバー海峡を渡った。一行のイギリス滞在のうち、最後の数週間は重要な公式の会談、儀礼が目白押しだったことは明らかだが、使節団が行く先々で賞賛を受けたことも事実である。日本の見解に照らしてみれば、岩倉が取組んでいたのは正に「首脳会談」だったが、他方、普仏戦争以降ヨーロッパにおいて様々な問題を抱えていたイギリスにとって、日本との間に行なわれた会談は片手間なものに過ぎなかった。イギリスにおける使節団の報道は誠意を尽くしたものだったことも付け加えておくべきだろう。中でも『アニュアル・レジスター』(*Annual Register*)は非常に好意的な意見を掲載した。

彼らは美しい英語を話し、装いも我々と同様である。彼らの公事に対する鋭い眼差しは、その非の打ちどこ

「ウィンザ」城
(『米欧回覧実記』銅版画、久米美術館蔵)

ろのない立居振舞いにあらわれている。我々の習慣、時事問題に精通している事は勿論である。他の東洋人全てにとって彼ら日本人とは、頭の働きの遅いヨーロッパ人にフランス人が優れて見えるようなものである。日本に於ける最近の炭鉱設立の話題からイギリス保守党の現在の立場に到るまで、使節団は彼らの会うイギリス人の半数よりもよく通じていた。(26)

アバタもエクボのような描かれ方であるが、当時の報道は、この日本からの訪問者に対し、このような際立った親近感と敬意、そして理解を併せ示していたのである。

四　岩倉使節団雑感

本稿では岩倉使節団の行程をイギリスとの条約改正に対象を限定してきた。しかしその結果明らかになったことは、岩倉使節団全体の理解により大きな関連を持つかも知れない幾つかの帰結点を示唆している。

まず第一に、使節団は二つの異なる次元で行動していた。すなわち駆け足で多角的にイギリスの生活を知ろうとする年少組と、「純然たる政治の領域」とも言うべき課題に携わる年長組が並存していたわけだが、その後の日本の歩みを考慮すれば、一方を切り捨てて使節団の活動を論ずることは難しい。だがわけても重要なのはやはり、政治的領域における岩倉の役割と彼の行なった会談だった。岩倉は当年四十七歳、一行の中では最年長に属す老練な、そしてグランヴィル卿のような閣僚から地方都市の市長に到るまで、広く知られた政治家であり、事情に通じた慎重で威厳のある、かつ穏和な人物だった。

第二に、この使節団の行なった外交交渉から互いに矛盾しない、全体としての一貫性を見いだそうとすること自体が妥当でない点である。一行が世界巡遊に費やした一年十ケ月の間にも、維新直後の若い国にとって事態は刻々推移していた。形式上、使節団の使命は幕末に条約を調約した国々に対し、新たに明治政府からの委任状を渡すことであったが、主眼はその後の条約改正に向けての予備調査、及び彼の地の文化、社会における近代化の問題を吸収してくること、この二つにあった。そしてイギリスでの滞在に関する限り、この二つは並行して行なわれた。条約に関する調査の方は、たとえ成果は得られなかったにせよ、滞在の末期に岩倉によってなされた。日本人はイギリス自由党の見地を知るべきだった。東京からの指令は不明瞭で、しかも変わりやすかった。岩倉使節団の委任状では、交渉権を認めているのか。日本は列強と個別に直接交渉を望むのか、それとも国際会議で合同交渉を望むのか。岩倉はたとえば寺島との違いのどの点を強調したかったのか――こうした状況を考えれば、岩倉使節団は出来る限りのことをしたと言うべきだろう。交渉自体は混乱のうちに使節団が帰国するまで延期になった。しかし一時的なものにせよ、条約の予備調査は周到に進んでいた。交渉の結果は過度の期待を持っていた日本人を著しく落胆させた。歴史記述の上で条約改正問題が今日まで過小評価される理由はここにあると言える。

日本側にしてみれば、岩倉使節団は外交上の下稽古としての側面を持っていた。岩倉はエルギンの条約、戊辰戦争など激動の軌跡が過去にあったことをグランヴィルに力説し、当時のイギリス政界の改革論者に自分達若き指導者の目的を伝えようとした。事実、交渉にあたった全権は日本について何がしかのことを伝えることが出来たし、それは将来、条約の改正が軌道に乗る上で欠くことのできないものとなった(27)。だがここで、日本事情の泰斗であるイギリスのジャーナリスト、サミュエル・モスマンの洞察は、使節団の行動について的確に言い当てている。

米欧巡遊中に使節団が膨大な情報を集めた点についてはいささかの疑いもない。仮に彼らの手帳や報告が英訳されたとすれば、どの随員も間違いなくヨーロッパ人、アメリカ人の旅行者の大方よりも数多くのことを西欧について知っていたことが判るに違いない。だが一方、我々は一体、彼らの国について何がしかを学んだだろうか。依然、我々の理解では謎に満ちた外観をとどめる日本の歴史、しきたりから我々は何を汲み取ったというのか。その形跡は限りなく無に等しい。(28)

モスマンの批評を受け容れるなら、使節団は江戸を発つ時、岩倉によって掲げられたもう一つの目的である当時の日本の内政事情を諸外国に知らせる任務を怠ったと言えよう。報道記者への応待が不慣れだったので、彼らは内気で寡黙な印象を与えた。

この論考で明らかにしようとしたのは以下の諸点である。岩倉使節団はイギリスで重大な交渉を行なった。結果としては条約改正問題の解決に以後二十年を要したとはいえ、岩倉使節団は日本の気概を示し、条約の現状を日本が不当としていることをイギリスに思い知らせる仕事を果たした。先立って行なわれた対米交渉のゆえに、また、報道機関に明らかにされた広報のほとんどが使節団のイギリスにおける「情報収集の役割」とされていたために、イギリスでの外交交渉はこれまで軽視されがちだった。グランヴィルに対し岩倉と寺島が交渉した時、使節団全権の任務はワシントンでの会談時とは異なっていた。日本において灯台建設の責任者だったR・H・ブラントンは一八七二年をイギリスで過ごした間に時折、使節達に会い、次のような鋭い洞察を書き残している。

日本使節団をイギリスに迎えた時、アメリカであったような、大袈裟な言葉を惜しみなく用いた公開演説が広く聞かれる様な取り計らいはなかった。使節団とイギリス政府の役人との交渉は全く公開されなかった。

どんな状況下にあったとしても、それは重要事では有り得なかったろう[29]。

筆者自身はこの最後の部分には賛成しないが、ブラントンがここで強調しているのは、イギリスにおける岩倉とグランヴィルの会談が、当時常識だった秘密外交の側面を持っていたことである。会談の内容はほとんど外部に漏れずに終わった。そして「公開演説」については、まんざら知らぬはずのないグラッドストンもまた、この件については言葉少なだった。

（注）当時の記録は主に I. H. Nish (ed.), *Japan and North-east Asia, 1860-78*, volume 1 of Series E of Part I of 'British Documents on Foreign Affairs' (General editors: K. Bourne and D. Cameron Watt), University Pablications of America, 1989. による（以下、*BDFA*と略す）。

（1）Adams to Granville, 18 Nov. 1871 in *BDFA*, I, doc. 242.

（2）Terashima to Adams, 26 Nov. 1871 in *BDFA*, I, doc. 244; W.G. Beasley, *The Meiji Restoration*, Stanford University Press. 1972 pp.368-9.『日本外交年表並主要文書』（上巻）原書房、一九六五年、六七頁。

（3）Iwakura to Sir H. Parkes, undated in *BDFA*, I, doc. 245.

（4）Sir E. Thornton to Granville, various in *BDFA*, I, doc. 248-54 稲生典太郎『条約改正論の歴史的展開』小峯書店、一九七六年、六五―六頁。

（5）Soejima Taneomi and Terashima Munenori to Adams, 20 May 1872 in *BDFA*, I, doc. 265.

（6）Adams to Granville, 20 May 1872 in *BDFA*, I, doc. 265.

（7）Ibid.

（8）Adams to Hammond, Private, 20 May 1872, in *BDFA*, I, doc. 266

（9）Philip Magnus, *King Edward the Seventh*, London: John Murray, 1964, p.119.

（10）Memorandum by Parkes, 13 Nov. 1872 in *BDFA*, I, doc. 268.

(11) Peter Kornicki, 'William George Aston, 1841-1911', in Gordon Daniels and Hugh Cortazzi (eds.), *Britain and Japan, 1859-1991: Themes and Personalities*, London: Routledge, 1991, pp.64-75; and Yokoyama Toshio, *Japan in the Victorian Mind, 1850-80*, London: Macmillan, 1987, passim.

(12) Earl of Clarendon to Earl of Elgin, 20 April 1857 in British Foreign Office Archives, 405/2 [764] (Public Record Office, Kew) 以下 FO と略す。

(13) Elgin to Earl of Malmesbury, 30 Aug. 1858 in FO 405/2; S. G. Checkland, The Elgins, 1766-1917.

(14) 前掲『日本外交年表並主要文書』(上巻) 一二四—五頁。Elgin to Malmesbury, 31 Aug. 1858 in FO 405/2.

(15) 鹿島守之助『日英外交史』鹿島研究所、一九五七年、巻末附録史料、六—一三頁。

(16) Memorandum by Parkes, 16 Nov. 1872, in *BDFA*, I, doc. 269.

(17) Memorandum by Aston, 22 Nov. 1872, in *BDFA*, I, doc. 260.

(18) Memorandum by Aston, 27 Nov. 1872, in *BDFA*, I, doc. 261.

(19) H. C. G. Mattew (ed.) *The Gladstone Diaries*, vol.VIII, 1871-4, Oxford: Clarendon Press, 1982, entry for 5 Dec. 1872.

(20) W. G. Beasley, *Select Documents on Japanese Foreign Policy, 1853-68*, Oxford: University Press, 1955, pp. 288-9.

(21) Memorandum by Aston, 6 Dec. 1872, in *BDFA*, I, doc. 262.

(22) Notes by Terashima, undated, and Parkes, 30 Nov. 1872, in *BDFA*, I, docs. 263-4. (一二月六日の朝、パークスは使節団全権とこの問題について論じ合っている)。

(23) Memorandum by Aston, 6 Dec. 1872, in *BDFA*, I, doc. 262.

(24) 前掲『日本外交年表並主要文書』(上巻)、七一頁。Samuel Mossman, *New Japan, the Land of the Rising Sun: Its annals during the past twenty years*, London: Johu Murray, 1873, pp.440-1.

(25) Mattew, *Gladstone Diaries*, entries for 7 and 9 Dec. 1872.

(26) *The Annual Register: A record of world events, 1872*, London: Longmans p.69.

(27) 増田毅は『幕末期の英国人』(有斐閣、一九七一年) の中で一八七二年におけるイギリス側の態度との興味深い比較を行なっている。

(28) Mossman, *New Japan*, p.443.

(29) R.H. Brunton, *Building Japan, 1868-76*, with introduction and notes by Sir Hugh Cortazzi, Folkestone: Japan Library, 1991, p.118.

新聞に見る岩倉使節団のパリ滞在

松村　剛

一

一八七二年十二月十六日から翌年二月十七日までをパリで過ごした岩倉使節団の日々の活動振りは、久米邦武編『特命全権大使米欧回覧実記』第三巻二一―一六四頁（田中彰校註、岩波文庫、一九七九年、以下『米欧回覧実記』と略す）に読むことができる。誰に会い、どこに出かけて行ったかの記録と並んで、どのような目をもって周囲の人や物を見ていたかも、それによって知ることができる。しかし、使節団一行がどのような姿で現地の人の目に映っていたのかを『米欧回覧実記』の中に窺うことはむずかしい。あるいは、久米邦武の草稿、資料等にその手がかりを見出すことはできるのかもしれない。その可能性は一応保留しておくとして、今回は、当時のパリの新聞・雑誌が岩倉使節団の動向をどのように報道したかを調べることにしたい。

筆者が目を通した日刊紙は、『ル・コンスティテュシオネル』『レヴェヌマン』『ル・フィガロ』『ジュルナル・デ・デバ』『ル・モニトゥール・ユニヴェルセル』『ル・プティ・ジュルナル』『ル・タン』の七紙、図版入り週刊紙が[1]『リリュストラシオン』『ル・ジュルナル・イリュストレ』『ル・モンド・ユニヴェルセル』『リュニヴェール・イリュストレ』『ラ・ヴィ・パリジエンヌ』の五紙、そして論説調の記事からなる雑誌『ルヴュ・デ・ドゥモンド』(両世界評論)である。当時出版されていた定期刊行物がこれらに限られるものでないことは言うまでもない。網羅的な研究をすれば新発見があることは十分考えられるとはいえ、限られた時間にパリ国立図書館ですることのできた今回の調査は、暫定的な像を一応描くだけの資料が集まったと思われるところで、ひとまず中断した。

参照する新聞が増えるにつれ、情報源が同一であるために起こると考えられる同一の文章の反復も目立ってき、新情報登場の率が低下してしまうという現象も、この資料収集中断のひとつの理由として挙げられよう。なお、岩倉使節団が他の国々を訪問した際の報道については、それらの土地の図書館で調査にあたる可能性をもつ方々(この種の作業に興味を見出されるならば、の話ではあるが)にお任せすることにしたい。

二

岩倉使節団の来仏が、新聞の一面を大きく占めて報道されるようなことは、残念ながらなかった。概して新聞は国会の動向、普仏戦争後の問題、あるいはセーヌ河の氾濫(この点を久米邦武は記すに値するとは思わなかったようであるが)に多くの頁を割き、三面記事的な雑報の中に、失恋を苦にしての自殺や老婆を狙った強盗、上品な身なりをした男女による宝石泥棒、新聞販売員某が道端で現金を拾った話などに混じって、ようやく日本人の姿は(時折)登場するのであった。しかし、全く注目されずに終ったという意味ではない。「今年のサロンでの流行は、日本使節団滞在を余りに感じさせるものになってしまった……」と『ラ・ヴィ・パリジエンヌ』(一八七二年八二四頁、十二月二十八日付）が冗談まじりに述べている文が、反響の一端を証してくれている。この一文は同時にまた、使節団一行の何が人々の注意をことさらに惹いたのかを雄弁に語ってもいる。それは、条約改正の問題でも、近代文明の姿や仕組みを貪欲に探ってゆく彼らの態度でもなかった。興味の向かう先は、彼らの服装にあったのである。多数の記事がこの異国趣味を見せてくれることであろう。だが先回りするのは控え、使節団の一日一日の動向に従って報道を追ってゆくことにしよう。その中には、一行に対する他の見方も現われてくることであろう。[2]

三

一八七二年十二月十六日(月)[3]にロンドンを発ちカレー経由でパリに入る岩倉使節団一行の到着は、何の前ぶれもなく行なわれたのではなかった。早くも十二月十四日付『レヴュヌマン』紙は予告している。

月曜日にグラン・トテル[4]に着く予定の新たな日本使節団は、その滞在期間中、毎日三百フランの宿賃と三百七十五フランの食費、計六七五フランを支払うことであろう。しかし、もっとも興味深い、一行の秘密の出費については何も知らされていない。

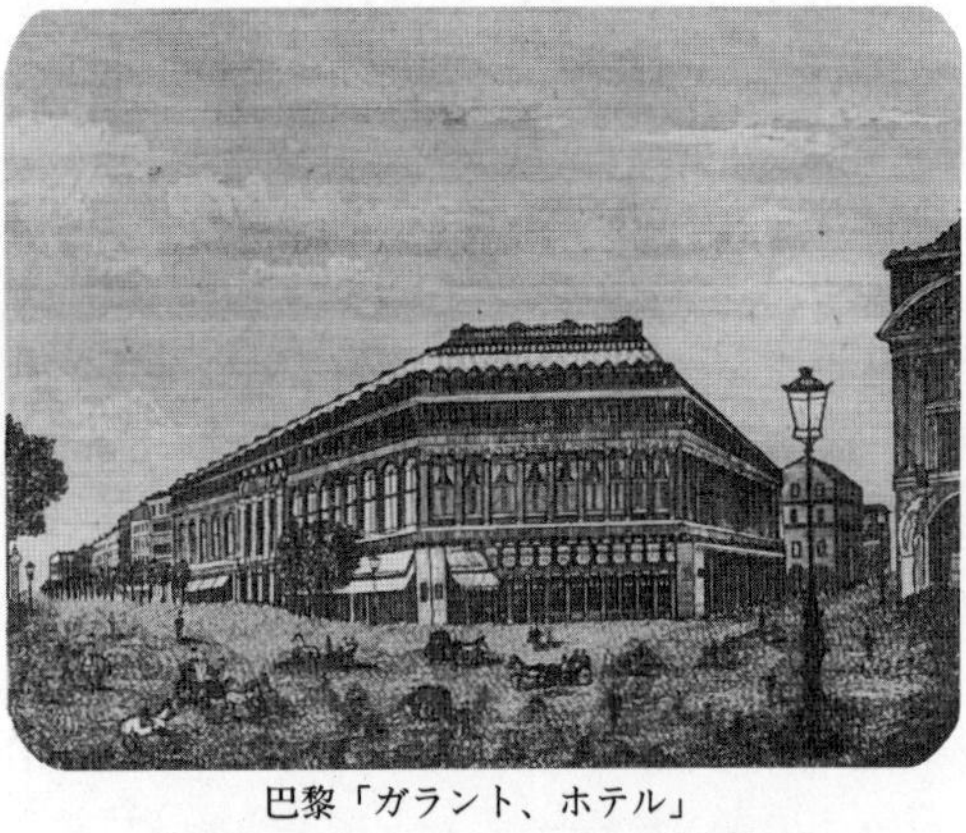

巴黎「ガラント、ホテル」
（『米欧回覧実記』銅版画、久米美術館蔵）

十五日にはもう少し真面目な口調になった同紙は、

月曜日、新たな日本使節団がパリに到着する。一行は、アメリカ全土を巡った後、一ケ月ロンドンに滞在していたものである。世界を一周し、ヨーロッパの全首都を訪問する予定のこの使節団は、特命全権大使一名、副使四名、秘書官四名、及び三十名の随員から成る。

と説明している。訪問者の紹介と並んで、受け入れ側の準備についても、我々は知ることができる。『ル・コンスティテュシオネル』（十二月十五日付）は、

政府は普仏戦争前トルコ大使館があったプレスブール通りの館を、日本使節に提供することにしている。周知の通り、第二回包囲戦の際この建物は大いに爆撃を被り、トルコ大使館はラフィット通りに移転を余儀なくされた……。

と述べており、同様の記事は十二月十六日付の『ル・プティ・ジュルナル』、十七日付の『ル・モニトゥール・ユニヴェルセル』にも見ることができる。用意されていたのは宿舎だけではなかった。『米欧回覧実記』第三巻、三九頁に記されている通り、カレーには仏政府から派遣された出迎えが待っていたのである。「ゼネラール、アッハー」はアッペール将軍（général Appert）のことである。『米欧回覧実記』が「コロネル、シヤノアン」と呼ぶ接伴係は、後の謁見式にも登場する名である。しかし、久米の記憶違いかも知れない。カレーに向かう軍人の名を報ずる新聞がこぞって（『ル・コンスティテュシオネル』十七日付、『ル・モニトゥール・ユニヴェルセル』十七

日・十八日付)、アッペールに従ってランベール大佐が出向いたと記しているからである。

十六日、ついに岩倉具視たちはフランスの土地を踏む。そのカレー上陸の模様を『ル・モニトゥール・ユニヴェルセル』紙(十二月十八日付)に見ることにしよう。

> 待望の日本使節団が昨月曜日[5]、カレーに到着した。大勢の見物人にとっては残念なことに、外交団はヨーロッパ風の服装で現われた。使節随行を命じられたランベール大佐と共に、アッペール将軍が、共和国大統領の名の下に日本使節団を迎えるべく、カレーに派遣されていた。カレー駐留第八部隊による儀仗兵が列を作り、二十二名からなる外交団の進む道で捧げ銃をした。アッペール将軍と共に駅の食堂で昼食をとった一行は、食後直ちに、フランス政府の用意したサロン付き車両に乗り込んだ。

『米欧回覧実記』Ⅲ三九頁に「兵隊岸上ニ整列シテ、銃ヲ捧ケテ礼ヲナシ」、「〔駅傍ノ〕『ホテル』ニ於テ昼餐ヲ設ケテ享応アリ」と記されている通りのことが新聞で報道されているが、それに加えて、どのような風体で使節団が登場するかを興味津々で見守っていた群衆が存在したことも、ここで我々は教えられる。地球の裏側からの賓客が異国情緒あふれる衣裳に身を固めて現われることこそ、彼らの期待であった。その期待が裏切られた時の人々の落胆の声を聞きとるのはむずかしいことではない。

同じ十六日の夜、一行はパリに到着する。多くの新聞が簡潔な到着の報だけで済ませている(十二月十八日付の『ル・フィガロ』『ル・プティ・ジュルナル』及び『ジュルナル・デ・デバ』)のに対し、『ル・タン』紙は、使節団の周囲の存在にも言及してくれている。パリ駐在日本公使鮫島尚信がカレーにまで出向いたことを報じた文(これは『米欧回覧実記』Ⅲ三九頁の記述と合致する)に続けて、「パリ在住の日本人たちは、外交団を歓迎すべく北駅で待っていた」（十二月十八日付）と書いているのである。これにより、「ディスト」駅と『米欧回覧実記』四〇頁で言うのがむしろ「ノール」（北）駅であることが分かると同時に、久米邦武が記していない日本人の存在をも窺い知ることができる。

さて、プレスブール通り（「ル、デ、プレシボルク」と『米欧回覧実記』Ⅲ四〇頁は言う）十番地に居を構えた岩倉使節は、凱旋門近くのこの館が大いに気に入ったようであり、「天宮ニ至リシ心地」がし、「寓館ノ楼ヨリ、眺望モ亦佳ナリ」（Ⅲ四一頁）と久米は述べている。彼らの満足ぶり、ないし興奮ぶり（この年が異常なほどの暖冬であった点も、パリ滞在の印象をよくしたのであろうか）について、愉快な逸話を『ル・プティ・ジュルナル』紙（十二月二十六日付）が報道している。

岩倉使節団一行は、提供されたプレスブール通りの館に大いに満足しているようであり、この優雅な館の窓辺に始終立っては、サン・クルーとムードンの丘へと向かうアンペラトリス大通り［現在のフォッシュ大通り］の眺望を楽しんでいる。ところが、彼らは決して二人でひとつの窓辺に立つことがないので、外交団全員が風景を眺めたいという気をおこした時のこの館の様子ほど奇抜なものはない。

大きな館の窓という窓に使節団全員の姿が一人ずつ現われる風情は、確かに特殊なものがある。が、彼らの楽しみはそれにはとどまらなかった。『ル・プティ・ジュルナル』紙は続けて言う。

ヨーロッパの諸制度の研究の合い間をぬって、日本使節団の行うもうひとつの仕事は、彼らの館にフランス政府が最近とりつけさせた電動ベルを片端から鳴らして歩くことである。

この件に関しては、『ル・コンスティテュシオネル』紙も、「あらゆる日本人同様に学習意欲にあふれた一行の好奇心は、電動ベルによって大いにかきたてられている」（十二月二十四日付）と述べている。ベルで遊ぶ岩倉使節の姿を想像するのは、彼らの稚気が感じられてほほえましいことであるが、他方、あらゆることを学んで帰ろうと真剣になっていた一行の様子（こちらのほうが本人たちの意図であったのであろうし、揶揄する新聞の調子も、この点を見失わせるものではない）が、このエピソードに端的に表われていると言えそうである。(6)

十二月二十日（金）、岩倉使節団はシャンゼリゼにあるパノラマを見に出かけた（Ⅲ六一頁）。残念ながらその見学の記事を見出すことはできなかった。しかし、パノラマと呼ばれる「展覧場」が確かに存在したことは、十二月十九日付『ル・モニトゥール・ユニヴェルセル』が、ビルマ使節団がそこを訪問したと語っていることによって知ることができる。彼らは「そこに一時間とどまり、通訳の説明を大いに興味をもって聞いていた」と同紙は報じている。

二十三日（月）の外務省訪問は、沈黙のうちにすまされはしなかった。『ル・コンスティテュシオネル』紙（十二月二十四日付）は、外務大臣と日本使節団の面会が二時半に終わった（『米欧回覧実記』六二頁では三時から始まったとある）と述べた後、

総勢約十五名の使節団員はブルジョワ風の服装をしていた。(7)一行の団長である岩倉［イヴァルヴァと綴っているが］氏は、日本有数の古い家系に属し、天皇の古くからの支持者で、聞くところによると、高度の知性と該博な知識を有しているそうである。

と報じている。またもや服装が関心の的になっていたことが分かる。岩倉についての評は他の記事にも見受けら

れるが、それに触れる前に、外務大臣レミュザとの間にどのような話題が出たかを、『レヴェヌマン』紙（十二月二十五日付）に読んでおこう。「会談は短時間のうちに終わった。天皇による外交団の人事異動が主要な話題であった」（二十七日付同紙にも同様の報道がある）。

さて、日本使節団が描かれた図の一枚と、それに付けられた説明をここで取り上げることにしたい。岩倉についての評が再びそこに登場するからである。「来仏した岩倉日本大使と随行の女性たち」と題する版画が、十二月二十八日付の週刊紙『リュニヴェール・イリュストレ』（一八七二年八二二頁）に掲載された。ジャン・カルルの署名入りの本文の説明（八二二頁）を引くことにしよう。

我らの兄弟にして友である日本人の使節団がパリに到着し、以前トルコ大使館があったプレスブール通りの館に宿をとった。一行の中には、日本の知的解放者の一人であるすぐれた精神の持ち主、岩倉大使がいる。大使は、魅力と知性の点で最も自然の恵みを受けた人の部類に属し、巧みでかつ良い話し手でもある。

この特命全権大使のエリートぶりについての評は、大統領謁見の記事（後述）において、使節団全員に向けての言葉となって再び現われることになるであろう。

ところで、版画に女性が描かれている以上、ジャン・カルルがそれに言及しないわけはなかった。岩倉の評に続けて彼は言う。

我が国に日本のモードのいくつか（常に残っているものはあるのだから）を紹介してくれることであろう同行の女性たちは、おそらく、フランスのモードを自国に持ち帰りたくもなるであろう。数年来、両国の相違はさほど大きくはなくなってきている。日本女性が一般のフランス女性以上に化粧することは余りないし、パリで最も簡素な女性が日本の既婚婦人と同程度のものである。既婚婦人は、足先から頭まで顔も衣裳も真赤にした、結婚を望む若い娘たちほど、目立つ色合いの服を着ることはない。日本女性のもつ忌まわしい慣習とは、ヨーロッパ女性が取り入れたい気にはまずならないであろう、何やら分からぬ恐ろしい物質で歯を黒くすることである。彼女たちはベテル（檳榔子）を噛んでいるのだ！　語るだけで身の毛もよだってしまう。我らの風俗の中にありあまるほど入り込んでしまったバラ色の煙草だけで、もうすでに十分ではないか。

使節団の服装に対するのと同じ関心が日本女性にも向けられており、軽い口調で遠国の奇怪な風習がとりあげられている。版画の中で彼女たちの着ている和服がほとんど洋装のドレスのように描かれているのは、目に入るものがいかに親しい映像によって変形を被るかのひとつの表われと言えるであろう。

十二月二十六日（木）、岩倉たちは大統領ティエールに謁見する。この公式行事は一行のパリ滞在中最大の出来事であった。少なくとも、各紙がこぞって詳報を載せたのが他の場合にないという事実は、この行事がもっとも注目を集めたことを示すものであろう。会見は、いくつもの新聞が予告しておいたものであった。『ル・タン』紙（十二月二十六日付）は言う。

日本使節団は明木曜日、二時にエリゼ宮に迎えられるであろう。使節は和服ではなく、単に黒い洋服を着るようである。式典は行われない予定。

洋装であろうというニュースは、『ル・プティ・ジュルナル』紙（二十六日付）にも告げられていた。他方、式典が簡単に済まされるであろうという情報は、『レヴェヌマン』紙（二十七日付）でも与えられている。しかし、予告されていた通りには事は進まなかった。日本使節は黒服ではなかったし、儀式が簡素でもなかったからである。この待遇の違いは、単なる誤報によるものではない。大統領の意向に沿って直前に変更されたことは、『ル・コンスティテュシオネル』紙（十二月二十七日付）が教えてくれている。

このレセプションのために特別な式典は行なわないと大統領は決めていたが、我が国との通商関係の維持・発展を望む日本政府の代表をフランスほどの大国の元首が迎えるには相応の華やかさが必要だと見做し、変更したものである。日本との通商関係は、既に日本において大きな尊敬をかちえているフランスの利益になるものであり、使節の来仏によってわが国の地位は高まるばかりであろう。

華やかなレセプションには、それにふさわしい衣裳が必要であった。よって、日本使節の黒服は礼服へと変貌することになる。その衣裳は、『ル・タン』紙（十二月二十七日付）によると、次のようなものであった。

使節団八名は皆、金糸の縁取りのついた青の燕尾服を着ており、第二帝政期の上院議員のそれに似た一種のオペラハット（二角帽）をかぶっていた。先頭の六名の帽子には白い羽根、後の二名のには黒い羽根がついていた。ズボンは、金糸で縁取られた白色のものであった。

『ル・モンド・イリュストレ』（一八七三年一一頁、一月四日付）の版画によってもおおよそ察しのつくこの服装についての反応のひとつが、『リュニヴェール・イリュストレ』（一八七三年三頁、一月四日付）に載っている。日本で鉄道が開通したニュースを伝えて、長足の進歩がこの遠国で実現されているという話の中に、謁見式での使節団の衣裳が言及されている。

上院議員のなりをした日本人とは！　なんと悲しい仮装行列ではないか！　派手な色彩の絹の着物、細い藁で編んだ円錐形の帽子という彼らの民族衣裳のほうがよほど好ましかったのに。

この素朴な感想は、日本風ということがどのようなイメージを伴うものであったかを教えてくれる点で、貴重であると言えよう。反射的な反応は、本人の気付かないうちに紋切り型を明白に出してしまうものなのである。では、謁見式の模様を見ることにしよう。

大統領が日本使節団を迎えるというニュースを知って、今日早くも正午から、エリゼ宮の周囲には多くの人々が集まってきた。連隊の分遣隊と共和国警備隊員とからなる通常のエリゼ宮衛兵は、礼装であった。

と、その場の熱気を感じさせるような文章によって『ル・コンスティテュシオネル』紙（十二月二十七日付）はその記事を始めている。同紙は続けて言う。

午後一時、音楽隊二隊と共に第六十七連隊がエリゼ宮中庭に整列した。指揮に当たるのはランドリュー連隊長であった。二時、使節団を乗せた馬車が近づいてきた。軍隊は銃を捧げ持ち、表敬の太鼓が鳴った。使節団総勢八名は、フイエ・ド・コンシュ（Feuillet de Conches）氏と参謀本部中隊長シャノワーヌ

(Chanoine) 氏につきそわれ、三台の車に分乗していた。重騎兵による儀仗兵が護衛に当たっていた。『米欧回覧実記』Ⅲ三六八頁に引かれた『謁見式』の記述通り、「車三輌」に乗って「コンマンダント、シアノワン」と「フヲイエデコンシユ」に導かれて一行が「ハレーデエリゼ」に向かうと、「兵隊ノ伍列」が「軍鼓ヲ鳴ラシ銃ヲ捧シテ礼ヲナ」したことが分かる。いよいよ車がエリゼ宮に入るところを、再び『ル・コンスティテュシオネル』紙によって追ってみよう。

馬車が正門から中庭に入ってゆくと、東洋風の音楽が演奏され、使節団が正面玄関に到達するまでそれは続けられた。玄関で一行を迎えたのは、ランベール大佐、ティエール氏付きの副官であるファイユ及びサリニャック＝フェヌロンの両大尉であった。その後、また別の曲が演奏された。

この東洋風、あるいは『ル・モニトゥール・ユニヴェルセル』紙（十二月二十八日付）に言わせれば「日本風」の曲は、岩倉たちの耳に、はたしてそれとして聞こえたのであろうか。単なる軍楽曲として何の関心も惹かなかったのであろうか。謁見を控えての緊張の余り耳に入らなかったのであろうか。ともかく、一行は大統領に会う。「ティエール氏は、使節団を大広間で迎えた。大統領の周囲には大臣や多くの将官がおり、右手には外務大臣レミュザ（Rémusat）氏がいた」と『ル・コンスティテュシオネル』（十二月二十七日付）は述べる。岩倉はそこで「口上」を読むのであるが、その仕方は強い印象を与えたようである。『ル・タン』紙（十二月二十八日付）は言う。

使節団の代表は日本語で短い演説を読み上げた。その発音は、歌に似た調子をもつリズムに乗せて声の抑揚をつけるものであった。日本ではこの話し方は、大きな尊敬の念を表明したい時に用いられると言う。最高の敬意の表現なのである。

この演説の概要と、大統領の「答詞」の要旨を、同紙は次のように記している。

次に使節団の一人(8)が、この演説の翻訳を読み上げた。ヨーロッパ諸国を訪問し、その実情を知り研究すること、そして、日本と欧州諸国との交流を開くことを使節団は意図している、と一行を代表して大使が述べるという趣旨であった。さらに、とりわけフランスとは末長く関係を持ち続けたい、フランスの繁栄を心から望んでいる、とも付け加えられた。ティエール氏はそれに対し、使節団のフランスでの使命が円滑に遂行されるようあらゆる便宜を計る所存である、と手短かに答え、日仏関係が可能な限り完全で友好的であることを望む、と表明して答辞を終えた。

こうして二十分ほどで謁見は終了する。「会見の間、使節たちは少しも気後れしたような様子は見せなかった。とても楽しそうに礼服を着こなしていた」(同紙)そうである。使節団退場の模様を、『ル・コンスティテュシオネル』紙(十二月二十七日付)は次のように報道している。

ティエール氏に挨拶をすませた使節団は、レミュザ氏とその官房長官ポンテクーラン伯爵につきそわれて玄関階段まで戻ってきた。満足した様子の外交団が馬車に乗り込む間、再び音楽が演奏された。到着時と同じく、馬に乗った儀仗兵に護衛されて車が出発すると、表敬の太鼓が鳴らされた。

今回もまた、演奏された楽曲への言及は「謁見式」の記事（『米欧回覧実記』Ⅲ三六八頁）には見受けられない。

この公式行事をよい機会として、岩倉使節団についての説明が何ケ所かでなされている。『ル・モンド・イリュストレ』（一八七三年一一頁、一月四日付）は、謁見式の模様を描いた版画に付け加えて、会見の概要を報じた後、全員の氏名及び日本での役職を列挙している。他方、『レヴェヌマン』紙（十二月二十八日付）は、岩倉について一段落を割いている。前に我々が見た評とはまた些か異なるので、引くことにしよう。

使節団の長は、日本で最もすぐれた人物の一人である。皇居を一時も離れずに働くことに生涯の四十一年間を費やしてきた。初の外出がヨーロッパ旅行だったのである。その知識の広さは傑出しており、このフランス訪問使節団長への天皇の信頼は絶大である。

『ル・モンド・イリュストレ』(1873.1.4)

だが今回は、大使一人の評判に止まることはなかった。大統領との会見での一行の堂々とした態度が決して一時的な仮装ではないことを、『ル・タン』紙（十二月二十八日付）が説明してくれるからである。礼服の着こなしにぎこちなさがなかったと評する文（前出）に続けて言う。

一行は全員、アヴァス通信社の言によれば、非常にすぐれた知性、大いに真面目な人格の持ち主であり、日本において最重要な人物である由である。(9)

僅か二十分間であったとはいえ、大統領ティエールとの会見はこのように多くの報道を生んだ。以後、各紙がこぞって詳報を載せる機会が再びやってくることはない。とはいえ、日本使節団が完全に忘れ去られてしまうわけではなく、ところどころに記事を拾うことはできる。二月十七日（月）にパリから出発するまでの一行の足跡を、それらの記事の中に見てゆくことにしよう。

大統領謁見のあった週の週末、岩倉使節団は数ケ国の大使を訪問している。『米欧回覧実記』（Ⅲ六五頁）が空欄にしているところは、校注三六九―三七〇頁に引かれた『木戸日記』で補うことができるが、そこに何ら固有名詞が挙げられていない分は、新聞が情報を与えてくれている。『ル・モニトゥール・ユニヴェルセル』紙（十二月二十九日付）は言う。

日本使節団は今日〔二十八日（土）〕一時、イギリス大使ライオンズ（Lyons）卿と会見する。明日〔二十九日（日）〕二時にはスペイン大使オロサガ（Olozaga）氏、二時半にはオーストリア大使アポニ（Appony）伯爵、三時にはドイツ大使アルニム（Arnim）伯爵と面会の予定。

同様の報道をした『ル・フィガロ』紙（十二月三十日付）は、「皆に分け前があることであろう」と付け加えている。

十二月三十日（月）には、『木戸日記』（『米欧回覧実記』Ⅲ三七〇頁）が伝える通り、外務大臣主催の晩餐会に一行は招待されている。「今年一年を通じて最も華やかであったと言っても過言ではない」と『ル・モニトゥール・ユニヴェルセル』紙（一八七三年一月一日付）が伝えるこの大レセプションには、教皇大使、イギリス、ドイツ、トルコ各国大使、イタリア、デンマーク、オランダ、アルゼンチン、チリ、ドミニカ共和国、ボリビア、ホンジュラス各国公使、バイエルン、ペルシア、ハワイ王国、アメリカ合衆国の代理大使、ロシア大使館参事官、駐日フランス大使ウートレ、ミュンヘン駐在フランス代理大使、外務省諸局長など(10)に混じって、日本使節団とビルマ使節団が列席していた。

「民族衣裳を着ていた」（『ル・モニトゥール・ユニヴェルセル』紙一月一日付）ビルマ人の存在は木戸の注意を惹いたようで、

ビルマンの使節も亦来会す、結髪如朝鮮人、尚以白布頭に結ふ、衣亦白布肩より斜に金色の鎖を懸けり、余始てヒルマン人を見る。

と日記に書いている（『米欧回覧実記』Ⅲ三七〇頁）。木戸の描写が概ね正確であることは、週刊紙『ル・ジュルナル・イリュストレ』（一八七三年一月十九日付）の初頁を飾った版画からも推察することができる。ビルマ使節の服装の詳細は、一月一日の大統領新年レセプションを報道する『ル・タン』紙（一月二・三日付）に見られる。参考までに引いておこう。

下につける服は、鮮やかで多彩な色合いの絹製であり、眩い白さの上衣がそれを覆っている。刀は豊かに金細工が施された肩帯で支えられている。頭の形は大層優美であり、頭に巻かれた直径六センチほどの白い撚り房は、あか抜けた効果を出しており、挿絵入りの新聞が伝えるような重い形からはほど遠いものがある。(11)

『米欧回覧実記』自体は言及していないビルマ人であるが、本人たちの思惑はともかく、当時のフランスの新聞の目から見ると、ほぼ同時にパリに滞在していた日本・ビルマ両国使節団は、並べやすいものであった。外相レセプションの招待客リストの中で隣り合わせに挙げられている（『ル・モニトゥール・ユニヴェルセル』紙一月一日付）ばかりではない。両使節団の服装の問題も、並行に捉えられていたのである。それは『ル・フィガロ』紙（二月一日付）が証言するところである。

日本外交団一行と同じように、ビルマ使節団は今後、ヨーロッパ風の衣裳だけを身につけることを決定した。今、スポーティーな上着からハート型のベストまで一連の洋服が使節団のために作られている最中である。だが（留保をつけるべきことがあるのである）、彼らはおそろしく軽率なことをしてしまっているのかもしれない。日本の天皇はヨーロッパの風習を大変愛好しており、西洋文明の道に完全に入っている。しかし、聞くところによると、ビルマ国王は全くそうではないそうである。使節団が帰国した際に、自国の風習を侮辱した廉で国王が全員を串刺しの刑に処し、さらに、残酷にも、この陰気な儀式のために黒い燕尾服と白ネクタイの着用を命じはしないと、一体誰に言うことができようか。自分の肉体の中に避雷針が入ってくるのを感じ、しかもオペラハットを脇にかかえ続けねばならないとは、実におそろしいことである。特に、ビルマ使節団のように、既に文明化された人がその立場におかれる場合には。

『ル・フィガロ』紙の懸念が実現しなかったことを祈りつつ、外務大臣主催のレセプションに戻ることにしよう。

この晩餐会で人々は何を食べたのであろうか。この下世話な質問に答えてくれる新聞が幸いにも存在する。それは『レヴェヌマン』紙（一月一日付）で、シュヴェ（Chevet）氏の指揮のもとに用意されたメニューを掲載している。(12) 素人には分かりにくいところがなくはないが、訳出しておこう。

スープには、女王風ポタージュと旬野菜ポタージュ。暖かいオードヴルとして、猟肉のピュレの角型。次に、ターボットのオランダ風・ジェノヴァ風ソース添え。アントレには、子鹿の四半分の胡椒ソース、フィナンシエール添え肥育鶏のシュプレーム、ヤマシギのサルミ（ソース煮）、オマールのアスピック（ゼリー固め）のヴェネチア風ソース添え、チェリー酒シャーベット。肉料理として、トリュフ入りキジのペリグーソース添え、トゥールーズ産フォワグラのパテ、ヨークハムのゼリー寄せ、サラダ。アントルメとしては、リヨン風カタバミ、イギリス風グリーンピース、パイナップルのクルットのせ、オリエント風フルーツサラダ。デザートにアイスチーズ。

岩倉たちがこの一連の食事をどのように味わい、どの皿を好み、どの料理を嫌ったか、それは想像するほかはない。

一八七三年一月一日（水）、「新年ノ賀祝」（Ⅲ六五頁）がヴェルサイユで行なわれる。閣僚、官僚、各国外交団など大勢の大統領謁見である。訪問した人々の列の中には、ビルマ使節と日本使節も見受けられる。前者の服装を細かく描写する『ル・タン』紙（前掲、一月二・三日付）は、岩倉たちに関しては、「エリゼ宮でのレセプションで見せた礼服ではなく、単なる燕尾服を着用していた」と記している。なお、衣裳に対するこの興味は、けっして異国からの来客にだけ向けられたものではなかった。なぜなら、『ル・モニトゥール・ユニヴェルセル』紙（一月二・三日付）は、大統領がどのような服装をしていたか、とくにその胸元にいかなる勲章が輝いていたかを、詳さに語っているからである。(13)

公式行事はなおも続く。一月三日（金）、エリゼ宮で晩餐会（Ⅲ六八頁）が開かれる。大蔵大臣レオン・セイ（Léon Say）、文部大臣ジュール・シモン（Jules Simon）ら十五名ほどが列席した夕食の後にレセプションが行なわれ、外交団、議員たちが集まってきた。その中に日本使節の顔も見える。『ル・モニトゥール・ユニヴェルセル』紙（一月五日付）は、「日本大使スマクラ、公使サメアクラ。秘書官シアト、使節団随行オート」が見受けられたと報じている。岩倉、鮫島、塩田、安藤を指しているのであろうか。(14)

晩餐会の報道は当時の新聞の得意とするところであった。しかし、岩倉使節の活動は毎晩正装して美味しい食事に舌鼓を打つだけに限られるものではなかった。むしろ、新聞報道が多くを語らない諸々の見学のほうに、その真髄があったのであり、久米邦武の記述もそこに力点がおかれ、かつ、現在の読者の興味も、多くの場合そちらに向けられると言えよう。ここまで我々が見てきた記事が公式行事一辺倒であったとしても、しかし、絶望してはいけない。年末年始は夜会、会見の季節なのであるし、使節団一行はまだなお一ケ月半パリに滞在する以上、その間の彼らの行動のいくらかに紙面が割かれる見込みもなくはないであろう。

一月六日（月）、岩倉たちは「パレイローヤル」（Palais Royal）近くの「大書庫」、即ち国立図書館（Bibliothèque Nationale）に出かけている（Ⅲ六九―七二頁）が、『ル・プティ・ジュルナル』紙（一月八日付）は、それについて、簡単ではあるが次のように報道している。

昨日〔六日〕、日本使節団は国立図書館を長時間かけて見学した。全時代の文学の宝を豊富に集めたこの立派な建物の隅から隅まで、詳しく見回った。

ここにひとつ、不思議な問題がある。一ケ月後、二月十日付の『レヴェヌマン』紙（及びそれを引用する同日付『ル・コンスティテュシオネル』紙）に、再び一行の国立図書館見学が「今日」、つまり二月九日の出来事として語られているのである。岩倉たちとは別の人々が訪れたのであろうか。それにしては、閲覧室の模様（「書ヲ借覧スルモノアレハ、其書名ノ首字ヲ以テ、目録ヲ検シ、其番号ヲ記シテ、楼上ニ送レハ、楼上ヨリ即時ニ之ヲ査出シテ、釣瓶ニテ下ス」）や和漢の古書（「日本書ノ棚モアリ、其内ニ、慶長年間ニ翻訳セル、「キリシタン」教〈即天主教〉ノ書アリ、其文体ハ極テ俚俗解シ易キ文ニテ、字様ハ平仮名ヲ用ヒ、曾我物語、太閤記横本ヲミルカ如シ、一部数冊ノ書ナリ、我邦ニテハ久シキ厲禁ニテ、嘗テカヽル板本アリシコト、誰モ知ル人ナキ奇本ナリ」）を興味深く記す久米の文章とあまりにも新聞記事は符合するように見える。一月遅れの報道というのも理解しがたいが、ともかく、謎の見学者たちの行動が詳しく述べられている点だけでも、引用するに値するであろう。

国立図書館は今日、日本使節たちの訪問を受けた。一行は宝に満ちたこの建物の様々な部所を興味をもって観察して回った。大閲覧室ではその広さに感心し、とりわけ、利用者の要求に答えてどのようなサービスがなされるかに注目した。版画の部屋では、数多くの稀少な芸術作品、中でも、フィレンツェに原版が保存されている史上最古の版画を見ることができた。最後に写本部門では、彼らの国のものである印刷本や写本、葬式などの日本の生活風景諸々を描く絵入りの書物を、一行は嬉し気に眺めた。二時間以上続いたこの見学の間、この要職にある使節たちの何人もの人が、ノートをとり続けていた。英語を比較的上手に話す人も何人かいるが、中にひとり、フランス語を完璧に操る人がおり、大使及び使節団員の通訳をしていた。一行の顔には概して、知性と人の良さが感じられる。

一月八日（水）午前十時、駐日フランス公使館秘書官であったピエール・ダリュ子爵（Pierre Daru）の葬儀がパリのサント・クロチルド教会で行われた。子爵は熱海の海岸で溺死し、その遺体は発見されずに終わったのであった。大勢の参列者の中には「日本公使及び日本使節団全員」が見受けられた、と『ル・モニトゥール・ユニヴェルセル』紙、『ル・フィガロ』紙（ともに一月十日付）は報道している。しかし、『米欧回覧実記』はこの日の出来事について何も記してはいない。

一月十六日付の『ル・タン』紙は、「昨日（十四日）日本使節団はヴェルサイユ宮殿を訪れた」と手短かに述べている。これは、『米欧回覧実記』（Ⅲ一〇四頁）が語る十五日のヴェルサイユ訪問に当たるのかもしれないが、詳細は残念ながら分からない。あるいはこれは、『ル・フィガロ』紙（一月十一日付）が予告していた、鮫島公使の大統領との会見（日本で天皇が近日中に実施する予定の政治的大変革を大統領に伝えるための面会が、月曜日、即ち十三日に行われると報じている）を指しているのかもしれない。十三日の会談が一日遅れて（当時この程度の遅れは稀ではなかった）記事になったという可能性も一概に捨てられはしないであろう。ともかく、新たな発見があるまでは謎としておくべきところである。

『ル・プティ・ジュルナル』紙は、一月十九日付で「昨日（十七日）二時、日本使節団は大下水道を見学した」と伝え、二十一日付で「土曜日（十八日）、日本使節団はヴァンセンヌの城を見学した」と報じている。短かすぎて詳細を知ることはできない。とはいえ、『米欧回覧実記』が十六日の項に（つまり、『ル・プティ・ジュルナル』紙は一日遅れて報道したのであろう）、「午後ニ、巴黎府中ノ下水隧道ヲミル、亦巴黎ノ壮観中ノ一タリ」（Ⅲ一

○七頁）から始めて四頁を割いている下水道見学、十八日の項に記す「ワンセーヌ」城（Ⅲ一一五頁）訪問が架空の事件ではないことは確認できる（さらに付け加えるならば、新聞を大衆的にした張本人と目されている『ル・プティ・ジュルナル』が、遠来の客の動向を最もよく追いかけている、ということも見てとれる）。

セーヌ河の大洪水にも、異例の暖冬にも関心を示さなかった久米邦武（毎日の空模様は几帳面に記しているが）が、気象について珍しく言及している箇所がある。一月十九日（日）、フォンテーヌブローからの帰途、嵐に遭ったことを語る件りである。

夜蒸気車ニ上ル、此時雨盆ヲ傾ケテ来リ風怒リ樹狂ヒ、時ニ雷声ヲ聞ク、咫尺暗黒、簷溜縄ノ如シ（Ⅲ一二二頁）

と描写する暴風雨の中で、蒸気機関車という文明の利器の有難さをしみじみと久米は実感するのであった。「而テ車中ニ安臥シ、咫尺闇黒ノ途ヲ走リ帰ル、蒸気車ノ便利モ亦極レリ」と言いながら。この嵐は実際大したもので、たとえば『ル・モニトゥール・ユニヴェルセル』紙（一月二十一日付）は、

昨夜八時十五分、激しい嵐がパリを襲った。これほどの稲妻が見られたことはいまだかつてない。二十分間休みなしに続きさえした。

と報じ、落雷が多発し（負傷者一名）、雹が大量に降り、南西風が煙突、屋根や雨戸に損害を与え（死者一名、負傷者数名）、ポン・ヌフの街灯が折れてセーヌ河に流されてゆき、リヴォリ通り一四二番地では重さ約二十キロ

の鉄輪が落下した、と被害の模様を伝えている。「在欧中ニテ、猛雨如此キハ、前後ニ只此雨アルノミ」と久米が書くだけのことはあったのである。

下水道とヴァンセンヌ見学に関するのと同じような短い記事は、一月二十日（月）の鉱山学校（Ecole des Mines）見学（『ル・フィガロ』及び『ル・モニトゥール・ユニヴェルセル』一月二十二日付、『米欧回覧実記』Ⅲ一二三—四頁）、二十一日（火）のゴブラン製造場（Manufacture des Gobelins）訪問（『ル・モニトゥール・ユニヴェルセル』二十三日付及び『ル・プティ・ジュルナル』二十五日付、『米欧回覧実記』一三四—六頁）、あるいは伊藤副使の「エルビュー」（Elbeuf）行き（『ル・モニトゥール・ユニヴェルセル』二十二日付、『米欧回覧実記』Ⅲ一四六—八頁）についても見つけることができる。

『米欧回覧実記』は語っていないが、一月二十三日（木）、日本使節団はパンテオンを見学したようである。それを報じる『レヴェヌマン』紙（一月二十五日付）は、愉快なディテールを付け加えている。

総勢二十二名の日本使節及びその随員は、昨日午後、パンテオンを訪れた。この「偉人記念の殿堂」を隅から隅まで、細かく一行は見学した。墓碑の並ぶ半円形の歩廊の反響が、とりわけ一行を喜ばせた。

宿舎の電動ベルに続いては、ドームのエコーが使節団のお気に召したようである。「ヤッホー」と叫んだのか「万歳」を唱えたのか、あるいは何かフランス語を響かせたのかは定かではない。

一月二十七日（月）、国会見学が行われた。久米は一言も語らず、木戸は「一字よりベルサヘルの議院に至り、議員集会の形容を一見す」と日記に書いているにすぎない（Ⅲ三七九頁）。しかし、『ル・モニトゥール・ユニヴェルセル』紙（一月二十九日付）は、国会での諸発言を逐一報道することを得意とする新聞らしく、日本使節の傍聴を伝えている。新しく国会内部の配置換えが行なわれたことを告げた後、同紙は次のように記している。

貴賓席は空席であったが、新設の見学者用ベンチには相当数の人がおり、驚きの目を日本使節団に向けていた。使節たちは、目前で繰り広げられる無味乾燥な討議の模様を、顔色ひとつ変えず、真剣な面持ちで外交団席から傾聴していた。

一行の真面目な態度（討論の内容を逐一通訳を介して追っていたのであろうか。分からずに退屈していたのであろうか）とともに、彼らに向けられた群衆の好奇の視線もここに読むことができる。国会討論の内容のほうは、使節の胸を打つようなものではなかったらしい。

この高名なる東洋人に敬意を表すべく、感動的な議論を突如として国会が始められるものでもないのは言うまでもない。しかし、国会議事堂でいかにして法律が制定されるかを見るために来た一行にとって、今日以上に悪い日になりようがないということは認めねばなるまい。

と、『ル・モニトゥール・ユニヴェルセル』紙が同情を込めて語っているくらいである。ともかく、フランス銀行の支店設置の即時実現の問題を延々と聞いた後、農業協同組合に関する議論の始まるところで使節団は退席した由である。この日の体験がどのような実を結んだのかは明らかではないが、それより前に行なわれた国会傍聴（鮫島公使によるものか）の印象のおかげで、その報告書を読んだ天皇は、議員六百名を擁する国会を日本にも創設することを決意した、と『ル・フィガロ』紙（二月十一日付）は伝えている。

一月二十八日（火）、木戸、田中不二麿、今村和郎らは中学校を見学したと『木戸日記』にある（Ⅲ三七九頁）が、この時の様子は、『ル・フィガロ』紙と『ル・コンスティテュシオネル』紙（ともに一月三十日付）が全く同文で報じている。一行が何を見、何に興味を示したのかを教えてくれている。

昨火曜日、日本使節団は、リセ・コンドルセ（Lycée Condorcet）を訪れた。ルグラン校長が校内を案内してまわった。第九学年から特別数学クラスまでの全学級を一行は見学した。大層興味を惹いたように見える。中でもとくに、化学教師カザン氏の授業にはしばし足を止めた。硫黄の様々な状態に関する興味深い実験をしているところだったのである。第二学年のクラスでは、折りしもアジアの勉強をしているところであった。立派な日本地図を目にした一行は、とても感激していた。次いで、法学の講義を組織化するためにフランス政府から最近日本に派遣された、コンドルセ学校卒業生であるブスケ（Bousquet）氏の従弟が、使節団に紹介された。

前日の国会見学より楽しい一時をすごすことができたのであろうか。いかにも久米の興味を惹きそうなこの訪問について、彼が一言も記していないのは残念であるが、これは久米が参加しなかったことを意味すると考えるべきなのであろう。

一月三十日（木）、外務大臣レミュザと日本使節団長の会談が行われ、日仏新通商条約が話題に上ったと『レヴェヌマン』紙（二月一日付）は報じている。しかし、その団長の名を同紙は Maha-Say-Ehe-Kenuhoon と記しており、また、『米欧回覧実記』が何も語っていない以上、これがはたして岩倉の行動であるかどうか断定するのはむずかしい。

一月三十一日（金）、岩倉使節団宿舎において夕食会が催された。『ル・モニトゥール・ユニヴェルセル』紙（二月二日付）を読んでみよう。

プレスブール通りの日本大使館で昨夜、会食者二十五名による晩餐会が催された。食卓には、外相レミュザ氏、パリ知事ラミロー（Ladmirault）将軍、アッペール将軍、警視総監レオン・ルノー（Léon Renault）氏、セーヌ県知事カルモン（Calmon）氏などが招かれた。

メニューまでは明らかにされていないが、和風ではなかったようである。なぜなら、『ル・フィガロ』紙（二月三日付）が「夕食は欧風であり、ひまし油漬の犬は、注意を込めて排除されていた」と報じているからである。余計なコメントの多い新聞である。

『米欧回覧実記』（Ⅲ一四二―六頁）によれば、使節団は一月二十二日（水）に裁判所、サント・シャペル（「礼拝堂」）、牢獄を訪問したとある。この訪問に関するとは思いにくいが、約二週間遅れて、一連の新聞は日本使節たちが同所を見学したことを報じている。『ル・プティ・ジュルナル』紙（二月三日付）によれば金曜日、即ち一月三十一日の出来事であるし、『ル・フィガロ』紙（二月五日付）に従えば「昨月曜日」、つまり二月三日のことである。そして、両紙に呼応するかのように、『ル・モニトゥール・ユニヴェルセル』紙は二月二日付と六日付で二回、日本使節のサント・シャペル、裁判所、警視庁見学を報道している。団員がいれかわりたちかわり出向いたのか、誤報なのか判然としないが、いずれにせよ、訪問者の行動の面白い描写をしている『ル・フィガロ』紙は引くに価するであろう。

昨月曜日、日本使節団はブスケ（Bousquet）氏の案内で、サント・シャペル、裁判所、警視庁を見学した。総勢六名であった。その中のひとりは、日本で警視総監に当たる職についており、ブスケ氏から種々の情報を聞き出すや否や、ノートに書きつけていた。何人かの弁護士がこの異国情緒あふれる外国人に同行したが、一行が互いにフランス語で会話をするのを聞いて大層驚いた。警視庁の資料館を見て回った後、使節団はコンシエルジュリを訪れ、マリー・アントワネットが生涯の最後の数時間を過ごした独房を見学した。一行のひとりは、監獄内部をデッサンしていた。

ここでも、几帳面に記録をつける使節の姿を垣間みることができる。

二月二日（日）、岩倉使節団はブーローニュの森を散策し、そこの「禽獣園」（Jardin d'acclimatation）を訪れている（Ⅲ一五九頁）。久米の記述がもっぱら鳥類、なかでも鶏の「蓄養」の仕方に捧げられているのと同じように、この動物園見学を報じる新聞もまた、鳥に対する一行の興味に言及している。たとえば『ル・モニトゥール・ユニヴェルセル』紙（二月四日付）は以下のように述べる。

一行は鳥小屋に大層関心を示し、とくに、日本の鳥類に注目していた。使節団長は、日本の家禽のいくつもの種類を近いうちに送らせることを、ジョフロワ・サン・ティレール（Geoffroy-Saint-Hilaire）氏に約束した。

国立図書館で日本語の書物に感心したのと同様、ここでも日本産の動物を彼らは喜んで見ていたようである。

二月十日（月）、「蜂蜜王社ノ香水製造場」（Ⅲ一六〇―三頁）に使節たちは出向き、香水、石鹸などの生産過程を具に見ている。おそらくこの見学に関すると思われる記事が、『レヴェヌマン』紙（二月十六日付）と週刊紙『リリュストラシオン』（一八七三年一三八―九頁、二月二十二日付）に掲載されている。ただし、どちらもヴィオレ（Violet）という名の工場の訪問になっており、しかも『レヴェヌマン』紙は、「昨日」、つまり十四日の出来事としている（週刊紙のほうは「数日前」という漠然とした表現を使っている）。しかし、我々が既に知っている通り日のずれは当時の新聞にあって稀ではないし、ヴィオレ社が「蜂ヲ画キテ記号ト」していた可能性は排除されないし、だいいち、日本使節団の香水・石鹼工場見学が他にはなかったようであることを考えれば、二つの報道と久米の記述を同じ事実に由来するものと見做してもよいであろう。いずれにせよ、ヴィオレ社見学を伝える二紙は従来になく詳細で、工場を訪れる一行の姿を彷彿させるだけでも貴重である。『リリュストラシオン』より短いとはいえ、見学者たちの出す質問、その反応、驚きをよく描く『レヴェヌマン』紙をまず引いてみよう。

昨日、日本使節団はヴィオレ社の工場を見学した。同社は古くから極東と頻繁な関係をもってきた。合理的な分業、個々の部所に分かれた各専門の系統的な分類のおかげで、香水と石鹼の製造工程の逐一を、一行はごく容易に見てゆくことができた。製品の質や成分、使われている方法についてなされた質問は、使節団がこの産業に関するすべてを理解し、学んだことを日本に帰って生かそうとしていることをよく示している。機械の使用は一行に強い印象を与えた。が、特に彼らを驚かせたのは、工場の広さ、労働者の数、事業規模の大きさであった。見学は三時間近くに及んだ。帰り際、見学したことすべてが大層興味深く、様々な説明が聞けて光栄であったと、大使は丁寧な謝辞を述べた。

既にこれだけでも、製造法を完全に理解しようとする使節団の姿勢（久米の記述にその結実は見てとることができる）が人々を大いに打ったことが分かる。ヴィオレ社を選択したことも幸運だったのであろう。なぜなら、この会社は日本に輸出しているばかりでなく、石鹼業界の筆頭として、見学者に驚異の目を見張らせるだけの規模と近代設備を誇っていたからである。その事情も含め、かつ岩倉たちの姿の描写も込められた『リリュストラシオン』の記事を、若干長いとはいえ、次に読むことにしよう（改行は原文通り）。

数日前、日本使節団はヴィオレ社の香水工場を見学した。岩倉大使には、塩田一等書記官及び使節団の大半が同行した。

見学は三時間近くに及んだ。類い稀な知性と観察眼を備えた大使は、製造工程の細部にまで大いに関心を示した。絶え間なく出される質問は、単なる好奇心からの質問ではなく、大使自身が工程を理解し、身につけ、日本で役立つよう研究させる意図をもっていることを示すものであった。通訳に当る一等書記官は、パリ人のようにフランス語を話す。彼が大使に訳して伝える説明の中で、専門用語は殆ど全て英語が用いられていた。つまり、日本語に欠けている単語はヨーロッパの言葉から借りることで、日本の産業用語は作られつつあるのであろう。一行の大半は若い人たちである。ヨーロッパの文明・産業を学ぶ目的で派遣された彼らは、聞くところによると、日本の学校の最も優秀なエリートたちであるという。皆、大変注意深く、多くのノートをとっていた。

周知の通り、ヴィオレ社は業界一位の会社である。機械設備は最も完璧で、最先端のものである。製造の工程はそれぞれ独自の部所をもち、すべてが組織的に分割されている。最も合理的、経済的に作業は進められてゆくのである。

使節団がヴィオレ社に関心をもったのは、日本が直接輸入している製品によってであった。しかし、同社の規模は一行の想像をはるかに越え、驚かせたようである。使用されている動力、熱量の配分、従業員数、その給料額、会社の業績といったすべてのこと、中でも日本との関係について一行は訊いてきた。ある種の製品の包装に用いられる日本産の紙とか、日本語で書かれた説明書とかを工場内で見つけた彼らは、大層喜んだようである。説明書の日本語は正確な翻訳だそうである。

非常に丁寧に興味深く石鹼工場を見学した彼らの言によると、日本とヨーロッパの石鹼製法は全く異なっており、日本でソーダとカリで石鹼を作るようになったのは最近のことである由である。工程の中で脂肪を使うことは、一行を驚かせたようである。香料入り石鹼の工場では、彼らは直ちにトリダースの石鹼に気付き、至る所で使われていると言った。ウィーンの万国博覧会用に、すでに石鹼の塊が作られていた。それを知った大使は、一八六七年にフランスで開かれた博覧会では光栄にも日本も出品し、紙製品によって金賞をいただいた、今年のウィーン博覧会にはさらによく準備が進められているので、より多くの出品をすることができよう、フランスにおいてそうであったように名誉ある参加をしたいものだ、と話した。

工場を後にする際、実に充実した見学は興味深く、快適なものであったと大使は丁寧に謝辞を述べ、大変良い思い出を日本に持ち帰ることができる、香水産業にこれほど大規模で完璧な工場が存在するなど思いもしなかった、と語った。

久米邦武が「蜂蜜王社」見学を記す際に、「場内ニ職人ヲイル、男女百五十人、及至二百人ナリ、其給金ハ労働スル十二時間ニテ、男ハ三「フランク」半、女ハ二「フランク」ヲ給ス」と従業員数、賃金の数字を挙げ、「一歳ニ製スル所ノ香水、石鹼、スヘテ原価二百万「フランク」ニ及フト云」と業績を語るのは、『リリュストラシオン』が報じる一行の質問内容と一致している。また、石鹼製造に脂肪を用いる点は、「近年獣脂ヲ精製スル法ヲ発明シテ、之ヲ用フルト云」に表われている。和紙に関しても、「屋ノ上層ニハ、紙ヲ蓄フ、其内ニ日本ノ雁皮紙、薄葉、美濃紙等ヲ、多ク綑束シテ蓄ヘタリ」とその存在に言及し、さらに、和紙によって「已ニ先年巴黎博覧会ノトキニ、第一等ノ褒章ヲウケタリ」と想起する点まで、工場見学を報道する週刊紙との一致を見せている。だが、それらの並行関係以外に、一行が工場（たかが香水、石鹸と侮ってはいけないのである）の規模や設備に目を見張り、熱心に記録をつけ、細かい所では脂肪の導入という新機軸に目を止めたり、和紙が使われていることに喜んだり、日本語説明書を手にとってその正確さを点検したり、あるいは、自分たちも知っている種類の石鹸の存在に気付いたりする様子がありありと目に浮かぶような記事の筆致には、右の引用文をも長すぎるとは感じさせないだけのものがある。

二月十六日（日）、大統領ティエール主催の晩餐会に出席する前、一行は面白い見物をしたようである。気球の飛行実験に立ち会ったのである。久米も木戸も言及してはいないが、新聞報道が間違っていなければ、日本使節団の中の少なくとも何人かは、「気球の出発準備を大変な好奇心をもって見に来ていた」（『ル・コンスティテュシオネル』二月十八日付）のである。ジャン・バール号（Le Jean Bart）[15]と命名された「この気球は、パリ包囲戦のさ中に作られたが、当時は処女飛行をする暇がなかった。郵政局長ランポン氏が今回、航空実験のためにガストン・ティサンディエ氏に使用を許可したものである。二千立方メートルの容積がある。」と、『ル・プティ・ジュルナル』紙（二月十九日付）は伝えている。「ウージェーヌ・ゴダール氏指揮の下、ラ・シャペルのガス工場から気球は出発した」と同紙は報じているので、そこに日本使節も来ていたのであろう。総勢七人を乗せた気球は、モンマルトル大通り上空にしばしとどまっていたため、相当数の見物人がそこには集まったと、前掲『ル・コンスティテュシオネル』紙は語っている。ウール・エ・ロワール県のラ・ループ市近く、モンティロー平地に着陸する際は、強風と測量ミスのため地面に叩きつけられ、乗組員一名がふり落とされ、その後また風にあおられて飛び立ってしまうという困難もあったというが、それは岩倉使節団の目に止まるには遠すぎた出来事であろう。

同じ十六日（日）夜、大統領が日本使節団を招待することは、各新聞こぞって予告していた。中には、「大使閣下一行はこの機会に、あの華麗な、金糸に縁取られた青い礼服と羽根つき帽子に身を固めることであろう」と軽口を叩く新聞（『ル・フィガロ』紙二月十六日付）もあった。しかし、晩餐会の模様についての事後の報道は少なく、わずかに『レヴェヌマン』紙（二月十八日付）が、

夕食に列席しえた我々の友人のひとりの言によれば、一行はツバメの巣よりもブリヤ・サヴァランの流派のほうを好んでいるようである。それはさもありなんと思われる言葉である。

と述べているのが目立つ程度である。日本と中国の混同は根が深いようではある。

翌十七日（月）、ついにパリを離れる日が来た。「昨月曜日、日本使節団はプレスブール通りの宿舎を二時に出発し、北駅に向い、そこから三時にブリュッセル行きの汽車に乗った」と、『ル・フィガロ』紙（二月十九日付）は報じている。『米欧回覧実記』（Ⅲ一八〇頁）に「南駅ヨリ蒸気車ヲ雇ヒテ」とあるのは、従って「北駅」と訂正すべきであろう。ベルギー政府からの出迎えがフランス・ベルギー国境まで来ていたこと、モンスで歓迎されたことなど、久米が詳しく書いている経緯の概略は、ごく簡単な形とはいえ、『ル・モニトゥール・ユニヴェルセル』紙（二月十九日付）に読むことができる。

一行がベルギー領内に入ったところでは、一行のために特別列車が用意されていた。ブリュッセルでは、オ

テル・ド・ベルヴュ（Hôtel de Belle Vue）に部屋が予約してある。さらに、ベルギー人の歓待ぶりについて良い印象を与えるべく、あらゆる措置をベルギー政府はとっている。

その後いかに歓迎されたかは、『米欧回覧実記』「白耳義国ノ記」を読まねばなるまい。その地での報道の様子も、いずれは知りたいものである。

岩倉使節団をフランス・ベルギー国境に置き去りにする前に、ひとつの奇妙なエピソードにふれておこう。外交団に直接関係するのか否かは判然としないが、出発を準備する日本人の姿が描かれているのである。

日本人たちは、遙かなる祖国に帰る用意をしている。今冬我々が享受している絶え間ない気温の変化のため、より長く滞在することを諦めたのである。彼らの帰国支度は、眼鏡店での買物によって告げられる。特に彼らは望遠鏡を買った。中にひとり、大型の望遠鏡を値切っている者がいた。しかし運搬のむずかしさには、購入をためらわせるものがあった。

と、『ル・コンスティテュシオネル』紙（二月八日付）は報道している。なぜ異例の暖冬が長期滞在の障害になるのか、その因果関係に首をかしげたくはなるが、眼鏡屋に殺到している姿だけは面白い光景として印象的である。望遠鏡を手に入れるのは、実用的（あるいは実戦的）な目的によるのであろうか。それとも単なる物珍しさからなのであろうか。大型望遠鏡に執心したのは中でも誰なのか。そもそも一体彼らは何者なのか。疑問を様々に抱かせる記事である。(16)

（1） 日本語としては「週刊誌」とすべきところであるが、日刊紙と同じ質、同じサイズの紙が使われ、新聞並みの薄さで発行される出版物であるため、敢えて「週刊紙」とした。
（2） 『ル・モニトゥール・ユニヴェルセル』紙（一八七三年一月五日付）も、「このところ中国人と日本人の話ばかり出る」と言っている。
（3） 『米欧回覧実記』Ⅲ三八頁に「十一月十六日、晴」とあるのは言うまでもなく、旧暦に従ってのことである。使節団がパリに滞在している間に、日本政府から西洋暦に改むべしとの通知が送られてきたことは、『米欧回覧実記』Ⅲ六二頁およびその校注三六五―六頁に見られるが、『ル・モニトゥール・ユニヴェルセル』紙も二度にわたって報じている。一八七三年二月八日付で「日本で最近新しく、重要な改革が行われた。この国民の風習が次第にヨーロッパの慣習と同一のものになってゆく傾向にあることの証左と言えるこの改革とは、暦の変更である。一月一日を期して、太陽暦が日本で唯一用いられるものとされた」と述べた後、二月十八日付では、「日本はヨーロッパ式の暦を採用した。一年は一月一日に始まり、我々と同じく十二の太陽月からなる。ただし、日本人は今一八七三年にはなく、二五三四年にいる。初代天皇から紀元を数えるからである」と語っている。
（4） グラン・トテルには田中、福地源一郎らが泊まったのである（『木戸日記』にホテルの風呂に入ったことが記されている。『米欧回覧実記』Ⅲ三六七、三七〇、三八〇頁参照）。
（5） 一八七二年のカレンダーを作ってみれば分かる通り、十二月十六日は月曜日である。従って十八日付で「昨月曜日」とあるのは、十七日を基点にして十六日を指す。この「ずれ」は以下も頻出するので要注意。
（6） 日本が積極的に西洋文明を知り、吸収するよう努めていたことが無視されていた訳ではない事実は、法制改革、軍隊編成、鉄道開通、産業博覧会開催、印刷技術導入など諸々の動きを伝えつつ日本と中国の姿勢の相違を語る『ル・コンスティテュシオネル』紙（十二月三十一日付）、旧来の暦に固執するロシアと西洋風の暦を導入した日本を対比する『ル・タン』紙（一月二・三日付）にも窺うことができる。
（7） 『ル・プティ・ジュルナル』紙（十二月二十五日付）は、「ブルジョワ風の服装とは、つまり町着（タウンウェア）のことである」と付け加えている。
（8） 『レヴェヌマン』紙（十二月二十八日付）は、「フイエ氏が以下の内容を音楽なしで訳した」と報じている。
（9） 全く同じ文章が、『ジュルナル・デ・デバ』紙（十二月二十七日付）にも見える。

(10)『ル・タン』紙（一月一日付）掲載の一覧表による。

(11)『ル・ジュルナル・イリュストレ』（前掲）は「砂糖壺のふたのような小型帽子」と評している。

(12) 専門家の方々のご参考までに原文を引いておく。

POTAGES
A la Reine
A la Printanière
…………
HORS-D'OEUVRE CHAUD
Caisses de purée de gibier
…………
RELEVÉ
Turbot sauces hollandaise et genevoise
…………
ENTRÉES
Quartier de chevreuil sauce poivrade
Suprême de poulardes à la financière
Salmis de bécasses
Aspic de homard à la Vénitienne
Sorbets au kirsch
…………
ROTS
Faisans truffés sauce Périgueux
Pâté de foie gras de Toulouse
Jambon d'York à la gelée

Salade

…………

ENTREMETS

Oxalis à la Lyonnaise

Petits pois à l'Anglaise

Croûtes à l'ananas

Macédoine de fruits à l'Orientale

…………

DESSERT

Fromage glacé

なお、この種の料理用語に関しては、Manfred Höfler, *Dictionnaire de l'art culinaire français, Etymologie et histoire*, Aix-en-Provence, 1996 が有用である。

(13) 勲章に関して、大統領が日本からもそれを受けたことを『レヴェヌマン』紙（一月四日付）が報道している。岩倉使節の行動とは直接関係ないかもしれないが、一応引いてみよう。「お年玉として共和国大統領は、日本の Tchet の勲章を受けた。Hynazazoutstrima 閣下の手によって、この勲章が賦与する一等大臣の称号と証書が手渡された。」固有名詞の指し示すものについては、専門家の御教示を仰ぎたいところである。

(14) 翌一月四日（土）にも晩餐会がひとつ行われている。セーヌ県知事カルモン（Calmon）主催で大統領も出席しているが、その招待客の中には、「駐仏日本公使鮫島尚信、日本使節随行マーシャル」（『ル・モニトゥール・ユニヴェルセル』紙一月六日付）も数えられている。岩倉使節団には直接関係なかったのであろうか。

(15) 乗り込んだガストン・ティサンディエ（Gaston Tissandier）によるルポルタージュが『リリュストラシオン』（三月一日付五頁）に掲載されている。そこには日本人の野次馬は姿を見せてはいない。

(16) 本稿は、『比較文学研究』（東大比較文学会）五五号、一九八九年五月、七六—九六頁所収「新聞に見る岩倉使節団のパリ滞在」に訂正を加えたものである。

岩倉使節団のイタリア訪問

太田昭子

一　はじめに

岩倉使節団に関する研究が多岐にわたるにつれ、使節団一行の歴訪した諸国における新聞や雑誌報道のあり方が注目されるようになってきた。イギリス、フランス、イタリアでの報道を追跡した論文をはじめ、(1)アメリカ合衆国、ロシア、デンマークなどでの報道をとりあげた論文が次々に発表され、(2)岩倉使節団研究に新しい視点を与えている。

現地の新聞雑誌報道を通して、旅する岩倉使節団一行の姿が生き生きと浮かび上がってくることは言うまでもない。好奇心と探求心に溢れる彼等の真摯な姿、しかし時に羽目をはずしたり失態を演じたりもする彼等の人間臭い一面もが紙面に活写され、百二十年後の私たち読者に伝わってくるのである。それと同時に、これらの記事が使節団歴訪諸国における日本への関心のあり方の一端を示していることも見落とせない。使節団を迎えた現地の人々が彼等にどのような関心を示し何を期待していたのかが記事の論調から読みとれる。さらにそれらを使節団側が示した関心の所在、考察のあり方と対比させることによって、いわば「見る者と見られる者の間の焦点のずれ」[3]を明らかにすることもできるだろう。つまり、訪問する側、される側双方がそれぞれ見ようとしたもの、見落としたもの（あるいは見ようとしなかったもの）が何だったのか、双方の視点の特徴が浮き彫りにされるわけである。

イタリアで現地の新聞雑誌資料を採訪する機会を得た当初、筆者はさほど大きな収穫を期待してはいなかった。近代国家統一を果たしたばかりのイタリア国内には政治問題、経済問題が山積しており、極東の島国からの賓客に多大な関心を払うだけのゆとりはないように思われたし、使節たちにとってもイタリア旅行はたとえばアメリカやイギリス訪問に比べれば息抜きの旅という要素が大きかったのではないかという印象を抱いていたからである。

たしかに、岩倉使節団の来訪が地元紙の第一面を飾るニュースとして大々的にとりあげられたアメリカ西部や中西部[4]に比べれば、イタリア各地の新聞の取り扱いはつつましやかなものであった。当時の新聞の多くは全四頁で構成されていたが、岩倉使節団あるいは日本関係の記事の大半は二面または三面に掲載され、しかも他紙の記事を転載したケースも少なくなかったのである。この要因はいくつかあげられるが、使節団一行の規模が出発当初に比べかなり縮小されていたことと、当時のイタリアがいわば外交使節の訪問ラッシュを迎えていたことも少なからず影響していたと考えてよいだろう。

使節団が最初に宿泊したフィレンツェの地元紙『ラ・ナツィオーネ』紙（*La Nazione*）の五月十日付の記事には、五月九日午前三時、岩倉大使、伊藤副使、書記官の田辺（太一）、栗本（貞次郎）、安藤（太郎）、久米（邦武）、福地（源一郎）、ブルックス、富田（命保）、杉山（一成）、川路（寛堂）、それに西洋人一名を含む随員四名からなる一行が当地に到着したと報じられている。[5] すでに帰国の途にあった木戸孝允は、使節団と相前後する時期にイタリアを旅していたが、岩倉一行とはまったく別行動をとっていた。[6] 使節団員四十六名に留学生四十二名と随従十五名を加えた総勢百名以上の大集団としてサンフランシスコに到着した時に比べれば、フィレンツェに降り立った岩倉たちは二十名に満たない小ぢんまりとした集団だったのである。

一方その岩倉たちを迎えたイタリアには各国の外交使節が相ついで訪れていた。[7] 岩倉使節団の滞在した一八七三年五～六月前後だけでも、ペルシア国王、ロシアの皇后をはじめ、ビルマの外交使節、あるいは小規模ながらプロシアやモンテネグロからも使節団がイタリアを訪れていたことが新聞報道からわかる。ことにロシアの皇后訪伊は新聞各紙で大きく取り上げられ、そのあおりを受けて岩倉使節団関係の記事はしばしば片隅に追いやられてしまった。さらにつけ加えるならば、「イタリア近代文学の祖」「イタリアのディケンズ」と讃えられたアレッサンドロ・マンゾーニが闘病生活の末、五月二十二日に息をひきとったことも少なからず影響を及ぼした。ことに北イタリアの新聞は毎日のようにマンゾーニの病状を、さらには訃報や葬儀の模様を大々的に一面で報じたのである。

しかし当時の国際情勢や国内の諸情勢、使節団の規模などを考え合わせれば、これは当然の成行だったといえよう。むしろこのような情況下にあったにもかかわらず、イタリア各地の新聞がかなり頻繁に岩倉使節団の足どりを追い、転載記事も多かったとはいえ、日本の政治経済社会を扱う記事を掲載していたことに注目すべきなのではなかろうか。ことに北イタリアの地元紙における日本関係記事の豊富さは、この地方での日本に対する関心の高さを反映したものと考えてよいだろう。

イタリアにおいて、予想を上回る関心が日本に対して寄せられていた政治的、経済的背景については後に詳述することにして、ここでは当時のイタリアのジャーナリズムについて簡単に触れておきたい。イタリアがリソルジメントと呼ばれる近代国家統一を成し遂げ、ローマを併合した統一イタリア王国が誕生したのは周知のとおり一八七〇年十月であった。首都がローマに遷されたのは一八七一年七月、使節団のイタリア訪問の約二年前にすぎない。しかしこのような激動の時代にありながら、一八四八年にイタリア諸邦に発布された新憲法によって、言論、出版、集会の自由が認められていた。ジャーナリズムは、むしろ様々な立場から自分たちの政治的主張を展開できる宣伝機関として新聞雑誌を積極的に活用しようと、各地で新聞の発行が盛んに行われていたのである。たとえばカヴールはトリノで『ガゼッタ・デル・ポポロ』(*Gazzetta del Popolo*)を、さらに現在の『ラ・スタンパ』(*La Stampa*)の前身である『ガゼッタ・ピエモンテーゼ』(*Gazzetta Piemontese*)を一八六七年に創刊していた。その他にも、ミラノで *Il Secolo*(一八六五年)、ローマで『ロピニオーネ・リベラーレ』(*L'Opinione Liberale*)(一八七〇年、自由主義的)、『ラ・リベルタ』(*La Libertà*)(一八七〇年創刊、保守的)、教皇庁の『ロッセルヴァトーレ・ロマーノ』(*L'Osservatore Romano*)(一八六一年)をはじめ、各地で新聞の発刊が相ついだ(8)。このようにジャーナリズムが活発だったことも日本関係記事の豊富さと無関係とはいえまい。

その中で岩倉使節団あるいは日本はどのようにとらえられていたのだろうか。各紙の政治的立場あるいは地方別の特色は、使節団や日本を取りあげた記事の論調に何らかの形で投影されていたのだろうか。新聞記事に現われた岩倉たちの足どりを追う際には、この点にも注目する必要があろう。また、特に北イタリアを中心に当時発行が盛んだった絵入り諷刺新聞の存在も見過ごせない。たとえばトリノ、フィレンツェ、ローマでは『パスクィノ』紙(*Pasquino*)が毎週日曜日に、ミラノでは『ロ・スピリト・フォレット』紙(*Lo Spirito Folletto*)が毎週木曜日に発行され、痛烈な政府批判が人気を博していた。これらの諷刺新聞に岩倉たちはどのような姿で、いかなる意味合いを帯びて登場していたのだろうか。これらの点に着目しながら、イタリアを旅した岩倉使節団の姿を再び追うことにしたい。

尚、岩倉使節団がイタリアを訪れるまで現地の新聞でどのように報道されていたかを正確に把握するには、本来ならば少なくとも一行の横浜出港（一八七一年十二月）までさかのぼり、そこから新聞を調査すべきである。しかし限られた調査期間内に筆者が追跡できたのは、一八七三年五月一日以降（諷刺新聞についてのみ一八七三年一月以降）にすぎず、調査としてははなはだ不十分と認めざるを得ない。本稿はこのような調査から導き出される考察にはおのずから限界があることを踏まえた上で記すものである。また五月一日から一行がイタリア入りした五月八日までの日本関係記事に岩倉使節団関係のものはわずかしか登場していないようである。日本関係の記事は、北イタリア各都市で発行されていた新聞を中心に、養蚕、ウィーン万国博覧会に出品された日本の品々、明治政府の機構、太陽暦への改暦などを紹介し、論説したものが中心をなしていた。(9) 固有名詞の表記の仕方をはじめ、多少正確さにおいてあやふやな記事も混じってはいるものの、内容としては決して面白半分に日本の「神秘性」を強調するようなものではなく、むしろ日本の現実をできるだけ正確に把握し読者に伝えようとする姿勢がうかがわれると評してよいだろう。

二　岩倉使節団の足どりと新聞報道

1　南欧花の都へ

一八七三年五月七日深夜、十一時発の夜行列車でミュンヘンを出発した岩倉具視の一行は、翌朝十一時にイタリア国境のアラ駅に到着した。そこからヴェローナ、ヴィチェンツァ、パドヴァと南下の旅を続け、翌五月九日午前二時四十分、イタリアで最初の投宿地フィレンツェ駅に降り立った。一行がイタリア入りした八日は晴天には恵まれず、ミラノからの列車との接続待ちをしていたヴェローナでは、発車間際より驟雨に見舞われたようである。このような天候にもかかわらず、久米邦武は『特命全権大使米欧回覧実記』（以下『米欧回覧実記』と略記[10]）の中でイタリアの田園風景に目を奪われた。

沿途ノ野ニハ、桑条《そうじょう》葉ヲ展ヘ、葡萄蔓ヲ成シ、麦苗ハ田ニ茂リ、芳草ハ路ニ栄ヘ、其中ニハ、阿芙蓉ニ紅花ヲ著《つけ》テ妍妍タルヲミル、春郊ノ景ハ錦ヲシクカ如ク、風日清和、正ニ踏青ノ天タリ、…（中略）…欧洲ノ地「アルプス」山ヲ越エテ、南ニ出レハ、草木色濃《こまや》カニ、花卉《かき》妍美ナル、我日本ノ気象ニ似タリ（Ⅳ二五九頁）

ヴェネト―エミリア・ロマーニャ―トスカーナへと、イタリア有数の風光で知られる田園地帯を、初夏に鉄路南下した久米が、一帯の豊かな緑に目を見はったのも無理はない。これに続く「以太利国総説」の中で、イタリアの地理、歴史、気候などを概説した後、久米はイタリアの気候風土と国民性とを結びつけ、次のような考察を記した。

古語ニ曰、沃土之民惰ト、此一語ハ、地球ニ通シテ、不易ノ諺トイフベシ、「アルプス」ノ山ヲコエテ、以太利ノ境ニ入レバ、頓《とみ》ニ面目ヲカユルヲ覚フ、山秀テ水清ク、空気清暢《せいちょう》ニシテ、土壌肥腴《ひゆ》ナリ、草木ミナ茂シ、野芳モ妍妍トシテ、美ヲ争フ、然ルニ路傍ニハ、除カサル蕪草アリ、市街ニハ払ハサル塵芥アリ、農ハ野中ニ偃臥《えんが》午睡シ、或ハ路隅ニ箕踞盤傲《ききょばんごう》ス、馭夫ハ車中ニ睡リ、馬ニ任セテ路ヲ過ス、市中ニハ便服ニテ箕踞シ、酒ヲ飲ミ拇戦ス、或ハ一家団欒シテ飲食ヲナシ、其生業ニ於ル、通シテ勉励ノ気象ニ乏シク、北方諸国トハ、頓ニ異俗ヲ覚ユルナリ」（Ⅳ二六六頁）。

これは一見するとイタリア人の怠惰な生活態度を批判し、彼らのように楽しんでばかりいてはいけないと戒めている記述である。しかしこのいかにも道徳的な建前の陰に、豊かな自然の恵みを享受し、昼寝を楽しみ、日の高いうちからワインを飲み、集まっては声高にお喋りを楽しむイタリア人の、のどかな生活ぶりに対する好意的なニュアンスが見え隠れしているといえないだろうか。ロシア、北欧、中欧の旅を続けてきた使節団が、アルプスを越え、一転して緑したたる豊潤な南欧の風土に触れ、伸び伸びとした解放感を覚えている様子が、行間から伝わってくるといえよう。

使節団のフィレンツェ到着が五月九日未明だったにもかかわらず、市長代理のガルツオーニ侯爵（ペルッツィ市長はローマに行っていて不在）や警察署長、投宿先のホテルの支配人代理らが一行を出迎え、馬車四台を連ねて「ホテル、デ、ラペイ」（現在のグランド・ホテル）に向かった。このホテルはイタリア語読みにすれば「ラ・パーチェ」、アルノ川沿いに建てられた由緒ある高級ホテルで、イギリスのヴィクトリア女王もここに三度も投宿したという。(11)

一行到着の模様は地元紙をはじめ、他の地方紙にも（多くは地元紙の転載という形ながら）報じられた。(12) それらの記事を総合すると、岩倉たちは、全員洋装に身を包み、英仏語を操り、立居振舞いも西洋式で、知性溢れる感じのよい風貌の紳士として好意的に描かれている。英語とフランス語を流暢に操るというのは必ずしも正確な記述ではないが、その一方で一行が持ちきれないほどの膨大な荷物を

当時のホテル・デ・ラペイ
（グランド・ホテルのパンフレットより）

携えてきた様子をほほえましく伝えるなど、かつて岩倉たちのトランクの山がホテル前の道をふさいでしまったと報じた『サンフランシスコ・クロニクル』紙の記事[13]を彷彿とさせるような、臨場感溢れる内容となっている。

ホテルに入った岩倉使節団一行は、小休止も束の間、午前十一時より早速フィレンツェ市内見学に繰り出した。この日彼らはサンタ・マリア・デル・フィオーレ大聖堂、ウフィッツィ美術館、ポンテ・ヴェッキオ、ピッティ宮殿などを精力的に一巡し、さらに翌日にはモザイク工場、ジノーリの製陶工場を見学したのである。

瀟洒な鐘楼とブルネレスキの設計した大円蓋をいただく大聖堂《ドゥオーモ》で有名なサンタ・マリア・デル・フィオーレ大聖堂を仰ぎ見て、久米は「目ヲ暈《うん》セントス」と圧倒され、そのアーチ型建築構造の説明を試みた。また傍らのサン・ジョヴァンニ洗礼堂の門扉にも注目し、

現在のグランド・ホテル

「其彫紋ノ精工ナルコト、欧洲各国ノ彫工、之ヲ模倣シ、法ヲトル所ナリ」（Ⅳ二七五頁）と記している。しかし卓抜した建築様式には感嘆しながらも、聖堂建立の経緯に対して久米は冷めた眼差を向けていた。「此寺ハ一千二百年、羅馬教ノ全欧地ニ蔓衍《まんえん》シ、民財ヲ侵漁セシ盛時ニアタリ始メテ経営ヲナシ、造営ノ工ヲ用フルコト、四百年ノ星霜ヲ経テ、落成ニ至レリ」（傍点原典、Ⅳ二七三頁）。ここで私たちが注目すべきなのは、久米が事実関係をどこまで正確に捉えていたかということ以上に、聖堂の建築費用が「民財ヲ侵漁」することによってまかなわれていたとわざわざ記している点であろう。これは後述するようなローマ・カトリック教会に対する久米の批

判的考察につながるものであり、さらには宗教そのものに対する彼の合理的な考え方と軌を一にするものだと考えて、さしつかえあるまい。

一方、ウフィッツィ美術館やピッティ宮殿などで膨大な量の美術品を観賞した久米は、その質の高さを賞讃し、展示品を模写するためにヨーロッパ各国から画家たちが集まってきている様子に目をとめた。

従来各国ニテ、博物館ニ至ル毎ニ、幾回モ其模造ヲミタリシニ、今其此地ニテ其真物ヲ一見スルハ、殊ニ愛重スヘキヲ覚ヘヌ、凡ソ伊太利ハ美術ノ根本地ニテ、今ニ存スル古石雕画額ノ類ハ、皆此国ノ尤物《ゆうぶつ》ニテ、二千年前ノ遺残ニカヽル、…（中略）…此ニハ、其真ヲ蓄ヘタレハ、此国ニ来タリテハ、其観ミナ当ニ目ヲ刮《こす》ルヘシ（Ⅳ二七六頁）

其奇麗精美ナル、亦欧洲各国ノ絶ヘテ無キ所ナリ、…（中略）…ヨク旧史ヲ問ヒ、其妙ヲ細翫セハ、終身此楼中ニアルモ、亦厭ハサルヘシ、豈ニ一夕ノ精神ノ閲尽《けみしつく》ス所ナランヤ（Ⅳ二七七頁）

ヨーロッパ諸国を歴訪し、各地の美術館、博物館の見学を経てきた後だけに、イタリアがヨーロッパ文明の淵源の地だということを久米は実感したのであろう。この思いはイタリアの旅を続けるにつれ深まっていくことになる。

当時のフィレンツェ
（グランド・ホテルのパンフレットより）

フィレンツェの芸術からイタリアの歴史や宗教を想起した久米は、同時代のイタリアも見過ごしてはいなかった。フィレンツェに到着した五月九日、市の概観に続いてまず触れたのは、イタリアの流通紙幣の全国統一がなされていないという問題点であったし（Ⅳ二七三頁）、翌十日に訪れたジノーリの工場では陶器製造工程を他のヨーロッパ諸国の場合と比較しながら細かく観察し、「此式ハ各国ノ製陶場ニテ未タ見サル所ナリ」（Ⅳ二八二頁）と記した。またフィレンツェ郊外を馬車でまわった際にも、「近郊正ニ春色闌ニ、日輝煌煌トシテ、春服ノ重キヲ覚フ、午気人ヲ悩マシ、路傍ニ偃臥シ、或ハ車ニ睡リ馬ニ任セ行ク農夫ヲミル」（Ⅳ二八二頁）と記しながら、久米自身はけだるい春の眠気に身を任せることなく養蚕農家の蚕質や桑畑の管理形態を仔細に報告しているのである（Ⅳ二八二―二八四頁）。

このような使節団一行の姿はイタリア人の眼にはどのように映っていたのだろうか。残念ながら、フィレンツェ滞在中の使節団を報じた記事には比較的表面的なものが多く、精力的にスケジュールをこなす岩倉たちの様子を伝えるのみである。しかし一行が彫刻の観賞にかなりの関心を示したと五月十一日付の『ラ・ナツィオーネ』紙（*La Nazione*）が特記しているのは、『米欧回覧実記』に記されたイタリア彫刻に対する久米の高い評価を裏打ちするものであるし、ジノーリの工場でも、所有者のジノーリ侯爵が自ら一時間半にわたって工場内を案内するなど彼らが厚遇されていた様子がうかがわれる。岩倉具視はここで訪問者帳に記帳し、皿に絵付けを試みた。(14)

イタリア人の暢気な生活ぶりや流通紙幣の混乱をやや批判的に見ていた久米たちは、その一方でイタリア人たちから次のように見られていた。

彼らはたいへん気軽に洋服を着こなし、シルクハットまでかぶっている。しかし洋装が、ヨーロッパ近代文明から取りいれる最上のものとは必ずしも言えないだろう。(15) 双方とも、相手に対し好意と批判の入り混じった眼差を向けていたことが、これらの記述から伝わってくるといえよう。このようにして、わずか二日間のフィレンツェ滞在を終え、一行は五月十日夜、ローマへ向かう夜行列車に乗り込んだ。

2　ローマ滞在とナポリへの小旅行

五月十一日早朝ローマに到着した岩倉使節団一行は、十九日から二十三日にかけてのナポリ小旅行をはさんで、二十六日までこの都に滞在した。その間彼らは市中各所の見学、ヴィットーリオ・エマヌエレ二世との謁見、晩餐会出席をはじめ、いつもながら過密なスケジュールをこなしている。十二日にはサン・ピエトロ寺院、ヴァチカン宮殿、サンタンジェロ城、パンテオン、フォロ・ロマーノ、コロッセオを巡り、いうなればイタリアの宗教と歴史を振り返る機会を得た。十三日にはクィルナーレ宮殿で国王ヴィットーリオ・エマヌエレ二世に謁見し、翌十四日には宮殿で催された国王主催の晩餐会に招かれるなど、王室関連の行事が続いている。さらに、十五、十六両日には軍隊の諸施設、養蚕施設などイタリアの現在を視察する一方、カラカラ浴場、カタコンベ、サン・ジョヴァンニ教会やサン・パオロ教会など再びイタリアの歴史と宗教の一端を垣間見る、という具合に、駆け足の旅程内で比較的バランスのとれた見聞を広めようと努めた様子がうかがわれる。

ヴィットーリオ・エマヌエレ2世
(木戸家文書、国立歴史民俗博物館蔵)

ローマの駅頭で一行を出迎えたのは中山譲治ヴェネツィア駐箚総領事[16]らであった。岩倉使節団ローマ到着のニュースは新聞各紙にとりあげられたが、一行が大使二人に随行八名、それに通訳官とフェ駐日公使[17]で構成されていることなどから始まり、記事の内容はどれも比較的似通っている。[18]彼らが英仏語を巧みに操る、とフィレンツェ到着の際に報じられた一節がここでも異口同音に繰り返されているのは、誤解がいつの間にか定着してしまったことをうかがわせるものといえよう。「彼らのオリーヴ色の肌の色、容貌、それに両腕を体の前で交差させてお辞儀する挨拶の交わし方がヨーロッパ人と違うだけだ」とどの新聞も概ね好意的な印象を伝えている。その中で、五月十二日付のナポリの新聞『イル・ピッコロ』紙（*Il Piccolo*）だけが、「私たちの知り合いの中には彼らとたいして風貌の変わらない人たちがいる」と述べているのは、北イタリアに比べて背が低く肌の浅黒い人の多い南イタリアの新聞ならではのコメントといえるだろう。

ローマに到着した五月十一日は日曜日であった。早朝ローマ入りした一行は、[19]日曜ミサを告げて鳴りわたる教会の鐘を早速耳にしたに相違ない。「日夕ニ、時辰儀ノ針、時ヲ指セハ、八方ノ鐘八響ヲ乱シ、鏗鏗《こうこう》ノ声ハ府中ニ満テ、其喧囂《けんごう》謂ン方ナシ」（Ⅳ二九二頁）と久米がローマの第一印象を綴った一節の中に記したのは、初日に受けた印象が鮮明だったからではなかろうか。

久米はまた、ローマの第一印象として市街がむさ苦しく清掃が行き届いていないこと、乞食の姿が目立つこと

「サンアンケロ」城と「ダイバル」河橋
(『米欧回覧実記』銅版画、久米美術館蔵)

を挙げた。この指摘はナポリでも繰り返されることとなったが（Ⅳ三二六―三二七頁）、ローマにおける記述の中で注目すべきは、久米がその原因をカトリックの教義と結びつけている点であろう。「諸宗教ノ人民ニ勧メテ、乞丐《きっかい》ノ態ヲナサシメル陋習ハ、特ニ仏教ノミナラス、以太利ニ丐児《かいじ》ノ多キ、一ハ此風ヨリ誘導セラレタル歟」（Ⅳ二九二―二九三頁）との解釈を示した久米は、それにひき続いてルターの行なった宗教改革の経緯、ヨーロッパ政治史においてキリスト教会のはたしてきた役割を概説し、「他日其結果ハ如何ナル情態ヲ現出スヘキ歟、未タ予知スルヘカラサルナリ」（Ⅳ二九五頁）と締めくくった。久米の論調はカトリック教会のあり方に批判的であったが、山崎渾子氏の指摘するように、キリスト教の教義そのものに踏み込んだ解説はほとんど行なっていない[20]。とはいえ、「教会ハ其慾念ヲ遂ルノ器械トナリ、爾来君主ノ威権ト、僧徒ノ勢力ト、互ニ相依リ」（傍点原典、Ⅳ二九三頁）、「民権自由ヲ拒防スル器械」（傍点原典、Ⅳ二九四頁）と、宗教を政治権力との関わりという力関係の中で捉えたのは、鋭い洞察だったといえるだろう。『米欧回覧実記』Ⅳ二九四頁で展開されている議論はかなり乱暴な側面が否めないが、その中で久米が再三にわたり「器械」ということばを用いているのは注目に値する。政教癒着の中で宗教の権威が増大していったと考えたからこそ、久米は威容を誇るカトリック教会に嫌悪を催したのであり、またそのすぐお膝元で乞食や浮浪児が溢れている有様の中に欺瞞を感じとったのである。そしてイタリア統一に至る政治過程の中で、教皇庁の動向をかなり正確に把握し得たのも、このような視点に立っていたからこそだった

「ワチカン」宮
（『米欧回覧実記』銅版画、久米美術館蔵）

と評してよい。

ローマで大寺院やヴァチカン宮殿などの絢爛豪華さを目のあたりにするにつれ、久米の批判の眼差はますます鋭ぎすまされていった。五月十二日に、サン・ピエトロ寺院とヴァチカン宮殿の規模の大きさに圧倒された久米は、建築様式、庭園、装飾の華麗さを描写し、「諦視スレハ毎歩ニ足ヲト、ムヘシ、仰視スレハ、首ノ疲ル、ヲ忘ル、顧瞻《こせん》スレハ目ノ倦《う》ムヲ忘ル」（Ⅳ二九七頁）と賞讃したのに続けて、「四百年前ニ羅馬『ガドレイキ』教ノ、一時全欧洲ニ被リシトキ、其威権ヲスヘ、其財賂《ざいろ》ヲ収メテ此寺ヲ荘厳ス、奢靡《しゃび》淫巧ヲ窮メシ、其極ハ此甚シキニ至レリ」（Ⅳ二九七頁）と指摘した。そして「今ニ至リテモ、各国ノ『カトレイキ』教ハ、帝王公侯ヨリ、豪家ニ至ルマテ、各其財産ヲ分チ、法皇ニ献金スル額猶夥シ、法皇ノ富モ推テ知ルヘシ」（Ⅳ二九九頁）と書き加えているのである。

しかしその一方で、ローマ帝国の遺跡を見学した岩倉たちは、キリスト教徒迫害の歴史をも垣間見ることとなった。後年政治と結びついて権勢を欲しいままにしたローマ・カトリック教会が、布教当初には当時の政治権力、既成宗教から残忍な迫害を受けたことを知り、そのような弾圧に耐えて布教したキリスト教信徒に共感する一方で、久米はローマ・カトリック教会興隆の歴史が実は富による教義の堕落の過程に他ならないと考えた。

> 拝焉国《バイエロン》ヲスキ、以太利ニ至レハ、羅馬教会ノ宣教ニ託シ、民財ヲ漁シテ、寺刹ヲ荘厳セシ跡ヲ目睹《もくと》スル毎ニ、厭悪《えんお》ノ意ヲ起サシム、羅馬ニ至リ、耶蘇門徒カ艱難ヲ排シ、荼毒《とどく》ヲ甘シ、師伝ノ道ヲ維持セシ状ヲ想像スル毎ニ、酸鼻ノ思ヒヲナサシム、然ル後ニ知ル、彼華厳楼閣ハ、此苦楚惨害ノ報ニテ、後ノ威福驕侈《きょうし》ハ、其道ノ衰ヘタル所ナルノミ（Ⅳ三一四—三一五頁）

つまり「教会ノ国政ニ、相干与シテ、治安ノ伏脈ヲナスノ積習」は「耶蘇及ヒ門弟ノ意ヲ失ヘルモ亦甚シ」（傍点原典、Ⅳ三二六頁）という結論に導かれた久米は、この文脈の中でガリバルディーの功績を賞讃したのである。

以太利ニテ高名ナル『ガルバルチー』氏謂フ、耶蘇ハ古ノ聖人ナリ、其道固《まこと》ニ人心ヲ正クスヘシ、後ノ僧侶、其道ヲ私シ、華厳ノ寺宇ニオリ、国ノ政治ニ干渉スルハ、実ニ謂《いわ》レナキノ甚シキナリト、一起シテ、遂ニ羅馬ノ領地ヲ、以国ノ政府ニ復セシハ、偉人ト謂フヘシ」（Ⅳ三二六頁）

ガリバルディーに関する言及は他にも見られるが[21]、ここでは久米のガリバルディー論もさることながら、彼がキリスト教の教義そのものに対しては否定的立場をとっていないことに注意を促したい。政教癒着の弊害を厳しく批判しながらも、教義のいわば原点は評価するという久米の姿勢には、歴史的変遷の過程とそれ以前の原型・原点とを峻別して捉えようとする歴史家の厳密な視点が見出されるのである。それは「昔時ノ昌運ハ、移テ今日ノ衰頽ニ変化シ」凋落ぶりの目につくローマを、西洋文化発展の「淵源」として再三にわたって評価した解釈とも重なるものといえよう。過去と現在の懸隔を目のあたりにして、その所以を、ヨーロッパ文化の興亡史、東西比較文明史や交流史など幅広い時空間にまたがる軸から論じようと試みている久米の洞察には、歴史家としての優れた視点と同時に米欧諸国歴訪の成果がはっきりと現われていたと評してよいだろう（むろんカトリックの宗派の中で清貧を旨とする人々の存在などが触れられていないなどの限界はあるのだが）。

日本政府の使節団が教皇庁、政教分離をどのように捉えているのかという問題は、教皇庁との対決が近代国家統一の最後の関門となったイタリア側にとっても大きな関心事であったようだ[22]。国王主催の晩餐会の模様を詳しく報じた五月十七日付の『ラ・リベルタ』紙（*La Libertà*）は、「彼らはローマ教皇に会いに行くようにとは指示されていない様子だ」とわざわざ記した。また、『米欧回覧実記』には何も触れられていないが、五月十七日付の『ガゼッタ・ディターリア』紙（*Gazzetta d'Italia*）によると、使節団は十四日に教皇権に関する会議を外交団席から傍聴したようである。[23] 会議の詳しい内容は記事の中で明らかにされていないが、一丸となって近代化推進を図っている日本に比べ、教皇庁との対立抗争が政治問題に大きく影を落としているイタリア、あるいはヨーロッパのあり方に、同紙記者が強い危惧の念を抱いていた様子が文面から伝わってくる。将来強くなった日本人は、イタリアが今とても解決できない問題を、イタリアに来て解決してくれるかもしれない、との期待を述べつつも、「日本は大いに文明化して、陸海軍事力も増強され、今彼らが大いに関心を抱いて訪問しているこの古きヨーロッパなど、一口で食べてしまうに相違ない」とも記事は警告するのである。

しかし中でも最も興味深いのは、五月十五日付の『ガゼッタ・ディターリア』紙に掲載された、対談記事であろう。使節団一行が国王に謁見した五月十三日に、大使（岩倉具視であろうか）は通訳を介してベルトロ＝ヴィアーレ将軍と対談し、その一部始終が紹介されたのである。

大使：あなたが将軍になり、ライバルが失脚して嬉しく思っています。今頃あなたの政敵はもうはりつけにされたのでしょうね。
将軍：どの敵のことですか。それにはりつけにするとはどういうことですか。
大使：あなたの追放した、ライバルのメナブレーア将軍のことですよ。[24]
将軍：あのメナブレーアをはりつけにするですって、とんでもない。我々は親しい間柄ですし、彼は国王から特別な任務を拝命して先日出発したところです。
大使：イタリアと日本の習慣は似ていないのですね。あなたは戦場では勇敢で、しかも聡明な方だときいていますが、お答え下さい。ラッタッツィが以前に何度か国王を困らせたり、人民をこわい目にあわせたのは本当ですか。
将軍：それは否定できません。すでに三度も深刻な問題を起こしました[25]。
大使：私は遠い東洋から西洋の知恵を学びにやってきたのですが、政治家が民衆を虐げる愚行を再び働かないようにするために、どのような対策が講じられるのか教えて下さい。その人はもう三度も騒乱をひき起こしたのに、それを何の教訓にもしなかったわけでしょう。日本では敵に三度も敗れた将軍は、四度目にまた軍隊の指揮を任されたりはしません。しかしイタリアでは、敗れた敵将をはりつけにしたりしないし、不穏な動きをした人でも信頼して重要なポストにつけるというのですか。
将軍：そのとおりです。あなたはすでに私たちのやり方や法律について充分な知識をお持ちですからおわかりでしょうが、わが国の議会は五百人の優れた人々によって構成されており、その過半数は内閣に対して必ずしも好意的ではないのです。
大使：五百人も！　日本では本当の賢人は七人しかいないし、そのうち五人は森の中に住み、国家の策謀とはかけ離れた生活を送っていて政治にはまったく関わっていません。五百人とは！　きっとイタリアは国庫が豊かで軍隊も陸海軍ともに無敵の強さを誇っているのでしょうな。ところでイタリアの五百人の賢人たちは今どのようなことを議論しておられるのですか。
将軍：どうも私たちのおかれている難局をうまく理解していただいていないようですが、できるだけ説明してみましょう。
わが国の中心部で、ローマ教皇に対する宣戦布告が行われました。教皇はわが国の宗教の頂点に立つ人ですが、同時に諸外国の宗教においても最高位についています。ところが世俗的な領土からはじき出されてしまった教皇は、イタリア国内の地位を奪還したいと望むようになったのです。ですから私たちは教皇に国王としてではなく、あくまで聖職者の立場に留まってもらうよう望みました。理解していただくのは難しいかもしれませんが、私たちは王権と教会という二つの勢力の分離を望んでいるのです。

大使：たしかに理解するのは難しいですが、わが国の古代史にまつわるいろいろなお話を思い起こしました。それらの伝えるところによると、かつて日本ではすべての肉屋は聖職者で、いけにえを屠る聖職者でなければ肉屋にはなれませんでした。肥えた牛肉、美味な羊肉、柔らかい仔牛肉が飼育されては屠殺され、これを司る聖職者の統制のもとに食されていました。このような制度の下で聖職者は太りかえり、一般人民はやせ細ってしまいました。ついに改革の気運が起き、国中の民が「何故聖職者だけが屠殺できるのか」と問うようになったのです。

宗教と政治の二つの勢力が分離しているべきだという正しい考え方は、他の偉大なる真実と同様、徐々に浸透していきました。陽が昇っていく間に遂げる変化を、一度もご覧になったことがありませんか。まず太陽は山頂を輝かせ、次に中腹を照らし、光の強さが徐々に増していき、ついには奥まった谷間まで陽の光で明るくなります。これが日本の改革のし方で、このようにして政教分離を行うことができたのです。

聖職者が屠殺を司ったという話は明らかにユダヤ教の習慣を彷彿とさせるもので、日本人の語った喩え話とは考えられない。その他にも所々荒唐無稽と呼べるような内容の箇所があるとはいえ、近代国家統一を果たしてから共に日の浅い日伊両国の有力者が、政教分離について真剣に議論しようとしていた様子が、この記事からうかがわれる。また、日本側がイタリアの国内事情―有力な政治家や軍人の力関係―をかなり詳しく調べていたのだとすれば、その点でもこれはまことに意味深い内容の資料といえるだろう。

このようにイタリアの様々な側面を貪欲なまでに観察していた使節たちにも、見なかった（或いは見ようとしなかった）点がいくつかあった。その一つにイタリアの労働運動、ストライキをあげることができよう。前述したように、乞食や浮浪児が多くしかも彼らが一向にそれを恥じていない様子に目をとめた久米は、カトリックの教えがこの「陋習」を「誘導」しているからだと考えた。たしかに宗派によっては、施しにのみ頼って祈禱生活を送るものもあるとはいえ、この解釈はいささか片手落ちと言わねばならない。乞食や浮浪児を生むイタリア経済の低迷と混乱の原因は当然のことながら別のところに求められるのである。

まず統一後のイタリア王国は、最優先課題として国内関税の統一をいち早く実施する一方、対外的には自由貿易政策を推進した。これは国内経済の統一を図り、当時の国際的な自由貿易主義の波に乗り遅れまいとしたためだが、関税率をピエモンテの低関税水準に合わせてしまったために、競争力の弱いイタリア産業は、多くの部門で外国製品との競争に、まともにさらされる結果となった。しかもその打撃は、北部よりも、八十パーセント近い関税率引き下げを余儀なくされた南部において深刻で、イタリアの南北格差を一層広げることになった。[26]また、新政府は統一前の諸国の負債をそのまま受け継がざるを得なかったために、統一国家発足と同時に、イタリアは巨額の財政赤字を抱えこむこととなった。この打開策として、政府は製粉税をはじめとする課税政策を打ち出し、財源の創出を試みたが事態は好転しなかった。それに加え一八七二年から七三年にかけては農作物の凶作が追い打ちをかけて、食料品価格が高騰し、都市や農村部でストライキや民衆運動が相ついだのである。

このようなデモ隊の一つに、岩倉使節団の一行はローマに到着早々遭遇した。五月十三日付の『ファンフッラ』紙（*Fanfulla*）によると、岩倉たちはローマに到着した五月十一日、馬車でピンチオの丘へ向かう途中デモ隊に道を塞がれ、そのためにいったんひき返さねばならなかったようである。同紙記者は、一行に同行していたフェ駐日公使に、「幸い毎週日曜日にいつもこのようなことが繰り返されるわけではない、と客人たちに説明しておいた方がよいですよ」と申し入れたらしい。しかしこの経験について『米欧回覧実記』は一言も触れていないのである。通訳の説明が充分でなかったなどの理由もあげられようが、使節団が首都到着早々に遭遇した群衆の運動が何であったかを理解したならば、どのような見解を記したであろうか。あるいはこれがデモ隊であったことを理解した上で、久米は敢えて言及しようとしなかったのだろうか。

ウンベルト皇太子
（木戸家文書、国立歴史民俗博物館蔵）

　岩倉使節の一行がローマやナポリでどのような歓迎を受けたかは、『米欧回覧実記』には必ずしもはっきり記されていないが、現地の新聞からその一端をうかがうことができる。ヴィットーリオ・エマヌエレ二世に謁見した五月十三日、一行は行きも帰りも国王さしまわしの四輪馬車で市内を走り抜けた。クィルナーレ広場には旗がひらめき、歩兵隊の軍楽演奏が鳴り響き、錦糸をふんだんに施した燕尾服に身を包んだ大使の装いは、ローマ市民の注目を集めたようである。[27] また五月十四日に開かれた国王主催の晩餐会にはウンベルト皇太子夫妻をはじめ皇族、閣僚も列席し、イタリア駐在の外交団代表など約八十名が招待される盛大な宴となった。[28] 中でも『ルニタ・カットーリカ』紙（*L' Unita Cattolica*）の記事には席次からメニュー（フランス料理のフルコースだったようである）、欠席者の氏名まで書き連ねられている。一方、五月十七日付の『ラ・リベルタ』紙（*La Libertà*）の記事は岩倉をはじめとする一行の様子を次のように描き出した。

　テーブルではマルゲリータ皇太子妃が岩倉大使の隣りに着席した。二人の間の少し後方にスツールが置かれ、吉田氏が座った。彼はイタリアの日本公使館の通訳官である。彼は食事中、二人の活発な会話を通訳していた。

岩倉大使は貴族の二番目の階級に属している。[29]（ついでながら、日本には九つの階級があり、それぞれがさらに二段階に分かれている）。彼は五十歳位で、背は低いが体つきは頑丈で、狙撃隊員のようなタイプの人物である。彼はヤマキロ《ママ》の出身だが、もう何年も前から江戸に居を定め、結婚し、八人の子供を設けている。

面白いことに、日本の使節たちは、日本の民族衣装を身につけておらず、ヨーロッパの外交礼服と同じものを着用し、剣と手袋まで持っている。

ホテル・コスタンツィで一行は二十室を占有している。彼らは一日に三回食事をとる。朝はカフェ・ラッテを飲み、昼食をたっぷりとり、夕食は六時半から始める。

彼らはローマ教皇に会いに行くようにとは指示されていない様子で、十日ほどしたらナポリへ発つ予定だという。

そして五月二十日から二十三日にかけて、使節団一行がナポリへ足をのばした際の様子も、新聞各紙が伝えている。[30]『ガゼッタ・ディターリア』紙（五月二十一日付）によれば、一行は国王の特別な取り計らいにより、カセルタの離宮で食事を楽しむことができた。またポンペイに足をのばす一方で、ナポリでは劇場で芝居見物も楽しんだようである。『イル・ピッコロ』紙（*Il Piccolo*）が、地元紙の強みで一行の足どりをもっとも詳しく追っているが、その中で一行の人間的な側面を伝える五月二十二日付の記事を紹介しよう。

日本の使節たちの出発は日曜日（訳註・五月二十五日）まで延期された。というのも一行の一人がサクランボを種ごと飲みこむようにして大食して医師の厄介になっているからだ。わが国のサクランボは、日本の高官からなる使節たちをたいそう魅了したようである。彼《か》の国ではとても小さなサクランボしかないようで、それもほんの少しの果肉ととてもちっぽけな種しかついていないのだそうだ。

結局一行が予定どおり五月二十三日にローマへ帰っていったところから察すると、この腹痛は大事には至らなかったようである。この食いしん坊が一体誰だったのか知る由もない。しかし一行の出発を遅らせかねないほどの重要人物であったと覚しきこと、またその後岩倉が体調を崩してミラノ行を見合わせヴェネツィアで休養したことを考え合わせ、大使その人に疑いの眼差しを向けてはいささか礼を失することになるだろうか。いずれにせよ、『米欧回覧実記』には登場しない、ほほえましい旅のエピソードといえるだろう。

五月二十三日夜ローマに戻った使節団一行は、再びホテル・コスタンツィに投宿し、二十六日までローマに滞在した。この間、五月二十五日にクィルナーレ宮殿に赴き国王に謁見して暇乞いをした他には、市内の公園を散策するなどくつろいだ毎日を過ごしたようである。この間の新聞報道[31]には特に注目に値する記事は見あたらないが、各紙とも使節団の今後の日程を予測しているだけでなく、[32]岩倉使節団とは別の養蚕視察隊のスケジュールを報じている点が興味深い。それによれば、この視察隊はすでにウーディネに着き、ヴェネツィアで岩倉使節団に追いつく予定で、フェ公使は使節団を国境まで見送ってから取って返しこの養蚕視察隊に同行することになっている、というのである。小規模な産業視察団の動向をこのように事細かに伝える記事からは、イタリアの日本に対する関心の所在が読み取れるといえよう。

しかしこの時期になるとロシアの皇后のイタリア訪問記事が紙面を席捲し、使節団関係の記事は大分影が薄くなってしまう観があるのは否めない。『米欧回覧実記』五月二十六日にも「此日午前ニ八、露西亜ノ皇后以太利ニ遊ヒテ、当府ニ入ル、兵隊ハ駅側ヨリ、我旅館ノ前ヲ固メテ、従車数十輌、官女、官従、三十車ニテ前後ニ従ヒ、廂蓋《しょうがい》ナク絡繹《らくえき》トシテ府街ヲ馳行アリ」（Ⅳ三三六頁）と記されている。岩倉使節団一行に対する歓迎とは比べものにならないほど華麗な式典がとり行われたようである。

3　最後の訪問地ヴェネツィア

五月二十六日夜九時四十五分、岩倉使節団の一行は国王さしまわしの特別サロン車に乗り込み、ローマを後にした。そして一昼夜の汽車旅行を経て、彼らは翌二十七日夜十時にヴェネツィア駅頭に降り立った。その時の模様は、今まで同様、各紙で報じられたが、ヴェネツィアの地元紙『ガゼッタ・ディ・ヴェネツィア』紙（*Gazzetta di Venezia*）は、主要ホテルにチェックインした宿泊客の氏名を掲載した'Arrivati in Venezia'という常設のコラムに、岩倉使節団一行の氏名を記載している。五月二十七日到着者の欄には、岩倉具視以下使節団員の氏名がずらりと並び、(33)「ホテル・ニューヨーク」(Grande Albergo Nuova Yorck) に泊まったと記されている。一方フェ公使は、養蚕視察のためイタリアを訪れていた佐々木長淳の一行と共に、Albergo La Luna に投宿した。

一行は翌日、早速サン・マルコ寺院、ドゥカーレ宮殿、リド島などの観光名所を訪れ、大鐘楼にのぼって市のパノラマも楽しんだ。このようにして五月二十八日には団体行動をとったものの、翌二十

威尼斯「サンマリコ」寺前広逵
（『米欧回覧実記』銅版画、久米美術館蔵）

九日から六月一日にかけて、使節団は二班に分かれ、別行動をとることとなった。『ガゼッタ・ディ・ヴェネツィア』紙（五月三十日、三十一日付）が伝えるように、伊藤博文、山口尚芳をはじめメンバーの大半がフェ公使に伴われてミラノに赴いたのである。体調のすぐれなかった岩倉は、随行三名、通訳二名、担当医らと共にヴェネツィアに留まった。『伊藤博文伝』によれば、岩倉はローマ到着前後から体の不調に悩み、かなり弱気になっていたようで、しばしば伊藤が励まさなければならなかったという。(34)

　このような経緯から大使と共にヴェネツィアに留まった久米にとって、そして『米欧回覧実記』にとっても、ヴェネツィアがイタリア最後の訪問地となった。その滞在を記した「威尼西府ノ記」は『米欧回覧実記』の中でも魅力溢れる印象的な章として高い評価を得ている。その理由はどこに求められるのだろうか。その一つはヴェネツィアを描写したこの章の筆致の見事さゆえであり、もう一つは、岩倉たちが三百年近く前の日伊交流史の一端に触れた経緯が記されているからであろう。

　ゴンドラが運河を行き交い楽の音が街の其処此処から流れてくる、初夏のヴェネツィアを描写した一節は、芳賀徹氏が評釈しているように(35)、無駄のない漢語表現で街の雰囲気を捉え、使節たちの味わった恍惚感を余すところなく表現した名文といえよう。漢文学に精通していた久米は、ゴンドラに乗って運河をわたって行く気分を、「身ヲ清明上河ノ図中ニオクカ如シ」と述べ、さらに「艇ハ雲靄杳緲《ようびょう》ノ中ヲユク、飄飄乎《ひょうひょうこ》トシテ登仙スルカ如シ」と語った（Ⅳ三四六頁）。芳賀氏の指摘にあるように、「水調一声、響キ海雲ヲ遏メテ瀏湸タリ」の一節も、隋の煬帝の故事をふまえたものである。言葉数は多いけれども表面的なものしか伝わってこない旅行記や旅行案内の氾濫している現代にひき比べ、明治初期の知識人の記した文章の一言一句に溢れる滋味と表現の奥深さに、改めて感服せずにはいられない。

　また岩倉たちは古文書館（L'Archivio Generale dei Frari）を訪れて天正少年使節や支倉常長の手紙を閲覧し、

「サンタマリヤ」寺（Santa Maria della Salute 教会）附属の神学校回廊では天正少年使節の記念石碑に遭遇した。五月三十日付の『ガゼッタ・ディ・ヴェネツィア』紙の記事も二十九日の一行の足どりを追っており、岩倉たちが一五八五年の天正少年使節と一六一五年の支倉（原文ナセクラ氏）の関係文書を閲覧して大いに関心を寄せ、「史料をすべて収集してほしいと要請したようだ」と伝えている。『米欧回覧実記』に記されているように、岩倉は支倉常長の署名と花押を久米に筆写させ、久米は十六世紀半ばから始まった日本と西洋諸国との交流史に思いを馳せたのである（Ⅳ三五一―三五五頁）。この一連の記述には久米の勘違いかと思われる年代や人名など事実関係の混乱が見られるが、[36] それは久米が支倉常長の存在をそれまで知らなかったことに由来するように思われる。天正少年使節の文書も手にとった久米は、支倉のそれとの間に年代のずれがあることに気づき、「此支倉六右衛門ハ、是ヨリ三十年モ後レテ至リタレハ、大友家ノ使臣ニハ非ルヘシ」（Ⅳ三五二頁）と推測する。そしてさらに、「此支倉ハ、其（引用者註・大友家）遺臣ノ信ニ篤キモノ歟、或ハ当時大坂ノ戦争ニヨリ、豊家ノ遺党航渡シ、再興ヲ謀リシ、権謀ニ出ル歟」（Ⅳ三五四頁）と疑念を抱き、「或ハ謂フ、支倉ハ仙台ノ伊達政宗ノ家臣ナリト、伊達氏ノ西洋ニ交通スルハ、殆ト怪ムヘキニ似タリ」（Ⅳ三五四頁）とまで述べるのである。儒学者であった久米邦武が、現代人なら常識的に知っている支倉常長についてほとんど何も知らなかったとしても特に驚くにはあたるまい。ただ私たち現代人読者が留意すべきなのは、岩倉使節一行と切支丹使節との「遭遇」が、見知らぬ過去とのきわめて新鮮な邂逅だったという点であろう。彼らは予備知識を持って「かの有名な」支倉常長の足跡を訪ねたのではなく、支倉常長「という人物」がこの地に遺した足跡に触れ、知的好奇心を刺激され、昔日に思いをいたしたのである。

久米美術館に収められている久米邦武関係の膨大な史料の中に、久米が米欧諸国回覧の道中携帯していたメモ帳が何冊かある。それらのうちヴェネツィアで彼がつけていたメモを、久米美術館で閲覧する機会を得た。パリで求めたと覚しき革製の小型の手帳に久米は几帳面な鉛筆書きで記録をつけていた。そこには『米欧回覧実記』Ⅳ三五一頁に載っている支倉常長の署名が二つとも、実に丹念に書き写されていたのである。またその頁の裏には、Santa Maria della Salute の文字と、天正少年使節の記念石碑の所在を簡略に示した、教会附属セミナリオの中庭の図が描かれていた。そしてそこには筆者が一九八七年春この中庭で見せていただいた石碑の位置が示されていた。(37)

余談になるが、一行より一足先にヴェネツィアを訪れていた木戸孝允も、この古文書館で天正少年使節の書簡を閲覧しており、五月六日付の日記の中で「此中に曾て日本より來りし使節の書と云ものあり　曾て大友使節をローマに送ると云此者歟」と思いめぐらしている。使節団に書簡を見せたのは、グリエルモ・ベルシェ（Guglielmo Berchet）という人物だった。彼は一行に伊東マンショ署名の手紙などを見せたが、これがきっかけとなって日本人使節への関心が芽生え、一八七七年に *Le Antiche Ambasciate Giapponesi in Italia* を上梓したという。(38)このように、日本の使節たちにとっても、また彼らを案内したイタリア人にとっても、古文書館とセミナリオ訪問が、歴史の新たなる発見の場となったことを考え合わせると、岩倉使節団のヴェネツィア訪問（「威尼西ノ記」）は一層の味わいを帯びてくるのである。

岩倉たちはこの他ムラノ島を訪れるなど、ヴェネツィア滞在を満喫したが、六月一日にミラノから帰ってきた伊藤博文らが合流し、

サンタマリア教会セミナリオの中庭（1987年筆者撮影）

翌六月二日にいよいよイタリアを離れることになった。『米欧回覧実記』と『ガゼッタ・ディ・ヴェネツィア』紙（六月三日付）、『ラ・ナツィオーネ』紙（六月五日付）などの記事を総合すると、フェ公使と王国海軍将校がオーストリア国境まで使節団に同行し、そこでオーストリア＝ハンガリー兼イタリア弁理公使佐野常民[39]とオーストリア＝ハンガリー帝国の駐日公使カリチェ男爵らの出迎えを受けた。こうして岩倉使節団は次の訪問国オーストリア入りし、万国博覧会の開催されていたウィーンに向けて旅を続けたのである。一方、一行を見送ったフェ公使はウーディネにひき返し、今度は日本の養蚕視察隊と合流したのだった。

　岩倉使節団がイタリアを後にしてから、現地の報道はどのように変化したのだろうか。南イタリアの新聞紙面からは、岩倉使節団のみならず、日本関係記事そのものが姿を消してしまった。このことは、使節団や日本に対する関心が一過性のものにすぎなかったことを端的に示していると考えてよい。それにひきかえ、北イタリアの新聞各紙では、養蚕視察隊の動きが毎日のように報じられ、日本の産業（ことに養蚕）や政治機構について特集記事が度々組まれるなど、日本に対する関心は衰えずに持続した。

　ヴェネツィアの項で再三引用した『ガゼッタ・ディ・ヴェネツィア』紙はいうまでもなく、使節団が訪れなかったピエモンテ地方の有力紙『ラ・ガゼッタ・ピエモンテーゼ』紙（*La Gazzetta Pie-montese*）なども、岩倉たちの訪伊中から、使節団関係記事と平行して、日本の政治機構（五月三日付）、ウィーン万国博の日本コーナー

天正少年使節の記念石碑（1987年筆者撮影）

（五月八日付、同二十日付）、養蚕をめぐる日伊関係（五月二十一日付）、トリノやウーディネにおける日本の養蚕視察団（五月二十八日、同三十日付）などを報道している。これらの論調に共通する特徴は、東洋に対する西洋人の優越意識が全体的に希薄で、日本の現状あるいは日本人の動向を、できる限り具体的に把握しようと試みる真摯な姿勢がうかがわれることであろう。それは、岩倉使節団を報じたフランスの新聞記事の最大の注目点が彼らの服装であったのと、[40] 好対照をなしていた。

三　諷刺画の世界

前述したように北イタリアのジャーナリズムにおける対日関心は、当地の主要産業と日本との密接な利害関係を投影した、現実的なものであった。もちろん、いくら情報を集める試みは重ねていても、基本的には当時のイタリア人にとって日本ははるか遠い東洋の異国だった。したがって彼らの抱いていた対日イメージを絵に描いてみると、中国と日本が混交した図柄ができあがり、異国趣味とまったく無縁だったなどとはいえない。しかし、国益と密接に関わる経済問題で結びつきを持つ日本に向けられたイタリアの産業先進地帯の視線は、洞察力に富んだものであった。そしてそれは、等身大の日本を伝えようとする日本関係記事となって表わされる一方、諷刺画という世界の中で見事に開花したのである。岩倉使節団とイタリアについて様々な視点から捉えようとした本稿の結びにかえて、その中から興味深い事例をいくつか紹介したい。

諷刺画の発見は、史料調査のいわば副産物であった。岩倉使節団を迎えた西洋諸国の雑誌や絵入新聞の中には、一行の姿を描いた挿絵を掲載しているものが少なくない。[41] イタリアの場合を探ろうと、一八七三年一月から六月にかけての記事に目を通していた筆者は、北イタリアを中心に発行されていた諷刺新聞や雑誌記事の中に、日本人の姿を発見した。しかも興味深いことに、それらの絵は、必ずしも岩倉使節団ないしは訪伊中の日本人の姿を写実的に描き出そうとしたものではなく、別の目的を帯びていたのである。

その中の一紙『パスクィノ』紙（*Pasquino*）（トリノ、ローマ、フィレンツェを中心に販売されていた週刊の絵入諷刺新聞）に日本人が登場したのは一八七三年一月十九日であった。これは岩倉使節団の訪伊より四ケ月も前のことである（図版A）。この日本人は、ヨーロッパ諸国の教育制度を視察していた田中不二麿の一行であろう。(42) 彼らが日本の武士と中国人を混同したような姿に描かれていることからも明らかなように、この戯画が間近に見る日本人を描写しようとしたものでないことは一目瞭然といえよう。絵の表題は「ローマ大学を訪れた日本人」、キャプションを訳すと次のようになる。

シアローヤ「さあ御覧下さい。本学の教授を数名ご紹介しましょう。大変珍しい種類でして、日本では知られていないと思います。」
日本人「すばらしい！何と経済的な！」
シアローヤ「イタリアは経済のことでは誰にも負けません……でも彼らはちゃんと

I GIAPPONESI ALL'UNIVERSITA' DI ROMA

S. E. Scialoja — Ecco, vedano, ho l'onore di presentar loro parecchi dei nostri professori — sono rarità della specie, credo ignote al Giappone.
Giapponesi — Bene! Grande economia!
S. E. Scialoja — Oh! l'Italia per questo.... però prendono lo stipendio.

図版A

給料をもらっているのです。」

ここで私たちが注目すべきなのは、案内役シアローヤの指しているのが本物の大学教授ではなくて、教授の肩書を記した空の椅子だというところにある。つまりこれは、架空のポストだけ作り、教授への俸給を支払ったことにしておいて私腹をこやしている、ローマ大学の腐敗を痛烈に諷刺したものに他ならない。

同紙は五月十一日、十八日に日本特集を組み、日本の風俗を描いたが、これは岩倉使節団の訪伊に触発されたためであろう。しかし一見日本の風俗紹介のように見える絵の一つ一つに、イタリアの現状への辛口の皮肉が込められているのである(43)。図版Bでは曲芸師クィンティーノが紹介されている。「イタリア人が日本人の真似に成功したのは軽業の分野である」という前置きの後に紹介されたクィンティーノは、キャプションによれば梯子から落ちそうになった次の瞬間辛くも立ち直ったものの、以前にも増して不安定な状況に立つことになった、という。この曲芸師は当時の蔵相クィンティーノ・セッラを指し、梯子の突端の鞄は国庫を象徴している。つまりこれは日本の軽業師を素材に、破綻寸前のイタリアの財政政策と人気の不安定な大蔵大臣を皮肉った諷刺画なのである。

諷刺はさらに服装談義へと発展する(図版C)。

図版B

「しかしあらゆる真似にいちばん成功したのは、わがイタリアの御婦人たちでしょう。髪型からイタリア女性と日本女性を見分けることはできません。」（C-1）
「ただ履き物はまだ不充分です。というのも日本女性の靴にはヒールが二つあるのに、イタリア女性の靴にはヒールが一つしかないのですから。イタリアのように日本でも、自分で自分を傷めつける技術が洗練されるようになったら、日本女性がイタリア女性を真似するようになるでしょう。そうなってくれるとよいのですが。」（C-2）

ここに、十九世紀後半の日本趣味《ジャポネズリー》が投影されているのはいうまでもないが、これらの絵に込められた含蓄は服装における異国趣味を超えた奥深いものである。ヒールが一つしかないと足首をくじきやすい、つまりキャプションにあるように「自分で自分を傷め」やすい。それに対し、下駄のように「ヒール」が二つあれ

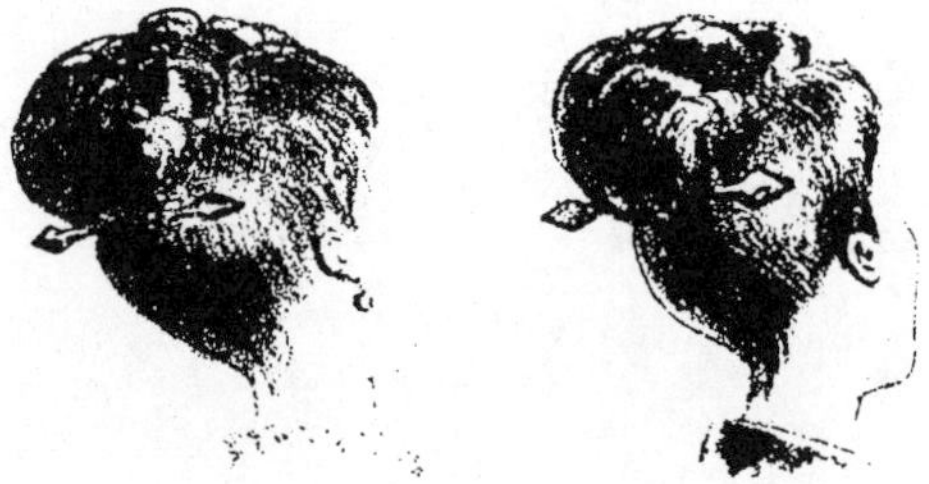

Ma chi riesce meglio di tutti nell'imitazione sono le nostre signore. Dall'acconciatura del capo non distinguereste....
...un'Italiana... ...da una Giapponese.

図版C-1

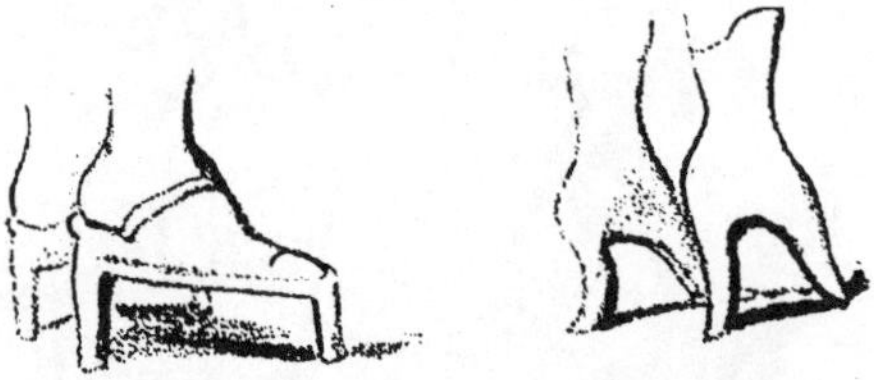

La calzatura lascia ancora qualche cosa a desiderare, perchè le Giapponesi hanno due tacchi... ...mentre le Italiane non ne hanno che uno.

Si spera però che quando l'arte di storpiarsi sarà raffinata al Giappone come in Italia ... le Giapponesi che imiteranno le Italiane.

図版C-2

ばそれだけ安定度は高いわけで、これは日本の情勢がイタリアよりも安定していることを示唆している。イタリア半島がヒール一つの長靴型をしていることも忘れてはなるまい。したがって日本女性がイタリア女性を真似するようになってほしいというのは反語表現で、外国の珍しいものをすぐ真似たがる女性の虚栄心をからかっているように見せながら、実際には、「イタリアの状況はどうしようもないくらい悪いのだから、他の国々に我々の水準まで下りてきてもらうしかわが国の未来はない」といっているのである。

服装にことよせた諷刺はさらに続く。(図版C-3) ここでは、イタリア女性が日本女性の服装を取り入れていたのに、日本人の方はイタリアに敬意を表してシルクハットをかぶるようになったことが指摘される。そしてこれを見たイタリア政府が、日本人と同じ髪型をしている聖職者にシルクハットをかぶらせようと試みた、という架空の物語が展開する。そして最後におちがついて、「しかし残念ながら、日本人がシルクハットをかぶっても日本人に変わりはないように、聖職者もシルクハットをかぶってみたところで結局はどこまでも聖職者なのです」としめくくられるのである。これはイタリアの抱えていた政教分離という課題を反映した諷刺で、体裁はともかく実体に変化の見られない教会側の姿勢を辛辣な調子で揶揄したのである。

図版C-3

諷刺の目は必ずしもイタリア国内に対してのみ向けられていたわけではない。日本をモチーフにしてイタリアの政治経済や社会を批判する一方、返す刀でその批判の矛先をやんわりと日本に向けてくる場合もあった。

「イタリアのお蚕が慢性的な萎縮症に冒されるようになってから」（D-1）

「そしてそれにひきかえ、日本のお蚕がその頃大変元気だと知られるようになってから」（D-2）

「イタリア女性は、日本の繭に接吻することに憧れていました。」（D-3）

「『パスクィノ』を定期購読しておられる日本の親切な天皇は、ちょうど日本にミカドと大君が両方いるように、イタリアにも教皇と国王が両方いることを知って、命令を下しました。」（D-4）

「イタリアに、日本で生産できる限りの蚕種紙を送りなさいと命令されたのです。」（D-5）

「イタリアではボール紙の人気が高いと見てとった日本人は、イタリアに紙の提灯、紙の扇、紙の傘を送ってきました。」（D-6）

「イタリアでは、日本に負けまいと紙の立派な棺を作ってとじこもってしまいました。」（D-7）

「でも日本人はお金に関しては堅実だったので、取引に紙幣を使わずに貨幣を使い、しかも貨幣が転がっていかないように、円形ではなく楕円形の貨幣を用いました。それも中央に穴をあけ、地面にしっかり結びつけておくことができるようにしたのです。」（D-8）

「こうして日本では、金《きん》がなくなって、しかも銅まで一緒に金《きん》にひきずられて、なくなってしまうということにはなりませんでしたとさ。」（D-9）

この一連の諷刺画では、'cartoni' 'carta' という言葉がいくつかの意味に使い分けられ、諷刺のキーワードとなっている。'cartone'(複数形がcartoni)はそもそも厚紙やボール紙のことだが、図版D-5では、蚕種紙と呼ばれる、蚕種を産みつけてあるボール紙、という意味で用いられている。十九世紀半ば頃からフランス、イタリアをはじめとするヨーロッパの広域にわたって大流行していた蚕病により、イタリアの織維産業は手痛い打撃を受けており、上質の蚕種の確保と育成が当面の緊急課題となっていた。久米も『米欧回覧

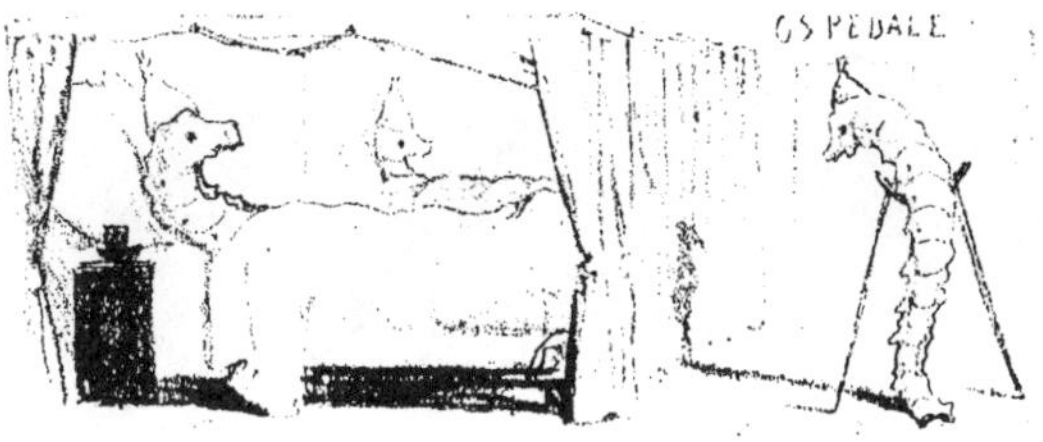

Dal dì che il filugello italiano si trovò colpito dall'*atrofia* cronica...

図版D-1

...e che si seppe come invece i filugelli del Giappone godevano ottima salute...

図版D-2

...non ci fu donna italiana che non anelasse di dare un bacio ai frutti del bozzolo giapponese.

図版D-3

L'imperatore del Giappone, uomo gentile e che, come associato al *Pasquino*, ha saputo che anche l'Italia aveva al Vaticano e al Quirinale il Mikado e il Taicoun, ordinò...

図版D-4

...si mandassero in Italia quanti cartoni può produrre il suo impero.

図版D-5

実記』第四巻のイタリア編のみならず、第五巻においてもこの問題を詳述している（一一三―一一七頁）。その打開策の一つとしてイタリアは大量の蚕種を日本から輸入しており、イタリアの対日貿易は蚕種の輸出入がその大半を占め、一八七三年日本からの輸出価額の八七％が蚕種だったという[44]。このような事情から、北イタリアでは日本に熱い期待の眼差が向けられており、日本はイタリアの「養蚕産業の兄弟」（『ガゼッ

Il Giappone, veduto il successo ottenuto in Italia dai cartoni, ci mandò lanterne di carta, ventagli di carta, ombrelli di carta.

図版D-6

E l'Italia per non essere inferiore al Giappone si seppellì in un sarcofago di carta.

図版D-7

I Giapponesi però per le monete almeno stanno al sodo, e non solo non le fanno rotonde perchè corrano via, ma le fanno anche bucate per legarle alla terra...

図版D-8

...e così non succede loro che l'oro dia lo scandalo di innalzarsi nelle nuvole... e, *mal'aggia*, si trascini dietro anche il rame!

図版D-9

タ・ディ・ヴェネツィア』紙五月十七日付）などとも呼ばれていたのである。石井孝氏が『明治初期の国際関係』の中で明らかにしているように、蚕種獲得のためにイタリア人が日本での内地旅行権を得ることを急務としていたイタリア政府は、水面下で条約改正交渉を進めたいという意向を日本側に示していたという。結局イタリアの単独行動の気配を察知した他の欧米諸国に圧力をかけられ、交渉は実を結ばなかったが、[45] イタリア側から積極的な働きかけがあったということからも、イタリアにとって日本との提携の必要性がいかに切実なものであったかがうかがわれよう。図版D-1から5までは、以上のような日伊関係を背景に描かれているわけである。

しかし諷刺画は後半に入って、ほろ苦さを帯びてくる。図版D-7に描かれている紙の立派な棺の蓋に注目してみよう。そこには、‘BANCA NAZIONALE LIRE 1000’（国立銀行一〇〇〇リラ）と刻まれている。つまりこの紙（‘carta’）とは、ここでは紙幣のことを指していたのである。したがって、このキャプションに隠されていた意味は「イタリアは紙攻勢をかけてくる日本に対抗して紙幣を濫発したためにインフレを招いてしまい、経済的に破綻してしまった」ということになる。さらに図版D-8、9で、珍しい日本の貨幣の形にことよせて、イタリアの経済政策の無策ぶりを作者は皮肉った。

イタリアで紙幣が濫発されたのは無論日本に対する対抗措置としてではなかったが、当時のイタリアに銀行が乱立し、経済力を弱めていたのは事実であった。これは国家統一以前に各王国が所有していた銀行が統一後もそのまま営業していたからで、久米がフィレンツェ到着早々指摘したように（Ⅳ二七三頁）、国内経済の混乱を招いていた。この傾向は北部に行けば行くほど顕著で（南イタリアの場合は紙幣を充分発行するだけの経済基盤すらなく、一般市民の多くは紙幣を手にすることさえなかったという）、人々は信用価値の低い紙幣をこぞって金貨銀貨に交換しようとしていた。つまり、銀行は銅貨を含む貨幣を紙幣に替えて発行しようとする、しかし紙幣の価値を反故同然と見なして信用しない市民は、紙幣を金貨に替えようと躍起になる、という悪循環の中で、金の価格が高騰

していったのである。(46)

それでは産業も金融事情もこのように混乱状態にあったイタリアに「紙製品をどんどん送りつけ、賢明な取引をしていた」という日本人は、はたして全面的にイタリアのよきパートナーとして描かれているのだろうか。ここで私たちが想起すべきなのは、日伊間の通商関係にこの時期かげりが生じていたことであろう。『米欧回覧実記』の中で久米邦武も指摘したように、日本からイタリアに輸出していた蚕種紙の品質が年々悪化して、問題となっていたのである（Ⅳ三四二―三四四頁）。蚕種に対する外国の需要の高いことが知られるようになると、にわか仕立ての蚕種製造家が続々と誕生し、不良品を売りこむ商人が後を絶たなかったという。中には産卵紙の全面に糊をぬり菜種の種子をばらまいて蚕種と称して売ろうとするなどの悪質なものもあった。(47)これに対して無論、明治政府も不正輸出の取締りに乗り出す一方、品質改善、技術向上に真剣に取り組んでおり、前述した佐々木長淳(48)の一行をはじめとする視察団をイタリアとフランスに派遣していた。しかし、イタリア絹織物産業にとって起死回生の打開策と期待を寄せていた日本の蚕種紙の品質悪化は、北イタリアの関係者を中心に、かなりの失望感と不信感を招いたようである。五月二十一日付の『ラ・ガセッタ・ピエモンテーゼ』紙（*La Gazzetta Piemontese*）は、第一面の三段目と四段目に、農業通商産業大臣が全国の農業共進会と商工会議所に出した通達を掲載した。大臣は「不愉快な事実が今年もまた繰り返された」と述べ、今後とるべき対策と、日本側への要望について苦々しい論調で記している。このような背景を考え合わせると、窮状にあえぐイタリアとの通商で着実に利益をあげていたと見なされていた日本は、イタリアの無策ぶりを差し引いても、なかなか抜け目のない奴と諷刺画の作者の目に映っていたのではなかろうか。開国した当初、日本が通貨問題からインフレに悩まされ金銀の海外流出を食い止めようと幕府が対応策に奔走したことなど、この作者は知る由もなかったに相違ない。

これらの諷刺画における対日批判の視線には、現代の日本が諸外国との間で直面している対外摩擦の片鱗が垣間見られるように感じられてならない。しかし、自国の問題点を皮肉っているように見せながら、その諷刺に相手国に対する揶揄もさりげなく滑りこませる手腕には、舌鋒鋭く相手国を非難するばかりの対日批判に比べ、一日の長があったと認めざるを得ない。これが成熟したヨーロッパ文化における、センス・オヴ・ヒューモアなのだともいえよう。岩倉使節団の訪れた他の国々でも、イタリアと同じような興味深い発見ができるだろうか。もしできるとすれば、そこにどのようなユーモア感覚、どのような日本観を見出すことができるだろうか。今後の研究課題の一つとしていきたいと考えている次第である。

（1）森川輝紀「英国の新聞報道にみる岩倉使節団」（埼玉大学教育学部紀要『教育科学II』第二十八巻、一九七九年）、松村剛「新聞にみる岩倉使節団のパリ滞在」（東京大学比較文学会『比較文学研究』五十五号、一九八九年）、太田昭子「イタリアにおける岩倉使節団―現地新聞報道の分析」（東京大学教養学部紀要『比較文化研究』二十七輯、一九八九年）。
　尚、筆者は一九八六年から一九八八年にかけて、数回にわたりイタリアで史料探訪を行ない、本稿を一九九三年に既に脱稿していた。それから本稿が刊行の運びとなるまでの間に、何編かの論考が発表されている。一九九六年までの文献については、『歴史家久米邦武』（久米美術館、一九九七年）巻末の文献表参照。さらにその後、『岩倉使節団とイタリア』（一九九七年）、*The Iwakura Mission in America & Europe* (1998)、『明治維新と西洋国際社会』（一九九九年）、『近代日本の内と外』（一九九九年）なども刊行されている。本稿は、参照した文献も含め、原稿を思文閣出版に提出した一九九三年の状態に、敢えて大幅な加筆はしていない。
（2）シドニー・D・ブラウン「アメリカ西部の岩倉使節団」、中村健之介「ペテルブルグの岩倉使節団関係新聞記事」、長島要一「デンマークにおける岩倉使節団」三論文とも田中彰・高田誠二編著『「米欧回覧実記」の学際的研究』（北海道大学図書刊行会、一九九三年）所収。
（3）長島要一、前掲論文、一七八頁。
（4）シドニー・D・ブラウン、前掲論文参照。

(5) *La Nazione*, 1873. 5. 10. この記事は *L'Opinione* (1873. 5. 11) などに転載されている。人名表記には綴り間違いが多く解読しにくいが、陣容を概ね正確に把握しているといえよう。但し、ヴェネツィア到着時には一行に名を連ねている山口尚芳副使や田中光顕の名がここには見あたらない。岩倉の一行と一時的に離れ伊藤博文らがミラノに赴くなど、一部が別行動をとっては本隊に合流するという形で使節たちは旅を続けていたのであろう。

(6) 木戸はドイツからウィーンを経由して、一八七三年五月六日、ヴェネツィアに入った。ヴェネツィアよりローマ、ナポリへと南下し、再びローマに戻りさらにフィレンツェ、ミラノへ北上、コモ湖周辺での滞在も満喫し、五月二十日イタリアを後にしてスイスへ向かった。

(7) このような訪問ラッシュとなった理由は、おそらくウィーンで開催中の万国博覧会を訪れた後、近代国家統一をはたして間もない隣国イタリアを表敬訪問しようと各国使節が計画したからではないかと考えられる。

(8) 梶谷素久編『新訂ヨーロッパ新聞史』(桜楓社、一九七一年)一九頁。これらの他に筆者が調査した新聞の発行都市、発行年は以下の通りである。

Fanfulla (Firenze, Roma, 1870)
Gazzetta d'Italia (Firenze, Roma, 1873)
L' Opinione (Torino, Firenze, Roma, 1848)
L' Unità Cattolica (Firenze, 1871)
La Nazione (Firenze, 1859)
La Capitale (Roma, 1870)
Don Pirloncino (Roma, 1871)
La Voce della Verità (Roma, 1872)
Il Piccolo (Napoli, 1871)
Roma (Napoli, 1862)
Gazzetta di Venezia (Venezia, 1826)
La Provincia di Brescia (Brescia, 1871)
La Sentinella Bresciana (Brescia, 1872)

La Gazzetta Piemontese (Piemonte)

(9) *Gazzetta di Venezia* (1873. 5. 2, 5. 3, 5. 5), *La Gazzetta Piemontese* (1873. 5. 3, 5. 8), *La Sentinella Bresciana* (1873. 5. 1, 5. 4) など。

(10) 本稿では田中彰校注の岩波文庫版を使用した。尚、巻数とページ（例えばⅣ二五九頁）のみ略記している場合には『米欧回覧実記』からの引用である。

(11) 「ホテル、デ、ラペイ」とはGrand Hotel Royal de la Paixのことである。これはアルノ川沿いに建てられた由緒ある高級ホテルで、イギリスのヴィクトリア女王も三度訪れている。現在はGrand Hotelと名称を改め、イタリアの高級ホテル・チェーン（CIGA Hotels）の一つとして営業している。

(12) *La Nazione* (1873. 5. 10). この記事は、*L' Opinione* (1873. 5. 11), *La Sentinella Bresciana* (1873. 5. 12)に転載された。また *Gazzetta d'Italia* (1873. 5. 10) にも使節団到着が報じられている。

(13) シドニー・D・ブラウン、前掲論文、七一頁。

(14) *La Nazione* (1873. 5. 11).

(15) *Gazzetta d'Italia* (1873. 5. 13).

(16) 中山譲治（一八三九―一九一一）は明治五年十月から同七年十月までヴェネツィア総領事を務めた。

(17) Conte Alessandro Fe d'Ostianiは、明治三年十月より特命全権公使として日本に駐箚していたが、岩倉使節団のイタリア訪問に際して一行に随行し各地を案内した。彼は明治七年九月再び日本に帰任し、明治十年四月バルボラーニ伯爵が特命全権公使を引き継いだ。余談になるが、明治時代の歴代駐日イタリア全権公使の顔ぶれを見ると、Conte（伯爵）、Marchese（侯爵）等の爵位保持者が多い。

(18) 一行のローマ到着を報じた各紙をあげると、*Il Piccolo* (1873. 5. 11, 5. 12), *La Libertà* (1873. 5. 12), *Fanfulla* (1873. 5. 12), *La Capitale* (1873. 5. 12), *La Voce della Verità* (1873. 5. 13), *L' Osservatore Romano* (1873. 5. 14), *L' Unità Cattolica* (1873. 5. 14)などをはじめ、かなりの数にのぼる。しかし、五月十四日付L' *Unità Cattolica* の記事は、同十二日付のLa Libertàの記事を、また五月十四日付 *L'Osservatore Romano* の記事は同十三日付 *La Voce della Verità* のそれを転載したものである。

尚、五月十一日付の *Il Piccolo* は、岩倉たちのローマ到着だけでなく、別行動をとっていた木戸孝允のナポリ到着についても触れている。「日本の大使木戸氏が今朝ナポリに着き、ルーヴル・ホテルに部屋をとったということだ。これはナポリに直行した使節団員の一人だろうか。」木戸が使節団を離れ、一足先に帰国する途中ナポリに立ち寄ったことまでは把握されていなかったようである。

(19) 『米欧回覧実記』には午前五時半に到着したと記されているが(Ⅳ二九〇頁)、五月十二日付の *Fanfulla*, *La Libertà* などの伝えるところによると、一行は午前六時四十五分駅に到着した模様である。

(20) 山崎渾子「岩倉使節団における宗教問題」(『北大史学』十八号、一九七八年八月)二一―三頁。

(21) 『米欧回覧実記』のみならず明治日本におけるガリバルディーの解釈については、北原敦氏が詳細に論じている。北原敦「日本におけるガリバルディ神話」、田中彰編『「米欧回覧実記」の学際的研究』所収(北海道大学図書刊行会、一九九三年)。

(22) イタリア統一の最後の関門となったのは、教皇庁との対決であった。教皇ピウス九世をいただく教皇庁は、一八六九年に「教皇無誤謬説」を決議して、イタリア王国への対決姿勢を強めていた。結局一八七〇年九月に王国軍がローマに入城し、住民投票によりローマのイタリア王国への併合支持が明らかにされて、同年十月ローマ統合がようやく実現したのである。一八七一年五月の教皇保障法成立によって教皇庁の立場は保障されたものの、イタリア政府と教皇庁との対立はその後も長く続いた。両者の間に正式の和解が成立したのは、ムッソリーニ政権下の一九二九年二月、ラテラノ協定によってである。

(23) 『米欧回覧実記』には、使節団がこの日の午後ヴァチカン宮殿を訪ね、博物館や宝物館を見学した、と記されている。

(24) メナブレーア(一八〇九―一八九六)はラッタッツィの後を継いで、一八六七年十月から一八六九年十二月まで首相を務めた。

(25) 一八六〇年代のイタリアでは、ローマの王国併合問題などを中心に、教皇庁と政府が対立していた。自由主義左派の領袖ラッタッツィ(一八〇八―一八七三)は国王の信頼も厚く、一八六二年三月首相に就任しローマ解放の実現を目指した。しかしナポレオン三世から抗議を受けると、ガリバルディ義勇軍の鎮圧にのり出し、世論の非難を浴びて同年十二月辞職した。一八六七年四月彼は首相の地位に返り咲いたが、この時もナポレオン三世の圧力に屈し、ガリバルディとの諒解を破って義勇軍を抑圧、同年九月彼をカプレーラ島に軟禁した。ガリバルディはほどなく脱出したが、ガリバルディ軍はフランス軍に敗退し、フランス勢力をローマに呼び戻す結果となってしまった。またラッタッツィは、一八五九年サルデーニャ王国の首相だった当時にも、列強の反対を恐れて中伊諸州（トスカーナ、パルマ、モーデナなど）の併合を躊躇し、国民の不満を募らせたことがある。

(26) 森田鉄郎編『イタリア史』（山川出版社、一九七六年）三五八—三六〇頁。

(27) *Fanfulla* (1873. 5. 13), *Il Piccolo* (1873. 5. 13), *La Voce della Verità* (1873. 5. 14), *L' Opinione* (1873. 5. 14), *La Libertà* (1873. 5. 14), *Gazzetta d'Italia* (1873. 5. 14, 5. 15), *La Capitale* (1873. 5. 15), *La Gazzetta Piemontese* (1873. 5.15, 5. 16).

(28) *Il Piccolo* (1873. 5. 15), *La Libertà* (1873. 5. 15), *La Voce della Verità* (1873. 5. 15), *Gazzetta d' Italia* (1873. 5. 16), *La Libertà* (1873. 5. 17), *La Gazzetta Piemontese* (1873. 5. 17), *L'Unità Cattolica* (1873. 5. 18).

(29) 岩倉具視は当時正二位だった。

(30) *Il Piccolo* (1873. 5. 19, 5. 21, 5. 22, 5. 23), *La Nazione* (1873. 5. 20), *Gazzetta d' Italia* (1873. 5. 21,5. 22), *La Sentinella Bresciana* (1873. 5. 21), *La Voce della Verità* (1873. 5. 21), *La Capitale* (1873. 5. 22).

(31) *Fanfulla* (1873. 5. 24, 5. 25), *L' Opinione* (1873. 5. 25), *La Libertà* (1873. 5. 25), *Gazzetta di Venezia* (1873. 5. 26, 5. 27), *La Nazione* (1873. 5. 26), *L' Unità Cattolica* (1873. 5. 27).

(32) 各紙は、岩倉使節団がヴェネツィアからミラノへ行き、さらにフェ公使の出身地ブレシアを経由してトリノから国境を越えるコースを予測していた。

(33) *Gazzetta di Venezia* (1873. 5. 29).

(34) 春畝公追頌会『伊藤博文伝』（一九四〇年）上巻、七二三—七二四頁。

(35) 芳賀徹「岩倉使節団のヴェネツィア」（『学士会報』第七八八号、一九九〇年）九—一四頁。

(36) 『米欧回覧実記』Ⅳ、校注（四二三—四二五頁）参照。

(37) 久米は、セミナリオで見つけた石碑の年代が一六三〇年だったと記しているが（『米欧回覧実記』Ⅳ三五四—三五五頁）、これは一五八五年の誤りではないかと思われる。五月三十日付の *Gazzetta di Venezia* にも岩倉たちが「最初の日本使節団を記念して一五八五年に刻まれた大理石碑」を見学したと記されているし、筆者が一九八七年に回廊を見学した折にも、この一五八五年の記念碑しか見あたらなかったからである。ただ壁面には多数の記念碑が埋め込まれていたので、再度確認する必要はあろう。

(38) ボスカロ、アドリアーナ／三浦葉子訳「イタリアにおける一五八五年の使節」(*SPAZIO*, 二十七号、一九八二年）三六頁。

(39) 佐野常民は明治六年一月三十一日、オーストリア＝ハンガリー兼イタリア弁理公使を拝命していたが、岩倉使節団がイタリアを訪れた際には、まだイタリアに単独の日本公使館はなかった。

(40) 松村剛、前掲論文、七七頁。

(41) たとえば、グラント大統領と岩倉たちの会見の模様を描いた、ニューヨークの『フランク・レスリーズ・イラストレーテッド』誌、洋髪に改めた岩倉具視の銅版画の肖像画を載せた『イラストレイテッド・ロンドン・ニュース』誌、「来仏した岩倉日本大使と随行の女性達」を掲載したパリの『リュニヴェール・イリュストレ』誌などはその代表的な例といえよう。

(42) 一八七三年二月九日付の『パスクィノ』紙には、次のような記事が載っている。イタリアの公立教育を学ぶため、日本からわざわざ政府に派遣されて訪れた田中氏は、先日シアローヤ文部大臣にサインを求め、大臣閣下もそれにこたえ、次の手紙を交付した。

「田中殿

イタリアには千七百万人の文盲がおります。……それゆえ、私はナポリの教育機関に新しい語学講座を開設するよう命じました……日本語講座です。ミカド（訳註・天皇）にくれぐれもよろしくお伝え下さい……

ドン・アントニオ拝」

これは当時のナポリの教育水準の低さと教育行政の無策ぶりを皮肉った記事なのだが、現在ナポリ東洋大学がイタリアでも有数の日本語・日本文化の教育・研究機関となっているのは偶然ながら、興味深い巡り合わせである。尚、田中不二麿は理事官として岩倉使節団に随行し、五名の随行と共に教育、宗教の視察を行なった。ワシントンを使節団本隊より一足先に出発してイギリスに赴いた彼らは、その後も基本的には別の旅程を組んでヨーロッパ各国の教育を視察していた。

(43) 尚、図版B、C、Dはいずれも、『パスクィノ』紙の五月十一日号に掲載されたものである。

(44) この数値は石井孝氏が『日本経済統計総覧』『横浜市史』をもとに算出したものである。石井孝『明治初期の国

際関係』（吉川弘文館、一九七七年）九九頁。

（45）石井孝、前掲書、九三―一〇九頁。また『米欧回覧実記』には記されていないが、*Il Piccolo* (1873. 5. 13), *Gazzetta d'Italia* (1873. 5. 14), *La Gazzetta Piemontese* (1873. 5. 15) によれば、岩倉らは五月十二日にヴェノスタ外相と会見している。何が話し合われたのか明らかではないが、これは条約改正に関する五月十八日の会談に先だつものとして注目される。

（46）MONANELLI, Indro *Storia d'Italia* (Vol. XXXII, Biblioteca Rizzoli, 1973) pp. 32-33.

（47）伊藤智夫『絹II』（ものと人間の文化史　六十八巻、法政大学出版局、一九九二年）三〇二―三〇五頁。

（48）佐々木長淳（一八三〇―一九一六）は、明治維新後工部省に出仕し、一八七三年佐野常民に随行して渡欧した。養蚕学理、ペプリン病毒検査法などを研究し、イタリアのパドヴァ養蚕試験所長のヴェルソンのもとで研鑽を積んだ。同年末帰国してからは、日本の養蚕産業に貢献した。

このパドヴァの養蚕試験所と日伊の養蚕産業については久米も『米欧回覧実記』の中で詳しく触れている（IV三四一―三四四頁）。また岩倉使節団一行は、イタリア各地で桑畑に注目し、養蚕施設を度々訪問したようである（但しパドヴァの試験所には立ち寄れなかった）。たとえば、*L' Opinione* (1873. 5. 19), *Fanfulla* (1873. 5. 20), *La Capitale* (1873. 5. 21) の三紙には、五月十七日に使節団がローマ南のサン・セバスティアーノ門を出たところにある養蚕施設を訪れた時の模様が報じられている。五月二十九日付の *Gazzetta d'Italia* が「日本人はサン・セバスティアーノ門のルスポリ養蚕所を三回も訪れた」と伝えていることと考え合わせると、『米欧回覧実記』五月十五日の項に一行が訪れた「羅馬外壁ノ辺ニアル」養蚕所（IV三一二頁）は、このルスポリ養蚕所を指すのだろう。ここには日本の蚕種が十二箱輸入され、蚕が飼育されていたという。使節たちは経営者ニッコロ・ノヴェレット氏の説明を熱心にきき、蚕の見事な発育ぶりに大いに満足した様子を示したらしい。

［謝辞］本稿作成、とりわけ新聞雑誌記事の解読にあたって、E・デベネデッティ、E・デロレンツィ、C・ヴェルナの各氏から貴重な助言の数々をいただいた。この場を借りて改めて厚く御礼申し上げたい。

III

拝焉国慕尼克府市中広逵ノ景（部分）
（『米欧回覧実記』銅版画、久米美術館蔵）

岩倉使節団における木戸孝允の役割

シドニー・ブラウン
（太田昭子訳）

一　はじめに

一八七一年から七三年にかけて欧米諸国を歴訪した岩倉使節団に随行した木戸孝允は、旅のあいだ詳細な日記をつけ通した。しかし、明らかに成功を収めた使節団の成果とは相容れぬほど、その日記は否定的な調子を帯びている。木戸の日記を読んだ者が、使節団は失敗だったのではないかと考えても不思議ではない。しかし、立憲制度と新しい教育制度の確立を推進した岩倉使節団の役割を否定することはできないし、まさにこの二つの分野において木戸のリーダーシップが発揮されたのである。

木戸の日記に明記されているように、道中の大半彼は病気に苦しめられていた。彼が厳しい自己評価を記しているのも、肉体的な疾患の苦しみが彼の心を蝕んでいたからかもしれない。例えばイギリスの大

木戸孝允
（木戸家文書、国立歴史民俗博物館蔵）

工業都市シェフィールドで、見るべき所がたくさんあったにもかかわらず、彼は投宿先のバナー・クロス・ホールの一室にひきこもり（一八七二年十月二十八日—十一月一日）[1]〔1〕、体調が悪いとのみ記しているのである。一行をもてなしたジョージ・ウィルスンはチャールズ・キャンメル製鋼所の専務取締役で、使節たちのために新しいベセマー法による製鋼工程の実演をしてみせた。[2] しかし木戸はそれをまったく見ることもなく、部屋に一人取り残されて内省し、おそらくはふさぎこんでいたのである。

彼を悩ませたのは度重なる痔疾の再発だったようである。そのためにシェーフィールドと同様のことを木戸はしばしば経験しなければならなかった。品位に欠け、口にするのも気恥ずかしくなるこの病いのもたらす辛く執拗な痛みは、ソルトレークシティー、サラトガ・スプリングス、ヴィースバーデンなど世界有数の温泉地での湯治を以てしても癒されはしなかった。そして座って日記をつけたり手紙をしたためている時の姿勢がもっとも鋭い痛みを伴ったのである。この他、木戸は出発前に横浜のアメリカ人歯科医から九本も抜歯してもらったにもかかわらず、歯が痛むと記している。また使節団のパリ滞在中、彼は（進行した肺結核による）刺すような胸の痛みを訴えてもいる。このような体の病いのため、世界を見る彼の目は、いやがうえにも暗くなってしまった。

しかしこのような否定的な調子は、彼の与えていた印象とは相反するものなのである。木戸は元気いっぱい快活に振舞い、温かく外向的な人柄で、使節団の随員や留学生たちとの交流を通してますます民主的でさばけた態度で人に接するようになっていた。大隈重信は、自分を引き立ててくれた木戸を、次のように魅力的に描き出している。「木戸は洒々落々に、思うことは何でもしゃべる。詩もつくれば歌も詠む。ことに風流韻事に長じていて遊ぶことも好きで陽気であった」[3]。またある外国人記者は、木戸が心身ともに力強い人物だと感じたようである。「彼は三十九歳。平均的日本人より背が高い。肩幅は広く、丸顔でひげをきれいに剃っている。目も大きく、全体的に感じのよい風貌である……彼はアメリカ式の洋装に身を包んでいる」[4]。西洋で撮影した写真からも明らかなように、木戸は新たに試みた洋髪とフロックコートが似合う美男子で、しかも優れた資質に恵まれていた。いわば威信に溢れ異彩を放つ人物だったのである。

『木戸孝允日記』を公平に評価するならば、これは失敗して落ち込んだ時やお粗末なアドバイスしかできない同僚たちに怒りを覚えた時のはけ口だけだったわけでは決してない。日記のそこここから彼の熱意が伝わってくるし、木戸生来の審美眼も常に健在であった。

外国の憲法の研究に、木戸が情熱を傾けて深く関わったことは忘れ難い。ワシントンのホテルの一室で、畠山義成がアメリカ合衆国憲法の日本語訳を権少外史久米邦武に口述筆記させている間、木戸も同じ室内をゆっくり歩き回り、耳を傾けていた。また工場内の様々な工程に対する木戸の旺盛な関心と理解力は、イギリスでの正確な記述の中に遺憾なく示されている。たとえばハリファックスのカーペット工場におけるゴム処理工程、エディンバラで見学した灯油をいくつかの等級に分けるための精製過程、ウスター近郊の山頂にあるトルマシュの大邸宅に水を押し上げて供給する精巧な装置に関する記述などがその好例といえよう。旅のあいだに木戸は産業技術や工学を独習し、複雑な工程を正確に記述しようと努力したのである。

それ以上に注目すべきなのは、木戸日記の随所に美しい風景を見て受けた深い感銘が見事な筆致で綴られていることだろう。たとえばトルマシュ邸ペックフォートン城にて彼は次のように記している。「臥室の窓より外面を望めは風光甚妙、臥室は数層の上にして樹上の風の為に動揺するは数丈眼下にあり」[5]。四季の変化のはっきりしている温帯の美しい自然に触れて、彼は詩的感性を発揮した。ソルトレークシティーを囲む山々に降りつもる雪、ハドソン川沿いのウェストポイントに近い丘陵の見事な紅葉、ロングアイランドサウンド両岸の深緑の森、ドレスデンの街を埋め尽くさんばかりに咲き乱れる桃と梅、四季折々の美しさを木戸は日記に書きとめている。木戸日記の肯定的・積極的な側面は、日本の伝統的美意識に培われた審美眼で彼が西洋の風物を観賞していた様子がはっきりうかがわれる点であろう。

木戸がもっとも高揚した精神状態にあったのは、岩倉具視全権大使に次ぐ副使として米欧歴訪の旅に出発した時であったといって間違いない。一八七一年末にアメリカン・パシフィック・メイル汽船会社の所有する四千五百トンの外輪船アメリカ号で太平洋を横断した当時、彼は六年間にわたり目ざましい政治的成功をおさめたばかりであった。萩の城下町で医師も勤める下級武士の次男として生まれた木戸は、一八六五年には長州藩の政治を実質的に牛耳るまでになっていた。その後彼は長州藩を率いて一八六八年の明治維新を勝ちとり、さらに一八七一年には封建制そのものを廃止したのである。廃藩置県は相対的に血を流さず明治新政府に権限を集中することに成功した無血の革命だったといえよう。木戸はその新政府で参議の座にあった。彼は「明治維新三傑」と称されるようになり、西洋諸国へ派遣される大使節団に随行することは、それまでの多大な貢献にふさわしい報奨であると見なされていた。日本という狭い島国から飛び出して、国家の保全を脅かしている諸外国の実態を実地で学んでくるよう説きつづけた恩師吉田松陰の教えを実行しようと、木戸は二十年間試みてきた。それがようやく実現の運びとなり、彼はまさに人生最高の時を迎えたのである。

二　木戸随行の経緯

岩倉使節団のアメリカ訪問は、ちょうど「グラッドストン首相が公人として、枢密院の中枢を伴って」イギリスから訪米するとか、ビスマルクが政府首脳と共にドイツから訪米するのに匹敵する、と『シカゴ・タイムス』紙は評した。(6) それでは何故木戸はこの使節団に参加したのだろうか。それは、この時木戸個人の願望や決意と明治新政府の政治的要請とが相俟ったからである。木戸は早くも一八五四年頃から、恩師であり親しい友でもあった吉田松陰に刺激されて、外国へ行きたいと望むようになっていた。松陰は日本を脅かす西洋列強の実態を学ぶために日本の首脳たちを海外に派遣すべきだと主張していたのである。鎖国は一時的な安全を確保しているにすぎないのだから、大型船を建造し、公家や大名から始まって日本の指導者たちをヨーロッパ諸国に送りこみ、知見を広めて日本の富国強兵の準備にあたらせるべきだというのが松陰の説くところであった。松陰が刑死してから十年余を経ていたが、一八七一年の岩倉使節団派遣はまさに彼の教えが実行に移されたものだったのである。アメリカ号に搭乗していた四十八人[2]の使節団員の中には公家（岩倉、東久世）や大名（肥前の鍋島）[3]も加わっていた。(7) そして松陰の思想の衣鉢を継ぐ木戸にとって、この使節団は彼の夢を叶えるものだった。彼はそれまでにも遣外使節団への随行を何度も申し出てはその都度却下されていた。一八六一年にも（幕府の遣欧使節団には、彼のかわりに杉孫七郎が長州藩から参加した）、一八六三年にも（井上馨、伊藤博文ら五人の長州藩士がイギリスへ留学した）、彼はその一員に加わることを許されなかった。この他にも却下された例は枚挙に暇がない。木戸が長州藩内ですでに欠くことのできない実力者となっていたため、藩としては彼を外遊のために割愛するわけにはいかなかったのである。

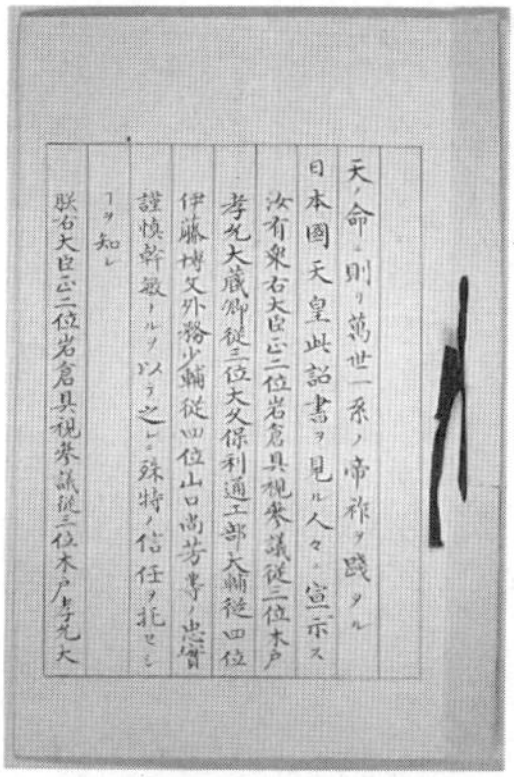

岩倉使節団派遣の勅言
（国立歴史民俗博物館蔵）

「洋行せざれば、新時代のリーダーたりえない」というのが時代の風潮になっていた一八七一年になってもなお、木戸はまだ一度も異国の地を踏んだことがなかった。しかしこの年、派閥政治の力学によって彼は念願を叶えることができたのである。使節団の全権を委任された岩倉は、すでに任命されていた薩摩出身の大久保利通に匹敵する長州出身の大物を配して、使節団の均衡を図りたいと考えていた。今日と同じく、当時も日本の政治において派閥間の均衡は重要だったわけである。それ以上に、大隈、井上、伊藤ら開明派の重鎮であった木戸が参加することは、当時の大久保を含む保守派が大きな割合を占めていた使節団の構成のバランスを図る上でも歓迎すべきことだった。[9] もちろん木戸が廃藩置県に際して政治的手腕を発揮したことに対する高い評価が、岩倉のめがねにかなったことは言うまでもない。長州の指導者的存在であった彼には、藩の間の関係を調整する力量があると、つとに有名であった。明治政府の樹立と整備に貢献した彼の国内政治における経験が、外国の憲法や政治制度を研究する上で結果的にどれほど役に立ったか計りしれない。しかし反面、外交面での経験不足ゆえに、木戸は相手国のルールを援用しながら、ワシントンでハミルトン・フィッシュ国務長官と交渉することも、同様にロンドンでグランヴィル外相と互角にわたりあうことも到底できなかったのである。

木戸への信任の厚かった三条実美太政大臣は彼を手放したがらなかったが、ついに説得された。このようにして、明治政府の中心的存在であった岩倉、木戸、大久保の三名が、空前絶後ともいえるこの大使節団を率いることに決まったのである。使節団には伊藤博文も副使として随行することになった。伊藤は一八六三年から六四年にかけてイギリスに留学し、一八七〇年には通貨制度視察のためアメリカ合衆国を訪問しており、英米両国を知っている人材として木戸が推挙したためであった。もう一人の副使に選ばれたのが肥前出身の山口尚芳である。これは、もともと肥前出身の大隈重信を団長とする筈だった使節団派遣構想をくつがえされた人々を懐柔するためであった。また山口が国際法に精通していたことを考慮に入れての起用でもあった。

このような経緯を経て、一八七一年十二月木戸はついにアメリカ号に乗船して洋上の人となり、西洋諸国歴訪

伊藤博文
(山口県立山口博物館蔵)

の途につくことになった。彼は長州の重鎮として、開明派のリーダーとして、また成功を収めた革命家、政治改革者として使節団に参加していた。彼の胸には西洋をこの目で直接見てやろうという好奇心と熱意とが溢れていた。

三　岩倉使節団における木戸の役割

岩倉使節団は、国家の主権を脅かそうとする欧米諸国の動きに対抗して高まってきた日本のナショナリズムの一側面と見なすこともできよう。使節団派遣は日本の近代性を西洋に示す広報活動の一環であり、不平等条約撤廃を目指す外交活動でもあった。同時にこれは欧米諸国の様々な制度を調査研究する公式の使節団でもあった。副使の木戸孝允は、これら三つのどの側面においても重要な役割を果たしたのである。

外向的で知的な木戸は広報活動をうまくこなし、アメリカ人やヨーロッパ人と実に如才なくつき合った。洋髪に改め、サンフランシスコで買いもとめた流行の服に身を包んだ木戸は、西洋歴訪の旅を中国服で押し通した中国人使節たちに比べ、他の使節団随員と同様はるかにモダンに見えた（岩倉全権大使でさえ、ラトガース・カレッジに留学中の子息たちにシカゴで再会した時、洋装に改めるよう求められて衣冠束帯の着用をやめてしまった）。

木戸には公の場でスピーチをする機会が他の随員よりも多かった。ボストンでラルフ・ワルドー・エマソンが明治維新を称え、古い階級制の束縛に終止符を打ち個人を解放した革命であると雄弁に礼讃

ビスマルク
(木戸家文書、国立歴史民俗博物館蔵)

したが、それに対する木戸の返礼の辞も実に適切なものであった。「日本から五千マイル以上離れた御当地に参りましたが、私は今すばらしいボストン市民の皆様の中にあって、この上なくくつろいだ心持ちでございます。」と木戸は述べたという。[10] ドイツではビスマルク宰相のスピーチに対して、使節団を代表して答礼の辞を述べるよう求められた。この席上ビスマルクは日本に対して、国際法に頼るよりもドイツと同じように国力の増強を図るよう強く勧め、顧問をドイツから派遣することを約束した。これに対し、木戸はまず日本の発展が遅いことを遺憾とし、長い鎖国中の無知から数々の過ちを犯したことを詫びた。その上で彼はドイツ人と日本人に共通点が多々あることを指摘し、ドイツの助けを得れば世界にすぐ追いつくことができるだろうと結んだのである。[11]

「演舌《ママ》」（これは日記の中で用いられた新しい言葉だった）[4] の他に、木戸はアメリカ人との形式ばらないくだけた交際の方もうまくこなしていた。サンフランシスコに到着後まもなく、彼は新聞各紙に早速とりあげられることとなった。輸入業と小売商を営むウィリアム・トービン氏と共に、氏の所有する名高い競争馬パディ・マギーとブラウン・マックの引く軽装馬車で、彼は農芸公園内の競馬場を一周疾駆したのである。[12] ソルトレークシティーでは、医師の息子であった木戸が、ハミルトンという医師の執刀で壊疽にかかった鉱夫の足を切断した手術に立ち会った、と新聞に報じられている。[13] またボストンで、軍の観測気球に乗り込み一千フィート上空にまで勇敢にも上ってみたのは、他ならぬ木戸であった。「本朝の人にて空船に乗るこれを始とするならむ」と彼は日記に誇らしげに記している。[14] それ以上に見過ごしてならないのは、彼が外国で数多くの人と心温まる個人的な友情をはぐくんだことであろう。たとえばユタのキャンプダグラスで司令官を務めていたヘンリー・A・モロー陸軍中佐、ワシントンのスカイラー・コルファックス副大統領、スコットランドのバーントアイランドの銀行員ウィリアム・キッド氏などとの交流があげられる。彼らは皆知り合ってほどなく自分を「旧知の友」のように扱ってくれた、と木戸は日記に書きつけている。

このように非公式な社交の場での成功は、フィッシュ国務長官との正式な条約改正交渉の失敗をいくらか埋め合わせるものであったと言えるかもしれない。しかし木戸の外交交渉は完全な失敗に終わり、彼は敗北感に打ちのめされた。一八七三年マルセイユで彼が詠んだ漢詩には、木戸の絶望感が吐露されている。「天子詔命尚在耳　恥我痴情有誰憐　百慮煎尽国無益　千辛空栄民難安　軽歩落日心身懶　鉄石橋頭夏尚寒　碧流碎月々影乱　瀾波纔收月依然　此中感慨人知少　独指東天立風前」。石橋の上から、川面に映る月影が乱れて千々に砕けるさまを眺める、という情景に彼は自らの挫折感をなぞらえたのである(15)。

これに比して、ワシントン、ロンドン、パリ、ベルリンの各都市で彼を中心に進められた外国の憲法制度の調査において、木戸は外交よりかなり手ごたえのある成果をおさめることができたといえよう。彼はその後明治日本が歩むことになった立憲制確立への道の方向性を定めたのである。アメリカ合衆国憲法の研究調査に正式に着手した一八七二年三月一日、彼が示した熱意は特筆すべきものであった。まったく形式ばらない木戸は、ワシントンで彼の投宿先となっていた優雅なアーリントンハウスに部下を呼びつけて威厳を示したりせず、畠山義成がアメリカ合衆国憲法の翻訳に取り組んでいたワームリーハウスの安い部屋に自ら赴いた。ラトガース・カレッジの学生であった畠山は英語が堪能で、彼が和文に翻訳するのを久米邦武が口述筆記するという形で作業が進められていた。木戸は来る日も来る日も彼らと一日を共に過ごし、室内を歩き回りながら憲法を徹底的に研究した。昼食のため一時間ほど

「ポトマーク」河東岸「アーリントン」山、大将リー之旧宅
(『米欧回覧実記』銅板画、久米美術館蔵)

アーリントンハウスへ戻る以外には部屋を一歩も出なかったほどだった。久米が日本の憲法制度の礎は一八六八年の五箇条の御誓文に見出される、と木戸に教えたのはこの間のことである。この「実によく出来て居る」御誓文をくりかえし熟読した木戸は歓びのあまり、はたはたと手を打ったという。(16)[5] 憲法についてごく浅薄な知識しか持たぬまま西洋に渡った木戸であったが、西洋をあとにする時にはその内容をがっちり把握するまでになっていた。そして帰国後、日本はドイツ式憲法にならった制度を確立すべきであると、一八七三年の有名な建言書の中で述べたのである。[6] 木戸自身は早く世を去ったが、長州で彼の秘蔵っ子であった伊藤博文が彼の遺志を忠実に受け継いだ。そしてそれは木戸の死から十二年を経て、一八八九年、大日本帝国憲法として実を結んだのである。

四　アメリカ合衆国とヨーロッパ研究

現地の言葉を全く解せない木戸が、親善、外交、外国研究の責任を果たすことができたのは、若手随員たちとの絆がしっかりしていたからに他ならない。木戸は、驚くほど身分の上下を意識しない人物であった。使節団の副使だったにもかかわらず、地位の低い書記官や留学生たちが彼を訪ねてくるのと同じくらいの頻度で、彼の方から彼らの部屋に出向いていった。これは、形式をより重んじる薩摩に比べ、出身の長州では上下の隔てがさほど重要ではなかったからであろう。(17) 太平洋を航行するアメリカ号でも、若手随員は木戸が寝ている時でさえ、話をしに彼の部屋に入っていったし、木戸も船倉にあった書記官や留学生の部屋で談論風発に時を過ごしたものである。長野が女子留学生たちの部屋に夜這いをかけた件につき、伊藤博文を裁判長にして模擬裁判を行ないたい、と若手随員が木戸に許可を求めてきた時も、彼は佐々木高行司法大輔の猛反対を押し切って許可を与えている。この時伊藤は「無罪」の判決を下した。またソルトレークシティーで雪に行く手を阻まれた時には、福地源一郎が退屈しのぎに『假名手本忠臣藏』の上演を思いつき、木戸を大星由良之助の役に据えた。木戸は一時は若手の間で人気があり、体調をくずして元気がなくなり不機嫌になった時を除けば、熱心な人づき合いや物事への探求心が衰えることはなかった。外国語を巧みに操る若手随員たちを通して、木戸は西洋について学んでいったのである。

すでに西洋への渡航経験を持つ理事官や書記官たちが木戸に様々な知識を提供した。造船頭の肥田為良の場合には、一八五〇年代に伊豆半島の江川太郎左衛門のもとで西洋砲述を学んだ時から木戸と面識があったとも考えられる。[7] 二人はしばしば行動を共にしており、サクラメント鉄道器械製造工場を見学した際に、「於歐洲見る所のものと雖も此右に出るもの少し」[18]と指摘したのも、またポトマック河にかかる三大鉄橋それぞれの優れた点を説明したのも肥田であった。[8] 英語とフランス語の二カ国語を操ることのできた何礼之《がのりゆき》一等書記官は、木戸の進めていた憲法及び政治制度の調査を補佐するよう命じられた。彼も肥田と同じく旧幕臣であった。何は木戸の要請を受けてモンテスキューの『法の精神』を邦訳し、一八七五年に木戸の序文を載せ刊行された。[9]

木戸自身、英語を学ぼうと果敢に努力を重ねた。そしておそらく伊藤博文を除く他のどの副使よりも彼は英語を習得したようである。ワシントン滞在中、彼は憲法を研究していない時には英語の個人教授を受け、英語学習に余念がなかった。彼が最初についたのはエルドリッジ嬢という人物だったが、次についたのは木戸がおよそ師事しそうにない人物であった。それはウィリアム・エドウィン・パースン（一八四五—一九〇五）という、改革派ルター教会の牧師だったのである。パースンの指導のもとで彼がおそらくマクガフィーの『セカンド・リーダー』まで進んだことが、誇らしげに書きつけられた日記の文章からうかがわれる。[10] 彼は英語の言い回しや単語を相当覚え、それを日記の中に散りばめた。たとえば「セントラール」「ショイユス」（サーカスの意味で用いられている）「ガーデン、ハーチー」「カットルマーケット」「デスポチック」「クレーズ」などをはじめ、実に夥しいカタカナ表記の外国語（大半は英語であった）が、日記の中に突然姿を現わすのである。[11] 彼は時にローマ字で書いたりもした。しかし口語英語の理解力がはなはだ心もとないものであると彼は告白している。劇場でも彼は観る方は充分楽しめたものの、役者が何を話しているかはほとんどわからなかった。

パースンはほどなく、木戸にとって英語教師という以上の意味を持つようになった。彼は改革派教会の評議員と長老を務めるJ・A・L・モレル大佐の田舎にある本邸で催された親睦会に、木戸を招いたのである。招待客はたそがれ時に庭でクローキーなどに興じた。そして一八七二年六月、(19) パースンは木戸に随行してヨーロッパ諸国をまわり日本まで同行する秘書官に任命された。一八六八年に長崎の隠れ切支丹を邪宗として禁じる指示を出した木戸が、キリスト教の牧師を旅の同道者にしたわけである。パースンは木戸につき従いパリ郊外のヴェルサイユを訪れた。また歯の治療のため、パリで開業していたアメリカ人歯科医ラウドの診療所に木戸を連れて行ったのもパースンであった。辞職の意向をききいれてもらえなかった彼は、(20) さらにヴェネツィア、ウィーンそしてマルセイユへと旅を続け、一足先に帰国した木戸に従う四人の随員の一人[12]として四十五日間の航海を経て日本に渡ったのである。

来日してからもパースンは木戸のもとで働き、彼のもっとも親しい外国人の友となり、西洋に関する知識の情報源となった。木戸は一八七四年に一時的に辞職したが、その折には文部省の野村素介[13]に命じて、パースンのポストを捜させた。その結果、もともとゲティスバーグ神学校出身のパースン[14]は、東京大学（一八七七年に創設）の前身である東京開成学校の数学科教授に任命されることとなったのである。(21) パースンの長男はキド・パースンと名づけられ、洗礼には木戸と元芸者の松子夫人も立ち会った。(22) 木戸が国事に奔走し、もっとも多忙であった一八七五年でさえ、彼は松子夫人と共にパースン夫妻と夕食を共にし、アメリカの室内遊戯をする時間を捻出したのである。

パーソンがどれほどの影響を木戸に及ぼしたのかを評価するのはいまだに難しい。しかし、この敬虔なルター派の牧師が木戸の心中に残っていたキリスト教に対する反感や偏見を緩和し、明治政府のキリスト教禁止解除に何らかの形で貢献したことはおそらく間違いない。確かな記録として残っていることは、パーソンが滞日中、横浜の教会で説教を行なったということと、彼が帰国後ワシントンの改革派教会の管区に戻りそこに終生留まったということである。(23)

しかしながら、木戸のように日本語しか解せない使節団メンバーと外国文化との主なパイプ役を果たしたのは、何といっても留学生たちであった。彼らはそれぞれ留学先の国の言語を流暢に操ることができたからである。アメリカ並びにヨーロッパの学校や大学に学んでいた日本人の留学生はすでにかなりの数にのぼっており、一八七一年には四百十一名を数えるほどだったという。木戸は行く先々で必ず長州出身の留学生に遭遇した。キリスト教に改宗していた児玉[15]がワシントンにいたし、河北[16]は留学先のロンドンから駆けつけて、一ケ国ごとに順次条約改正交渉を行なうのは誤っていると使節団を諫めた。その中でベルリン駐在の青木周蔵がもっとも大きな発言力を持っていた。彼らは明治政府の中枢にある長州出身の長老として木戸に敬意を払っていたが、同時に木戸の通訳以上の役割を果たし、西洋に対する木戸の考え方を形成していったのである。

新島襄は長州出身ではなかったが、非常に印象的な人物であった。彼はこの時すでにアマースト・カレッジを卒業しており、木戸の甥にあたる来原彦七郎(24)[17]と共にワシントンを訪れ、木戸を中心とする教育制度の研究会に直ちに加わった。来原はアマースト・カレッジのJ・H・シーリー学長の後見のもと、マサチューセッツ州アマーストの高等学校に通学していた。一方、士族出身の新島は、武士道とピューリタン精神が共に禁欲と勤勉を奨励している点から両者は互いに相容れるものと考えていた。そして彼の献身的な姿勢に木戸は強く印象づけられたのである。「西島[18]は余此地に至り始与彼談話、彼の厚志篤実、当時軽薄浅学之徒漫に開化を唱ふるものと大に異なり、余与《と》彼交自ラ如旧知、得其益不少、後来可頼之人物也[25][19]」と木戸は日記に記している。

五　憲法制度の研究

しかしながら留学生の中で木戸にもっとも強い影響を与えたのは青木周蔵（一八四四―一九一四）であった。彼はかつて萩の城下町で木戸の隣人であり、ヨーロッパ諸国の憲法制度について論じ合うためにベルリンからロンドンへ木戸に呼び出されたのである。ドイツ駐箚日本公使館書記官[20]の青木がベルリン大学で法律を学んでいたことを、定期的な書翰のやりとりを通して木戸は知っていた。もともと萩城下で青木家と木戸の実家が裏庭で地続きであったこと、父親が共に長州藩の医師であったことから、木戸と青木には家族ぐるみの親交があった[21]。青木がベルリン大学に留学したのは、この大学が医学研究の最高峰と見なされていたからであったが、実際に留学生活を始めてから、医学よりも政治学と経済学こそが日本の将来を形成する学問だと考えるようになった。こうして法律学に専攻を変えていた青木は、憲法に関する知識も充分得た上で一八七二年八月十九日ロンドンに到着したのである。

「木戸翁は大いに再会を喜び、留学以来修得又は見聞せし事どもを何

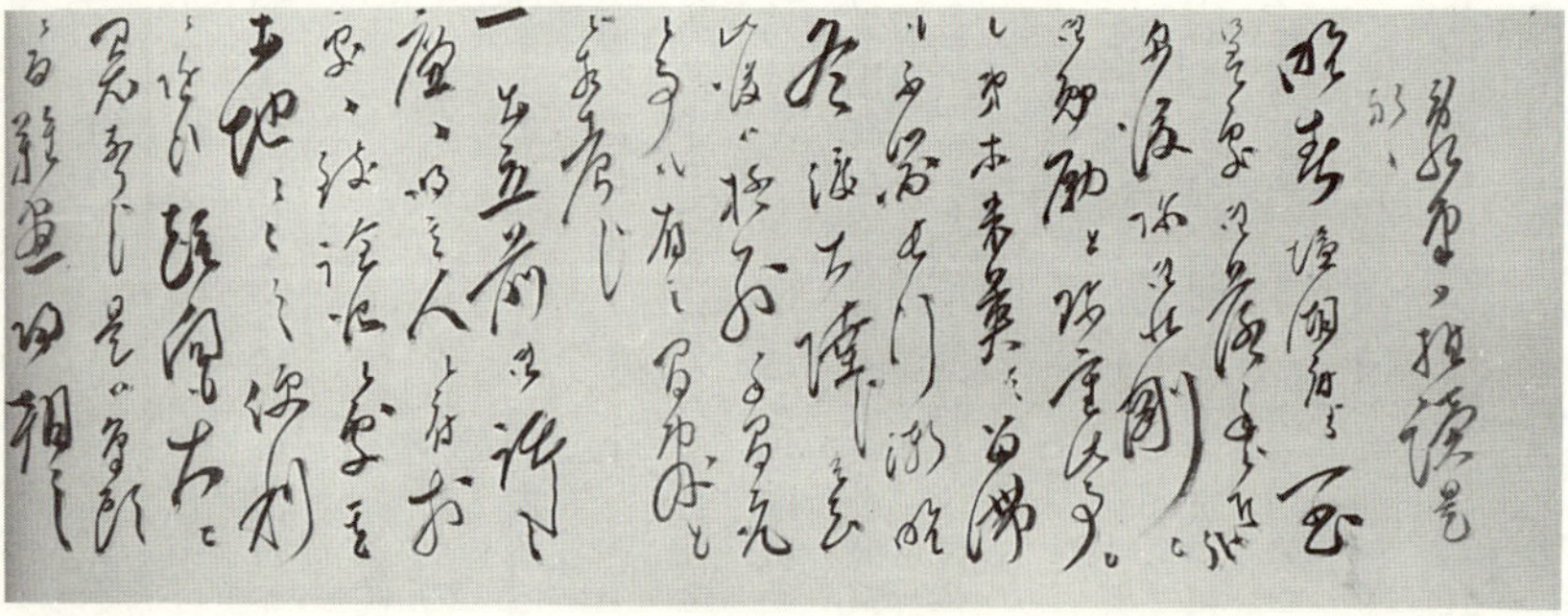

植村正直宛木戸孝允書翰（宮内庁書陵部蔵）

くれとなく談話せんことを求め、種々質問を起されたれば、予も亦、放胆的に之に答え、愉快に数時間を費せり」。(26)[22] 青木は再会の模様をこのように記している。

木戸はためらいがちになっているように見えた。不平等条約における最恵国待遇に関する理解不足ゆえワシントンで不覚をとってから、彼は憲法に対する理解不足を懸念するようになっていたのである。Constitution をどのように訳したらよいのだろう、と彼は青木に問うた。「コンスチツーション」は政府と人民に交わされた契約に基づく政治を意味するように見受けられ、アメリカ人はこれが専制政治を廃止するものだと言っていたが、それでは君主をどのように位置づけたらよいのだろうと、木戸は考えあぐねていた。

そこで青木は辛抱強く、憲法が単に「一国の基本的法律」という意味であることを木戸に説明した。国の政体が君主専制であるか官民共和制であるかには関わりなく、国家があれば、成文化されている場合もいない場合もあるが、必ず「コンスチツーション」が存在し、君主制は憲法制度と充分共存し得るものであると青木は説いた。近年国家統一を果たしたばかりのドイツでは君主が人民に対して強力な立場に立っており、貴族も重要な役割を担い、中央政府への出仕を退いた後には地方の指導者となっていると彼は述べた。この説明に木戸翁は耳を傾け、落涙した

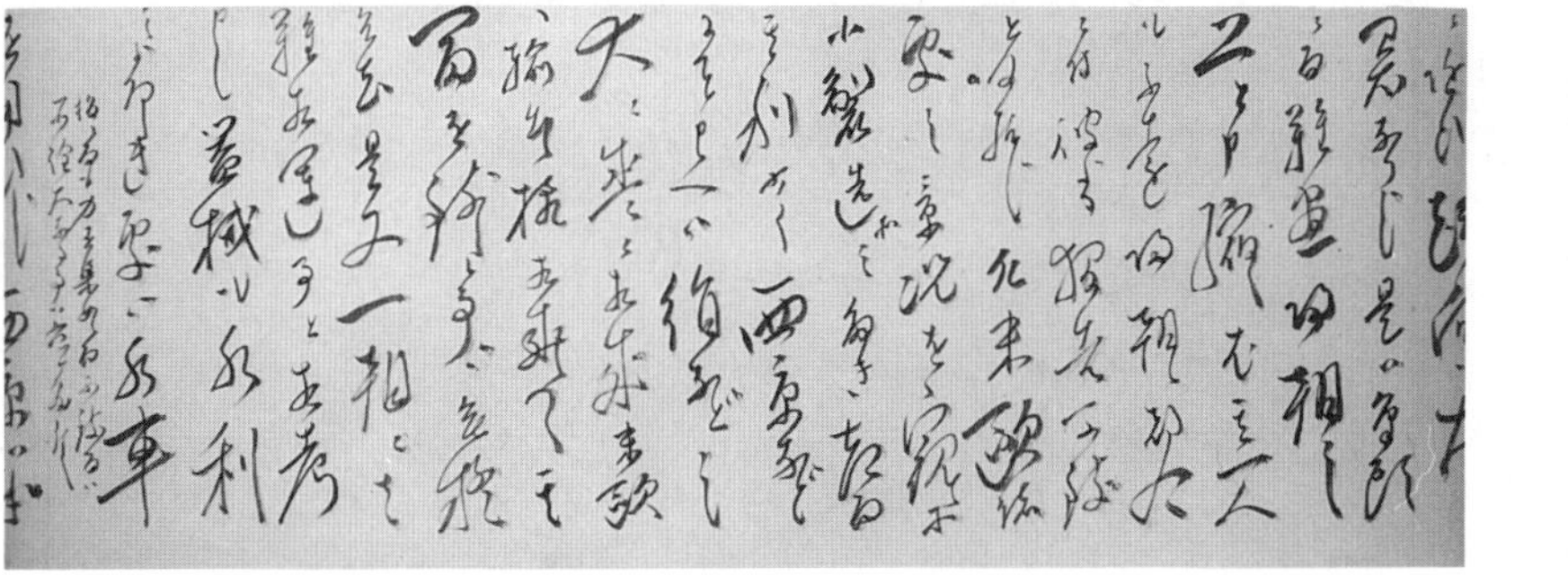

と青木は回想している。ドイツが日本のモデルとなると木戸は考えたのである。[27][23] 近代国家が共和政体である必要はなく、貴族政治を保持することは可能である。木戸は先祖が十代にわたって仕えてきた長州藩主毛利家に対していまだに恩義を感じていた。旧大名家も新しい日本政府で然るべき役割を担うべきだというのが彼の考えであった。青木との会見のすぐ後、木戸は共和政は日本にふさわしいモデルではないと日記に書きつけずにはいられなかった。

パリでも木戸は青木とひきつづき論じ合った。一八七三年一月、青木は彼に、フランスは共和国であり、しかも「同権」を含む「一種誤謬の主義」に基づいているため日本のモデルにはふさわしくないと述べた。フランス式を採用すれば日本の大名や士族は先祖代々の権利を失うことになる。そこで青木がドイツをモデルにした憲法草案を作成し、木戸とベルリンでさらに突っ込んだ議論を進めようと二人は取り決めた。[28]

共和主義の精神的拠り所であるパリで、木戸は保守的な政体の方が望ましいという進言を思いがけなく受けることになった。木戸にそのように説いたのはモーリス・ブロック（一八二六―一九〇一）という、編集者と公務員を務めるフランス人であった。彼は一八七一年にパリ・コンミューンを鎮圧したアドルフ・ティエール大統領の腹心の友であり、パリに住む久米の友人西岡逾明が木戸に紹介したのである。日本は自国の政

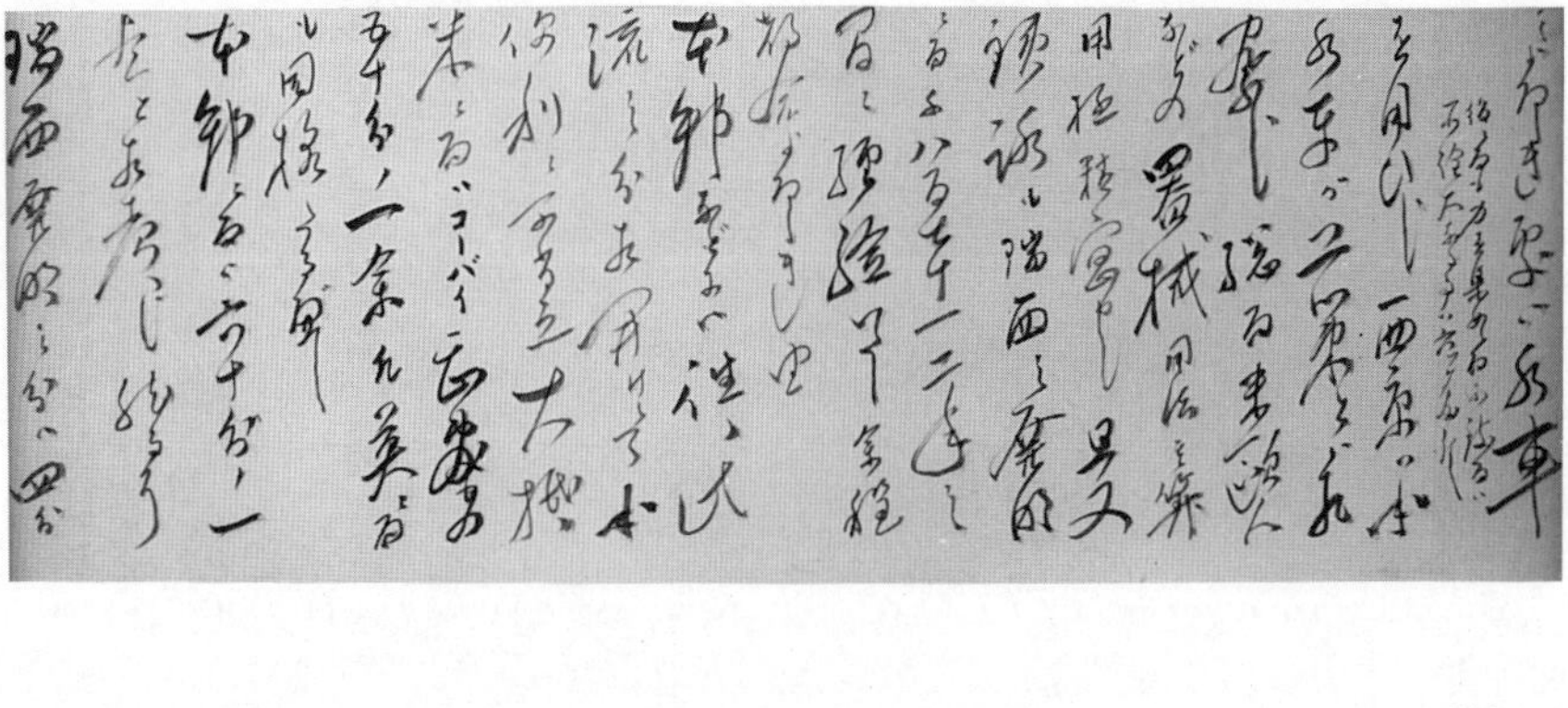

治制度を遺憾とする必要などまったくないし、むしろ万世一系の統治が続いていることに誇りを持つべきだとブロックは主張した。日本人が何故三権分立を賛美するのかと彼は木戸に問うた。三権分立などというものがはたして実際に存在し得るのかどうか疑わしい。行政府と立法府を切り離すことは可能だが、司法の分離独立ということになれば国民投票が必要となるわけで、そこまでのことはアメリカ人ですら試みてはいない、とこの専門家は説いたのである。木戸は大いに印象づけられた。三権分立は西洋ではあまねく信奉されている理念だとばかり思っていたが、あれはアメリカにおいてのみ支持されているものなのだろうかと彼は思いめぐらした。権力の分離独立の理念を生んだ筈のフランスで聞いた著名な学者の言葉は木戸を強く印象づけたのである。そこで彼は岩倉をブロック邸に誘い、直接彼の考えを聞く機会を設けた。ブロックが万世一系の皇統を重んじていたことは、岩倉と木戸にとって「一条の光」であった。木戸は、かつて自分が抱いていた思想を覚醒されたと感じた。日本人は外国人に対して怖れおののくべきではないし、アメリカで彼らがしたように外国人に盲従してはならない。つまり、日本は日本のみにふさわしい憲法制度を定めるべきなのだという結論に木戸は達したのである。(29)

モデルを必要としていた日本にとって、ドイツがヨーロッパ憲法制度の模範となった。というのもドイツには、他のどの王室よりも権限を持つ王室があったし、また日本と同様、近代化における後発国でもあり、代議政体への移行を漸進的に行っていたからである。ドイツ憲法を色濃く反映した青木の憲法草案によって、木戸は今後とるべき進路を再確認した。そしてベルリンに到着した木戸を、青木はベルリン大学のルドルフ・フォン・グナイスト教授(24)に引き合わせたのである。憲法学者のグナイストは、伊藤博文に後年大きな影響を及ぼしたのだった。

岩倉使節団の訪問が近づくと、ドイツの首脳たちは日本からの賓客を国を挙げて味方に引き込もうと着々と準備を始めた。皇帝ヴィルヘルム一世が明治天皇と二、三人の主要閣僚に勲章を授与したい意向である旨、パリに滞在中の使節団に伝えられた。この申し出について協議した後、木戸は仲介役の青木に、使節団はまだ結論を出すに至っていないと返答した。それでもドイツのこのような配慮は、ヴィクトリア女王がスコットランドで休暇を過ごしているとの理由で謁見まで使節団を延々と待たせたイギリスの冷淡な待遇の仕方とは対照的だったといえよう。

さらに、岩倉使節団がベルリンに到着してまだ何日も経たないうちに、皇帝とビスマルクは盛大な晩餐会を何回か催した。これとは対照的に、ヴィクトリア女王がやっとウィンザー城で岩倉たちに謁見した時、女王も王子や王女たちも誰一人として会食に同席しなかった。グランヴィル外相もほんの数分同席しただけで、他の公務を行うためそそくさと中座するという有様だったのである。これにひきかえ、ベルリンでは、一八七三年三月十五日に催された豪奢な晩餐会の席上、ビスマルク首相は木戸を自分の右隣に座らせ、食事の間中彼に話しかけるという熱心さであった。さらにビスマルクは大使たちと別室で内密に話し合う場を設けた。そこで彼はかつては貧しく弱小であったドイツが、他の列強の信任を勝ち取るという方法ではなく、軍事力の増強を図ることによって今日のような繁栄を手にするに至ったのだと説いて聞かせた。しかしながら国境に派遣されている軍隊は防衛のためであって攻撃を目的としているのではない。つまり、ドイツはイギリスやフランスと異なり、アジアで強引に植民地を拡大することは決してないと信頼していただいてよい。従ってドイツは日本と親睦を尽くそうとしており、もし助言者が必要な時には、有能な学者を日本に斡旋するつもりだ、とビスマルクは語ったのである。(30)

木戸はこれに対し、日本がドイツの助けを借りて西洋に追いつきたいと考えている旨答えたと記されている。木戸の確信によって日本はドイツをモデルとして考えるようになった。これは一八八九年に制定された大日本帝国憲法の枠組を予兆するものとなったといってよいだろう。

木戸は教育制度と軍事制度の調査も任されていたが、憲法制度の研究ほど個人的な情熱は傾けなかったようである。(31) とはいうものの、西洋社会で最初に木戸の関心をひいたのはサンフランシスコの優れた公立学校制度であった。彼は生徒たちが合唱を披露してくれたデンマン女子初等中学校や、生徒たちが「いつも行なっている教練」を実演してくれたリンカーン男子初等中学校を視察した。彼らの規律正しさは実に好ましい、と木戸は記した。「全国之風を察し全国之弊を顧みすんは国家之保安元より難し。此風を改め此弊を矯る学校を以急務とする之外他なし。我今日之文明は真之文明にあらず、我今日の開化は真之開化にあらず、十年之後其病を防く只学校之真学校を起すに在り」。このように述べた木戸の書簡は伝統を遵守する保守主義を基調とするものであった。「国家永安之長策は、僅々之賢才出世するとも、一般に忠義仁礼之風起り確乎不抜之国基不相立候」と強調した彼は、その一方で西洋の文物を全て礼賛する傾向の顕著な使節団の若手メンバーを非難した。「今日之人米欧諸洲之人と異なる事なし、只学不学にある而已《のみ》」というのが彼の考えであった(32)。実際に十五巻から成る教育制度に関する報告書をまとめたのは田中不二麿であった(33)。もちろん木戸自身は数多くの学校を視察したし、ラトガース・カレッジのディヴィッド・マレー博士を二度も面接した。この結果マレーは一八七三年から七九年まで文部省に招聘されて来日し、日本の公立学校制度の発足に大きく貢献したのである。

木戸はまた、西洋の軍事制度の研究に関しても個人的に口を挟まなかった。この分野は一八六八年の戊辰戦争で活躍した長州出身の小柄な英雄、山田顕義陸軍少将に任されていた。時折、木戸はフランスの軍事制度について山田と論じ合ったようである。しかし年長の木戸が日本の軍事制度の新しい構想を創案した形跡はほとんどない。無論彼は、一八七〇年から七一年にかけての普仏戦争の間ドイツ軍に占領されていたパリに残る戦闘の傷跡には気づいていた。彼はベルリンでドイツ軍の持ち帰った戦利品の数々を見せてもらってもいる。勝利を収めたドイツ、敗北したフランスの姿を目のあたりにしたことが、日本が木戸の死後ドイツをモデルとした近代化路線に移行したことへとつながったといえよう。

海外に滞在中の木戸は、日本の国内政治に軍部が台頭するのではないかと危惧するようになっていた。「文明の各國」においては文官の権限が軍部のそれに優っていると彼は日記に書きつけている。留守政府を預かる西郷隆盛参議が陸軍元帥を兼任することになったとの報に、木戸は激昂した[34]。彼自身の個人的経験ゆえに木戸は軍人が危険な存在になり得ると考えていた。一八七〇年に長州藩内の不平分子の蜂起を鎮圧した経験から、長州が兵力を持つのを怖れるようになっていたのである。岩倉使節団内部でも軍部と文官の権限を統合すべきではないという意見が大勢を占めつつあり、木戸が非常に強くこれを提唱していた。

これと密接に関わるのが、朝鮮に対する木戸の姿勢の変化であった。強硬論を主張していた彼は、より柔軟で妥協的な路線へと移行し、帰国後の岩倉使節たちもこれに倣ったのである。そもそも使節団の外遊出発直前に朝鮮に対してもっとも好戦的な立場をとっていたのは他ならぬ木戸であった。朝鮮政府が明治政府を承認することを拒絶し日本の使節を追放したのは傲慢不遜であると木戸は唱え、必要とあらば侵略をも辞すべきでないと主張していたのである。一八七二年九月一日の時点ではこの姿勢はまだ保たれていた。ソウルで日本の使節たちが虐待されたという知らせをロンドンで受けた木戸は激昂し、「兵力を以てする」ことが適切であると考えた。朝鮮と一戦を交えることによって朝鮮と日本双方の進歩が促進されるというのが彼の見解であった[35]。しかし帰国後、木戸は海外進出よりも国内の改革推進を優先すべきだとする和平派に与したのである。

これと同様、キリスト教に対する木戸の考え方も西洋滞在中に変化した。一八六八年に木戸は長崎の隠れ切支丹の追放を断行していたが、この件について岩倉使節団が西洋諸国から外交圧力をかけられてからは、歩み寄りの姿勢を示すようになった。その根底には新島襄の模範的言動に木戸が感銘を受けたこと、彼の側近となったルター派牧師のパースンがキリスト教に対する彼の敵意を和らげたことなども関わっていたと考えてよかろう。

しかし、彼が日本の宗教としてふさわしいと考えたのは、あくまで仏教だったようである。岩倉使節団の急進的メンバーの中には、日本におけるキリスト教の普及や国教化さえ唱える者もあった。しかし木戸はこれらの意見は取り入れず、青木周蔵が準備を進めた憲法草案の中でも、仏教こそが国の宗教としてふさわしいと提唱している。これには、一八七三年ヨーロッパに滞在していた仏僧の島地黙雷の思想が色濃く反映されている。島地黙雷と木戸の交流については、ジョン・ブリーン氏の論文を参照されたい。(36)

六　日本人としてのアイデンティティー再発見

木戸は西洋社会における強力な立憲政体や優れた公立学校制度を賞讃し、生涯を通じて明治政府内の開明派の指導的役割を担い続けた。しかしながら、たとえばイギリス社会の裏側をはじめ、西洋社会の暗部を道中目のあたりにするにつれ、彼は西洋を手放しで礼讃し受け容れる立場とは一線を画するようになっていった。同様に、西洋諸国歴訪の旅を通して彼の愛国心は研ぎすまされ、日本社会の伝統に対する傾倒はむしろ高まったのである。桜の見頃に隅田川のほとりをそぞろ歩きする人々に思いをはせるにつけ、またはるかな異国から両親の命日を思い出すにつけ、彼は自分が日本人であることを再認識せずにはいられなかった。

しかし木戸は西洋のものと日本のものを互いに相容れぬものとして対峙させる立場はとらなかった。むしろ彼は調和のとれた生活様式の中に双方を見事に取り入れたと評してよい。彼は西洋社会の魅力的な楽しみや習慣、ことに娯楽に目を向けていた。ある説によれば、木戸は野球の日本導入に一役買ったという。彼はアメリカから野球のボールを持ち帰り、木切れを削ってバットをこしらえ、近所の少年たちがこれでこの球をひっぱたいて遊んだというのである。このボールが修繕できないほどボロボロにすり切れてしまうと、神田にある靴屋がその複製を作ってくれた。それで少年たちはこの遊びを続けることができたわけだが、これが日本で最初に製造された野球ボールだというのである。(37)これに対して大久保はクリケットの方を好んだようで、伝統遵守派の当惑をよそに、永田町邸内の中庭にこのイギリスのスポーツをするためのグラウンドを帰国後設けたほどであった。しかし息子の牧野伸顕の方は、野球の選手として腕を上げたようである。彼は岩倉使節団一行と共にアメリカに渡った留学生の一人で、フィラデルフィアに留まり勉学を続けた。彼はその後東京大学野球部第一期生として二塁手を務めた。この時のナインの写真は、東京の後楽園にある野球界の殿堂に掛けられている。士族の解体と共に廃れた武道にとってかわって人気を集めるようになった野球の紹介に、岩倉使節団がこのような形で貢献していたわけである。(38)

木戸と大久保は、スコットランドのバーントアイランドにあるロッキーズ・ハウスで催された宴会の席で、ピアノの旋律に併せて踊る西洋の社交ダンスに挑戦してみた。これは日本の農業視察団一行を厚遇してくれたことに対する返礼として催されたものであった。木戸は日本側を代表して乾杯の音頭をとり、大久保と同様、婦人客の一人と踊るように説き伏せられたのである。妙齢の外国人女性とフロアで手に手をとって踊るのは「實に近來の一興也」と木戸は断言した。その夜は何もかもが楽しかったようである。「市府と異り田舎の興情修飾すくなくして尤妙」と彼は続けて日記に記している。夕食の席では、当地のスコットランド銀行支店長アレクサンダー・キッド氏が木戸と姓が驚くほど似通っていることから特別な親近感を抱くようになった。(39) さらに、よりコスモポリタンな雰囲気の都市パリでは、木戸は当時学生だった西園寺公望公のお伴をして仮面舞踏会に繰り出した。土曜の深夜から日曜の明け方まで、お互い誰とわからない相手と踊り明かす仮面舞踏会は、「米欧一種の妙観なり」と木戸の目に映ったようである。(40) 彼はまた、ウスター近郊で行われた狐狩りを楽しんだ様子が日記の描写からうかがわれる。狐狩りはイギリス貴族の好んだスポーツであった。その日は五十五人の狩人と三十七匹の猟犬が二つの森林を駆けめぐり、この追手の大軍団を巧みに逃れて走りまわる一匹の狐を追いかけまわしたという。(41)

木戸と大久保はイギリス上流階級の気楽な生活様式を垣間見て楽しむだけでなく、ロンドンのイーストエンドで惨めな生活を強いられている下層階級の暮らしぶりも観察しようとした。そこで公式の迎接係を務めるアレクサンダー将軍が二人をボウ街の警察裁判所に案内し、彼らはそこで、ある晩逮捕された男を警察当局が裁く模様の一部始終を見学した。アレクサンダーはまた、「本邦の木錢宿と稱ふるもの〻如くにして其貧困なる有様尚一倍せしが如」き観のあるどや街や、麻薬中毒患者のイギリス人女性と言葉を交わすために中国人の阿片窟などに二人を案内した。(42) 木戸は煙で汚れたイギリスの不快な都市の有様について何度となく言及している。自由放任の資本主義政策のもとでは、日本社会と比較して、富める者は一層富み、貧しい者は一層貧窮に喘ぐようになることを彼は実感したのである。

西洋のものなら何でも肩を持とうとする若手官僚や留学生たちに木戸は軽蔑のまなざしを向けた。早くもサンフランシスコで、彼は日本の文物を悪しざまに言う輩がいるとこぼしている。(43) 極端な急進主義者はアラビア馬と呼ばれていた。この呼び名は、かつて大隈重信が、日本が弱小な国力から脱却するにはアラビア馬に荷車をぐんぐん引っぱってもらう必要があると説いたことに由来している。ワシントンで日本を代表していた森有礼は、この「アラビア馬」のまさに急先鋒であった。そしてほどなく、森が外国人に向かって岩倉全権を無知呼ばわりしているとか明治政府が不安定だと言いふらしているといった噂が広まった。また森はこともあろうに、大蔵官僚が士族の秩禄処分の資金調達のためアメリカ市場で公債を募集しようと訪米している最中に、『ニューヨーク・ヘラルド』紙に投稿し、このような公債など買わないようにとアメリカ人に呼びかけたのである。岩倉が森に対し、その言動が愛国心を欠くものであると厳し

当時のロンドンのイーストエンド

く叱責したのを見て木戸は溜飲を下げた。それでも彼は、日本の将来をこのような青年たちが担っていくのかと思うと夜も眠れないとこぼしている。

森は伊藤と共に、使節団が条約改正交渉を進めるべきであると強く勧めた一派であった。しかし使節団には情報収集以上の権限は賦与されていなかったのである。「才子の一時求名之説を看破せざるときは国家の事も亦危し。余等当地の形情等に暗くして先に迷惑せしを悔ゆ」と木戸は嘆いた[25]。伊藤と森はある時、不平等条約の撤廃を容易にするためには天皇陛下から始まって日本国民がキリスト教に改宗すべきだと唱えたことがある。常々目をかけてきた伊藤がこのように主張したことに対し木戸は激怒した。ロンドンの投宿先で、青木周蔵もまじえてこの問題を論じ合った時、青木は木戸に促されるままに、ドイツにおける血なまぐさい宗教戦争の歴史を語って聞かせた。木戸は青木の言葉を受けて、このように残忍なキリスト教への改宗を提唱するとは何事だと伊藤を激しく叱責したのである。伊藤はその場に居合わせた人々の面前で面子を失った。そしてその後の旅程の間中、木戸と伊藤はお互いほとんど言葉を交わさない険悪な間柄になってしまったのである(44)[26]。

使節団の若手グループが西洋の人間関係を礼讃したのに対し、儒教道徳を断固として信奉していた木戸は西洋の尺度にどうしてもなじめなかった。文明開化にもし西洋の平等主義が伴うならば忠孝の精神は危機に瀕するかも知れないと彼は怖れた。あるアメリカ人が、家族を放棄していた飲んだくれの父親を息子が寛大に許した逸話を木戸に話して聞かせたが、木戸はそのアメリカ人が意図していたのとは正反対の反応を示した。その逸話によれば、息子がホテルの支配人になったところへ年老いた父親がひょっこり現われたが、息子は父親を上等な部屋に三日間無料で泊めたという。しかし木戸は眉をひそめ、「アメリカでは子が親に無料で飲食させることで親孝行の務めを果たすのですか」と尋ねたのである。

またある年配の学者が木戸に向かって、アメリカ人男性は自分の妻をもっとも愛していると語った。旅から無事戻ってきた時に、男性はまずまっさきに妻と歓談するではないかというのである。木戸はこれに反論し、「いかに恋着せる愛妻でも、日本ではまず父母の安否を問うて祝福し、しかる後に妻と談話するのが作法である」と答えた(45)。アメリカのような国では子供が親をおろそかにするようになり、親がしかるべく尊敬されていたなら子供に徐々に教え込むことのできる勤勉の倫理観が子供たちに欠けるようになるのではないかと彼は憂えたのである[27]。

木戸自身、親に対する孝養を尽くすことを大層重んじており、異国の地にあってさえ、両親の命日にはそれぞれ法要を営むほどであった。ソルトレークシティーで父の二十五周忌を迎えた彼は、両親への賞賛の辞を心を込めて長々と綴っている。両親がこの世を去って以来彼は心から愉快を覚えたことなどなかった。ただ両親の「容影を想拝し」自分に課せられた務めを果してきたのだと木戸は記している(46)。母の命日に彼は若くして世を去った母のことを心から懐かしく追想し、自分と同年代の男性が母親と連れ立って歩いている姿を見ると羨ましく思うのだった(47)。

外国旅行はまた、故国に対する木戸の愛着をかきたてることになった。ジョージ・ワシントンゆかりのマウントヴァーノンで五分咲の桜を眺めた彼は、「我春風古園の情も合して又浮思」と懐かしそうに記した(48)。またドイツのドレスデン郊外で「桃李に埋し数村落を見遣」った時には「本邦の春色など思ひ出せり」と述べている[28]。岩倉使節団一行が遭遇した外国人の中で木戸にもっとも深い感銘を与えたのは情熱的な愛国者たちであった。これはおそらく彼らが木戸自身の熱烈な愛国心を一層強めるものだったからであろう。イギリスのポーツマス港に繋留されていたイギリス軍艦ヴィクトリー号の甲板で、彼はトラファルガーの海戦でネルソン提督の垂れた訓告を、苦心しながらカタカナで書き写した――「エンゲランド、エキスペクト、エヘリー、メン、ウイル、ヅー、ヒース、リューチー」("England expects every man will do his duty"(49))。またパリの劇場で、普仏戦争の結果ドイツに支配されるようになったロレーヌ地方メッツの人々を描いた芝居を見て、木戸は感涙にむせぶのだった。[50]オランダでは、侵略してくるスペインに屈するくらいなら、と堤防を決壊させ洪水を起こして故国を救ったという愛国者たちの有名な逸話を木戸は書きとめている。[51]彼はヨーロッパの愛国者たちの姿にわが身を重ね合わせていたのである。

建国者や近代化の立役者も同じように木戸の注目をひく存在であった。彼らの事蹟が木戸自身のそれと似通っていたからである。ロシアのピョートル大帝は若い頃変名を使いお忍びで西ヨーロッパを旅行して諸国の文物制度を学び、発展の遅れた故国の近代化に役立てようとした。造船所で働いた彼は、ロシアに帰ってからサンクトペテルブルグで船を建造したという。木戸はこの船を見てピョートル大帝の功績を称えた。[52]ピョートルの姿には、一八五五年に津波により沈没した船に代わる外国式の船を長州藩のために建造しようと、伊豆半島の戸田でロシア人のもとで修業した船大工を集めた木戸自身の姿と重なるものがあった。アメリカの独立戦争におけるジョージ・ワシントンのリーダーシップに敬服した木戸は、マウントヴァーノン[53]やバンカーヒル[54]でワシントンの功績を恭しく記録している。フランスでは、南アルプスを貫通するすばらしい道路を開通させたナポレオンの大胆な構想に木戸は注目した。ミラノでガリバルディ記念門とガリバルディ戦役の古参兵を訪ねた木戸は、完全に自治権を獲得していなかった諸連邦がイタリアという近代国家を統合した過程を把握することができた。ドイツ統一の立役者はビスマルクであった。そして彼自らがドイツの近代国家としての統一過程を木戸に個人的に説明してきかせたのである。控え目な木戸のことであるから、自分をガリバルディやビスマルクと同列には考えなかっただろう。しかし少なくとも彼らと自分の足跡を振り返ると類似するところが少なくないと感じたに相違ない。

七　木戸と和平派の勝利

岩倉使節団のように革命の直後に外遊した政治家は危険な立場に立たされるリスクを負っていた。一八七三年十月、帰国後の岩倉グループが西郷隆盛を頂点とする強固な留守政府を野に下したのは、一八六八年の明治維新や一八七一年の廃藩置県と同じくらい画期的なことだったといえよう。使節団メンバーを中核とする和平派の勝利によって朝鮮派兵の決議は撤回されたわけだが、これは明治維新における王政復古や廃藩置県による中央集権と同様に大きな転換点となった。国内改革が優先されることになったからこそ、大久保内務卿が模範工場を開設したり、一八七四年に木戸文部卿が学校制度を導入したりする余裕が生まれたのであり、岩倉使節団の米欧視察の成果が実を結ぶことになったのである。

しかし一八七三年の帰国後、木戸自身の政治的地位は後退した。彼は皇居にほど近い番町の私邸にひきこもり、むっつり鬱ぎこんでいるか病床に伏すようになったのである。事によると彼は政治的敗北に直面しないように病いを患っているように装っていたのかもしれない。西郷の征韓論を撤回させるために征韓派と争うにはふさわしくない人物だったがゆえに、彼は困惑する争いに巻き込まれるのを避けようとしていたのではなかろうか。朝鮮に関する木戸の初期の覚書の論調は、西郷が書いたものに負けず劣らず好戦的だったからである。木戸と大久保とは、もともと個人的にはお互いに冷えた間柄になっていたが、一八七三年の朝鮮問題をめぐる二人の見解は接近した。そして大久保が和平派の勝利を確定的にするために岩倉具視を臨時の太政大臣に任命するという大胆な策にうって出ようとした時、木戸は病床にあってこれに賛同したのである。岩倉使節団の中では木戸より下の地位にあった大久保が、一八七三年に組閣された新内閣では中枢を占めるようになり、むしろ木戸の方が脇役にまわることになった。一八七一年以前には保守派として知られていた大久保だったが、シェフィールドの製鋼工場やリヴァプールの造船所に触発され、イギリスを大国に成長させた産業政策を日本も早急に実行すべきだと考えるようになっていた。このようにして大久保と立場の入れ替わった木戸は、今ではより保守的な政治家と見なされるようになっていたのである。

　帰国後の木戸に課された役割とは憲法制度の方向性を定めることだった。そして彼は伊藤を通してこれを進めていった。先に歩み寄りの姿勢を示したのは伊藤の方であった。彼は抜け目なく木戸に接近し、条約改正交渉失敗の醜態を木戸に詫びたとも考えられる。彼は病床の木戸を訪ね、仲違いに終止符を打った。そして木戸の推挙を受けて参議となり、木戸が病気で出席できない時には、木戸に代わって正院で長州の立場を代弁するようになったのである。帰国後木戸が作成した公式文書の中でもっとも重要なものは、一八七三年七月に提出した憲法制定をめぐる意見書と考えてよかろう。この中で彼は憲法が日本にとって不可欠であること、日本は皇室と貴族に重きを置くドイツをモデルにしながら徐々に代議政体に移行していくべきであると提議した。一八七三年以降の伊藤はもうアラビア馬ではなかった。木戸の思想の継承者として彼は木戸の指針を踏襲し、一八八九年に大日本帝国憲法を制定したのである。

（1）Sidney D. Brown and Akiko Hirota, trs., *The Diary of Kido Takayoshi* (3 vols.,Tokyo, University of Tokyo Press, 1983-1986) II, 242-243, 以後 *Kido Diary* と略記し、日付を記す。
（2）D. W. Anthony and G.H. Healey, *The Itinerary of the Iwakura Embassy in Britain*. Occasional Papers Number 1, Centre for Japanese Studies, (Sheffield, University of Sheffield, 1987), 35-36.
（3）泉三郎『明治四年のアンバッサドル』（日本経済新聞社、一九八四年）一六八頁。
（4）『ザ・シカゴ・タイムズ』紙、一八七二年二月二十七日付。

（5）*Kido Diary*, II, 246 (1872.11.7)（『木戸孝允日記』第二巻、二七一頁。明治五年十月七日付）。
（6）『ザ・シカゴ・タイムズ』紙、一八七二年二月二十七日付。
（7）泉前掲書、一四―一五頁。
（8）泉前掲書、三四頁。
（9）皮肉なことに、木戸と大久保は、外遊中に反対の立場をとることとなった。帰国した時には、大久保が近代化や経済発展を強く要請したのに対し、木戸の方は消極的立場をとるようになっていた。
（10）『ザ・ボストン・デイリー・グローブ』紙、一八七二年八月三日付。『ニューヨーク・トリビューン』紙、一八七二年八月三日付。尚、後者の方がエマソンのスピーチを、より完全な形で収録している。
（11）妻木忠太『松菊木戸伝』（全二巻、一九二七年）第二巻、一五四八頁。
（12）『ザ・サンフランシスコ・クロニクル』紙、一八七二年一月二十七日付。
（13）『ザ・デゼレト・イヴニング・ニュース』紙、一八七二年二月五日付。
（14）*Kido Diary*, II, 178 (1872.6.19)（『木戸孝允日記』第二巻、一九一頁。明治五年五月十四日付）。
（15）*Kido Diary*, II, 347-348 (1873.6.7)（『木戸孝允日記』第二巻、三九一―三九二頁。明治六年六月七日付）。
（16）Marius Jansen, *Japan and its World* (Princeton University Press, 1980), 63.
（17）泉前掲書、二九―三〇頁。
（18）*Kido Diary*, II, 122 (1872.1.31)（『木戸孝允日記』第二巻、一三〇頁。明治四年十二月二十三日付）。
（19）改革派教会はワシントンの国会議事堂から二街区東に位置しており、そこに保管されている記録には次のような一節が見られる―「W・E・パースン―一八六九年十月二十一日改革派教会組織―一八七二年六月辞任」
（20）「ヨーロッパ大陸の旅程の大半を終了し、近く日本へ帰国の途に就かれることと存じます。そして私がひき続き使節団に同行する必要はもはや無いように思われます。アメリカ本国ではまだ誰も私の後任に就いていないため、私がいつ帰国しても仕事が待っている状態になっております。」パースンから木戸孝允宛、ベルリン、一八七三年三月二十二日付。妻木忠太『木戸松菊公逸事』（一九三二年）四一四―四一五頁所収。
（21）パースンは一八七四年九月三十日から一八七八年七月一日まで在職した。東京大学百年史の中には、一年生がきわめて優秀で教授たちを深く尊敬している様子にパースンが印象づけられたという記述がある。彼はここで四年間教鞭をとったことを大層誇りに思っていた(『東京大学理学部百年史』〔東京大学出版会、一九八九年〕第二巻、一六・一九・一一二頁)。

(22) 「今日キドハーソン洗礼に付、余夫妻正二郎とも案内に預れり。正二郎は不快に付不ㇾ来」(*Kido Diary*, II, 215, 1875.10.9)(『木戸孝允日記』第三巻、二四三頁。明治八年十月九日付)。正二郎は木戸の養嫡子であった。

(23) 教会の公式記録には次のように記されている。「W・E・パースンは一八七九年五月十一日より教会に復帰した。一九〇五年十二月十九日没。」パースン本人の手になる記録も教会に多数残っているが、日本に関連した内容のものは一点もない。典型的な記載例を一つ紹介しよう—一八八〇年一月四日。私たちは今日まことに興味深い聖餐式を行ない、三十六名が聖餐を受けた。我が教会に新たに六名の信徒が加わった。そして私たちのすべての仕事に主の恵みがあるように祈りつつ、私たちは新たな関心と共に「祈禱週間」に入った—W・E・P。〔訳註〕「祈禱週間」は宗教心を高めるために行なわれる行事で、この間は毎晩信徒たち一人一人が順繰りに祈りを捧げる。

(24) 来原は後年、木戸の養子になり、木戸公正と名乗り家督を継いだ。

(25) *Kido Diary*, II, 140-141 (1872.3.22), 144-145 (1872.4.1.)(『木戸孝允日記』第二巻、一四七頁、明治五年二月十四日付。並びに同一五二頁、明治五年二月二十四日付)。木戸は後に新島が京都に同志社大学を設立した際に彼を援助した。

(26) 泉前掲書、一四六—一四七頁。

(27) 村松剛『醒めた炎—木戸孝允』(全二巻、日本経済新聞社、一九八七年)第二巻、五九六頁。

(28) 山県有朋が一八七〇年にベルリンを訪れた際にも、青木はドイツ語通訳と案内役を務め、徴兵制の重要性を説いた。後に明治政府高官となってからもプロイセンのユンカーたちと親交のあった青木は「独逸翁」と評されるようになった。彼は憲法制度、徴兵制度のどちらにおいても日本のドイツ化を推進したのである。

(29) 泉前掲書、二〇九—二一〇頁。

(30) *Kido Diary*, II, 300 (1873.3.15)(『木戸孝允日記』第二巻、三三二頁。明治六年三月十五日付)。

(31) 「今日より余兵部文部の事を主して関係せり。何書記余に附属す」(ワシントンにて。*Kido Diary*, II, 133 (1872.3.1))(『木戸孝允日記』第二巻、一四二頁。明治五年一月二十二日付)。何礼之(一八四〇—一九二三)は木戸が憲法制度の研究調査を行なった際に主として彼を補佐した。

(32) 杉山孝敏宛書翰、一八七二年一月二十六日（明治四年十二月十七日）付、『木戸孝允文書』（全八巻、日本史籍協会叢書、一九二九―一九三〇年）第四巻、三一九―三二一頁。杉山は文部省の官僚で、木戸の親友であった。後年彼は木戸の私的秘書を務め、一八七三年木戸が提出した有名な憲法制定建白書の草案を作成した。

(33) Marlene J. Mayo, "The Western Education of Kume Kunitake, 1871-1876", *Monumenta Nipponica*, XXVIII (Spring, 1973), 43-44.

(34) *Kido Diary*, II, 238 (1872.10.20)（『木戸孝允日記』第二巻、二六一頁。明治五年九月十八日付。スコットランドのエディンバラにて）。

(35) *Ibid.*, II, 206-207 (1872.9.1)（『木戸孝允日記』第二巻、二二三―二二四頁。明治五年七月二十九日付）。

(36) John Breen, "Public statements and private thoughts: the Iwakura Embassy in London and religious question", *The Iwakura Mission in Britain, 1872*, London School of Economics, 1998.

(37) "Baseball in Japan", *Nippon Times Magazine*, 1949.10.6, p.6.

(38) 公式記録の上で日本に野球が紹介された年とされているのは一八七三年で、これは岩倉使節団が帰国した年と一致する。もっとも慶應義塾大学教授で日本の野球史の研究も進めている池井優氏は、日本で初めて野球の試合が行なわれたのは一八七一年で、アメリカの蒸気船コロラド号の乗組員が横浜在住のアメリカ人チームと対抗試合を行なったと述べている。*The Japan Weekly Mail*, 1871.11.4. 参照。

(39) *The Daily Scotsman*, 1872.10.19, *Kido Diary*, II, 236-237. (1872.10.18)（『木戸孝允日記』第二巻、二五九頁。明治五年九月十六日付。エディンバラにて）。一八七一年に行われた国勢調査の記録によれば、ロスリンにアレクサンダー・キッド氏、六十七歳と妻イザベラ六十五歳が二人の子息と三人の召使と共に暮らしていた（エディンバラ中央図書館蔵のマイクロフィルムより）。

(40) *Kido Diary*, II, 287 (1873.2.15)（『木戸孝允日記』第二巻、三一七頁。明治六年二月十五日付）。

(41) *Ibid*, II, 245 (1872.11.6)（『木戸孝允日記』第二巻、二七〇頁。明治五年十月六日付）。

(42) *Ibid*, II, 262 (1872.12.12)（『木戸孝允日記』第二巻、二八九頁。明治五年十一月十二日付）。
Anthony and Healey, *Itinerary of the Iwakura Embassy in Britain*, 42. 本論文執筆にあたり、筆者はこの便利な年表を頻繁に参照した。

(43) 杉山孝敏宛書翰、一八七二年一月二十六日（明治四年十二月十七日）付。『木戸孝允文書』第四巻、三二〇頁。
(44) 村松剛『醒めた炎—木戸孝允』第二巻、五七一頁。これは一八七二年八月二十日（明治五年七月十七日）のできごとであったが、青木周蔵の自伝が一九七〇年代に刊行されるまではこの間のいきさつはあまり知られていなかった。
(45) 泉前掲書、一三五頁。
(46) *Kido Diary*, II, 130 (1872.2.20)（『木戸孝允日記』第二巻、一三八頁。明治五年一月十二日付）。
(47) アルバート・M・クレイグ氏は、木戸のさいなまれていた自滅的な罪悪感の根源が、父よりもかなり年下の母に対して抱いていたエディプスコンプレックスを克服できなかったところに求められるのではないかと指摘する。"Kido Koin and Okubo Toshimichi : a Psychohistorical Analysis" in Craig and Donald H. Shively, eds., *Personality in Japanese History* (Berkeley, Univerity of California Press, 1970), 280-281.
(48) *Kido Diary*, II, 152-153 (1872.4.20)（『木戸孝允日記』第二巻、一六〇—一六一頁。明治五年三月十三日付）。
(49) *Ibid*., II, 204 (1872.8.29)（『木戸孝允日記』第二巻、二二一頁。明治五年七月二十六日付）。
(50) *Ibid*., II, 277 (1873.1.14)（『木戸孝允日記』第二巻、三〇六頁。明治六年一月十四日付）。
(51) *Ibid*., II, 293 (1873.2.28)（『木戸孝允日記』第二巻、三二四頁。明治六年二月二十八日付）。
(52) *Ibid*., II, 308 (1873.4.5)（『木戸孝允日記』第二巻、三四一頁。明治六年四月五日付）。
(53) *Ibid*., II, 152 (1872.4.20)（『木戸孝允日記』第二巻、一六〇—一六一頁。明治五年三月十三日付）。
(54) *Ibid*., II, 177 (1872.6.17)（『木戸孝允日記』第二巻、一八九—一九〇頁。明治五年五月十二日付）。

［訳註］
［1］ 原注の日付は全て陽暦である。以後、『木戸日記』原典の頁数と日付を併記する。『木戸孝允日記』（日本史籍協会叢書）第二巻、二六六—二六七頁。明治五年九月二十五日—十月三日付。なお、『米欧回覧実記』には工場見学の一部始終が図入りで詳述されている。
［2］ 岩倉使節の人員には変化はあるが、出発時には四十六名であったことが明らかになっている。しかし従来一般に典拠とされてきた『日本外交文書』第四巻所収の名簿には四十八名と記載されており、人名も若干異なっている。ブラウン氏はおそらく従来の通説の方に従ったものと思われる。

[3] 鍋島直大は岩倉使節団に同行した私費留学生の一人であった。従って使節団随員の人数には含まれていない。

[4] 木戸は岩倉がグラント大統領と会見した際「演舌」を行なったと日記に記している。(『木戸孝允日記』第二巻、一四二頁。明治五年一月二十五日付)。またエマソンやオリヴァー・ウェンデル・ホームズらが演説したボストンの晩餐会のくだりでは、「スピーチ」と日記に書きつけている。(前掲書、二〇九頁。明治五年六月二十八日付)。但し「演説」ということばをはじめて用いたのは木戸ではない。斎藤毅『明治のことば』(講談社、一九七七年、三八六―四〇二頁)他参照。

[5] この時の模様は久米邦武が回顧録の中で詳しく語っている。『久米博士九十年回顧録』(全二巻、早稲田大学出版部、一九三四年)下巻、二五九頁(翻訳に関する記述は二五五頁から二六〇頁にわたっている)。

[6] 岩倉たちより一足先に、一八七三年(明治六年)七月二十三日、横浜に帰着した木戸は、早速憲法制定の建言書を同月提出した。

[7] 江川太郎左衛門(一八〇一―一八五五)は伊豆国韮山の出身で、武蔵・相模・伊豆・駿河・甲斐の代官であった。一八四一年高島秋帆に入門し西洋砲術を学び、江戸で教授した。また韮山に反射炉を構築、一八五三年ペリー来航に際しては海防掛となり、江戸湾防備を唱え、品川砲台策が採用されその監督にあたった。門下生には木戸をはじめ、佐久間象山、川路聖謨・橋本左内・黒田清隆・大山巌ら一千人を数えたといわれる。木戸は一八五二年江戸に出て、江川に西洋砲術を学び相州警衛に参加した。

[8] *Kido Diary*, II, 157-158 (1872.4.28)(『木戸孝允日記』第二巻、一六七頁。明治五年三月二十一日付)。

[9] 何礼之訳『万法精理』は一八七六年一月に出版された。

[10] 『木戸孝允日記』第二巻、一九九頁。明治五年六月八日付。「セコンドリードルを読む」と木戸は記している。尚、ブラウン氏によれば、この『セカンド・リーダー』は、道徳的な話をいくつかまとめた教科書で、ほとんどのアメリカ人が当時使っていたという。

[11] 「セントラール」(『木戸孝允日記』第二巻、二〇七頁。明治五年六月二十六日付)。「ショイユス」(前掲書、一七二頁。明治五年四月一日付)。「ガーデン、ハーチー」(前掲書、二二七頁。明治五年八月四日付)。「カットルマーケット」(前掲書、二六二頁。明治五年九月二十日付)。「デスポチック」(前掲書、四五三頁。明治六年十一月二十日付)。「クレーズ」(前掲書、二七一頁。明治五年十月六日付)。

[12] 明治六年六月八日付の『木戸孝允日記』（第二巻、三九二頁）には次のように記されている。「晴八字出宿、乗車、海岸に至る。飛脚船フーグリーに乗る。同行は森有礼、藤原《ママ》　松本《ママ》　黒田《ママ》　後藤《ママ》　横山《ママ》　余等一行五人（毛利公、何、池田、ハーソン）外に森同行の米人《ママ》　十二人なり。十字過揚碇」。

[13] 野村素介（一八四二―一九二七）長州藩出身。藩校明倫館に学び、明治維新に際しては国事に奔走。明治四年五月から翌年三月まで欧州を視察し、帰国後は、文部省に出仕、元老院議官などを歴任後、明治二十三年に勅選貴族院議員となった。

[14] ブラウン論文には、パースンの奉職した開成所が一八七七年に東京帝国大学になったとあるが、この記述は多少正確さを欠いている。文久三年に洋書調所が「開成所」と改称され、さらに一八六八年、明治政府は開成所を接収復興し「開成学校」を設置した。一八七四年にはこれが東京開成学校と改称、そして一八七七年に同校と医学校を合併し、法・理・文・医学部を設置した「東京大学」が創設されたのである。帝国大学令により、工部大学校を統合して「東京帝国大学」に改組されたのは一八八六年、パースンがすでに東大を去った後であった。

[15] 児玉淳一郎。一八四五年生まれ。一八七一年から一九七三年まで、司法省よりアメリカ合衆国に公費留学していた。

[16] 河北義次郎。一八四四年生まれ。一八六七年から一八七三年六月までイギリスに留学していた。

[17] 来原彦七郎は一八五七年七月生まれ。一八七〇年十二月から一八七四年、また一八八六年、アメリカ合衆国に留学。鉱山学を修めた。

[18] 新島襄は一八六四年西島と変名し、密出国してアメリカ合衆国に渡り、そのまま帰国せずに留学生活を続けていた。

[19] 尚、本文中に引用されている日記の一節は明治五年二月二十四日付のものである。二月十四日付の日記には「今日西島始て面会す。同人は七八年前学業に志し、脱て至此国。当時已に大学校を経、此度文部の事にも着実に尽力せり。可頼の一友なり」とある。

[20] 青木が外務一等書記官心得としてはじめて官途についたのは明治六年一月、そして同年八月に一等書記官となった。従って彼がロンドンへ木戸を訪ねた明治五年七月（一八七二年八月）には、青木はまだ留学生の身分であった。

[21] 青木周蔵は医師三浦玄仲の長男であったが、一八六五年二十二歳の時蘭方医青木研蔵の養子となり周蔵と改名し

た。一方、木戸孝允の実父は和田昌景であったが、この和田家と青木家の家が背中合わせにあり、裏庭を通れば隣同士であった。和田氏もまた医師であったことから両家は親交が篤かった。

〔22〕泉氏の引用した一節は、青木周蔵『青木周蔵自伝』（平凡社東洋文庫、一九七〇年）三八頁。

〔23〕ロンドンにおける木戸と青木の憲法論議は『青木周蔵自伝』第五回、第六回に詳述されている。

〔24〕一八一六―一八九五年。法学者、政治家。一八四四年ベルリン大学教授に就任、一八五八―一八九三年プロイセン国会議員、一八六八―一八八四年ドイツ国会議員、また一八七五年には最高裁判所判事に就任した。ドイツの近代的法体系整備に寄与し、一八八五年訪欧した伊藤博文に君主主義的憲法論を講述して大日本帝国憲法の方向性に多大な影響を及ぼしたのは有名。

〔25〕『木戸孝允日記』第二巻、一九三―一九四頁。明治五年五月二十一日付。

〔26〕木戸の日記には「夜青木品川其他十余来話、伊藤玄伯も亦在坐」と記されているにすぎない（『木戸孝允日記』第二巻、二一六頁。明治五年七月十七日付）。

〔27〕木戸に関するこれら二つの逸話は『久米博士九十年回顧録』（二六三―二六四頁）の中で詳しく紹介されている。

〔28〕『木戸孝允日記』第二巻、三五三頁。明治六年四月二十七日付。

岩倉使節団評価の三つの盲点——追体験の旅から

泉　三郎

一　はじめに

私は、久米邦武の『特命全権大使米欧回覧実記』(以下『米欧回覧実記』と略記する)に魅せられて、主として旅の興味から、一九七六年から九二年まで、前後十数回にわたって岩倉使節のあとを少しずつ旅してきた。ご承知のように使節は各地で枝葉のような旅もしているので、その意味では全行程にわたり完全にフォローした訳ではないが、少なくとも本隊の基本的なルートと大きな枝に属するところはすべて、それもなるべく忠実に鉄路で旅をしてきた。そしてマルセーユから横浜に至る帰路の中東・アジアの主要な港についても追跡した。つまり岩倉の旅を一世紀を隔てて追体験したことになる。

この体験をベースに私は、岩倉使節団のデッサンをノンフィクション・ストーリー風に『明治四年のアンバッサドル—岩倉使節団文明開化の旅—』(日本経済新聞社刊)として、またテーマ別のエッセイを『新・米欧回覧の記—一世紀をへだてた旅—』(ダイヤモンド社刊)として、そしてタイムスリップの旅を『米欧回覧・百二十年の旅―岩倉使節団の足跡を追って―』（米英編、欧西編二巻）（図書出版社刊）としてまとめた。
そこでこのたび（一九九二年五月）、芳賀徹氏より岩倉使節の追体験の旅をしてきた者として何かを書くようにと機会を与えられたので、率直な感想を二、三申し述べてご参考に供したい。

はじめにその前提として、岩倉使節団の歴史的な背景について瞥見しておきたい。東京大学名誉教授の平川祐弘氏はその著『西欧の衝撃と日本』で、次のように述べておられる。「近代ヨーロッパの衝撃は、西洋より非西洋にとって、より深刻な傷痕を残すショックとなった。十九世紀の西洋はなお内発的な進化を悠々と続けていたが、アジアには外発的な大変動が起こり、それ以後、非西洋の世界は好むと好まざるとにかかわらず、西洋がリードしつつあったグローバルな世界史の中へ抜き差しならぬ関係で組み込まれてしまったからである。十九世紀の西洋は非西洋の文明を無視することはできたが、非西洋の側は西洋文明を、受け容れるにせよ拒むにせよ、どうしても気にかけずにはいられなかった」と。

岩倉使節団もその「気にかけずにはいられなかった西洋文明」の探索の旅であり、日本を西洋の帝国主義の牙から守りいかにして独立を全うするかの、のっぴきならない解決策を求めての必死の調査行であった。そしてそのような旅を明治維新という革命政権の誕生直後に、しかもその中枢メンバー自らが揃って敢行した国は、非西洋の数ある国でも日本以外にはなかったという事であろう。それはアジア・アフリカ・中東・ラテンアメリカ諸国のその後の歴史をみても例のないことであって、「西洋の衝撃」はそれらの諸国にとって明治の日本のそれ以上に大変な重圧として覆い被さり、その後遺症は今なお諸国を悩ましている。

日本はその中にあって独り抜けでるように近代化を成し遂げて来た国といわれている。そしてその急激な開化の陰には、岩倉使節の派遣という思い切った行動が一つの重要な鍵になったことはまちがいないように思われる。

そこで以上のことを前提に、この旅がもつ特徴について、三つの側面から私見を述べてみようと思う。

二 「六百三十二日間」の米欧回覧

第一は、使節の旅が大変長期に及んだこと、その旅行史上のタイミングのよさ、そしてそのルートが東まわりであったことである。

岩倉使節団は一年十ケ月にわたって旅をした。途中から帰ってきた大久保や木戸にしても一年半は費やしている。これは今日の感覚でいえば、旅というより留学に近い。滞在期間もアメリカに六ケ月半、イギリスに四ケ月、ヨーロッパに八ケ月、しかも復路の船旅にも二ケ月近くかかっている。それは旅の見聞を反芻し、咀嚼、消化するのに、貴重な時間であったと思われる。今日のジェット機で飛び回る忙しい旅からするとこれは大変な違いである。

しかしこの旅は産業革命以前の旅に比べると考えられないような効率的な旅であった。遠くは遣唐使の旅をみても近くはマゼランの旅をみても、想像できないような早くて安全で快適な旅だったといえる。それは奇しくもジュール・ヴェルヌが描くところの「八十日間世界一周」の年と付合しており、岩倉使節はまさに近代旅行の幕明けの時期にいちはやくその波に乗って旅したことを意味する。つまりこんな旅ができたこと自体、一八七〇年代という時代であればこそのことであり、使節にとってそれは歴史的偶然であり、大変な好運であったといえる。

それから旅のルートの問題がある。使節は東まわりでアメリカから旅をした。それもサンフランシスコから陸路を汽車に乗って未開の西部をゆっくりと見物しながら、だんだんとシカゴ、ワシントン、ニューヨークへと、あたかも文明の階段をひとつひとつ順に昇っていくように旅をした。これは逆のコース、つまり西まわりで旅する場合とかなり印象が違うのではないかと思う。たとえばマルセイユやリヴァプールから上陸していきなり西洋文明の最高点ともいうべきパリやロンドンに見参することになると、その衝撃は極めて大きかったろうと思われる。文明の格差が余りにも大きすぎて絶望感にうちひしがれてしまう怖れがあるからである。

その点、使節は当時としては後進国のアメリカの、それも西部の最果ての街サンフランシスコから旅を始める。当時のサンフランシスコの人口はわずか十五万人で、その新興の小都市に二週間も滞在して大歓迎をうけ、ホテルや銀行や学校や工場など文明のミニチュアともいうべきものを多面的に見た。それはこれから始まる「西洋文明見学」というフルコースの大正餐を前にして、軽くバーでオードブルでもつつきながら食前酒でも飲む雰囲気に似ている。それがいきなりパリやロンドンであったりすると、まるで空き腹になんの準備もなく豪華絢爛たるメインディッシュを食べるようなもので、西洋文明という大ご馳走に圧倒されて、胃袋もびっくりしてしまったのではないかと思う。

それはむろん旅のスピードとも大いに関連する。岩倉使節はサンフランシスコから大陸横断鉄道でそろりそろりと旅をしていく。途中のソルトレークシティでは大雪に降り込められて十八日間も滞在しているが、それはカリフォルニアでの見聞を咀嚼し消化していくのに大変効果があったと思われる。その後、当時人口三十万くらいだったシカゴにも途中下車して見学し、いよいよオハイオ州を横切って「開明の地」東海岸へと接近していく。

その車中での感慨を、久米は『米欧回覧実記』にこう書いている。

使節が訪れた頃のソルト・レークの市街

一行ノ汽車、桑港ヨリ海岸山ノ隧道《トンネル》ヲ出テ、茫漠タル加利福尼《カリホーニヤ》ノ平地カ、天ニ連リ平衍《ついえん》ナルヲ一見セシヨリ、米国開拓ノ情実ニハ、人ミナ感触ヲ生シ、川ヲミレハ其漕運灌漑ニ注意シ、野ヲミレバ其分田道路ニ注意シ、山ヲ走レハ其材木礦利ニ注意シ、村駅ヲ過レバ其鳩聚《きょうしゅう》生理ノ状ニ注意シ、目ノ撃《う》ツトコロ、車中ミナ開拓ノ談ナラサルハナシ。（I 一八一頁）

抑《そもそも》米ノ合衆国ハ、其始メハ圧瀾《アタラン》海ノ平地ヨリ開拓ヲハシメ、独立ノ後ニ、密河谷平地ニ開拓ヲ広メ、約三十年ツ、ニテ、漸々《ぜんぜん》(西カ)東ニ及ホセシコト（中略）……合衆国開化ノ歴史ヲ、順次ニ目撃シ来ルト謂ヘシ。（I 一八二頁）

この地域だと開化といってもまだ初期段階だからとても解りやすい。

その後、一行はアメリカの最も進んだ地域つまりフィラデルフィア、ニューヨーク、ボストンなどを見学して、なるほど今はこうしてすごく発展しているようにみえてもわずか三十年前には大した街ではなかったのだと理解するのだった。

それからアメリカを発って英国に向かうが、リバプールまで十日ばかりの船旅は、アメリカ旅行を咀嚼し消化する恰好の期間となった。そしていよいよ最たる文明の地イギリスに乗り込むことになる。つまり繁華この上もないロンドンの街に入るまでにはそれだけの予備知識と見聞があったということを意味している。しかもその後英国各地を巡遊して産業革命の実態をつぶさに見学し、今をときめく英国の繁華でさえ、大づかみにいえば僅々四十年の時間の間に達成されたものだということを理解した。

そして一行は、文化的にはイギリスを凌ぐ「文明の頂点」とも謂うべき「麗都パリ」を回覧し、今度は一転して階段を降りるようにして、ドイツ、ロシアとだんだん開化度の低い地域へと旅をする。使節が文明の頂点から少し下がったドイツへきてようやく親近感を覚え日本との類似点にも気付き、開化への手懸かりをつかむことはご承知の通りである。さらにドイツの視察を終えた後、ベルリンからポーランドの平原を走り抜けサンクトペテルブルグへ行く列車の中で、久米は後進国ロシアの印象をこう述べている。

> 黎明ニ、矮松《わいしょう》叢樹《そうじゅ》ノ狼藉《ろうぜき》タル、荒野ヲ走ル、地上ノ宿雪ハ斑《まだ》ラニ残リ、流澌《りゅうし》ハ匯《かい》シテ沼沢ヲナシ、光景実ニ穢悪《わいあく》ナリ（中略）、偶《たま》ニ村落ヲ野面ニ見ル、木ヲ構ヘテ矯屋ヲ結ヒ、板ヲ釘シテ周壁トナシ、一二ノ円形ナル窓眼ヲ開キタルハ、鳩巣ニ彷彿タリ（中略）其光景タル、之ヲ亜米利加ノ曠野ニテミタル印甸《インチャン》土蕃ノ窟宅ニ比スレハ、一等ノ開化ニ近《ちかづ》キタルノミ。（Ⅳ四〇頁）

つまり、久米はロシアの荒野をアメリカの未開の西部とダブらせて、その貧寒の地とアメリカ先住民の矮小な小屋を連想している。そしてそれまでの旅を次のように総括するのである。

> 米欧列国ヲ歴聘《れきへい》シテ、深ク遐陬《かすう》ニ入リシハ、露西亜《ロシア》国ヲ以テ最トス、仏国巴黎《パリー》ヲ発セシヨリ、漸ク東スルニ従ヒ、開化漸クニ浅ク、「ボルチック」海浜、及ヒ波蘭《ポーレン》ノ北ハ、漠野茫茫トシテ、森林榛榛《しんしん》タリ、約略タル人家ノ其間ニ生嘯《せいしょう》スルハ、再ヒ米利堅《メリケン》ノ漠野ヲ回想シ、地図ヲ開キテ之ヲ検スレハ、欧羅巴洲ノ大半ハ、猶《なお》此様ノ景況ナルコトヲ知ル、然《しからば》則《すなわち》文明ト呼ヒ、開化ト叫フモ、全地球上ヨリ謂《い》ヘハ、一隅ニ於テ星大地ノ光リニスキス、陸壌ノ広キ十ノ九ハ、猶荒廃ニ属セルナリ（Ⅳ二一頁）

一行はこの地まで来て、最初アメリカの荒野から始まった開化見学が、アメリカの東海岸を経て、その頂点たるイギリス、フランスを経、そしてドイツにおいてやや坂道を下がり、再びロシアにいたって未開の域に到達したことを実感したのである。

こうしてフルコースの文明見学をいったん終えたような感触のあと、使節はなおイタリアで西洋文明の淵源を見、ウィーンでは万国博を見物し、スイスではアルプスの山水をまるで正餐のあとのデザートのように楽しむ。それは長い長い米欧回覧の旅をまた別の角度からおさらいするような効果を持った。

言い替えれば、岩倉使節はゆっくりと時間をかけて、文明の様々な発展段階を相対的に実地に見聞し、さらには古都ローマ遺跡とウィーンの万国博覧会でとどめをさしたともいえる。これは日本以外の非西洋諸国、それも歴史ある国々、たとえば中国、タイ、インド、エジプト、トルコ、エチオピアなどが、同じく「西洋近代文明の衝撃」にあった時、どのような対応をしたかと比較すればその差は歴然たるものがあろうかと思う。各国とも程度の差こそあれ同じような危機意識にかられ、留学生を送り、視察団を派遣したであろう。が、それはおそらくイギリスなりフランスなり、二、三国の見学に終始したであろうし、日本のように世界を一周するルートをとって十二ケ国、百二十都市にわたり西洋文明をつぶさに視察し複眼的に捉えた例はなかったと思うのである。

それは日本が好運にもたまたま西洋文明の地の遙かなる地球の裏側

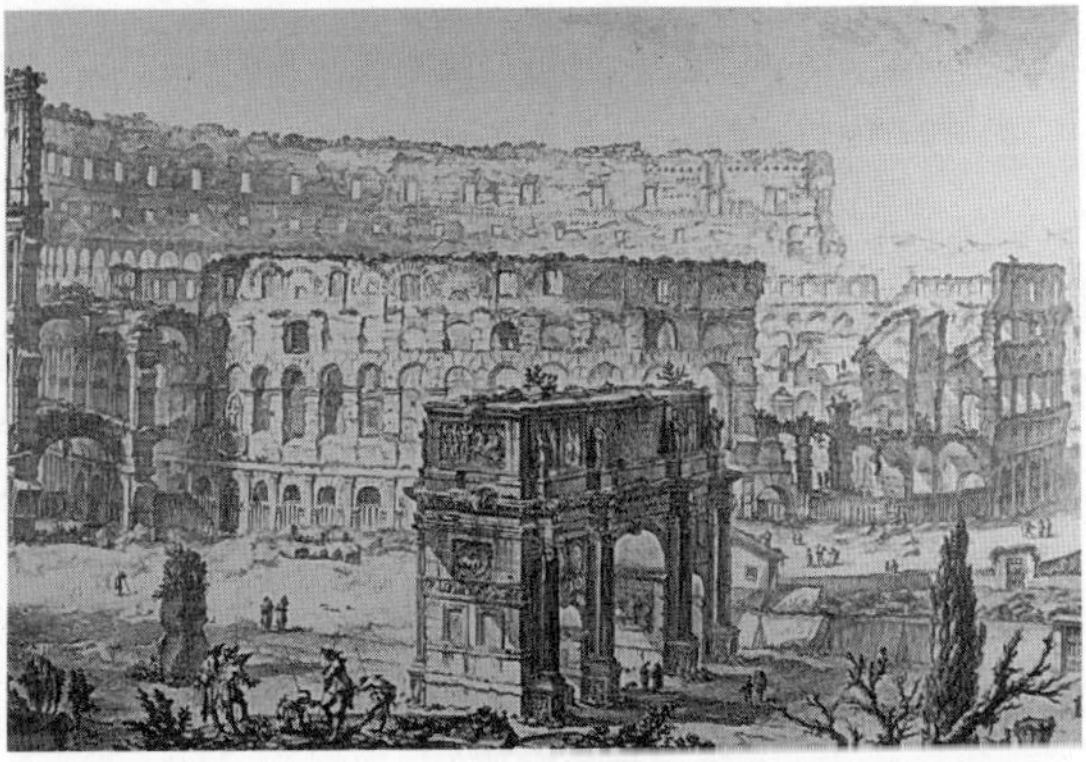

ローマの古蹟図

に位置し、アメリカと英仏の勢力が東と西から相会する最も遠い接点に位置していたからであるかもしれない。しかしいずれにしろ、岩倉使節の辿ったルートと視察にかけた時間が、西洋文明なるものの本質に迫りしかも複眼的にそれを理解する上で極めて効果的であったことは明瞭である。これがこの旅の持つ際だった第一の特色であろうかと思う。

三　アジア回覧の旅

第二の点は、使節が米欧だけでなく垣間見にしろアジアも見たという事実である。一般には使節の旅は文字どおり「米欧回覧」であって、アジアは通過しただけで「回覧」していないという解釈のようだが、私にはそうは思えない。一行はマルセイユから横浜までの五十数日の船旅で、多くの港に寄りいろいろのものを見聞した。それはやはり「回覧」の一種に違いない。

私は一九五八年、学生の時に横浜から南米のチリまで船で旅をしたことがある。横浜からサンフランシスコ経由でヴァルバライソまで行ったが、その船はいわゆる貨客船で貨物が主体なのだが、客も乗せていた。そのためメキシコのアカプルコをはじめ中南米の港々に、まるで各駅停車の列車のようにちょこちょこと寄港していった。したがって全行程はなんと四十九日もかかったが、そのお陰でいろいろのところを見学できた。船が港に着くと貨物の積み卸しをするのに二、三日はかかるので、船客はその間陸に上がってあちこち回覧できる訳である。現

ウィーン万国博会場

代の飛行機の旅からはちょっと想像がつかないが、船が主要な交通機関であった時代、しかも客船でも同時に貨物を積んでいた頃のことであり、燃料補給の必要もあったので、岩倉一行の場合も同じ様な状況であったと想像される。

使節はマルセイユを出航したあと地中海を渡ってまずポートサイドに着く。そして上陸して街を見学している。それから運河に入るが、この歴史的な大工事であるスエズ運河が仏人レセップスの堅忍不抜の努力によって出来上がったことに思いをいたす。一行は茫漠たる砂漠の中の一条の青い水路を通って紅海に抜ける。そこではイギリスやフランスが凌ぎを削って権益の争奪をやってきた光景を目の当たりにすることになる。それから炎熱の紅海を通り岩山だらけの異形の地アデンに寄港する。ここはイギリスのアジア航路、特にインドへの航路の重要な中継点であり、不毛極暑の地にもかかわらずイギリスが軍隊を駐留させて航海の安全を確保している情景を実見する。

その後一行はアラビア海を渡ってセイロンのゴールに立ち寄る。ここはかつてポルトガルに次いでオランダの、そして当時はイギリスの植民地になっており、西洋諸国の対アジア政策の変遷を実地に見学するのに格好の港であった。ここでは、ホテルに二泊してゴール近辺を見学している。そしてシンガポールまでの航路ベンガル海では、インドのカルカッタに思いを馳せている。それは折しもゴールであの悪名高き上海行きのアヘンが使節の船に積み込まれたからでもあった。

久米はこう書いている。

使節が泊ったゴールのホテル（現存）

此府ヨリ輸出ノ産物ハ、鴉片ヲ魁トス、皆支那ニ輸送ス、支那国ハ、全地ノ民、周年ノ労力ヲ傾ケ、此一品ヲ買得テ、精神ヲ麻痺《まひ》スルコトニ、勉強スト謂フヘシ、英国モ亦此不詳ナル利益ヲ受ケテ、自ラ肥ル、豈《あ》ニ文明ノ本意ナランヤ。

(V二九九頁)

文明とは何か、文明国とは何なのか、と久米は基本的な疑問を投げかけている。マラッカ海峡を通るところでは、たまたまスマトラのアチェ族とオランダの間に戦端が開かれていた時期でもあり、オランダの将官が同船していたこともあって、久米はオランダをはじめ各国のあくどいやり口について辛辣な批判をしている。『米欧回覧実記』にこうある。

弱ノ肉ハ、強ノ食、欧洲人遠航ノ業起リシヨリ、熱帯ノ弱国、ミナ其争ヒ喰フ所トナリテ、其豊饒《ほうじょう》ノ物産ヲ、本州ニ輸入ス、其始メ西班牙、葡萄牙、及ヒ荷蘭ノ三国、先ツ其利ヲ専ラニセシニ、土人ヲ遇スル暴慢《ぼうまん》惨酷《ざんこく》ニシテ、苟《いやしく》モ得ルニアリシヲ以テ、反則数《しばしば》生シ、已ニ得テ又失ヒ、英人因テ其轍ヲサケ、寛容ヲ旨トシ、先ンスルニ教育ヲ以テシ、招撫柔遠ノ方ヲ以テ、今日ノ盛大ヲ致セリ。

(V三〇七頁)

ここではオランダ人に比較してイギリス人のやり方を誉めているが、そのイギリス人のやっていることも一見紳士的には見えても、アヘン貿易にみるように、さらに老獪、悪辣な面があることを見抜いていた。まさに「欧州ノ文明ニ矜リ、一視同仁ノ論ヲ唱フルモ、亦未タ言ウベクシテ行ウベカラザルヲ見ル」である。

岩倉使節に先立つこと十年、福沢諭吉もヨーロッパへの往復にこのルートの船旅をして、アジアや中東での西洋文明のやり方をしっかり見ている。だからこそ、福沢は『文明論之概略』で、日本の開化の目的は独立にあり、と明言しているのである。文明開化そのものが目的というより、独立を確保するには西洋の文明を摂取しなければ到底太刀打ちできないと見て取ったからだった。福沢は後に「脱亜入欧」を言ったために、西洋文明一辺倒に見られがちだが、実際には西洋文明の限界についてもきちんと見抜いており、西洋文明は当面の目標であって、究極の目標とはなり得ないことをはっきりと言っている。岩倉使節の面々についてもそれは同様で、ある一部の論者のいうように西洋文明にぞっこん惚れ込んで魂まで奪われてしまったわけではない。西洋文明にはあくまでも留保をつけて理解しているというべきであろう。

岩倉一行はさらにフランスの植民地サイゴン、英国の植民地ホンコン、そして西洋諸国雑居の体をなした国際都市上海へも上陸して見学している。こうして、アジア回覧の旅をすることによって、一行は西洋文明がその絢爛たる繁栄の裏側で何をやっているかを直感的に理解してしまう。それは下手をするとそのまま日本にも襲ってくる災いあった。それだけに、いかにして植民地化されることなく独立をまっとうするかが切実にしてかつ最大の関心事であった。その意味で岩倉使節は、単に「米欧」だけを見たのではなく、近代文明を装備した加害者としての西洋諸国とその被害者としてのアジア諸国の姿を二つながらはっきりと「回覧」したことになると思う。

四　岩倉・大久保・伊藤トリオの誕生

第三の点は、使節団の構成とその人間関係である。

これは回覧の見聞内容そのものとは直接関係のないことだが、岩倉使節の旅の歴史的な意味を考える場合、極めて重要だと思う。視察団や留学生はどこの国でも多かれ少なかれ派遣をしたはずだが、このような政府の重要メンバーが揃いも揃って出かけた例は他にはない。国の舵を実際に握っている人物が視察をするのだから、これほど真剣でまたすぐ実地に生かされるケースもない。たとえばロシアで岩倉使節の旅をピョートル大帝の王子時代の欧州見学に擬して理解しているところがあるが、むべなるかなという感じがする。

しかもこれだけ長い困難な旅をするのだから、使節メンバーの間におのずから同志的な結合が生まれても当然であろう。とりわけワシントンで軽率にも条約改正問題に取り組んで大失敗をした首脳部は、一種の「戦友」にも近い体験を味わったのではなかったかと思う。むろん反対の効果も生まれた。木戸孝允と伊藤博文は出航まで非常に親しい関係にあったはずにもかかわらず、この旅をきっかけにかえって気まずくなった。

ところがより重要なのは、岩倉具視、大久保利通、伊藤博文の三人が同じ釜の飯を喰って苦労を共にし、その間にだんだん同志的な連帯感を持っていくことである。政治的な人間関係でいえば、この旅を通じての一番大きな成果は、大久保と伊藤が急接近したこと、若い伊藤が大久保の信頼を得、同時に岩倉の知遇を得たことであろう。

岩倉使節団については、非常に低い評価があることは周知のとおりである。そのあたりの事情を三宅雪嶺は『同時代史』の中で次のように書いている。

大使及び副使は自らいたずらに漫遊せず、為しうべき限りを為しきたれりと考えるも、留守居の大官よりみれば純然たる漫遊と同様にして、大功を立てたるかに歓迎されざるも怪しむに足らず。

留守を守った連中からすれば、廃藩置県後の政務は猫の手も借りたいほどの大多忙で、地租改正、学制改革、徴兵令など、どのひとつをとっても歴史的な大改革を次々とやりとげていくのだから、大金を消費して世界を漫遊している連中など、まことに「大使副使の名あるも観光団とほかならず」であり、帰国したとてあらためて歓迎の意を表わす気持ちなどとてももてないくらいの状況であった。

またよく知られているように、ロンドン滞在中大金を詐欺まがいの銀行破産に遭って失ったこともあり、「条約は結びそこない、金とられ、世間にたいしなんといわくら」と辛辣な狂歌を詠まれるほどの状況で、当時の使節の苦衷は察するに余りあるものがある。

しかし、使節の評価は帰国当時さんざんだったにもかかわらず、長い目でみればその後の大久保体制の確立、大久保亡きあとの伊藤体制の確立などを考えあわせれば、結局この回覧組がその後の日本をリードしていくことになったことは明らかである。

使節のメンバーが一年半も旅を共にした仲間であり、条約改正に取り組んで無惨な敗北を喫した同志であったことが、明治六年の政変時にも外遊派の結束として現れたといえる。このように考えてくれば、旅の一番大きな副産物は岩倉、大久保、伊藤という人脈がしっかり築かれたことだともいえよう。もっとも岩倉と大久保はすでに幕末以来の盟友であり、共に維新回天の大芝居をうってきた同志であった。しかし伊藤はまだ若く新参であり、当時は未知数の存在であったであろう。ところが旅の間にだんだんその人物を知られていくことになる。伊藤はこの旅の以前に二度の外遊経験をもちブロークンながらも英語をあやつり、使節の事務長的な役をこなして有能であった。そしてなによりも陽性で愛嬌があり人をそらさぬ社交性と調整能力に富んでいた。また、企画力も行動力も抜群であったから、大久保にとっても岩倉にとっても極めて重宝な存在だったのである。

この旅での人間関係をみると、俗な表現をすれば一番割りを喰った人物は木戸孝允であり、一番得をした人物は伊藤博文であったことになろう。木戸は聡明ではあったが神経質に過ぎて文明開化についても「拙速」より「巧遅」を好んだし、健康を害し神経衰弱気味になってしまう。それに対して弟分だった伊藤は木戸のライバルだった大久保とより親しくなり、木戸からは離れていく。その上、伊藤はまだ三十歳余りで健康そのものであり、精力絶倫といわれた男である。最初のうちは書生論に近い過激ともいうべき急進的開化論を唱えていたが、米欧の実態を深く観察するにつれ次第に思考が熟して漸進的になりバランス感覚を持つにいたる。そして条約改正交渉の大失敗にもめげず、むしろそれを肥料にして成長し政治家としてのしたたかさを身につけ、帰国後の政変では獅子奮迅の活躍をする。そして大久保に信頼され、あわせて岩倉の寵愛をも獲得してしまう。

明治六年の政変以降、伊藤は先輩格だった大隈重信と肩を並べて大久保政権の両翼を担うことになるが、明治十一年の大久保暗殺後は強力だったライバルの大隈を差し置いてその後継者におさまった。そして天皇の名代として隠然たる力をもっていた岩倉を後ろ盾にすることにより、伊藤の政治的な地位はいよいよ不動のものになっていく。このことは明治六年の政変で敗れた江藤新平や明治十四年の政変で落伍する大隈重信との対比で考える時、大きな意味をもつ。

岩倉、大久保、伊藤の盟友関係は、実にこの米欧回覧の旅の中で醸成されたものといっていいえよう。政治的にはこれは極めて重大であり、その後をみれば、伊藤博文が近代日本の基本法である明治憲法の立案者となり、日本の近代化路線を確立することになっていくからである。

五　終わりに

歴史に「もし」は禁句のようだが、岩倉使節団というものが結成されず、このような旅をしなかったとしたら、明治日本はかなりニュアンスの違った道を辿っていたことは確かであろう。そして伊藤という人物がその中心となり、天皇をいただく日本独自の立憲君主制国家もできていなかったかもしれない。

そしてその結果として、明治三十八年に日露戦争に勝ち、四十四年には幕末以来の宿願であった条約改正にも完全に成功し、名実ともに欧米列強からの独立を果たし、世界の一等国の仲間入りをするまでに至ったかどうかはわからない。また、その四十年後には自ら帝国主義の仲間入りをして米欧列強と正面衝突し、アジア諸国を蹂躙し、結果としてそれら諸国の独立を招来し、自らは大敗北を喫して廃虚の中に呻吟したかどうかもわからない。ましてやその四十年後の今日、経済大国として世界のトップパワーにまでのしあがったかは予測しがたい。

思えば、明治維新から数えて百二十年余にわたり、わが日本は時にそのウエイトの置き方は変わったとはいえ――「強兵」か「帝国」か「富国」かは別として――一貫して西洋文明を模倣しその移植に努めて来たことになる。そしてその開化路線、近代化路線の一つの原点をなすものが、この岩倉使節団にあった気がする。よきにつけ悪しきにつけ、岩倉使節は、「西洋近代文明の衝撃」をまともに受けた非西洋の一国が、いかにそれに対応したかの極めて典型的事象であり、『米欧回覧実記』はその記念碑的な記録であったといい得るのではないかと思う。

ヒマラヤのような高山は、距離を置いてみないとその全容を把握することが難しいように、岩倉使節のような「大いなる旅」は、相当の時間を置いてみないとその実像がみえてこないという事情がありそうである。その意味でも岩倉使節の評価は、やはり百年の時を経てはじめて可能になったというべきではないだろうか。

IV

倫敦橋〈右ニ銅標ヲ望ミ左ニ聖「ホール」寺ミユ〉（部分）
（『米欧回覧実記』銅版画、久米美術館蔵）

岩倉使節団の西洋都市研究

芳賀　徹

一　都市の眺望

1　ピッツバーグの夕景

明治五年一月二十日（一八七二年二月二十八日）の夕刻のことである。岩倉使節団の一行四十六名、および同行の日本人留学生数十名を乗せた特別仕立ての蒸気列車は、ようやくアメリカ・ペンシルヴァニア州の大工業都市ピッツバーグに近づきつつあった。長い長い汽車の旅であった。前日の夜九時十分、シカゴの東駅を出発して以来、夜はインディアナ州、よく晴れたこの日一日はオハイオ州と、二つの州の広大な「田野村邑」の間を約七百キロ、ひたすら東へと走りつづけてきたのである。

列車はピッツバーグに入る手前の、オハイオ河の支流にかかる大きな鉄橋の上でしばらく停車した。それは、北に半マイルほどの上流にある瀧、「ビーヴェル（ス）、ホール」(Beaver Falls) にちなんだ同名の鉄橋で、ここに停車したのは、その橋上からこの支流ビーヴァー川とオハイオ河の合流地点を日本人一行に眺望させてやろうという配慮からだったらしい。さすが特別列車ならではのサーヴィスであった。

そこからさらに三十分、午後四時半に汽車はピッツバーグ駅に到着した。駅舎のすぐそばの大きなホテルで夕食をするためだったが、『特命全権大使米欧回覧実記』の筆者久米邦武は、このわずか一時間の途中下車の都市についても、文庫版で十行余の文章を惜しげもなく献げている。「○「ピッチスボルク」府ハ「ペンシュルヴァニヤ」州西部ノ大都会ナリ、北緯四十度三十二分、西経八十度二分ニ位シ、人口八万六千〇七十六人（七十一年ノ計）合衆国第十六ノ都会タリ」（Ⅰ一八〇頁）。

この冒頭数行は、久米邦武がどの国のどの都市についてもまずしるす客観的位置づけを、もっとも簡略にしたものの典型にすぎないが、これにすぐつづいて彼は列車がいよいよこの市中に進んで行ったときの眺望とその感慨とをつぎのように述べる。これがあるから『米欧回覧実記』は、福沢諭吉の『西洋事情』ともアメリカ人宣教師裨治文《ブリッジマン》（Elijah C. Bridgman）の『聯邦志略』（上海、一八六一年）ともたちまち類を異にして、ある感動をおびた記録文学の一作品となる。

> 其地ハ「アルゲニー」、及ヒ「モンゲフェラ」河ノ相会シテ、「オハヨ」河トナル交角アリ、「モンゲフェラ」河ニハ鉄縆《クミナハ》ニテ懸橋ヲ架シテ、鉄路ヲ其上ニヤル、縹緲《ひょうびょう》トシテ空中ヲ翔《かけ》ルカ如シ、河ヲ挟ミテ層楼参差《しんし》ト聳エ、夕陽ノ光ヲ遮リ、煤烟ノ天ニ薫《くん》スルハ、落霞《らっか》モ為ニ黒ク、下流ニ数条ノ橋アリ、層層水ニ鑑《かんが》ムハ、真ニ不レ霽《はれず》ノ虹ナリ、雄都ノ気象目ヲ驚ス、駅舎ハ河ノ東岸ナル市中ニアリ、旅客ハ蜂集《ほうしゅう》シテ蜘散《ちさん》シ、駅傍ノ「ホテル」建築宏壮ナリ、此ニテ晩食ヲ辨ス（Ⅰ一八〇頁）

これは前にも触れたように車窓からはじめて市街を一望したときの印象にすぎない。だが、むしろそのためか、あるいはこの都市がたまたま二つの河を擁して起伏ある土地に位置していたためか、一八七二年早春の工業都市ピッツバーグの全景が夕日を背にしてにわかに眼前に浮かび上がってくるような気さえする。岩倉一行はサンフランシスコを出発してから（明治四年十二月二十二日）、途中ロッキー山脈の大雪で足どめを喰ったこともあって、すでになんとひと月、「東方繁庶ノ域ニ達セント……転輪ノ猶渋キヲ覚」（I一五八頁）える思いで強行軍をつづけてきた。いまピッツバーグは彼らが望見するはじめての東部の大都会であった（シカゴは前年秋の大火で焼尽していた）。それゆえの昂揚もこの文中には宿されていたのかもしれない。

ピッツバーグはまさに久米の文章のいうとおり、東北から流れ下ってきたアレゲニー河（Allegheny River）と、東南から流れてきたモノンガヘーラ河（Monongahela River）とが合流してオハイオ河（Ohio River）となる「交角」に立ちひろがり、重要な河港であると同時に、南北戦争直後の当時ですでにアメリカの全鉄鋼生産の半分以上を産するという大工業都市でもあった。岩倉たちはそのモノンガヘーラ河を、おそらくこの街で造られた鋼索の吊橋鉄橋で渡り、橋上の車窓から両岸の建物の壮観と「煤烟ノ天ニ薫ズルハ、落霞（夕焼け）モ為ニ黒」い光景を眺めわたして、思わず息を呑んだのである。「アメリカのバーミンガム」とも呼ばれたこの都市の景観を指して、「雄都ノ気象目ヲ驚ス」とは、まさに明治の日本人ならではの反応であり、また表現であった。

2　フィラデルフィアの朝

一行の特別列車は一時間の停車後、午後五時半には早々にピッツバーグを発車、アレゲニーの山地をまたも夜行で東に走りつづけて、翌一月二十一日（陽暦二月二十九日）の早朝には、車窓左手にまた新たな一大都市が立ち上がってくるのを眺めた。それが極東にもすでによくその名の知られたフィラデルフィアであった。久米邦武の日記はここでもまたみごとにあざやかにその朝の景観をとらえている。

> 黎明ニハ「ペンシュルヴァニヤ」州東北ノ野ヲ走リテ、三竿《さんかん》ノ旭日ニ、一ノ大都府ヲ車左ニミル、旭陽連甍《れんぼう》ノ間ヨリ光輝ヲ映射シ、市廛《してん》ノ烟気ハ蒸々トシテ雲ヲ薫シ、矗々《ちくちく》タル突竃《とっそう》ハ天ニ朝シ、屋壁ハ参差《しんし》トシテ河浜ニ起リ、鉄橋数条ノ河ニ横《よこたわ》リテ、奇工ヲ極メタルハ、如何ナル名都ナルヤト問フニ、是即チ有名ナル費拉《ヒラド》特費《ルヒヤ》府ニテ、正ニ「スクイケル」河ノ西岸ヲ走行セルナリ、「フェヤモント」苑ハ、正ニ其向岸ナル岡阜《こうふ》ナリトイフ、他日ノ巡回ヲ樂《たの》ミツヽ、瀛車河流ニソヒテ南走スレハ……（I一八九頁）

右の文末に「他日ノ巡回ヲ樂ミツヽ」というとおり、このとき日本使節一行の列車はフィラデルフィアに一時停車さえしなかったようだ。汽車はそのまま南西に向かって、ウイルミントン、ボルチモアを経由して、一行の最終目的地ワシントンに直行し、折から降りだしたみぞれがやがて雪に変わって地と林を白く寒々と埋めてゆくなかを、同明治五年一月二十一日午後三時、首都の中央駅に着いたのであった。同日の日記の最末尾に久米はただ「市高俄《チカゴ》ヨリ華盛頓《ワシントン》マテ七百英里《マイル》、桑港ヨリ総程三千九十六英里《マイル》」と、この長路がまるでなにごとでもなかったかのように、あるいは逆に疲労困憊して筆力尽きたとでもいうかのように、わずか数語を書き加えている。

それにしてもフィラデルフィアは、ただその西側をスカイルキル河（Schuylkill）沿いに通りぬけたのにすぎないのに、久米の観察と筆力とによって、射しのぼる早春の朝日のなかにスモッグをおびてつぎつぎに見えてくるその市街のすがたが、立体的といっていいほどに巧みに美しく描きだされている。わずか四、五行の間に、列車の進行とともにその景観が展開してゆくことさえ感じとられる。「如何ナル名都ナリヤト問フニ、是即チ有名ナル……」というのも、車中の窮屈な仮眠からめざめて不意に「大都府」の壮観を目の前にしたときの驚きと、感嘆と、あたりのざわめきとを伝える現場の言葉であったろう。鉄橋にささえさまざまの装飾と工夫をこらしているこのフィラデルフィアの朝景色を、「雄都」ピッツバーグの夕景に対して、「名都」と呼んだのも適切だった。このような表現は『聯邦志略』にも徐継畬《じょけいよ》の『瀛環志略《えんかんしりゃく》』（一八四九）にもまだない。久米たちはもちろんすでにこの都市が、アメリカの独立革命の光栄ある中心地であったことをよく知っていたのである。

夕日のなかの「雄都」にせよ、朝日のなかの「名都」にせよ、『米欧回覧実記』の筆記者久米邦武がその迫力と美とを伝えようとしてしきりに難しい漢語を使ったのも無理はない。そもそも久米は漢学知識満載の旧佐賀藩士であり、『米欧回覧実記』もこの漢文読み下し体で記述することに決めたのであった。その上に、十九世紀後半の石炭と蒸気と鉄と煉瓦の時代、その中心に立つ米欧大都市の活況を叙述するには、日本平安朝以来のやまとことばでは歯が立つはずがなかった。それには、まさにこのような黒々として突兀《とっこつ》たる漢語と漢文脈の文章こそふさわしかったのである。

3　新旧語彙の動員

ピッツバーグについてもフィラデルフィアについても、「層楼参差《しんし》」といい、あるいは「屋壁参差」という（「参差」＝並びつづくさま）。「煤烟」、「天ニ薫ズル」、「雲ヲ薫ズル」、「落霞」（夕焼け、晩霞）、「三竿」（竹竿三本分ほどの高さ）、「連甍《れんぼう》」（連なる瓦屋根）、「層層」、「市鄽《してん》」（商店街、市街）、「矗々《ちくちく》」（高く聳える）、「突竈《とっそう》」（煙突）といった熟語も、読む者の眼に耳に強く訴えて美しい。石と鉄で造られた十九世紀の西洋都市を叙述するのにいかにも適切な用語であり、これらの多くを久米はこの後もアメリカ、ヨーロッパの都市を語るのに駆使してゆく。

右にあげた熟語はいずれも、なんらかの中国古典に用例のある語彙（たとえば「矗々」は漢の文人司馬相如の「上林賦」に見えるという）なのだが、なかにはそうではないものもある。たとえばピッツバーグのモノンガヘーラ河にかかる鉄の吊橋をいうのに、久米は「鉄緪」という見慣れぬ漢字を用い、この「緪」に「クミナハ」という読みをみずから振っていた。汽車がその上を渡ってゆくと「縹緲トシテ空中ヲ翔《かく》ルク如シ」であったという橋のことである。これは橋を懸架するワイヤーロープを指すのに、まだ「鋼索」という熟語が成立していなかったので、久米がここで苦心の末に新鋳した造語であったろう。『諸橋大漢和辞典』によれば、「緪《こう》」はたしかに「おほなは」（大縄）を意味し、「緪橋《こうきょう》」（縄で作った橋）「緪索」などの熟語も示されている。久米はこれが鋼鉄線を撚った組紐《くみひも》状のものであることをいうために、「鉄」の字をつけ、さらにこの難しい漢字に「クミナハ」とルビをつけたのである。

明治十九年（一八八六）から工学協会によって編纂・刊行されていた『工学字彙』の第三版[1]（明治二十七年、一八九四）によれば、wire は「鍊《ハリガネ》」で rope は「繩」、cable は「纜、鏈」であって、wire rope は「緪繩」と訳されていた。明治二十七年になってもまだ「鋼索」とか「索条」とかの現在流通の訳語は登場していなかったのだから、『米欧回覧実記』の時代（明治十一刊）には、編述者久米邦武は自分の眼で見たワイヤーロープを言うのにもみずから一苦労しなければならなかったのである。それはたとえば、リヴァプールの埠頭の倉庫で、荷揚げ用の動力伝導のベルト（『工学字彙』では「調革、調帯」）を指して「環革《マワリカワ》」といい、ベルトコンヴェイヤーらしきものを指して「環帯《まわりおび》仕掛」といい、石炭積みおろし用のクレーンを指しては、英語の字義どおりに「鶴頸《かくけい》秤《しょう》」という新造語まで工夫したのと同様であった（もっとも、同じリヴァプールの造船所では、デリック・クレーン derrick crane の構造を詳しく説明して、「鶴頸秤ノ起重器」あるいは単に「起重器」という語をすでに使用している。『工学字彙』では「鶴頸。起重機」）（以上、II 一二八～一三八頁）。

またモノンガヘーラ河に幾条もの橋がかかって、それぞれ河面に影を映しているさまに感嘆して、「層層水ニ鑑《かんが》ムハ、眞ニ不レ霽ノ虹ナリ」と書いた。この「霽《は》レズノ虹」というのは「眞ニ」との副詞をつけている以上、なんらかの典拠がある表現にちがいない。まるみをおびた橋とその水上の影をたとえて、そう呼んだ中国あるいは日本の詩人がいたのにちがいない。だが、白居易は「橋は転じて長虹の曲をなし、舟は回《めぐ》りて小鷁《しょうげき》（船首の飾り）軽し」とよみ（「三春向晩」）、陸放翁は「山は翠螺《すいろ》の踊を為し、橋は彩虹の明を作《な》す」（「柯山道上作」）とよんだなどと知るのみで、いまの私には「不霽虹」の典拠はわからない。

以上、『米欧回覧実記』第一冊アメリカ合衆国編から、ピッツバーグとフィラデルフィアの眺望を記述するそれぞれ短い文章を引いて、久米邦武が、ひいては岩倉使節団が、西洋の都市をどのように感受し、認識し、またその体験をどのように表現したかを見てきた。彼らの都市像把握がきわめて力強く、また立体的で、その表現も、新旧多彩な語彙を動員してよく工夫され、単なる絵はがき的美観の描写をはるかにこえていることが、右の短い二例だけからでもすでにうかがえたはずである。要するに彼らは、欧米諸国の各種産業や政治、教育、司法、軍事などの制度のみならず、都市というものそのものにも強烈な好奇と観察の眼を向けていたのである。

各国の首都はもちろんのこと、彼らが歴訪するほどの都市は、十九世紀後半において、みなそれぞれに各国文明の多様な活動の中心となっており、それぞれに個性をもって各国文明の特色を集約して示していたのでもあるから、岩倉一行が都市に格別の関心を抱き、『米欧回覧実記』の随所にその見聞を詳述したのは当然、ともいえるかもしれない。だが彼らは一般に近代文明の一現象として都市を眺めていただけではなかった。通過地たるピッツバーグとフィラデルフィアにおけるように、その都市の地勢と景観、あるいは「気象」を把えただけではなかった。彼らの観察はさらに徹底して、近代都市といえる都市の造成法、その都市基盤（infrastructure）の問題にまでも及んでいたのである。(2)

二　都市基盤の研究

岩倉使節一行がアメリカ、ヨーロッパの都市をつぎつぎに訪問していったとき、彼らの脳裡の一方には、彼らが背後にしてきた日本のいくつもの都市、江戸から東京に改称してまだ間もない新首都や、大阪や京都や各地の城下町などの映像が、かえって対照を鮮明にして浮かび上がってきたことだろう。たしかに緑が多く、川の曲折や台地の起伏もあり、それぞれ数百年の歴史の間に各種の整備も行われて、住みよく美しいが、しかし城郭など以外に高層建築というものもなく、一般に平たくて黒い木造の家々が見わたすかぎりひしめきあって、その間を狭い道路が紆余曲折する日本の都市——それらはたしかになつかしい。

しかし、まさに岩倉使節団の米欧回覧の成果によって祖国の近代化が進められ、各地に「矗々《ちくちく》タル突竈《とつそう》」が立って「煤烟ノ天ニ薫ズル」ようになるときには、それらの日本の都市はどのように変わっているのだろうか。また、その工業化、殖産興業のためには、それらの都市をどのように設計しなおしてゆかなければならないのだろうか。——使節一行が回覧中にすでに東京や大阪の市街改造を考えていた、とまではいわない。だが彼らは、米欧の視察をつづけるうちに、どうしても都市における近代化進展の問題、また都市の近代化の方策を、日本の近未来の重要課題の一つとして考慮せざるをえなくなったのである。

そのために彼らは欧米諸都市の近代的な都市基盤《インフラストラクチュア》にまで目を向けた。岩倉使節一行を私はかつて「文明の技師たち」(engineers of civilization) と呼んだことがあるが、彼らは、こと都市問題に関しては、容易に「土木技師」(civil engineers) ともなって調査を進めたのである。つぎに、『米欧回覧実記』によって、都市基盤の幾項目かに関する彼らの観察を追っていってみよう。

1　道路と上下水道

久米邦武はカリフォルニア州のサンフランシスコから、大陸横断鉄道でネヴァダ、ユタ、ワイオミング、ネブラスカ、アイオワ、イリノイ、インディアナの各州・各準州《テリトリー》をへて、ようやくオハイオ州の「野熟シ林茂シ、人烟稠密《ちゅうみつ》、已ニ洋々タル開明《シヴィル》ノ域」に入ったころの感想として、つぎのような一節をしるしている。

彼《かの》港（サンフランシスコ）ヲ発シテヨリ、当州（オハイオ州）ニ至ルマデ途上景況ハ、合衆国開化ノ歴史ヲ、順次ニ目撃シ来《きた》ルト謂《いう》ヘシ（Ⅰ一八二頁）

まさにそうであったにちがいない。サンフランシスコから東へ東へと来た大陸横断の旅は、東海岸から始まったアメリカ開拓の歴史を、そのまま西から東へと空間においてたどりなおすのと同然の学習の旅でもあった。その旅の起点サンフランシスコは、ゴールド・ラッシュ以後、西海岸の拠点都市として開発されてからまだ三十年だが、過去十年間に人口は三倍に伸びて、一八七一年で「十四万九千四百七十三人」（Ⅰ七九頁）という全国第十位の都市になるなど、その急成長ぶりがめざましかった。それだけに岩倉使節一行は、彼らの回覧第一歩のこの都市で、さっそくにも都市開発の現場を目撃することができたのである。久米邦武は一行のサンフランシスコ滞在の最後の日となる明治四年十二月二十一日（一八七二年一月三十日）の『米欧回覧実記』に、市内道路の木材による路面舗装がまだまだ不備であることを詳しく指摘した上で、つぎのようなある日の見聞を記入している。

嘗《かつ》テ南鄙《なんぴ》（サンフランシスコの）ニ赴クトキ、新街ヲ開ク状ヲ目撃スルニ、家屋ヲ未《いまだ》起サヽル以前ニ、先《まず》人道ヲ修メ、板ヲ平敷《へいふ》シ、瓦斯《がす》管上下水管ヲ埋メ、而テ後ニ車路ヲ修ム、土功此ニ進ムトキハ、已ニ家屋ヲ營繕スルモノアリ、故ニ知ル、都市ヲ開クモ、田野ヲ開クト同シ、地方官ヨリ、先之《これ》ニ道路ノ便ヲ与フレハ、人輒《すなわち》来リテ生理ヲ図《はか》ルモノアリ、之ニ反シテ、道路ノ便ヲ奪ヘハ、人乍《たちまち》生理ヲ失ヒ、散スヘシ、○府中応用ノ便ニ至リテハ、毎町毎家ニ送ル瓦斯上水ノ管、及ヒ下水ヲ流ス管ヲ埋メ、其支条ヲ屋壁ノ内ニ伝フ、室々皆気点ニ照サレ、汲《くま》スシテ、清水ヲ用フヘシ、是等ノ便ハ、新開ノ都府、反テ旧来名都ニ勝ルトナリ、但当港ノ繁昌ニ従ヒ、水道ノ便ハヤ、欠乏ニ属ス（Ⅰ一〇二頁）

岩倉一行は二週間余りのサンフランシスコ滞在の間に、何回か郊外に遠出をしているから、これはいつどこの「南鄙」での観察なのかまではわからない。だが、この記述を見れば、彼らはたまたま通りかかった新開地でしばらく馬車まで停めて造成の工事を見学したらしい。明治新政府の第一回の大外交使節団が、訪問最初の都市で、このような道路開鑿、上下水道やガス管敷設の工事にまで着目していることに、私たちは驚く。その観察の周到さ、抜け目のなさに、少々呆れさえする。

一行は、この港町に入港して、市内第一のグランド・ホテルに投宿したとき、各室ごとのガス灯にも、「顔ヲ洗フニ水盤アリテ、機ヲ弛《ゆる》ムレハ、清水迸《ほとばし》リ出ツ」（Ⅰ八〇頁）水道にも、感嘆の声をあげたものだったが、いまこの町はずれで、それらの近代的便宜が実はどのような手順で施設されるかを目のあたりにし、記録することができた。それもここが「新開ノ都府」、新興都市だからこそのことだった。「道路ノ便ヲ与フレハ、人輒《すなわち》来リテ生理ヲ図ル」とは、日本人ももちろん昔から知っているはずの智慧であった。だが、いまここではそれが近代的都市開発において地方行政の担うべき役割として、あらたにとらえなおされたのである。明治日本でも、新政府によって任命された地方官、たとえば三島通庸などは、やがて「土木県令」と呼ばれながら、この「道路ハ殖産」の思想を山形、福島、栃木三県で一直線に実践に移してゆく。（なお、右引用中にいう「生理」とは生計、生業《なりわい》の意味で、久米邦武愛用の語の一つ。以後、『米欧回覧実記』の随所で用いられる。）

しかし、欧米の都市の基盤整備の先進性に着目したのは、かならずしもこの岩倉使節団が最初とはかぎらなかった。幕末のうちに幕府によって欧米に派遣された使節団や留学生のなかには、すでにこの点に好奇の眼を向けていた者も何人かいた。そのなかの一典型が栗本鋤雲（一八二二―一八九七）である。鋤雲は一八六七年のパリ万国博覧会に将軍名代として派遣された徳川昭武の随員、兼第二代駐仏日本公使として、昭武一行よりは遅れて慶應三年（一八六七）八月から約十ケ月パリに滞在し、幕府瓦解の報を聞いて急遽帰国したが、帰国後の隠棲で書いたパリ見聞のメモワールが『暁窓追録』（明治二年刊）である。その「追録」の数節で、鋤雲はパリ市の街路や屋内のガス灯（「気灯」）照明の効用や、街路の舗装と清掃などについて、すでにつぎのように記述していた。

気燈ノ源ハ巴里ノ外ニアリ。大鉄炉ヲ設ケ、石煤ヲ焼キ、鉄管ヲ以テ地下ニ通シ、支管旁布《ぼうふ》シ、到ラサル処ナク、以テ其気ヲ通シ、毎燈引テ以テ点明ス。……気燈ノ街上ヲ照ス、其明、俯シテ虫蟻ヲ拾フヘシ。故ニ暗黒無月ノ夜、風雨晦冥《かいめい》ノ際ト雖トモ、更ニ行歩ヲ礙《さまた》ケス……

市街ノ道路ハ何レノ所ニテモ、両傍人家ニ近キ処ハ、道ノ広狭ニ従ヒ、或ハ五、六間、或ハ一、二間、街ノ長短曲折ヲ遂《お》ヒ、高ク三和土《たたき》ニテ築キ、徒歩人ノ往来トシ、中間低所ハ細砂、或ハ碑石ヲ以テ平敷《へいふ》シ、車馬ノ通区トス。故ニ雑踏ノ処ト雖モ輾轥《てんりん》ノ過《あやま》チ鮮《すくな》シ。然シテ其三和土ノ車馬路ニ接スル側面ニ縦孔アリ。雨潦《うろう》、泥淖《でいどう》、皆其内ニ潜入シ、然ル後隧中ノ溝ニ入ル。其三和土ハ極テ堅固ニシテ、石ニ異ナラス。其製ヲ見ルニ一種紫褐色ノ土ナリ。薬汁ト共ニ煮ル、悪臭殆ント鼻ヲ撲《う》ツ。(3)……（句読点、芳賀）。

これらの記述もまことに興味深い。パリ市街のガスの街灯が明るくて、夜でもその下で蟻をつかまえることができるほどだとは、栗本鋤雲が案外実際に試してみたことであったかもしれない。また、街路の塵泥はみな歩道ぎわの穴から下水溝に流しこむという清掃法は、今日のパリでもそのまま行われていることである。徳川幕府最後の年に、フランス金融業界との交渉という重大な密命をおびて渡仏しながら、なお一方で近代的市街管理のこのような細部までを観察し、生彩をもってこれを記述していたことは、やはり感嘆に値する。島崎藤村が後年、パリ滞在中に『暁窓追録』を東京からとりよせて再読し、旧師鋤雲を「偉大なるマテリヤリスト」と賞讃したのも（『佛蘭西だより』）、むべなるかなと思われる。

明治の岩倉使節団は、西洋文明への即物的アプローチという点で、明らかに強く幕末の徳川武士のこの「マテリアリズム」を継承していた。だが一方で、明治の使節たちは欧米各国の文明をさらに総体的に、かつ体系的に把握して、これの日本近代化への導入の可否を吟味せねばならぬという点で、幕末の洋行者たちのややユートピア化された個別事象への讃美の域をはるかに越えてゆかなければならなかった。

2　道路舗装と街路樹

『米欧回覧実記』には、つぎのような道路文明論までが述べられている。

道路ノ修築ニ用意厚キハ、商業国ノ美風ナリ（I一九六頁）

其国ニイリ、其道路ノ修美ヲミレハ、政治ノ修荒、人民ノ貧富、頓《とみ》ニ判然ヲ覚フナリ（I一九九頁）

道路の造築、保修の状況を見るだけでも、一国の国政の、あるいは一都市の市政の、良否、充実の度を判断することができるというのである。栗本鋤雲より五年前の一八六二年（文久二年）、幕府遣欧使節の通訳官としてヨーロッパ諸国を廻った松木弘安（寺島宗則）や福沢諭吉らは、行く先々の都市で書店に入って、その本棚に並ぶ書物によって、その国の文化レベルや各国間の文化競合の優劣を推定するという、いかにも蘭学知識人らしい高級な遊びをしたものであったが、(4) いま一八七二年の岩倉一行は、それを「道路修築」の度合いによって行なうという。

岩倉たちのこの市街道路問題へのこだわりようは興味深い。前にも一言ふれたように、米欧回覧中の彼らの脳裡には、新たな中央集権のシステムによる日本の近代化推進の全体的プログラムとともに、その重要な一環として都市とくに東京などの大都市の構造と行政の近代化の問題がたえず宿されており、それの一つの具体的な課題として市街道路の新たな公共空間としての把えなおしと整備のしかたが、眼前に迫ってきたのであったろう。旧江戸の、幾百もの町ごとに細分されてその町の管理にまかされ、そのまま特定の身分集団の生活空間ともなっていたような大小の道路――それを生産活動と商業の活発化に備えて、もっぱら人と車馬の交通のための空間として開放し、車馬の速度と重量に耐えるように整備し、中央集権システムによって統制してゆかなければならない。そのような問題の所在そのものに気づいたのも、岩倉一行にとってはこの回覧中のことであったろう。

とくに、アメリカはわずか数年前に南北戦争を終えたばかりで、いわば当時なお発展途上にあった国であり、都市もサンフランシスコのみならず、ワシントン、ニューヨークにいたるまで、なお随所で新しい開発や建築が進行中であった。それが日本から来た「文明の技師」たちに大いに土木への関心をよびおこし、彼らに現場学習の機会を与えてもくれたのである。

本節冒頭に引いた「道路ノ修築ニ用意厚キハ、商業国ノ美風ナリ」との言葉は、アメリカ編の「コロンビヤ県ノ総説」に出てくる名言であったが、その好例として久米邦武のあげるのがワシントン市第一の目抜き通り、ペンシルヴァニア・アヴェニューである。右の言葉にすぐつづけて久米はこう書いている。

当府「ペンシュルヴェニヤ」衢ノ如キハ、特ニ其美ナルモノニテ、百六十尺（約五十メートル）ノ広衢ニ、中央ヲ車路トナシ、左右ヲ人道トナシ、人道ノ濶《ひろ》サ約二十余尺、磚瓦《かわら》ヲ甃固シ、歩行ニ利ス、砌《みぎり》ニソフテ、亜米利加《アメリカ》白楊樹《ポプラ》ヲ、約五六間毎《ごと》ニ一株ツ、ウエ、春夏ノ候ニ緑葉陰ヲナセハ、市廛ミナ翠嵐《すいらん》ノ下ニアリ、此広街ヲ首《はじめ》トシテ、通街ハ次第ニ甃瓦植樹ヲナシ、寂寥ノ地ニ至レハ、猶土路ノマ、ニテ、泥淖《でいどう》ヲ雨ニ撥《はじ》キ、浮埃《ふあい》ヲ晴ニ起ス所多シ（I一九六頁）

現在もなお首府第一の大通りであるペンシルヴァニア街を巧みに記述している。幅広い通りを車道と人道に分け、人道もスレートで舗装した上に、ポプラの街路樹で涼しい蔭をつくっている。だが、これもメイン・ストリートだけで、少しはずれに行けば、サンフランシスコと同じでまだむきだしの土の路で、雨が降れば泥となり、晴れれば土埃が舞いあがる、とつけ加えているのも面白い。岩倉一行は明治五年一月二十一日（一八七二年二月二十九日）から同六月二十二日（七月二十七日）まで、その間しばしば他行したにしても、全回覧中もっとも長くワシントンに滞在したので、この市内は相当よく見てまわったのである。

「ペンシルヴェニヤ」通衢并ニ合衆国国会堂
（『米欧回覧実記』銅版画、久米美術館蔵）

同じ理由から「処処ニ道路修繕ヲナスヲ目撃セシコトモ多シ」とい

う。その一つがペンシルヴァニア通りの車道の舗装工事であった。これを久米は何時間か、何日間かかけて観察していたのではなかろうか。まず「路面ヲ中央ノ鉄軌（鉄道馬車専用のレール）ヨリ半截《はんせつ》（片側）ヅヽ、深サ約五寸撥《ひら》キ（掘り起し）、沙土ヲシキ、堅固ニ平築シ、其上ニ石炭「テール」（コールタール）ニ石末《せきまつ》ヲ和シ煉テ、厚サ一寸許《ばかり》ニ平敷シ、其面ニ灰ヲ撒シ、銕《てつ》製ノ転軸（「ロール」ト云、修路ノトキ平均ニ築固スル具）ニテ、平カニ築固シテ冷碍《れいがい》セシム」—と、その工事の工程について、ここでも異常なほどにくわしく説明している。久米らの土木への関心がなみなみならぬものであったことがよくわかる。

さらに右につづけてタールの製法も略述した上で、これで舗装した場合、ワシントンでは真夏に「車轍馬蹄《しゃてつばてい》ノ跡ヲ留ムルコト」もあるが、華氏二百度以上にならなければ溶流することはないから修路の適材であり、しかもこの舗装は「輪転ニ激動軽ク、輪響少ク、便利ヲ覚フ」と評価する。

舗装用タールについては、この箇所で、後で回覧するパリの街路のタール舗装の堅牢さと比較し、パリの技術のほうが一段とすぐれているようだと述べているが、アメリカ都市で始まった道路舗装へのこの関心は、以後の回覧中も一貫して発揮された。ロンドン市街のすべて石畳にした街路を、軌道なしの大小の馬車が輻輳して走り廻る光景と騒音には圧倒されて、むしろアメリカ式のほうがよいのではないかと考えた。久米がこの点でもっとも感服し、羨望さえおぼえたのは、ベルリンのウンター・デン・リンデン街ではなく、ローマ市内の古色ゆたかな街路でもなくて、結局、パリのシャンゼリゼ通りであったらしい。『米欧回覧実記』第三冊フランス編の一節に、彼はオスマン知事による大改造後のその大通りについて、つぎのように書いている。

凱旋門ヲ心点トシテ、四面ニ十二条ノ広街ヲ開キ、其中ニモ、正面ヲ貫キ、宮門ニ達スル街ハ、其濶《ひろさ》百二十余「メートル」、名《なづ》ケテ「シャンゼルゼー」ノ大路ト云、直線ニ「コンゴルド」苑ニ達ス、左右ニハ樹ヲ植ヘルコト左右各両条（二列）ツ、ニテ、人ヲ樹間ノ清樾《せいえつ》（涼しい木陰）中ニ歩セシム、夜ハ瓦斯燈ヲ其砌《みぎり》ニ輝カス、燦《さん》トシテ連珠ノ如ク、雲ニ際シテ点点タリ、博物館、博覧会等、此苑中ニ建築シ、傑閣路ヲ挾《はさ》ミ、「セイン」河岸ニ聳エ、華煥《かかん》目ヲ輝カス、一帯ノ路ハ、小石ヲ以テ地ヲ固築シテ、其上ニ織沙《せんさ》ヲ撒ス、皎皎《こうこう》トシテ洗フカ如シ、樹間ノ歩道ニハ、中ニ一条ノ石片ヲ敷ク、熟視スレハ石ニアラス、巴黎《パリ》新法ノ叩キ土ナリ、是ハ「テール」ノ種類ニテ、土沙ヲ煉リ、鞏固《きょうこ》シテ石ヲナシタルモノナレハ、路ヲ竟《お》フルマテ、合縫ノ処ナシ、其他此ヲ環《めぐ》ル四周ノ街路ハ、ミナ此法ヲ以テ路ヲ修ム、車走リテ声ナシ（Ⅲ四六頁）

久米邦武はここで、現在でもパリ第一の壮麗を誇るシャンゼリゼの大通りについて語っているのだから、建物は「華煥目ヲ輝カ」せ、道路は「皎皎トシテ洗フカ如シ」と、礼讃の語をつらねざるをえなかったのも無理はない。ロンポワン・デ・シャンゼリゼからコンコルド広場にいたる間、両側にひろがるマロニエの林も岩倉たちには大いに気に入ったらしいが、その樹間の散歩道を行くときも、ふと足もとの感触に気がついて「熟視スレハ石ニアラス」というのが、面白い。土木技師久米の舗装へのオブセッションがめざめたのである。気がついて見なおしてみれば、それは石ではなくて、パリ式の土砂混入の固いタール舗装であった。だから「路ヲ竟フルマテ」、どこまでも「合縫ノ処ナシ」であったと感嘆する。彼はこのとき、ワシントンのペンシルヴァニア街ではじめて見たあのタール舗装のことを想いおこし、おのずから彼我の優劣を比較してもいたのだろ

巴黎ノ凱旋門通り
（『米欧回覧実記』銅版画、久米美術館蔵）

う。

この林苑からセーヌ河畔のクール・ラ・レーヌの路にかけては、当時パリの上層の紳士淑女が好んで馬車を走らせるもっともファッショナブルな一郭であった。久米たちもしばしばそれを見かけたのか、右の引用の末尾には、「車走リテ声ナシ」につづけて、パリとロンドンの舗装比較の対句を書き加えている。――「倫敦ノ街ハ、車輪ノ響キ耳ニ喧《かまびす》シクシテ、馬蹄ノ音ヲキカズ、巴黎ノ衢《みち》ハ、車輪響キナクシテ、馬蹄ノ音ノ来ルノミ」。

右の引用でも「人ヲ樹間ノ清樾《せいえつ》中ニ歩セシム」という表現で豊かな街路樹の美を讃えていたが、これは『米欧回覧実記』のパリの記述でとくに目立つことで、「緑樹ヲウエ、清爽宏麗」(Ⅲ四四頁)とか、「緑樹嵐ヲオクリ」(Ⅲ四七頁)とかの語が随所に出てくる。久米邦武は都市内の緑化、その一部としての街路樹の植樹の問題などにも、この明治五、六年という当時はやくも着眼していたのである。それは前引のワシントンのペンシルヴァニア街についての記述に、「亜米利加《アメリカ》白楊樹《ポプラ》」の並木の効用論としてすでに出てきたが、同じ箇所ではその並木の植えかたについてまで詳述していた。

〇又一街ニテハ、白楊樹ヲウエルヲ見タリ、其苗木ハ三年ヲ経タル穉樹《ちじゅ》ナリ、道砌《どうせい》ニソヒ、磚瓦《せんが》数枚ヲ撥起シ(はねのけ)、土ヲ掘テ之ヲウエ、三根ノ鉄(三本脚の鉄の支え)ヲ以テ之ヲ扶持セリ……(中略)近年欧洲ノ樹芸家、大ニ此樹ヲ培植スルヲ務ムルトナリ、米国ノ都府ニハ、多ク此樹ヲ街路ノ並木ニウエテ、市廛ヲ庇翳《ひえい》セリ(Ⅰ一九七頁)

日本でも古くから東海道の松並木があり、各地寺社の参道の植樹があったはずだが、市街地の公共空間としての道路に街路樹を植えて、それによって人道と車道との境をも整えるというのは、なるほどすべてこれから計画されねばならぬ事業であった。岩倉一行がまだアメリカに逗留中に生じた東京の京橋、築地、銀座一帯の大火（明治五年二月二十六日）を機に、新橋・京橋間に急遽造成された銀座煉瓦街は、明治七年（一八七四）年末に八十五基のガス街燈を点火してほぼ完成するが、その煉瓦舗装の十五間道路に植えられた松、桜、楓の並木が、日本の都市街路樹のはしりであった。久米邦武らは帰国後この「東京のシャンゼリゼ」を見て、どんな思いを抱いたことであったろう。

だが、久米があれほどに固執した道路舗装の問題となると、日本ではさらにさらに前途遼遠の感があった。大正十一年（一九二二）といえば、岩倉一行の帰国からすでに半世紀がたっていたが、その年の九月、東京市長後藤新平の招聘によって来日、翌年三月まで六ケ月にわたって東京市政の総点検をしたアメリカ人の学者がいた。ニューヨーク市政調査会専務理事、元コロンビア大学政治学教授チャールズ・A・ビアード（Charles Austin Beard, 1874-1948）博士である。ビアードはその徹底調査の報告書『東京の市政と政治――調査と意見』の巻末に「東京市当局および市民のための事業計画概要」の一章を設けて、街路舗装についてはおおよそつぎのような意見を述べていたのである。

一九二一年（大正十年）十二月三十一日付で、東京市内には幅一間以上の国道・府道・市道が合わせて六一三・二マイルある。そのうち現在舗装されているのは、わずか四・三マイル――木材ブロックの舗装が二・八マイル、アスファルトまたはコンクリート舗装が一・五マイル――全体の約百五十分の一にすぎない。幅一間以下の未舗装道路となれば、どれほどあるのか、統計数値もなく誰も知らない。これらの道路がみな、降ればくるぶしまで泥濘となり、晴れれば土埃舞って、東京市民のビジネス活動を妨げることおびただしく、市民からの近代的舗装を求める声は日ごとに大きくなっている。それにこたえて市政の技官はこれから十年内に数百万・数千万円の費用を投じて、道路舗装を推進する計画というが、その際よく注意しなければならないのは、東京にもう一つ不可欠な下水道工事との調整である。いったん舗装して、またすぐ下水工事のために掘り返すというあの浪費をやめよ。下水のために道路を掘鑿したら、そこにあの電線電話線をも埋設して電信柱をなくした上で、舗装をほどこし、あわせて歩道を設けよ。(5)

ビアードの意見は周到で、八十余年後のいまの東京市民にとってさえ耳痛い。ビアードは同じ年の十一月に改造社の招きで来日した相対性理論のアインシュタインの公開講演会にまで言及して、つぎのような痛烈な皮肉をも放っていた。——「まだ誰にも説明のつかないことがある。いったいなぜ何千人もの東京市民が、アインシュタイン博士の講演に三時間もうっとりとして耳傾けたあげくに、家路につくとき、舗装もなく両側に下水溝むきだしの道路を、くるぶしまで漬かるような泥にまみれて平気でたどっていけるのか、という疑問だ。肉体の快適を求めるよりは精神の糧を求めるほうが高尚だ、との答えもあろう。だが、それなら、アインシュタイン博士がその理論を編みだしたのは、近代文明の利便をみな備えた都市においてであったことを言いそえておきたい。この二つのものは相いれぬものではないのである。(6)」

ビアードは後藤新平から、自分が東京市長になったつもりで東京の都市問題について「自由に、腹蔵なく」意見を述べてくれと委嘱されたというが、たしかに彼の『東京の市政と政治』は今日読んでみてさえ刺戟的な、正鵠を得た指摘が随所に盛られている。大正十二年刊のビアード博士のこの東京市政批判と、明治十一年(一八七八)刊の『米欧回覧実記』における編者久米邦武の、街路樹や道路舗装や下水道などへのこだわりとを比べて、私たちは久米の記述をどのように評価すればよいのだろうか。

都市の道路舗装など、岩倉使節団から半世紀後の首都東京においてさえビアードの指摘のごとき有様だったのだから、使節団一行の西洋都市事情の観察と研究は、結局のところ日本の都市近代化の現実の過程にはほとんどなにも生かされることがなかった。だからあれはむなしい異国礼讃の言説にすぎなかったと評しさるべきか。

やはり、それではすまされないだろう。明治維新からわずか五、六年という時点で、日本の知識人、政治指導者たちが、日本の都市も産業、交通の発展とともにやがては当然推進しなければならない基盤整備の問題を、すでにこれほどまでに鋭く指摘し、理解し、いわば予見していたということをこそ、評価しなければならない。彼らの観察と学習が、結果として爾後の日本近代化にどのように具体化されたかは別問題なのであって、まず彼らの着眼に、政治制度や工業技術などばかりに限られない、このスコープの広さ、そして即物性の確かさがあったことを評価しなければならないのである。

3　パリの下水道

都市基盤整備の重要な一環としての上下水道については、前にも触れたように、すでに回覧第一歩の都市サンフランシスコで、その近郊に造成中の一区画にそれが敷設される現場を目撃し、この種の近代的利便の整備は「新開ノ都府、反《かえっ》テ旧来名都ニ勝ルトナリ」（Ⅰ一〇二頁）との意見まで耳さとく聞いて記録していた。大火後のシカゴでは、ほかにあまり見るものもなかったからか、ミシガン湖沖合の湖底から水道トンネルで清水を引き、それを蒸気ポンプで揚水して上水として市中に配送していることを、その水量や導水管敷設の深さにまで言及して詳しく論じていた（Ⅰ一七二～一七五頁）。

そしてパリでは、あの有名な「下水隧道《ずいどう》」を岩倉一行が見ないですますはずはなかった。彼らはもちろん全員でこの地下にもぐって見学した。「亦巴黎《ぱり》ノ壮観中ノ一タリ」というのが彼らの驚嘆の言葉であった。

岩倉たちは、ヴィクトル・ユゴーの『レ・ミゼラブル』（一八六二）の主人公ジャン・ヴァルジャンがここに逃げこんで警吏の追跡をのがれたなどという話は、まだ知るよしもなかった。だが、この下水道がナポレオン三世の第二帝政時代に敢行された「旧来名都」パリの大近代化工事の一環であり、これによって市内の公衆衛生が一挙に改善されたことは、よく了解していたようである。ただ、少々不思議なのは、久米の『米欧回覧実記』に、この地下水道掘鑿の工事を直接に担当した土木技師ウージェーヌ・ベルグラン（Eugène Belgrand, 1810–1878）の名前が出てこないのはやむをえないにしても、パリ市街改造の総帥、皇帝の絶大な信任のもとにこの大事業を遂行したセーヌ県知事オスマン（Eugène-Georges Haussmann, 1801–1891）のことが、どこにも一言も言及されていないことである。

ナポレオン三世の失墜から現行の第三共和政までの転換が、わずか二年余のあいだのことで、あまりにもめまぐるしかったからであろうか。皇帝は普仏戦争（一八七〇）での惨敗のあと退位し、家族とともにイギリスに逃れて暮らしていた（岩倉たちはロンドン滞在中に日帰りで海岸の保養地ブライトンに行ったとき、その駅頭で前皇帝一家三人が別な車中に坐っているのを見かけたことがあった〔『木戸孝允日記』第二巻、明治五年七月十七日の条〕）。やがて、敗北直後のパリでパリ・コミューンの争乱が起り（一八七一年三月―五月）、それもティエール政権によって鎮圧されて、ようやくパリに平穏がもどって一年あまりの一八七三年一月九日、つまり岩倉一行のパリ滞在中に、前皇帝は亡命先で病死した。同時期にパリ逗留中の成島柳北は、『航西日乗』の同日の記事の末尾にこのことをしるした上で「寔《まこと》ニ痛恨ス可シ」との一語をつけくわえたが、『米欧回覧実記』のほうはただ一語その「殂《し》」の報を記載しただけだった。

そして知事オスマンは、皇帝がプロシアへの敗北によって失墜する直前のころに、すでに十六年間（一八五三―七〇）つとめたその職を辞して、リヴィエラの別荘にひきこもって、苦々しい思いで国政の急変を眺めていた。盛時には皇帝とほとんど一心同体とさえ見なされて、パリ中にオフェンバック作曲の「ホフマンの幻想物語《コント・ファンタスティック》」のメロディーが流れるなかで、「オスマンの桁はずれ財政《コント・ファンタスティック》」といわれるほどの巨費を投じてパリ改造を進め、彼こそ「土地収用の蛮王《アッティラ》で、パリを破壊してはパリをフランス以上に偉大なるものとした(7)」とまでいわれた皇帝派の強腕専行の行政官であった。だが、そのオスマン男爵の名も、彼の大嫌いな共和政の進展するなかでないがしろにされてゆき、岩倉一行の訪仏の当時にはフランス政府側からもパリ市側からも、むしろ故意にその名が彼らに伝えられなかった、というのかもしれない。都市行政や都市景観の問題にこれほど幅広く深い関心を寄せていた岩倉使節団が、その報告書のパリの部に、言葉をつくしてその都市美を礼讃しながらも、その作者ともいうべき人の名を落としているのは、やはり少々いぶかしい。

ところで、オスマンの推進したパリ上下水道拡充の大工事は、その工事の進行中からすでにパリ名物の一つとなっていた。前引の一八六七年の駐仏公使栗本鋤雲は、『暁窓追録』のなかに「市尹《しいん》（長官）ホースマン」の名をちゃんと挙げた上で、彼が鋤雲の目の前で進めるブールヴァール建設や、ガス燈設置や、道路舗装に、感嘆欽羨の声をあげていたが、もちろん上下水道工事のことも忘れずに詳しくこれについて報告していた。

「巴里中ニ於テ可ㇾ驚ノ挙ハ地下ノ隧道アリ」と、久米邦武とほとんど同じ言葉をしるした上で、その構造を述べるのだが、鋤雲自身も明らかにこの隧道にもぐって見学したらしい。家庭排水や道路排水の入る下水溝を小溝から大溝へとトロッコや舟で下るのが、当時からの観光コースだったようで、鋤雲は、「溝中、流水混々、甚タ深カラスト雖モ頗ル急ナリ」と書いている。さらにこの洞内には二本の「大鉄筩《てつとう》」（鉄管）が通っていて、一つは家庭用上水の管であり、もう一つは各家庭からの「糞穢瀉下」用のもので、これの敷設のおかげで（コレラなどの）「伝染疫利ノ患」が絶えたとの話も、あわせてしっかりと書きしるしていた。(8)

この大工事は十年ほど前から着工されていて、「猶五、七年ヲ経レバ」ほとんどパリ全市域に「遍《あまね》カル可シ」と鋤雲は書いていた。それから六年後の、明治六年（一八七三）一月十六日に、岩倉一行は一時間か一時間半をかけて、この地下水道を実地検分したのである。『米欧回覧実記』にはつぎのようにしるされている。

午後ニ、巴黎《パリ》府中ノ下水隧道《ずいどう》ヲミル、亦巴黎ノ壮観中ノ一タリ、其隧道ハ、地底ハ「メートル」ノ底ヲ回《めぐ》ル、大溝、中溝、小溝アリ、又細支アリ、各街ヨリ溪ヲナシテ下リ来リテ小溝ニ入ル、小溝ノ幅ハ中溝ニ同シケレトモ、左右ノ人道狭キノミ、中溝ノ幅一「メートル」半モアルヘシ、深サ四尺、左右ニ道アリ、ミナ灰土ヲ鞏箇《きょうこ》シ、石ヲ以テ砌《みぎり》トシ、底トス、周囲ノ宇ハ、大ナル弧形ノ洞ナリ、高サ一身有半ニテ、灰土ヲ塗リ、上水ノ管、及ヒ電線ヲ此ニ結架シテ、隧中ニ徧《あま》ネシ○大溝ハ、即チ諸溝ノ下水ノ滙《かい》スル所ニテ、幅一丈一尺、其深サハ中溝ニ同シ、滔滔《とうとう》トシテ流レ去ル、常ニ人夫五百二十人ヲイレテ、其底ノ芥《あくた》ヲサラヘテ、流レヲ壅《よう》塞《そく》セサラシム……（Ⅲ一〇七〜九頁）

岩倉一行は、このような地下の下水道などというものは、ここで生まれてはじめて実地に検分したのであった。日本では上水道こそ、たとえば江戸の小石川上水、神田上水、玉川上水のように、徳川初期から都市の膨張に応じて敷設され、拡張され、水質管理にも行政側と民間側とから十分に細心な注意が払われていた。だが、下水道の整備は上水のそれに及ばず、家庭汚水と雨水を家の表裏の側溝に流しこみ、それが集まって堀や川に排水されるという原始的な仕組みのままだった。岩倉らの米欧回覧中の明治初期には、旧幕時代の管理制度がなくなった東京では上水の不足と水質汚染が急速に進み、しかも下水処理は往時のままという最悪の状況に陥りつつあったのである。(9)

パリでもロンドンでも上下水道の近代的整備が推進されるのは、栗本鋤雲が指摘していたように、同じ一八三一年のコレラの大流行が契機となっていたが、東京でも同様に七七年（明治十年）のコレラの流行以後、ようやくその必要が公に認識されるようになった。これに応じて、周知のように、オランダ人の土木技師デ・レーケの指導の下に、一八八四年（明治十七年）から八六年にかけて神田鍛冶町地区に日本最初の分流式下水道（神田下水）が建設された。だがこれも、パリのオスマンの下水道が延べ四百キロメートルにおよんだのに対し、なんとそのわずか百分の一の四キロメートルを敷設したところで国庫補助の停止のために中断されてしまった(10)。首都東京においてさえ、その後本格的に下水道工事が着手されるのは、一九一一年（明治四十四年）になってからのことであり、日本では古来屎尿を肥料としてリサイクルしてきたことも一因とはいえ、この下水道整備のいちじるしい後進性は戦後五十年をこえた今日にもなお日本各地に多くの問題を残している。

そのような前後数十年の都市下水道の歴史をふり返ってみればなおさらのこと、前引の久米邦武のパリの下水隧道についての記述はその先見の明、その具体的把握の精確さによって、私たちをまたも瞠目させずにはいない。右の一節につづけて久米は、洞中でどのようにして汚水中の塵芥を砕いて流れをよくするかについてまで説明するのだが、彼らはいったいどういう気持でこのような観察と記述をしていたのだろうか。街路舗装の問題の場合と同じように問うてみないではいられない。当時の日本の現状との格差は当然痛切に自覚した上で、なおいつか将来この下水道論が同胞を刺戟し、役に立つこともあろうとの期待があったのか。そのような期待などとは無関係に、西洋近代文明のこれも一つの重要な、不可欠な施設として、いわば無私に徹して観察し記述したのか。おそらく後者だろうと思うが、いずれにしても岩倉使節団の西洋回覧の周到さ、即物性とはこのようなものであり、単なる物珍しさからの「見物」とはまったく異なるものであった。

久米邦武は右の即物的記述のあとに、少々の感慨をもこめてこの日の下水道体験をしめくくっている。

○溝ノ両厓《りょうがい》ハミナ石ヲ畳ミ、上ニ鋳軌《てっき》ヲ敷キテ車ヲ行《や》ル、車ハ人力車ナリ、此日ニ車ヲ以テ、我一行ヲ載セ、中溝ヨリ小溝ヲ回《めぐ》リテ、遂ニ大溝ニ出テ、船ニ上リ、百余歩ヲ下リテ、而テ出《い》ツ、下水ニ糞便ノ臭ナシト雖トモ、万汚ノ聚《あつま》ル所ニテ、自《おのずか》ラ穢気《わいき》アリ、久シク隧中ニ在リ難シ、洞ヲ出ルトキニハ、皆人ノ膚、血色

ナカリキ（Ⅲ一〇九頁）

パレ・ロワイヤル近くの出口からやっと外光の下に出たとき、一同は顔も肌も血の気が引いて蒼白になっていたという。この最後のわずか一行にも満たぬ記述が、下水地下道についての客観的記録にたちまち生彩ある臨場感を与える。一行は首席岩倉具視自身をも含めて、イギリスでは耳を聾し肌を焼かんばかりの騒音と熱気にさらされながら、大小あらゆる種類の工場の現場を見てきたし、カンテラをかざしながら炭坑や岩塩坑にももぐってきた。維新期の日本人ならではの、おどろくべき精神的肉体的強靱《タフネス》さを発揮してきたのである。だがその彼らも、パリ市街の地下八メートルの薄暗いトンネルで、一時間余りも汚水の「穢気」のなかをたどったときには、いくら「御国のため」とはいえ息が詰まり、肌に「穢気」が冷たくしみこむような気がしたのであったろう。

なお、栗本鋤雲はこの下水道に各家庭の「糞穢瀉下」用の鉄管が埋めこまれていると書いていたが、久米によれば屎尿は別に溜めておいて、夜農村に運び出す方式になっているという。その屎尿も下水道の汚水もパリ近郊の農村で肥料に利用し、余った分だけをセーヌ河に流しこむフランス式は「腐ヲ化シテ霊ニ反《かえ》スノ道」と久米は礼讃する。これにくらべ、ロンドンでは市街東郊に屎尿も全排水も合流式水道で集め、これを汚水池から潮の干満を利用してすべてテムズ河に放出する方式をとっているが、この方式は久米によれば河水の汚

パリ下水の見学
（『ル・マガサン・ピトレスク』1870より）

染を深刻にするゆえに劣るのではなく、あの痩せ地の多いイギリスでせっかくの肥料を無駄にしてしまうことになるのがもったいないという。この註釈も、いかにも経済家久米邦武らしいものとして興味深い。

4　都市公園とその意味

都市のアルカディア――セントラル・パーク

岩倉使節団が米欧諸都市を巡覧しながら、その都市基盤整備のもう一つの重要項目として注目したものに、都市公園があった。使節団メンバーは、幕末のうちに洋行の経験をした若干の者をのぞけば、誰もまだ都市内に公設された市民のための公園というものを知らなかったはずである。明治六年、彼らの米欧回覧中に、「公園」制度を定めた太政官布告第十六号が公布されたりしているから、彼らにも公園という観念はあるいはすでにあったかもしれない。だが、そうだとしても、そこから連想されるのは、江戸では隅田川畔や飛鳥山、京都では四条河原や嵐山、その他市内外の神社仏閣や旧蹟や四季折々の花鳥風月の名所といったものだったのではなかろうか。

幕末から明治にかけて来日した西洋人の多くの者は、愛宕山から江戸市中を眺めた英国公使ラザフォード・オールコックにしても、松江の宍道湖畔をそぞろ歩いた詩人ラフカディオ・ハーンにしても、みなそれぞれの都市が、そして日本列島全体が、庭園のように公園のように美しいと礼讃した。だから岩倉使節団は、むしろ日本列島とその諸都市の自然環境の保護に役立つ方法をこそ学べばよかったのであって、都市公園建造などについてはまだ学習の必要はなかったのではないか、とも近年の観点からはいえるかもしれない。

だが、岩倉たちはこれから進めるべき日本の近代化は、その中心課題がなによりも殖産興業、とくに工業化の推進にあると考えており、すでにピッツバーグで眺め、マンチェスターやグラスゴーでも見るように、各種工場の煙突から「黒煙天ニ朝ジ」、夜も「赫赫天ヲ焦《こが》ス」ほどの隆盛を日本にもたらすことこそが、彼らの夢であった。そうなれば都市に人口は集中し、当然西洋諸都市が抱えているような都市問題に直面してゆかなければならない。都市公園もその対策の一つであることを彼らはすでに予見していたのである。

岩倉一行が米欧回覧中、いちばん最初に訪れたのは、サンフランシスコの「ウードワルト公苑」（ウッド・ワイルド・ガーデンズ）だった。これは公園といっても「禽獣園《ヂョーロチ》」「草木園《ボタニック》」「博物館《ミシャム》」「蔵画館」をすべて併設した施設だったというから、いまのサンフランシスコのゴールデン・ゲート・パークに相当するものだったろうか。一行は明治四年十二月九日（一八七二年一月十八日）、同港到着後三日目にここを見物したのだが、久米邦武は当日の感想としてさっそく少々強引な比較文化論を述べている。

東西洋ノ風俗性情ノ毎《つね》ニ相異ナル、反対ニ出ルカ如シ、西洋人ハ外交ヲ楽ム、東洋人ハ之ヲ憚《はばか》ル、是鎖国ノ余習ノミニアラス、抑《そもそも》財産ニ用心薄ク貿易ヲ不急ニスルニヨル、西洋人ハ外ニ出テ盤遊《ばんゆう》ヲ楽ム、是一小邑モ必公苑ヲ修ムル所ナリ、東洋人ハ室内ニアリ惰居スルヲ楽ム、故ニ家々ニ庭園ヲ修ム、是土地ノ肥瘠《ひせき》ヨリ生スル気習然《しか》ルカ……（Ⅰ八二頁）

このあとに久米はすぐつづけて「西洋人ハ有形ノ理学ヲ勉ム、東洋人ハ無形ノ理学ニ鶩《アック》ス、両洋国民ノ貧富ヲ異ニシタルハ、尤此結習ヨリ生スルヲ覚フナリ」と、持論の実学尊重説に立って動・植物園の公教育上の効果を礼讃する。要するに、西洋人は生活態度においてなにごとにつけ外向的・積極的・実際的で、これに応える施設の一つが都市公園だ、ということだったらしい。日本人が閉居して猫の額の庭をいじくって楽しむのとは正反対、公園こそが西洋型文明開化の一つの象徴、と岩倉たちはまず受けとったようである。

一行がもっと本格的な都市公園をもっと詳細に検分することになるのは、明治五年五月五日（一八七二年六月十日)、ワシントンからはじめてニューヨークに出てきたその当日に訪ねたセントラル・パークにおいてであった。セントラル・パークは一八五六年にニューヨーク市がマンハッタン中心部の広大な土地を買収して建造を始めた大公園であることはいうまでもなく、当時完成してまもないころだった。岩倉たちが赴いた日も、入り口に近い池のほとりには「石材ヲ積テ狼藉」のさまがまだ残されたままだったという。久米はこう書いている。

○午後三時ヨリ馬車ニ駕シテ、「センタラーパーク」ヲ回覧ス、此游園ハ当府ニテ、寸金ト云《いう》ヘキ、地代ノ貴キ、其中央ニ於テ、南北二英里半、東西半英里ノ広地ヲ府中ノ公醵金ヲ以テ買ヒトリテ、偕樂《かいらく》ノ園ヲ修メタル所ナリ、元来当府ハ両河ノ嘴ニテ、総テ平地ナルユエ人工ヲ以テ山巒《さんらん》ヲ築起シ、天然ヲ欺ク名勝トナセリ、始メ此園ヲ起スニ当リテ、府中ノ園匠ヲシテ、仮山泉石ノ設ケヲ打点《モクロマ》セシメシニ、名工各其匠思ヲ極メ、図式ヲ取立タル、其中ニ於テ翹翹《ぎょうぎょう》（抜群）タルヲ選フニ、尚五十名アリ、因テ五十区ニ割リ、各名ニ分附シ、技倆ヲ尽サシメ、大矩《だいく》ヲ縮メテ小矩トナシ、互ニ競テ匠心ヲ己ノ区分ニ尽シタルニヨリ、其勝致粗細ミナ宜《よろ》シ、愈《いよいよ》出テ愈佳ナリ、欧米公園中ニモ、比類少ナシト云、（I二六〇頁）

久米の記述の半分は正確だが、後の半分については情報の齟齬があったようだ。公園の設計について造園家たちの競争提案《コンペ》が行なわれたのはたしかだが、選考に残った五十名が用地を五十のブロックに分割して、そこにそれぞれの案を縮小して実施した、ということはなかったはずである。一八五七年のコンペには結局、都市公園建設運動のリーダー、フレデリック・L・オルムステッド（Frederick Law Olmsted, 1822-1903）とカルヴァート・ヴォー（Calvert Vaux）の二人の協同案が採用されて、市当局側の理事会の主張との間に幾たびも紛糾を生じ、妥協を強いられながらも、彼らの公園思想の原則はここにほぼ実現されたのである。

J・バッチマン「セントラル・パーク」リトグラフ、1863
(Simon Schama, *Landscape and Memory*, Vintage Books, 1995 より)

岩倉たちは当日午後三時から、七時にセント・ニコラス・ホテルに帰るまで、三時間余りも馬車で園内を周遊したのだが、久米の記述を読めば、彼らがオルムステッドの意図したところをさすがによく感得していたことはたしかといえる。オルムステッドらは、マンハッタンがやがて高層建築と直線の舗装道路におおいつくされてゆくことを見越して、そのただなかにこの島の、地形と地質の原型を可能な限り残し、これを都市民、とくに夏だからとてニューハンプシャーに避暑に行くことなどのできない「疲れはてた幾十万の労働者たち」のための「アルカディア」としようと構想したのである。(11) そのため彼らは、園内に十九世紀半ば以来流行の「水晶宮」式総ガラス張り鉄骨組みの熱帯植物園、あるいは動物園を併設させようとする市の理事会と、徹底して抗争しなければならなかった。そのような経緯までは知らなかったが、久米邦武は例によって言葉を尽くして、広大で高低、地水、植栽の変化に富んだ園内の景観を叙述している。

○…一場ノ平地アリ、草ハ緑氈《りょくせん》ヲシキ、草中ニ樹ヲウヱ井井《せいせい》トシテ秩序甚タ均《ひと》シ、中ニ砥《と》ノ如キ直道ヲ開ク、限界ヲ極メテ遠キニ達ス、草青ク樹緑ニ、上下相映シテ、一味清絶ヲ覚フナリ
○其北ニハ岡陵ヲ築キ起ス、麓ニ奇石ノ露《あらわる》ルアリ、頂ニ怪岩ノ欹《そばだ》ツアリ、中ニ石像ヲ立テ、彫刻精ヲ尽シ、以テ山麓ノ景ヲ摸ス…
○夫《それ》ヨリ山間ヲ馳ス、左右ノ岑巒《しんらん》ニ、柳垂レ松翠《みどり》ニ、種種ノ樹木、大小ノ幹ヲ交ヘテ、路ヲ挾ミ山ヲ掩フ、山角ニ乍《たちま》チ一湖ヲアラハス…遙ニ向岸ナル林丘ヲ望メハ、清風ヲ籠《こ》メテ藹如《あいじょ》ナリ、人ヲシテ深山幽谷カト疑ハシム…
○前ニ甃石ノ円池アリ、其中央ニ大管ヲタテ、噴水《ホンテイン》丈余ノ上ニ跳リ迸《ほとばし》ル、円池ノ前ニ一大沼アリ、沼岸ニハ遊覧ノ舎アリ、遊人常ニ麕集《くんしゅう》ス…

○…北方ノ山奥ニ入ル、丘阜《きゅうふ》交錯シ、道路迂回シ、人ヲシテ方向ヲ迷ハシム、路傍ニ藤架アリ、其他種種ノ花卉《かき》ヲ雑栽ス、妍妍《けんけん》トシテ四時《しいじ》タヘス、遂ニ高岡ノ上ニ回《めぐ》り出ツ、此ハ苑中ノ項点ナリ、府下ノ人烟、目下ニ鍾《あつま》り、夕陽掩映《えんえい》シ、堂尖参差《どうせんしんし》トシテ、万竃《ばんそう》ノ間ニ聳ヘルヲミル…（I二六〇～二六二頁）

最近の一論者によれば、オルムステッドは、当時流行の造園法によって土地を平坦にならしてそこに芝生と木立ちを植えるというような安易な行きかたを排し、森や丘や露岩をなるべく険しい凹凸のままに残して、公園の外に迫る「万里の長城」のごとき高層ビルが視界に入らぬように工夫した。そしてそこに、近代西欧人の記憶になお生きているアルカディア的景観の二面性、つまり野生味と親しみ深さ、意外な展開による驚嘆の場と田園牧歌的なやすらぎの場、という両面をしつらえたのだという。[12] 右の『米欧回覧実記』の文章は、みごとにこの公園の、「都市のアルカディア」としての二面を把え、描写しつくしていたのではなかろうか。

岩倉一行はアメリカを去るためにワシントンからボストンに向かう途中、地元当局の熱烈な招請もだしがたく、フィラデルフィアにも立ちよった。市の案内で当然フェアモント・パークを見学し、見学終了後は園内の一亭で夜遅くまで市主催の盛大な饗宴にもあずかった。一行がはじめてワシントンに向かう途中、早朝の車窓に眺めたスカイルキル河の両岸にまたがる天然の丘陵の大公園で、これも大いに一行の気に入ったらしい。久米は「天眞爛漫トシテ、意味深遠ノ勝致アリ」と評し、市側の人がこれをセントラル・パークとくらべて、「新約克《ニューヨーク》ノ「パーク」ハ、全ク人為ニ成ル、天真ノ美ヲ失ヘリト、新約克人ハ又之（フェアモント・パーク）ヲ謗《そし》り、費府《フィラデルフィア》ノ人ハ野山ヲ以テ「パーク」トスルト笑フトナリ」（I三二八頁）と語った、との両都拮抗の話まで、『米欧回覧実記』に書きいれている。

「職工市街」の公園――ビュット・ショーモン

ロンドンでも一行はリージェント・パークやハイド・パークに立ちよったはずだ。だが都市公園としてこれらを論じることはほとんどしていない。『米欧回覧実記』の公園論として興味深いのは、むしろパリのビュット・ショーモン公園についての記事である。

岩倉たちがパリ市内東北部のこの公園を訪問したのは、暦が太陽暦に改変されてまもない明治六年（一八七三）一月十日、ナポレオン三世がロンドン郊外で死去した日のつぎの日だった。その日の午後、一行はペール・ラシェーズの墓地（久米は「地名ヲ問フヲ失ス」と書いてはいるが）を見学し、たまたまその場で、裕福ではないらしい一家の若い女性の埋葬式を目撃して心動かされたりして（Ⅲ八一頁）から、ビュット・ショーモンに向かった。ペール・ラシェーズから北のほうにそう遠くはない労働者街の一角である。

この公園はパリの市街改造の一環として、一八六四年から六七年まで三年余りの歳月と三百四十二万余フランの巨費をかけて造営されたもので、市街南端のモンスーリ公園とともに、岩倉一行の回覧当時ではパリ市内で一番新しい公園だった。その名 Parc des Buttes Chaumont のとおり、もともとは草木もろくに生えない岩の「禿げ山《ショーモン》」の地で、古くから石膏の採石場になったり、絞首台が設置されたり、戦場になったり、近年までは獣屍の解体所や汚穢溜めが設けられて、風向きによってはパリ市中に悪臭を漂わせたりする悪名高い場所だった。[13] それがナポレオン三世とオスマンの政策のもとに、まったく見違えるような大公園と化したのである（久米がこの公園の名を「童岡《どうこう》ノ謂ナリ」としているのは、「童」がまさに「禿げ山」を意味するからである）。久米はつぎのように記述している。

○此「ビットショーモン」ハ、往時拿破侖《ナポレオン》第一世ノトキハ、普魯西人ノ屯兵所ニテアリキ、岡陵《こうりょう》起伏シ、総面積一百「エーカー」ノ広サアリ、岡上ニ草ヲ蒔キ、樹ヲ植ヘ、岡側ヲ削リテ、岩石ヲ聳《そびや》カシ、其足ラサルハ、石灰ヲ以テ石ヲ粘合シテ、奇岩ノ嶄嶄《ざんざん》タルヲナス、岸壁ノ仄立《そくりつ》セル所ヨリ、水ヲ瀉《そそ》キ下シテ瀑ヲナシ、岡底ニハ池アリ環繞《かんじょう》ス、瀑水之ニ注キ、池水清浅ナリ、池上ニ一高阜《こうふ》起ル、上ニ遊亭アリ、鉄緪《クミナハ》ノ懸橋ヲ架シテ阜《おか》ニ渡ス、此ヨリ俯瞰スレハ、巴黎府ハ目睫ノ間ニ落ル、巴黎ノ游園中ニテ、眺望ノ濶ニシテ、山水ノ奇、雅韻アルハ、此苑ヲ以テ第一トスヘシ（Ⅲ八三頁）

文中の「総面積一百エーカー」というのは単位のとり違えか、誇大にすぎるが（実際はその半分以下の約二十五万平米）、他は池に突き立つ岬の上の円型の石のあずまやのことまで含めて、さすがに簡潔にこの公園の複雑な半人工の地形をとらえて語っている。だが、久米邦武が（すなわち使節団が）この公園についてとくに注目したのは、これが実はパリ旧市周辺に発展する工場街とそこに住む勞働者（「傭工細民」）のためにナポレオン三世が推進した社会福祉政策の一環、「其美挙中ノ一」であるという点だった。周知のとおり、ナポレオン三世は一八四八年の二月革命後に第二共和制下の大統領としてフランス政界に登場し、やがてクーデタを起こしてみずから皇帝となった（一八五二）のであったが、まさにそのころからフランスに盛んになった初期社会主義の指導的イデオローグたち、とくにプルードン（Pierre J. Proudhon, 1809-1865）やルイ・ブラン（Louis Blanc, 1811-1882）をみずからの政敵として彼らに弾圧を加えながらも、皇帝は少なからず彼らの思想に影響されていた。久米は早くもその間の事情をうかがい知っていたようで、ルイ・ブランが一八四八年の革命後に臨時政府を組織して宣言した「勞働の権利」の問題などにも触れながら、ビュット・ショーモン公園のもつ社会的意味について、文庫版で四頁半にもわたってすでにつぎのように論じていた。興味深い論点なので、かいつまんで引用してみよう。

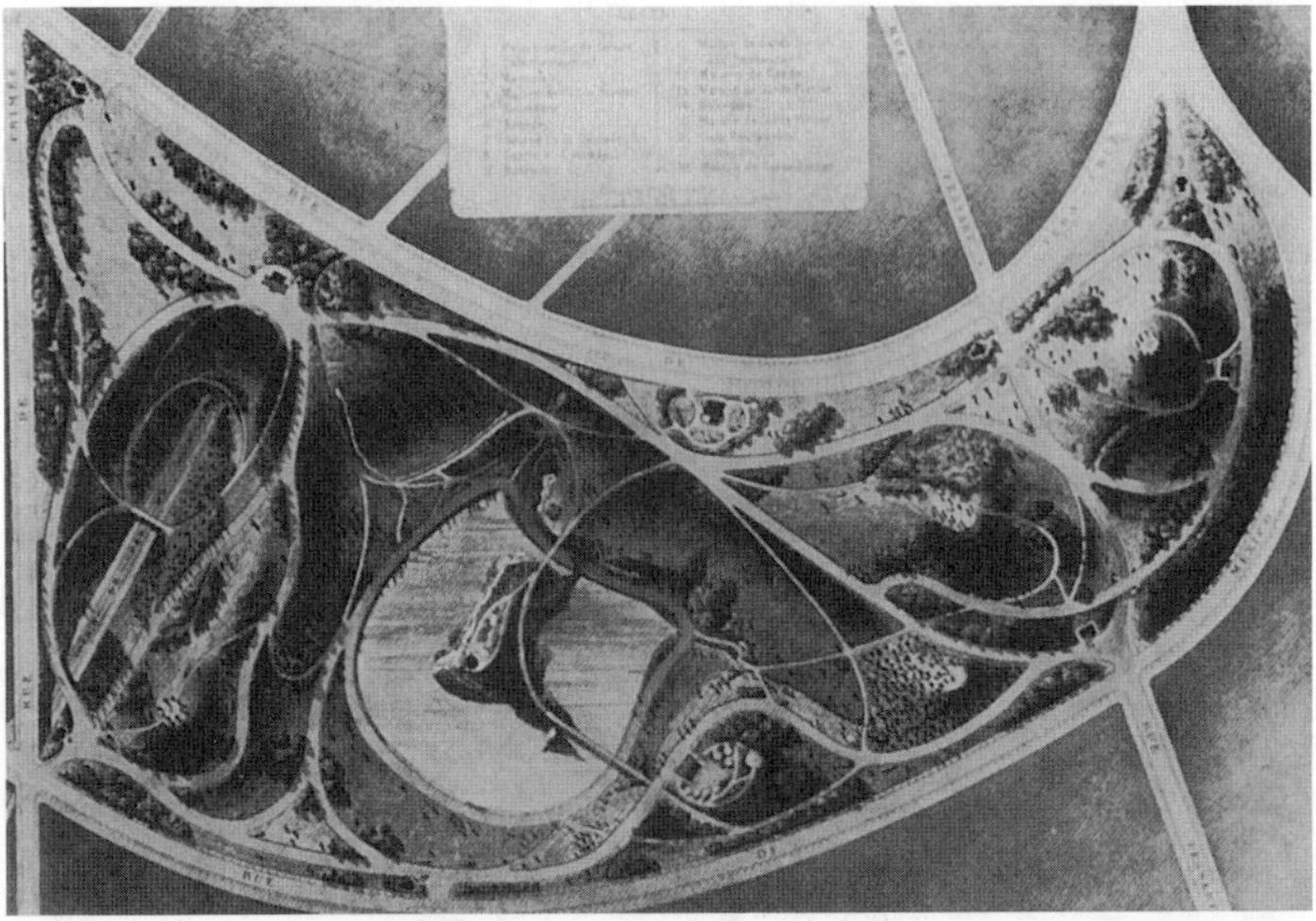

ビュット・ショーモン公園鳥瞰図（Abolphe Alphand, *Les Promenades de Paris*, 1867-73 より）

ビュット・ショーモン公園断壁の景観（同上）

此《ここ》（パリ東北部の市街）ハ巴黎製作場ノ集ル所ニテ、此苑（ビュット・ショーモン）ニ盤遊スル住民ハ、平常其中ニ止息シ、勞作ヲナス職工ナリ、馬鈴薯、玉蜀黍《トウモロコシ》ヲ食ヒ、垢衣弊屣《こういへいし》ヲ穿《うが》チ、烟煤ノ中ニ奔走シテ、場主ヨリ傭給ヲ受ケテ、生計トナスモノナリ、日曜日ニ至ル毎ニ、彼《かの》「バーテブロン」苑（ボワ・ド・ブーローニュ公園）ニハ、華麗ノ馬車、輪輪相銜《あいふく》ムトキ、此苑ニハ夫婦相携ヘ、爺嬢《やじょう》相伴ヒ、歩シテ逍遙ス、両苑ノ景象同シカラサレトモ、其繁華ヲナシ、快爽ヲ受ルハ、一ナリ…（Ⅲ八四頁）

久米邦武は、「日曜日ノ夕ニハ、貴豪ノ家、ミナ車ヲ馳セテ来遊ス」「巴黎ノ豪奢ハ、此ニ観スヘシ」（Ⅲ五三頁）と彼が呼んだブーローニュの森の公園よりも、むしろこのビュット・ショーモンの平民性にこそ好感を寄せていたように見える。もともと佐賀の葉隠れ武士の出身で、経済観念もことのほか強かった久米には、一種の儒教的平等主義ともいうべき考えが宿されていたようで、彼の呼んでいう「膏梁《こうりょう》ノ君子」（美食の資産家）には反発を示すことのほうが多かった。

といって彼は社会主義者が唱えていた、労働者の「勞動権利ノ説」には、まったく与することがなかった。久米はこの説が一八四八年の二月革命の際にフランスで唱導されたことをはっきりと記した上で、すぐさまこれを「迂闊《うかつ》モ亦甚シ」（Ⅲ八五頁）と否認する。たしかに一国の政府には、「職工小民」が各自「勞動作業スルヲ、勧奨恵恤《けいじゅつ》（奨励しいたわる）」すべき責任はあろう。しかし、だからといって、これを拡張して、政府が「全国ノ人民ニ、勞動作業ヲ得」さしめて生計を保証してやらねばならぬと主張するのは、行き過ぎだ。

「如此キ論」は「社会ノ間《かん》ヲ撹乱シ、小民ニ懶惰ヲ教ヘテ、無望ノ福ヲ、希フニ至ラシムル」（同上）ものだ、とまで久米は言う。だいたい、今回欧米各国を歴遊して「職工ノ情態ヲミルニ、多クハ椎魯愚昧《ついろぐまい》ニテ、貧窶《ひんる》不潔ニ安ンシ、快ヲ目前ニトリ、永遠ノ慮《おもんぱかり》ナシ、是《これ》下等社会ノ通態ナリ、農家ノ傭作、工家ノ職工、商家ノ従僕、ミナ其情況ハ一ナリ」（Ⅲ八六頁）とは、旧武士知識人の極論であり、偏見というべきものであろうか。だが、このような階層の人民すべてに、経済のわからぬ「性理家」（哲学者）たちの言う「勞動の権利」、生計の保証を与えてしまったら、一国の経済もまた道徳もどうなることか、と久米は危惧し、戦慄したのである。

ことにフランスでは、この社会主義的言説が流行し「激昂」したために、つい近年にいたるまで社会不安や全国騒乱がつづいた。そのさなかに大統領となり皇帝となったのがナポレオン三世、ルイ・ボナパルト（Louis Bonaparte, 1808-1873）で、彼はこの危機に対処するために社会主義派の思想をもとり入れて、少なくとも普仏戦争敗北まで二十二年間の国の繁栄をもたらした、と久米は見る。その対処法の一つが「職工市街ノ法」であり、これのみごとな実現がビュット・ショーモン公園とその周辺市街のあの「快爽」な景況だ、と久米は評価するのである。その死去に際しては「殂《し》」の一字しか記さなかったナポレオン三世に対して、これは極東の近代化指導者の一員からする意外に高い、そして考え直してみれば案外に正当な評価だったのではなかろうか。

「職工市街ノ法」とは、旧日本の「常平倉《じょうへいそう》」と似てさらに高尚な趣意のもので、企業家が大都市周辺に工場を設営するとき、その労働者のためにあらかじめ健全な分相応の集合住宅を建設して、これを家賃の他に毎月ないし毎週の積立金と交換に彼らに貸与し、数年後には彼らの持ち家としてやる、と同時に周辺の都市施設をも整備してゆくのだという。まさに「勧奨恵恤」「保護救助」の方策である。久米邦武は、三ケ月半ほど前、前年の九月にイングランド中部のソルテア村で見た、タイタス・ソールト氏（Sir Titus Salt, 1803-1876）のアルパカ工場とその社宅群をも想起しながら、「職工市街」をつぎのように描いてみせた。

故ニ創起ノ時ニアタリテハ、草野ヲ開キ、新路ヲ設ケ、路傍ニ散点セル、赭瓦ノ屋ヲミレハ、恰《あたか》モ田舎ニアル想ヲナセトモ、路砌《ろせい》ニ燈架ヲウエ、用水ノ唧筒《ポンプ》ヲ設ケ、路ヲ堅甃《けんしゅう》シタレハ、雨ニ泥濘《でいねい》ヲ踏ムコトナク、暗夜ニ燈ヲ要セス、弁セテ游苑ヲ修メテ与フレハ、暇時《かじ》ニハ此ニ運動スヘシ、従テ教会ヨリ寺ヲ起シ、祭日ニハ詣《もうで》テ法教ヲキクヘシ、会社ヨリ学校ヲ設ク、子弟ヲ教訓上達セシムヘシ、麺包《ぱん》、屠肉、割烹、浴湯、理髪、洗濯、衣服、器皿《きべい》、応用品ノ商店、書籍ノ縦覧所モ、従テ興リ、数年ノ後ニナリテ、回顧スレハ、人口稠密ナル都府ノ中央ニ住居スルヨリハ、其景況ハ反テ快爽ヲ覚フヘシ、「バーデブロン」苑ニ、車塵ノ間ニ孤歩シテ游フヨリ、「ビットショーモン」苑ニ、愉然トシテ盤游スルノ適意ナルニ如カサルヘシ（Ⅲ八七頁）

ビュット・ショーモンの公園自体は、一八六四年に起工され、一八六七年初頭のパリ万国博覧会の開会に間にあわせて開園するために三年間の工事で完成されたという。(14) その竣工から六年後の当時、右の引用は、この公園の周辺の労働者街がすでにここにいうような諸施設、諸店舗を備えた一種の理想的な労働者コミュニティを形成していた、と言っているのではかならずしもないだろう。岩倉たちよりもひと月ほど前、明治五年の十二月二日に、この公園の評判を聞いてはやくもここをたずねた木戸孝允は、その日の日記にこう記しているからである。――「晴、十二字（時）過より大久保（利通）・杉浦（弘蔵＝畠山義成）・大原とビュットショーモンに至る、此処は自然の山阜をパークとなせしものにて又一奇なり、三代ナポレオンの作りしものと云、此近辺は貧人多く、市街も甚不潔なり、帰途トルキバス（トルコぶろ）に至る、七時帰寓」(15)。

久米邦武の右の記述は、文末に「数年ノ後ニナリテ、回顧スレハ、」大都市の中心部に住むよりは周縁のこの「職工市街」のほうが「反テ快爽ヲ覚フヘシ」ともあったように、「職工市街」は順当に経営されて発展してゆけばこのような快適至便な福祉共同体となるはずだ、との趣意であったろう。久米および岩倉一行は、工業化の進展とともに当然起こるべきこの都市労働者「恵恤」の問題にすでに多大な関心をよせ、その一対策としての「職工市街ノ法」に強い共感を抱いていたのである。

右の引用の前のところでは、その「法」の「最モ周備セルモノ」として英国の理想の工場村（industrial village）ソルテアに一言言及していたが、たしかに岩倉一行が見学したとき、この工場村はブラッドフォードの大企業家タイタス・ソルトの計画と直接指導のもとに、一八五二年以来二十年かけた「職工市街ノ仕組」（II二八六頁）を完成したばかりのところだった。久米がその明治五年九月二十三日の訪問の日の『米欧回覧実記』に記しているように、ここにはエア河の水を活用したアルパカ紡績の大工場数棟に近接して、労働者用集合住宅群が整然と立ち並び、それに加えて、村民子弟のための小学校があった。養老院も病院も備えられ、村民のための（組合教会派の）教会があり、さらにエア河の谷を見おろす丘の上には「頗ル風景アル」大きな公園までがしつらえられていた（II二八六頁）。久米はここでは言及していないが、他に労働者用の大食堂も公衆浴場も洗濯場も商店街もあり、しかも工場も含めてこの村のすべての建築群が十五世紀イタリアの様式で統一されていたのである（今日もなおこの村の景観はほぼそのままに保たれていて、美しい。工場はとうに稼働していないが）。

村の創立者タイタス・ソルト卿は、反英国国教主義の急進派で、穀物《コーン・ロー》法反対の自由貿易論者で、労働者をも対象とした普選運動の生涯にわたる活動家でもあったというが、彼のソルテア村の構想には、かならずしもディズレーリのユートピア村の小説とか、ロバート・オーエンの社会主義の実験村とかの影響があったとは限らないらしい。十九世紀も半ばとなれば、蒸気機関の回転と時計の針の回転に促されて働きつづける労働者の大群に、なんらかの新しい保護と社会的福祉を与えるのが「工場生産の道徳経済学」（moral economy of manufactures）だとの考えが、とくに先進国イギリスでは実業家たちの間にひろまりつつあった。ソルトはこの同時代の思潮に企

Sir Titus Salt

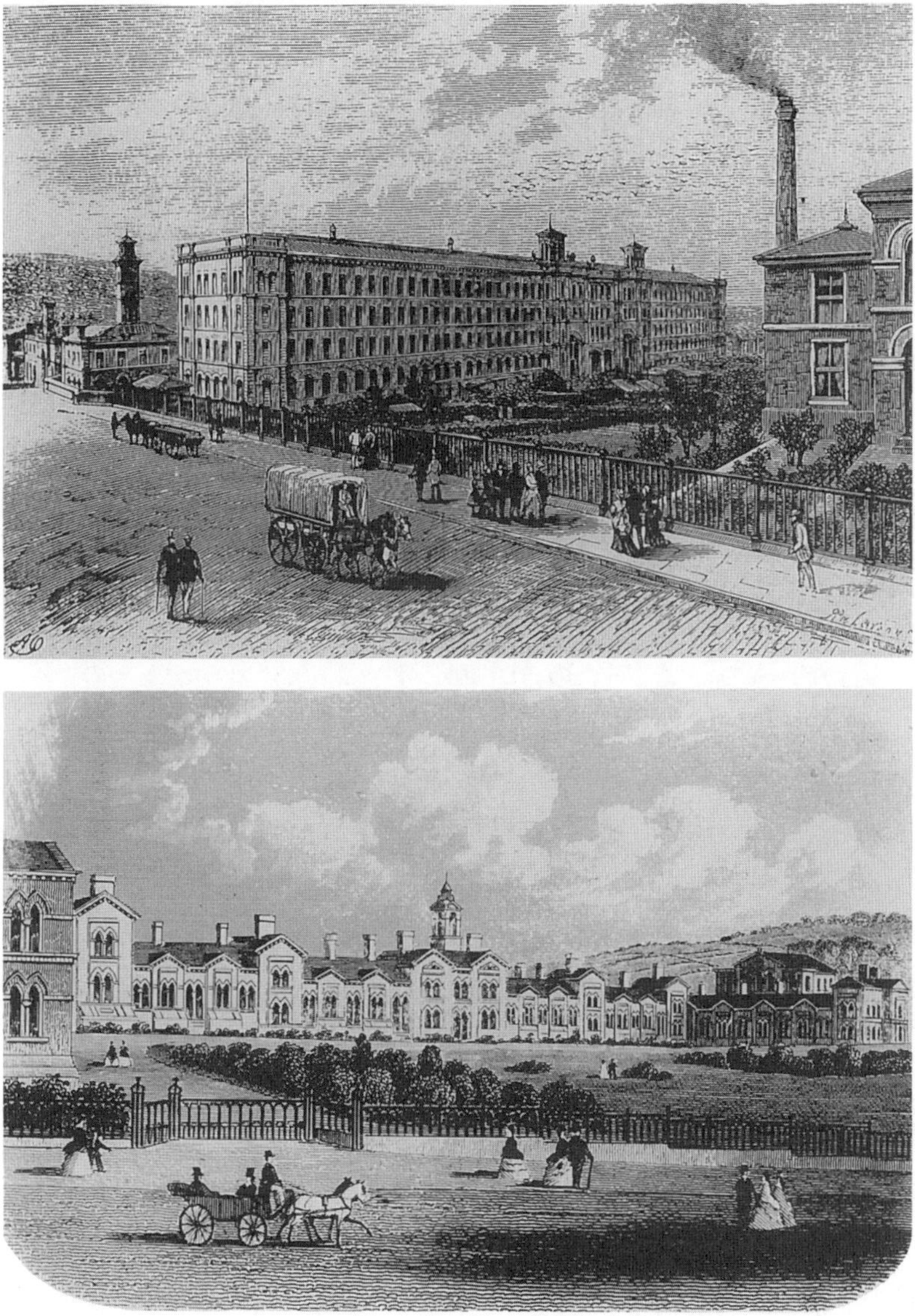

ソルテア村の工場（上）と救貧院（下）

（Jack Reynolds, *Saltaire: An introduction to the village of Sir Titus Salt*, Bradford Art Galleries and Museums, 1985 より）

業家としての家父長的温情主義を加えて、ソルテア村を設計し、実現したのである。(16)

まさに久米のいう「勧奨恵恤」の思想であり、彼が前引の文中にビュット・ショーモンをめぐって「職工市街」の「景況」として挙げる諸施設は、四千数百名の労働者を対象として、小規模ではあるがそれだけコンパクトに、ソルテア村にすでに実現されていたのである。久米はソルテア訪問の項でも「職工市街」という表現を使ってはいたが、そこではまだ十分に把握していなかったらしいその思想的背景と理想形態を、ソルテアからの継承であり、それとの類似発想であると彼が見たビュット・ショーモンについての記述のなかで、大いに敷衍してみせたのである。

英仏二つの労働者「恵恤」施設の間に連関があることを読みとっていたというのも、考えてみれば、明治日本指導者としてはまことに卓抜な眼力ではなかったろうか。久米邦武は多分まだ知らなかったろうが、ナポレオン三世は海峡の向こう側のタイタス・ソルトの試みに強い興味をよせ、タイタス卿にフランスのレジオン・ドヌールの騎士勲章を授与した上に、一八六七年、つまりビュット・ショーモン開園の年のパリ万博では、ソルテア村そのものを受賞候補に挙げもしたという。(17) フランスの皇帝とイギリスの進歩的企業家の間には、たしかに同時代の思想的呼応の関係があったのである。

久米邦武はこのビュット・ショーモン公園の建設を、ナポレオン三世の「美挙中ノ一」とまで呼んで讃えている。その他にも同帝の「傭工細民ノタメニ、勧奨救助ノ良法ヲ与ヘタル功徳」(Ⅲ八四頁)として、彼は同三世による「貯金預ケ所」や「共救会社」(共済組合)の設立を挙げ、「養老金」「急備金」の貯えの奨励を挙げ、病身虚弱の労働者のために保養施設「恵恤場」を設けたことにまで言及する。それらは「ミナ良善ノ美事」で、フランスのみならず欧米各国が近年競って設立しているものだと久米は書くのだが(Ⅲ八八頁)、それならばなぜこの漢学者は、そして岩倉使節団は、近代都市におけるこれらの社会福祉施設に、これほどまでに注目したのであったろうか。

一つは、前にも触れたように、彼らは彼らの指導のもとに急速に日本の産業革命を推進したとき、欧米先進国と同様の都市公害や労働者保護の問題が発生することを予見し、その対策をあらかじめ考察せざるをえなかったからであろう。もう一つは、彼らの心身には、旧徳川体制にはぐくまれた人間として、儒教の「仁」の思想が染みこんでいたからではなかったろうか。不思議といえば不思議なことに、徳川日本の蘭学者たちは、前野良沢や杉田玄白から渡辺崋山や福沢諭吉にいたるまで、西洋文明に眼を向けたとき、かならずといっていいほどに、孤児院や病院や貧民救済施設や聾唖学校などの社会施設の存在に注目し、そこに西洋なりの「仁」の思想が実現されていることを強調し、礼讃した。そのよき文化伝統が、いま欧米の現地を行く旧徳川教養人の一行のうちにもおのずからよみがえっていたのだろう、と私は考える。

三 都市構造把握の方法

『特命全権大使米欧回覧実記』は、歴訪各国について、日記体での見聞の記述に入る前に、かならずその国の文明についての「総説」の章を設けている。これが各国の地理的位置、国土の地勢、地質、気候などの自然的条件の記述から始めて、その国の成立の歴史、総人口、宗教、言語、教育制度、交通、通貨、民度、そして農耕、牧畜、鉱業から各種工業また貿易にいたるまでを、最新の統計資料をも活用して詳述し、しかも煩瑣にいたらず要を得ている。細部の記述にはごくまれに誤記や記憶違いもないではないが、しかし明治十一年の本書の刊行当時の日本では、いや日本のみならず東アジアでは、欧米各国文明についてこれに上まさる百科全書的でしかも生彩ある「総説」は他に存在しなかったろう。

一国文明について右のような項目を網羅してほぼオールラウンドに概説するという方法を、編述者久米邦武はどこから学んだのか。彼が佐賀藩士時代から愛読したという中国の史書や地理書などの漢籍、とくに明清時代に多くあらわされ日本にも舶載された中国各地の地誌などに、その発想の原型はあるのではないかと、私は推定している。しかし、その中国地誌の系譜を世界地誌に応用して書かれたはずの魏源の『海国図志』(全五十巻一八四二、全六十巻一八四七、全百巻一八五二)や徐継畬の『瀛環志略』(一八四九)などと照合してみると——久米がこれらの書を読み、部分的に利用していることは確かなのだが——『図志』は各国の軍事技術についてとくに詳しく、『志略』は各国史の記述がかなり詳しいにしても、どちらも他の項目ではその国の地理と産業と風俗とを数行ずつ叙するにすぎず、とても『米欧回覧実記』の周到と徹底にはおよばない。『米欧回覧実記』の各国「総説」は、そのもっとも基本的なパターンを中国の地誌、あるいは貝原益軒の『筑前国《ちくぜんのくに》続風土記』(元禄十六年〔一七〇三〕完)など以来の日本の地誌の記述法に学びながらも、それを西洋各国について、その文明の現況にふさわしく、断然新しく発展させたものだった。

ほぼ同じことは『米欧回覧実記』のなかの大都市、とくに各国首都の記述についても言える。たとえば、一八七〇年代当時の世界最強の工業先進国イギリスの首府ロンドンについては、「英吉利国総説」の文庫版で二十四頁分のあとに、別な一章を立てて「倫敦府総説」とし、全十八頁にわたって一国についての「総説」と同様の要目をあげて、その実勢を詳述している。

「岩倉使節団の西洋都市研究」と題して、前章まではもっぱら使節団一行の都市基盤への関心と観察とについて記してきたから、ここにはこのロンドン「総説」を例として、彼らの都市への構造的把握の手順について、いささかなりと触れておくこととしよう。

「倫敦府総説」は、明治五年七月十四日(一八七二年八月十七日)、ボストンから十一日の大西洋横断の船旅のあとリヴァプールに入港、同地から蒸気車で同日深夜の十一時二十分にロンドンのユーストン駅着、すぐにバッキンガム・パレス・ホテルに投宿したことを前置きとして、つぎのように始まる。

倫敦府ハ、大不列顛《グレートブリタニヤ》聯邦ノ首都ニテ、「ミツトルセキス」（＝Middlesex）、及ヒ「エツセキス」（＝Essex）両州ノ地ニアリ、達迷斯《テームス》河ノ南岸、「シュルリー」（＝Surrey）、及ヒ「ケンド」（＝Kent）、両州ノ地ニ跨《またが》リ、北岸ノ地勢ハ、一英里ニ付三十六尺ノ斜高ヲナスト云、倫敦府ニ属スル、地積ノ総数ハ、六百九十万英里《マイル》、人口四百〇二万五千六百五十九人アリ、北緯五十一度三十分四十八秒、西経零度五分三十八秒ノ地ニ、王宮ヲ建テ、是ヲ中心トシ、中枢ナル地積七万七千九百九十七「エーカー」（即チ百二十三方英里〈我四里余四方ナリ〉）ノ地ヲ以テ府中トナス、府中ノ人口ハ、一千八百七十二年ニ、三百二十五万千八百〇四人ヲ数ヘタリ（Ⅱ四七頁）

ロンドン市の行政区分上の位置づけから始まって、テムズ河北岸地域の河に向かっての勾配までを言う。グレーター・ロンドンとロンドン市域との区別も認識されていて、それぞれの面積、人口、また緯度経度を一の単位また秒の単位までおろそかにせずに挙げている。これらの数値は、文中に「一千八百七十二年」とあるのによっても察せられるように、どの主要都市についてもそうだが、おそらく使節団が各市行政担当者に求めて貰ってきた最新市勢統計などによって記しているのだろう。それにしても、それらの数値を端数まで省略せずに列挙して平然たるところに、編述者久米の『米欧回覧実記』に一貫した数字マニアぶり、という以上に栗本鋤雲にも通じる幕末維新期の実学主義者たちの「マテリアリズム」がよくあらわれている。

右の記述につづいて久米の筆は、ロンドンの経済生活におけるテムズ河水運の重要性におよび、ロンドン橋の下流一帯が「倫敦貿易ノ港」となって、年間にここで上げ下しされる交易物産がどれほどの量および金額になるかを、例によって列挙する。だが、記述はそこに停滞せず、転じてテムズの南北両岸の間の交通の施設に触れる。「ブルネール」(Isambard Kingdom Brunel 1806-1859)によってはじめて開通された(一八四三年)河底トンネルを論じた上で、ロンドン市域内でテムズにかかる橋梁が十三あることに触れ、鉄道用の四つを除く九橋については、第一のロンドン橋から第九の「バッテルシー」橋にいたるまで、それぞれの規模や用材や架設年代を煩をいとわず記してゆく。

このなかで、最後の「バッテルシー」橋についてだけは「此橋ハ最上流ニテ、記載未《いまだ》詳《つまびらか》ナラス」ト、久米が参照していた資料の不備をそのまま報告している。そのことも面白いが、なによりもここに意外にもバタシー・ブリッジの名が登場することに興味をひかれる。なぜならこれは、ちょうど岩倉使節団の在英中のころに、画家ホイスラーが日本の北斎や広重の浮世絵の影響を受けながら『夜想曲《ノクターン》、青と金』と題して描いた「オールド・バタシー・ブリッジ」そのものだったからである(J. M. Whistler 1834-1903, *Old Battersea Bridge, Nocturne-Blue and Gold*, ca. 1872-1873〔現バタシー橋は一八九〇年の再建〕)。岩倉、久米らはもちろんそのことを知るよしもなかったが、彼らより一世代後のパンの会の青年詩人、画家たちは、ホイスラーのこのチェルシー夜景の絵をことのほかに愛し、隅田川をテムズに見立てて「金と青との愁夜曲《ノクチュルヌ》」の詩(北原白秋)を合唱したりすることになる。

久米邦武の「倫敦府総説」は、単に都市施設の即物的な列挙に終始するものではない。右の「バッテルシー」橋のすぐ後には、つぎのような文章が来て、テムズ北岸の通りの美観も讃え、さらに転じて市内の交通機関および道路網の発達ぶりにおよぶ。つまりこの「総説」は無味乾燥な概論ではなくて、首都の盛況を一人の観察者の眼をとおして、その盛況にふさわしいいきいきとした文章で、たしかに有機的に総合的に把握する一章だったのである。

「ウェストミニストル」橋ヨリ、倫敦橋ニ至ルマテハ、府中ニテ繁華ノ衝地ナレトモ、河岸一帯ハ石ヲ密甃《みつしゅう》シテ岸ヲ固メ、岸上ニ大路ヲ開ク甚タ闊ニ、河岸ニ沿ヒテ人家ナシ、唯瓦斯燈ヲ植ヘテ夜ヲ照ス、星光点点トシテ河ニソフテ連ル、月夕雪夜ミナ勝致ヲ極ム、○橋間ニ又銕道ノ橋アリ、屋甍《おくぼう》ノ上ヨリ飛亙《ワタ》リ来テ、河傍ノ駅ニ達ス、鉄路ノ下ハ、銕ノ巨柱ヲ以テ支持シ、大路ノ上ハ、石ヲ畳ミテ彎弧ヲナス〈「アルチ」ト云、我眼鏡形ノ築石法是ナリ〉、車輪ハ雷ノ如ク騤轟《しゅうごう》シテ、人ノ頭上ヲ奔走シ、駅ヲ出テ駅ニ入ル、車ニ搭スル客ハ、蜂ノ如ク屯《たむろ》シ、車ヲ下ル客ハ蟻ノ如ク散ス（II五一～五三頁）

右の文の前半は「ヴィクトリア河岸」(Victoria Embankment) のことを述べている。久米の言うとおりまことに風格のある河沿いの大通り。ただ「月夕雪夜ミナ勝致ヲ極ム」にはちがいないが、岩倉使節団の明治五年の夏から初冬まで四ケ月の英国滞在の間に、たまたま月明の夜にここを馬車などで通ったことはあったかもしれないにしても、まだ雪には遭っていなかったはずだ。むしろ、三十年後の留学生夏目漱石が『倫敦塔』や『永日小品』のなかの一篇「霧」で語るような、「泥炭《ピート》を溶いて濃く身の周囲《まはり》に流した様」なスモッグにくるまれてしまうことこそ、多かったのではなかろうか。しかし、明治五年の「文明の技師」たちにとって、世界一の文明国英国の首都の名所は、まずは「月夕雪夜ミナ勝致ヲ極ム」でなければならなかったのであろう。

右の後半は、ウェストミンスター橋とウォータールー橋のちょうど中間にかかる「銕道ノ橋」、ハンガーフォード鉄橋のことを念頭にしていたと思われる。テムズ南岸から渡ってきた汽車は、ヴィクトリア・エンバンクメントの上をまさに大きな眼鏡橋で越えて、終着駅チャリングクロスに入る。その轟音を「雷ノ如ク騤轟」（にわかに轟く）といい、乗降客の大群を「蜂ノ如ク屯シ……蟻ノ如ク散ス」というのは、漢学者久米の得意の語法、たしかに鉄と石とを鳴りひびかせて忙しく動きつづけるこの大都市の活況をみごとにとらえていた。

ロンドンにはすでに九年前の一八六三年以来、蒸気の地下鉄も走っていた。右の一節にすぐつづけて久米は、このユニークな交通機関についても述べている。

○又河岸ヲ回《めぐ》リテ、地底ニモ銕道ヲシク、「シチー」ノ「メンジョン」館（＝Mansion House）辺ヨリ首ヲ起シ、河ニソヒテ遶《めぐ》リ、「ウオシポール」橋（＝Vauxhall Bridge）ヨリ、府ノ東ヲ回リテ、南ニ至ル、府ノ二分一ヲ匝回《そうかい》ス、大半ハ人家ノ下ヲ洞シテ、地道ノ上ヲ走ル、洞穴ハ磚瓦、或ハ石ヲ彎弧ニ築キ畳ミタレハ、牢固ナルコト、混全ノ石ヲ埋メタルニ同シ、銕路ノ過ル街上ノ屋ニ座臥スレハ、終日殷々《いんいん》トシテ雷声ノ地下ニ震フヲキク、倫敦ノ市中ハ、天ヲ走ル車アリ、地ヲ駛《はし》ル輪アリ、製作ノ奇工ヲ極メタリ（II五三頁）

『米欧回覧実記』の刊行直後にこれを読んだ明治の日本人たちは、まるでSFか未来小説を読むような気がしたのではなかったろうか。たしかに、高架鉄道にあわせて地下鉄道までが敷設されていたのは、一八七〇年代当時では世界広しといえどもこのロンドン市だけだった。

ギュスターヴ・ドレの版画「ラドゲイト・ヒルー通りの雑踏」（Cityへの入り口）
（*London, A Pilgrimage*, 1872より）

「倫敦府総説」はこのあとに、都市基盤としての市内道路に触れ、これが旧市街中心部ではいまなお狭隘で混雑のはなはだしいことを述べ、ついでその街路を馳せ廻る馬車について、その種類から台数、各種ごとの乗車賃までを記入する。つぎには旧市街から新市街までの区画について、東部の「シティ」区と西側のウェストミンスター区を中心に詳述し、それはおのずからロンドンの都市形成の歴史に展開してゆく。ロンドンという大都市の時空間における構造の把握とその記述として、明治十一年刊の『米欧回覧実記』のこの「倫敦府総説」は、まことにみごとな達成であり、具体的でかつ総合的な秀逸のレポートであったと評しなければならない。

ギュスターヴ・ドレの版画「阿片窟—インド人水夫の部屋」
（*London, A Pilgrimage,* 1872 より）

岩倉たちはもちろんこの文明の大都市を礼讃するばかりではなかった。「総説」の終りの部分でも、この都市は階級差が露骨で下層民には暮らしにくい町であることに一言触れていたが、この問題についてはすでに「英吉利国総説」でもっと立ち入って論じていた。「富ムモノハ日ニ富ミ、貧ナルモノハ終身屹屹《きっきつ》トシテ、僅ニ自ラ食スルノミ」という新旧の階級差の下で、とくにロンドンには単に貧民のみならず、乞食、売春婦、スリ、窃盗、強盗、博徒、投身自殺者、浮浪者、無頼漢、さらに鴉片《アヘン》吸引者の類までが多いことを詳述していたのである。岩倉一行のなかでも、大久保、木戸らが、ある日市中のイースト・エンドの貧民窟探訪を試みたことがあるのは、よく知られていよう。(18)

岩倉使節団の英国滞在中にロンドンで刊行された書物に、フランスの版画家ギュスターヴ・ドレ（一八三二―一八八三）と英国のジャーナリスト、ブランシャール・ジェロルド（一八二六―一八八八）との共著による『ロンドン探訪』というのがあった（Gustave Doré & Blanchard Jerrold, *London: A Pilgrimage*, 1872; Dover, 1970）。これは、ドレが一八六八年から相次いで三回もロンドンを訪ねて、彼の友人でサッカレーやディケンズとも知り合いだというジェロルドとともに、市内の上流社交界に出入りし、ダービーやテムズ河のボートレースも見物したが、それよりはむしろ最下層民の悪臭のこもる暗黒街や苛酷な労働の現場を「巡礼」して、その探索をドレの強烈な銅版挿画を入れて報告したものだった。『米欧回覧実記』のロンドン記述は、もちろんこのロンドン通たちの描いた、この都市の「天国」と「地獄」の光景の克明さには、およばない。まして、岩倉一行来訪の二年前に死んだディケンズの『クリスマス・キャロル』（一八四三）や『ピックウイック・ペーパーズ』（一八三六）などの、生彩あるロンドン物語とは比べてみるまでもない。

それは比較してみても、あまり意味のないことだろう。『米欧回覧実記』のなかのパリを、同時代のゾラのパリ小説とならべて論じてみても空しいのと同じことである。それよりは『米欧回覧実記』のこのロンドン総説が、日本人による記述としては前代未聞の周到詳密なものであり、しかもこの大都市をたしかに一つの生きた構造体として把握していたこと、一八七〇年代にすでにそれを可能としていたことにこそ、瞠目すべきであろう。徐継畬の『瀛環志略』も「英吉利国」についてはけっして簡略ではないのだが（私の見ている幕末の文久元年（一八六一）阿陽対眉閣翻刻本では十七枚、つまり三十四頁ほど）、そのなかで首都「倫敦」についての記述は、わずか四行余りにすぎない。比較参照のためにそれを読み下して引いてみると―

倫敦一ツニ蘭墪ト作ル東西南北皆七十里、城郭無シ。居民一百四十餘萬。殿閣巍峩《ぎが》（高く聳え立つ）、規模閎鉅《こうきょ》（広大）。

離宮別苑、綿亘《めんこう》シ（つらなり続き）相属ス（互いにつながっている）。文武百官之署、各ニ方位有リ。街衢《がいく》ハ縦横ニ穿貫《せんかん》シ、百貨山積、景象ノ繁華、人戸《じんこ》ノ湊密《そうみつ》（密集）、西国第一ノ大都会ト為ス。都中ニ保羅《ボウル》殿堂（＝St. Paul's Cathedral）有リ、又西殿（＝Westminster Abbey）有リ。西教ノ名師ヲ祀《まつ》ル。両殿ノ営構最モ奇崛《きくつ》ナリ（高くきわ立つ）。……

なるほど、この徐継畬から二十三年後、久米邦武に至って、東アジアの民族の西洋認識は一挙に広がり深くなったことがよくわかる、というべきであろう。

四　雄都・名都の回覧

本稿冒頭の章で触れたように、久米邦武はピッツバーグを「雄都」と呼び、フィラデルフィアを「名都」と呼んで、それぞれのたたずまいを活写して讃えた。ワシントンD・Cやパリやロンドンについても、それぞれの固有の都市基盤の構造に周到に目を配り、ときに各都市の形成の歴史にまでさかのぼって、十九世紀西洋文明の特性をそこに読みとろうとしていたことは、前章および前々章に詳述したとおりである。岩倉使節団はもちろん歴訪各国の商工業施設のみならず農村、鉱山、港湾等をも訪ね、各地の名刹旧跡に歩を運び、ロッキー山脈やナイアガラの滝やハイランドの山水のような風光の美にも眼をみはった。だが、一八七〇年代、産業革命を経た各国の文明がそのあらゆる面で大都市に集中して、そのあらたな繁栄を競いあっていたことはいうまでもなく、使節団の回覧はおのずから各国都市が中心となった。厖大な『米欧回覧実記』の記述のおそらく半ば以上が都市にささげられることとなったのは、いわば当然のなりゆきだったのである。

以下、終章として、『米欧回覧実記』のなかからいくつかの主要大都市についての記述を選んで（ロンドンについては前章で述べたからこれを除く）、各都市における使節一行の心身の体験と久米邦武によるその表現の修辞の面白さとを、急ぎ足にでも回覧してみることとしよう。

1　ニューヨーク――「終日殷殷轔轔ノ声」

岩倉一行の本隊は、大久保利通、伊藤博文の両副使が天皇からの全権委任状を貰うために急遽帰国することになってから、二人の再渡米を待って、明治五年の二月初めから四月末まで、なんと三ケ月もワシントンに逗留した。その間、もちろん無為に過ごしたわけではなく、アメリカ憲法の研究と翻訳をはじめ、諸施設の見学にも精を出したが、アメリカ政府の慫慂と饗応によって、ついに五月四月から二週間ほどは北部諸都市および景勝の地の巡覧の旅に出た。

一行がまず立ちよったのはニューヨークだった。それまでアメリカ国内でつぶさに見た都市といえばサンフランシスコとワシントンだけだったから、一行のこの大都市訪問に寄せる期待はさぞかし大きかったろう。だが、当時イースト・リヴァー対岸のブルックリンも合わせれば人口百三十四万、実勢二百万といわれた現実のニューヨークの隆盛ぶりは、彼らの期待をはるかに越え、想像をもこえて彼らを動顚させるほどのものだった。「新約克ノ繁華ハ、世ニ轟キタレハ、常ニ十二分ノ想像ニテ思量シタレトモ、猶モ意外ニ出ルコトソ多シ」（I二五七頁）とは、五月五日早朝、ジャージー・シティからハドソン河口をマンハッタンへとフェリーで渡ったときに、すでに久米が抱いた感想である。

第十六桟橋からすぐに馬車で宿舎のあるブロードウエーに向かい、ホテルに入ってからも、この都市の猥雑なほどの賑わいは一行を驚かせ、圧倒した。久米のつぎの文章は実によくその景況とそれを目の当たりにした一行の嘆声とを伝えている。

夫《それ》ヨリ「ブロードウエー」ノ大街ニ出レハ、馬車ノ喧闐《けんてん》ナル、市廛《してん》ノ稠密ナル、実ニ汗ヲ揮《ふる》ヘハ雨ヲナスホドノ繁華地ナリ、其街頭ナル「セントニコラス、ホテル」ニ宿ヲ定ム、時ニ猶七時ナリ。

○「ブロードウエー」ノ大通リハ、新約克府中第一ノ繁華街ニテ、車馬行人ノ喧闐、常ニ路ニ溢ル地トス、街路ニハ磚形《せんけい》ノ石ヲ布キ、往辺ノ街車《オミニュピス》ハ、形式ヲ小ニシ、路ニ鉄軌ヲ施サス、陸続トシテ来ル、前車ニ後ルレハ、後車已ニ至リ、一分時モ車ヲ待ツコトナシ、街路ニ鉄軌ヲ施スハ、新約克府ノ創起ナレトモ、普通ノ街衢《がいく》ニ設クル所ニテ、此街ノ殷劇《いんげき》ニ至テハ、衆車常ニ路ヲ塞《ふさ》キ、四五車相並ヒテ馳《は》スルハ常トセリ、左ニ走レハ右ヨリ馳突《ちとつ》シ、後ヨリ乗超ルレハ、傍ヨリ回旋シ、馭夫モ操縦ノ術ヲ尽シ、終日混雑ナルニ、倘《も》シ中央ニ銕軌ヲ施セハ、他車ヲ妨ケ、行人ヲ傷《きずつく》ルヘシ、世界ニ往来ノ混雑ナル、此街ノ如キハ其比ヲミス、「ホテル」ニ着シテ此街ニ面セル室ニ居レハ、時ニ万雷ノ至ルカ如ク、時ニ大風ノ松林ヲ吹カ如ク、終日殷殷轔轔ノ声、耳ニ充チ語言ヲ乱ル、其繁花此《かく》ノ如シ（I二五七～二五八頁）

ここでも久米邦武はマンハッタン一の繁華街ブロードウェーの交通の混雑ぶりにさっそく目をつけ、馭者たちの軽業師のようにスリルに富んだ馬車操縦法を詳述している。「世界ニ往来ノ混雑ナル、此街ノ如キハ其比ヲミス」とは、多分久米がロンドン下町の喧噪をも知った後の感想として、ここに書き加えた言葉であろう。当時、南北戦争後のアメリカ経済の再発展に乗じようと、ヨーロッパ各地から移民の大群がひきもきらずまずこのニューヨークに渡ってきては、激越な生存競争のなかに呑みこまれていっていた。その雑多な人種の混合と軋み合いまでが、文中から見え、響いてくるような気さえする。

岩倉一行より十二年前の万延元年（一八六〇）の同じ四月末、五月初め、徳川幕府最初の遣外使節として訪米した一行七十数名は、ニューヨークから大西洋、インド洋経由で帰国の途につくため、この都市にやって来ていた。一行のニューヨーク到着の日に、これを歓迎してブロードウェーで軍隊と市民による大パレードが展開され、ブロードウェーの彼らの宿舎メトロポリタン・ホテルなども日米両国旗と万国旗で飾られて歓迎一色に染められていたことは、よく知られている。だが、そのなかに揉まれながら、末席随員の一人佐野鼎は「其の群衆さながら江戸表の山王権現又は神田明神の祭礼の時に練《ねり》ものを見物するが如くにして……」と述べ[19]、副使村垣淡路守範正も「我江都に開帳仏の来りし如くもてはやしけり」と日記にしるした[20]。どちらもニューヨークの歓迎行事の爆発ぶりにすぐさま故国江戸の祭礼の賑わいを連想したのである。

村垣淡路守はホテルの屋上に出てマンハッタン市街を見晴るかしながらも、江戸の町並みを思い浮かべずにはいられなかったらしい。「屋根に出れば街市一円に見渡し、繁花なれども我江都の三分の一もあるべし。馬車の行かひ、男女の往来いと賑やかにして、暮方よりは例の玻璃器にガスを照して白昼にことならず。かく繁花の街は二条ばかり、余の通りは大に淋しく、空地も所々に有」[21]

この遣米使節のときから十二年、その間にアメリカもニューヨークも南北戦争をはさんで急速に変化し発展したし、そのすがたを見る日本人の側の意識も、明治維新をへて深刻に変化していたのである。久米の記述にはもはや気楽で面白い江戸・東京との比較はない。かわりに出てきて特徴となるのは、他の場所でもそうなのだが、漢学者とし

新約克「ブロード、ウエー」ノ繁花
（『米欧回覧実記』銅版画、久米美術館蔵）

ての漢語知識をフルに動員して、巨大都市の発する振動と緊張と圧力とを可能な限り読者に伝達しようとする工夫である。

さきの引用の末尾にいう、ホテルの自室にいても「時ニ万雷ノ至ルカ如ク、時ニ大風ノ松林ヲ吹カ如ク、終日殷殷轔轔ノ声、耳ニ充チ語言ヲ乱ル」の一節も、その巧みな一例だろう。ブロードウェーの大通りが一日中あげつづける唸りのようなものを言うのに、これ以上の比喩は他に見当りそうにもない。「殷殷」は「音声の盛な形容、轟くさま」を言い、「轔轔」は「車のきしる声」を意味し、『諸橋大漢和』によれば、どちらも史記や漢書以来、あるいは楚辞や潘岳、杜甫以来、しきりに使われてきた熟語だという。二つの熟語をつなげた用例は見当たらないが、「殷轔」という熟語はあって、たくさんの車がひしめき轟くさまを言い、これも柳宗元の詩などに用例がある。

前引の冒頭部分の一節には、同じブロードウェーの「繁華」のほどをいうのに、「実ニ汗ヲ揮ヘハ雨ヲナス」との表現があった。ニューヨーク中心街の雑踏をいうのにまさにぴったりと思われる比喩である。調べてみると、実はこれにも由緒正しい漢籍の典拠があった。すなわち、『晏子《あんし》春秋』内篇雑下には「晏子対ヘテ曰ク〈斉《せい》ノ臨《りん》淄《し》、三百閭。袂《たもと》ヲ張レバ陰ヲ成シ、汗ヲ揮ヘバ雨ヲ成ス。肩ヲ比《なら》ベ踵《かかと》ヲ継ギテ在リ。…〉」とある。つまり、春秋時代にいまの山東省にあった国斉《せい》は、紀元前七世紀から前四世紀にかけて栄えたが、その国の首都臨淄は三百もの「閭」（＝二十五家の区画単位）、すなわち七千五百の家族数を擁してたいへんな人口稠密ぶりだったという。そのため、街を行く人々が着物の袂をひろげればたちまち暗い影が生じ、汗をかいてそれを振り落とせば雨となるほどだった。歩いてゆくのにも肩と肩がならんでしまい、前をゆく人の踵に接しそうになる、というのである。

まったく同じような誇張の比喩は『戦国策』の「斉策」にも、同じ臨淄の街路の混雑ぶりをいうのに用いられていて、「臨淄ノ途《みち》、車轂《しゃこく》（車の車軸の部分）撃チ（ぶつかりあい）、人肩摩《ま》シ、衽《えり》ヲ連ヌレバ幃《とばり》ヲ成シ、袂ヲ挙グレバ幕ヲ成シ、汗ヲ揮ヘバ雨ヲ成ス」とある。(22) 驚くべきことに、一八七〇年代のマンハッタンの殷賑ぶりをいうのに、二千六百年ほど昔の中国古代の都市についての表現を借りていたのである。

「驚くべき」とはいっても、それは現代の没教養の私たちにとってのことであって、幕末維新期の知識人、とくに漢学者久米邦武にはなんでもなく口をついて出るような表現であったのかもしれない。意味は結局、佐野鼎や村垣淡路守の江戸の大祭や御開帳への連想とさして変りないにしても、十九世紀後半のニューヨーク街頭の混雑を言うには、その連想では我田引水で、矮小化になりかねなかった。久米たちは、東アジア文明圏共用の古典漢語を援用してこそ、米欧新文明の威圧に辛うじて対峙しえたのである。『戦国策』の「車轂撃、人肩摩」は、これ以後も欧米大都市の混雑ぶりを表現するのにしきりに愛用されてゆく。

2　パリ――「文明都雅ノ尖点」

岩倉使節団一行は明治五年十一月十六日（一八七二年十二月十六日）、早朝にロンドンを発って、ドーヴァー海峡を渡り、カレーから約五時間の汽車旅で、同日夕刻六時にパリの北駅《ノール》に着いた。翌六年二月十七日、ブリュッセルに向かって去るまで、正味約二ケ月のパリ滞在となる。(23)（その間の一行のパリ回覧のうち、道路舗装や下水道施設、ビュット・ショーモン公園などについては、すでに「都市基盤研究」の章で述べた。）ロンドンからパリに到着した一行のまず第一の印象といえば、それは久米の記す「猶雲霧《うんむ》ヲ披《ひら》キテ、天宮ニ至リシ心地スルナリ」（III四一頁）の一語に尽きよう。

それはたしかに、「陰霧《（スモッグ）》濛濛《もうもう》トシテ半《なかば》ハ夜ヲナス」初冬のロンドンから抜け出て「気象恢濶《かいかつ》」のパリに渡ったとき、誰しも感じる気候の変化、大気の肌ざわりの違い、そしてそれによる解放感を言う言葉ではあったろう。だが、それだけではなかった。彼らは海峡をへだてて文明までが違うことをすぐさま感じとっていたのである。

「倫敦ニアレハ、人ヲシテ勉強セシム、巴黎ニアレハ、人ヲシテ愉悦セシム」（Ⅲ五二頁）とも久米はいうが、すでに、パリ北駅から迎えの馬車でシャンゼリゼー西端の宿舎に向かったときの印象を、彼はこう書いていた。

馬車ニテ巴黎《パリー》ノ市街ヲ走ル、皜皜《こうこう》タル層閣、街ヲ挟ミテ聳ヘ、路ミナ石ヲ甃《しゅう》シ、樹ヲウエ、気燈ヲ点ス、月輪正《まさ》ニ上リ、名都ノ風景、自《おのずか》ラ人目ヲ麗《ウルハ》シ、店店ニ綺羅《きら》ヲ陳《つら》ネ、旗亭ニ遊客ノ群《むる》ル、府人ノ気風マタ、英京ト趣キヲ異ニス、既ニシテ「シャンゼルセー」ノ広衢《こうく》ヲ馳セ、「アレチツリヨン」門前ナル館ニ著セリ（Ⅲ四〇頁）

これは筆録者久米邦武が、「名都」パリを叙するには名文をもってせねばならぬと自覚して、『米欧回覧実記』中でも特段に凝って書いた一節かとさえ思われる。岩倉一行は多分、北駅（本書松村論文、一一七頁参照）からラファイエット街を西南に下り、ナポレオン一世によって開かれた壮麗なイタリアン大通りを西に馳せ、ガルニエ設計で建設中のオペラ座（一八七五年竣工）を右手に見て、マドレーヌ寺院からコンコルド広場に出、シャンゼリ

アヴニュ・デ・シャン＝ゼリゼ（Adolphe Alphand, *Les Promenades de Paris*, より）

ゼーを凱旋門《アルク・ド・トリオンフ》までまっすぐに上った。そしてそのエトワール広場の南側に、広場沿いに半円を描くプレスブール街十番地の瀟洒な館に入ったのではなかったろうか。

オスマンによる都市改造後まもないパリ中心部の、随一の繁華の大路《おおぢ》を、つぎからつぎへと彼らは馬車をひかせてたどったのである。大路の両側の高層の建造物は、改修後まだ年を経ていないから「皜皜」として真白にかがやき、それらのビルの連なりの前には、すでに葉を落していたにしても高い並木がつづく。ガス燈に照らされる並木の合間合間には華やかなモードの店や菓子や洋品の店がさらに明るく店内をきらめかせ、カフェにもレストランにもおおぜいの客が出入りして、さざめいている。

何台も連なる馬車の上から、この大通りの明るい賑わいの夜景を眺め、心をおどらせてゆくうちに、やがて一行の頭上には陰暦十一月の十六夜の月が皎々と照ってのぼったという。――異国の「麗都」のこの景のなかをゆけば、二十世紀、二十一世紀の日本人でさえ、身ぶるいするようなよろこびが湧くのを禁ずることはできまい。まして、明治五年の日本使節一行の大半の者にとっては、早くから名のみには聞いていた麗都パリのまばゆさの、そのただなかにいま自分たちがいるとは信じられないような思いでもあったろう。

繰返していうまでもなく、一行はすでにアメリカに八ケ月、イギリスに四ケ月を過ごして、予定外の長旅となったかわりに、日本変革のための近代文明学習という大任は、すでにその半ば以上を十分に果たしていた。あとはヨーロッパ旧大陸各国を訪礼し、その文明の多彩を観察し享受してゆけばよい、との一種の安堵感も彼らにはあり、それが右の引用の一節、またパリ見聞の全章ににじみ出ていたということもあったかもしれない。

「名都」の殷賑のただなかに身をおき、その大通りを眺めわたすというのは、たしかに誰にとっても愉快なことだ。パリ到着第一夜の岩倉使節団からおよそ二百年前、江戸に出てきて六年目の松尾芭蕉にも同じような経験があったことを、いまここに思い出す。

実《げに》や月間口千金の通町《とおりちょう》　（延宝六年〔一六七八〕）

まだ若い芭蕉は、これも仲秋の月明の一夜、おそらく日本橋の上あたりから、江戸随一の大商家が軒をつらねる通り町の大路を眺めやったのだろう。間口一間につき千金もの利があるという大店《おおだな》のならびが、名月に照らされて金いろに、銀いろに、かがやくがごとき壮観を詩人は讃えたのである。

そして他方、岩倉使節団に十一年遅れて、明治十七年から四年間ドイツに留学した森鷗外は、帰国するとまもなくそのベルリン体験を短篇『舞姫』（明治二十三年）のなかに小説化した。その冒頭に近い有名な一節が、主人公の軍医留学生太田豊太郎の、ベルリン一の大路ウンターデンリンデン街に立っての感慨を語る文章である。

> 余は模糊《もこ》たる功名の念と、検束に慣れたる勉強力とを持ちて、忽ちこの欧羅巴《ヨオロッパ》の新大都の中央に立てり。何《なん》等《ら》の光彩ぞ、我目を射むとするは。何等の色沢《しきたく》ぞ、我心を迷はさむとするは。菩提樹下《ぼだいじゅか》と訳するときは、幽静なる境《さかひ》なるべく思はるれど、この大道髪《かみ》の如きウンテル、デン、リンデンに来て両辺なる石だゝみの人道を行く隊々《くみぐ》の士女を見よ。（中略）車道の土瀝青《チャン》の上を音もせで走るいろ〳〵の馬車、雲に聳ゆる楼閣の少しとぎれたる処には、晴れたる空に夕立の音を聞かせて漲《みなぎ》り落つる噴井《ふきゐ》の水、遠く望めばブランデンブルク門を隔てゝ緑樹さし交《か》はしたる中より、半天に浮び出でたる凱旋塔の神女の像……

ブランデンブルク門のかなたの凱旋塔まで、両側の並木と楼閣に飾られて遠く真直ぐに（「大道髪の如き」）つづくウンターデンリンデンの大通りの壮麗な遠近法——それをいまはじめて眺めわたして、この壮観に心を奪われまいとしながらも心奪われてゆく極東の一留学生（「何等《なんら》の光彩ぞ…何等の色沢ぞ…」）。異国の大都市の大街路の迫力と魅力に負けそうになりながらも、しかし彼はこの景観に対峙して、道路の舗装法や噴水の位置とその音や並木の効果にまで一つ一つ眼をとめて、長大な一センテンスの構文のなかに、結局はその景観を「領略」(24)してゆく。

みごとな文章である。『米欧回覧実記』のパリ市街の馬車行の一節にもまさる詩的散文であることは疑いない。だがまた、『米欧回覧実記』の文章が鷗外のドイツものの作品にさきがけ、いわば大通りの心理学、グラン・ブールヴァールの比較文学という点でも、鷗外につながってゆくことは疑いえないところであろう。

岩倉使節一行は、パリがわずか二年前（一八七〇年）にはプロシャ軍に包囲され、その敗戦直後に「〈レット、レポブリカン〉ノ党〈暴発ノ共和党、所謂「コムミユン」〉」（Ⅲ六六頁）の「一揆」（Ⅲ四三頁）によって荒らされたのはつい一年前であることを、もちろんよく知っていた。この普仏戦争と Red Republicans の「乱妨」「狼藉」の跡を随所に見かけながらも、彼らは二ケ月の滞在の間に、また例によって実にまめに公私の文明施設を視察してまわった。セーヴルの陶器工場、ゴブラン織りやチョコレートや香水の工場も訪ねたし、ヴェルサイユ宮やフォンテーヌブロー宮にまで遠出もした。モンヴァレリヤンの砲台要塞やヴァンセンヌの兵営、またシテ島の裁判所と牢獄を見て詳しく記述もした。(25)その一方で、国立図書館（「巴黎大書庫」）や高等工藝学校《エコール・デ・ザール・ゼ・メチエ》の附属博物館を熱心に見て、歴史の蓄積のなかからこそ文明の光は発することを洞察し、再確認したのも、岩倉使節団そして久米邦武ならではの銘記すべき重大な手柄であった。

これら連日の回覧を重ねるうちに、パリという都市は、昨日までの徳川日本人であった岩倉一行にとって、全米欧回覧の行程のなかでももっとも愉快な、またもっとも親密な共感を呼ぶ「麗都」となり、全ヨーロッパの「都雅ノ枢軸」（Ⅲ五五頁）とまで見えてきたらしい。その讃美の思いと共感は「巴黎府ノ記」全七章の随所に表明されている。いまここにその数例のみをあげてみれば—

此処（パレ・ロワイヤル）ニハ珍玩、奇器、奢靡《しゃび》ノ品、風流ノ具、金光玉華ヲ聚《あつ》メテ、攤陳《たんらん》シ売リ、酒店、食店、其中ニ雑《まじ》リ、中央ノ方庭ニハ、緑樹陰ヲ展《の》ヘ、夜ハ気燈ヲ照シ、四囲ノ市廛《してん》ヨリ、百貨ノ光彩ヲ輝カスハ、黄金ノ気、庭ヲ包ンテ起ルトモ謂フヘシ（Ⅲ五〇頁）

巴黎ノ市中ハ、到処《いたるところ》ニ酒店、割烹《かっぽう》店、茶、珈琲店アリ、樹陰ニ榻《こしかけ》ヲオキ、遊客案《つくえ》ヲ対シテ飲ム、盛夏ニ涼ヲ納レ、晴夕《せいせき》ニ月ヲミル、劇場、楽堂、処処ニアリ、所謂《いわゆる》ル歌舞終日無ニ戚容《せきよう》一ノ気象ヲ顕《あらわ》セリ（Ⅲ五二頁）

つまり岩倉らにとって、パリは、つい前年までの敗戦やパリ・コミューンなどの騒乱の連続にもかかわらず、その傷手からの回復がめざましく、あたかもあの苦難を忘れたかのように美しく煌き、百貨に溢れ、「生きるよろこび」に満ちている、というのである。右の引用の末尾にいう「歌舞終日戚容《せきよう》無シノ気象」の「戚容」とは、「憂い顔」のことで、一日中歌い舞い、なんの憂いもないかのような様子、との意味。これは『米欧回覧実記』の同じ巻の「仏蘭西国総説」にもすでに一度引かれていた、徐継畬の『瀛環志略』「仏郎西国」篇に出てくる表現だった。徐継畬はフランス人一般の気風としてつぎのように書いていた。

其民俗豪俠《ごうきょう》、自ラ喜シミ、気高亢《こうこう》（気位が高く）、終日歌舞シテ戚容無シ、貴賎皆衣裳ハ都麗ニシテ費《ついえ》ヲ惜シマズ、交遊ヲ喜ビ、善ク遠人ヲ遇ス（原漢文）

フランス人は気っ風《ぷ》がよくて気位が高く、享楽が好きで身なりも人づきあいも派手だ、との類型化は、こうして十九世紀半ばにはすでに東アジアにも伝わっていたことがわかる。久米邦武は連日の見学の合間に、同僚幾人かとたまにブールヴァール沿いのカフェに坐ってみたとき、期せずして徐継畬の名文句を思いおこし、まさに彼の言うとおりだと同僚ともどもうなずいたのでもあったろう。
「終日歌舞無戚容」とは、かならずしも、東洋人だけのパリ印象、あるいはフランス人気質の類型化ではなかったようだ。パリ見物にやってくる「赤毛布《あかゲット》」たちに、みな共通の印象だったようである。岩倉一行より五年前、ナポレオン三世なお健在の一八六七年（慶応三年）に、アメリカから「聖地遊覧大旅行団」の一員としてはじめてヨーロッパに渡ったマーク・トウェイン（一八三五―一九一〇）は、旅先からサンフランシスコやニューヨークの新聞に送った『赤毛布外遊記』(Mark Twain, *The Innocents Abroad*, 1869) の一節にこう書いていた。マルセーユからパリに着いたばかりの、その宵のことである。

三人（マーク・トウェインとその親しい仲間）は灯ともし頃の街へ出て、料理店へ入り、寛ろいで、おいしく、ゆっくりと、夕食をすませた。何もかも小ざっぱりしていて、料理はとても美味《おい》しく、給仕人は極めて懇切、店に出入りする客も、口髭を生やした剽軽《ひょうきん》もので、親しみ易く、おそろしく、おどろくほど、ぱりぱりのフランス気質《かたぎ》ときている、そうしたところで、食事を攝るのは愉快であった！　すべてあたり一面、浮き浮きとして、活気にみちていた。二百人ばかりの人が、歩道の上の小形の卓《テーブル》に坐って、ちびちびと酒を飲み、コーヒーを啜っていた。街上は、軽やかな数々の車と、享楽を趁《お》う楽しげな人々との往来《ゆきき》で、混雑していた。どことなく伝わってくる楽《がく》の音、われらを取りかこんでいる生気と躍動、そして、至るところに燃え上るガス燈の明るい光(26)！

文章が『米欧回覧実記』とは違って、諧謔に富み、軽快に踊るような文であるのは、マーク・トウェインの特長であろう。それにこの観光旅行の一団には、岩倉一行のような祖国近代化のための文明視察というような重い使命がのしかかってはいなかった。だからマーク・トウェインたちは平気で赤毛布《ゲット》ぶりまるだしで、ノートルダム寺院も死体公示所《モルグ》もパンテオンもカンカン踊りもヴェルサイユ宮も見物してまわり、行く先々で感嘆し、諧謔や皮肉を飛ばし、自分たちの失敗を笑いもした。折からのパリ万国博に来訪したオスマン・トルコ皇帝アブズル・アジスが、ナポレオン三世と並んで、エトワール広場で大閲兵式を繰りひろげるのを見物しては、両者についての博識と偏見とを開陳してみせてもいる。

そしてこのパリ滞在をとおして、これはパリだけではなくイタリアでもそうなのだが、アメリカ人たちが結局いちばん感心し、羨望もしたのは、右に引用の一節が語るように、パリ市民たちの、アメリカ人のようにあくせくすることのない、ゆったりとした人生享受のすがた、生きるよろこびをたっぷりと愉しむすがたであったといえる。その五年後、岩倉たちが、連日の回覧の使命を果たしながらも、マーク・トウェインと同じ感慨をもち、それを「歌舞終日戚容無シノ気象」と表現して讃えたのは、むしろこの明治指導者一行の感受性のゆたかさ、その精神の度量の大きさをこそ示すものであったろう。徳川日本の平和と文明の円熟をいくらかなりと経験してきた彼らには、パリ市民の art de vivre（生きかたの智恵）と joie de vivre（生きるよろこび）に対する共感は、マーク・トウェインらよりもむしろ一層強かったとさえいえるのかもしれない。

二つの相継ぐ争乱をへたパリは、これからまさに約四十年の「ベル・エポック」を迎えようとしていた。それを予言するかのように、久米邦武は、パリ産の工藝品その他の商品やファッションが、その「高尚ノ韻致《いんち》、新奇ノ妙案」によって全欧を風靡し、ここがヨーロッパの「都雅ノ枢軸」となっていることを述べた上で、さらに言葉を重ねてつぎのようにパリを礼讃していた。

欧州各国、及ヒ欧州人種ノ住スル国国ハ、ミナ此都ヲ文明都雅ノ尖点《せんてん》トナシ、遠近ニ尊敬セラレ、英人ノ高慢ナルモ、婦人ノ風俗ハ、巴黎ノ新様ヲ模倣シ、露国ノ強大ナルモ、仏人ヲミレハ都人士トナシ、巴黎ノ麗都ハ、天宮月榭《げつしや》ノ想ヒヲナス（Ⅲ五五頁）

久米がここで使う「文明」とは、政治経済の近代的制度や近代的産業組織をも含もうが、それ以上に、「野蛮」「粗野」に対する知的、藝術的洗練を意味し、フランス語でいう civilisation に近い用法であろう。その「文明」にさらに「都雅」（élégance?）の語を添えた上で、久米はこの「麗都」を「天宮月榭」とまで呼んだ。ヨーロッパの人々はこの都を天上の楼閣の月見の台《うてな》のごとくに仰ぎ見ているとの意であろうか。『米欧回覧実記』全編中、これは一国の首都に献げられた最高の讃辞であった。

一八七二年といえば、画家モネが『印象―日の出』と題する絵を描き、やがて印象派と呼ばれるパリの画家たちがいっせいにパリ市内外の風物を描きはじめた年。――たとえばルノワールの『ポン・ヌフ風景』（一八七二）やモネの『キャプシーヌ大通り』（一八七三）などは、まさに岩倉たちがいくたびか通り、久米が言葉を尽して讃えもした「戚容ナキ」市街の風景をいきいきといまに伝える。これらの作品をよくよく見つめていると、ひょっとして岩倉や大久保や伊藤や久米がこの光あざやかな画中を歩いているのではないか、という気さえしてくるのである。

Claude Monet, *Le Boulevard des Capucines*, 1873

3 ベルリン——新興都市の頽廃

岩倉使節団は正味約二ケ月の滞在の後に、明治六年（一八七三）二月十七日にパリを去り、ベルギーのブリュッセル、オランダのハーグなどを回覧、同年三月九日朝にはエッセン経由で新興ドイツの首都ベルリンに着いた。宿舎は市内第一の大通りウンター・デン・リンデン街に面する「ホテル・デ・ローマ」であった。

ウンター・デン・リンデンの大通りの壮観については、パリについて述べた前節で、すでに森鷗外作『舞姫』の有名な一節を引いて、大通りの与える心理的昂揚と解放感、つまり大路の心理学といったものさえ考えられる、と書いた。ところがどうしたことだろう、『米欧回覧実記』はこの「府中第一ノ広街」に対して意外にも素気ない。文庫版でわずか四行ほどの平板な記述があるにすぎない。そしてその一節の終わりには、市内の道路の舗装について、ほぼ完備はしているが、「甃石《しきいし》」の敷きかたが平らでなく、でこぼこでつまづくようなところがはなはだ多い、と書き添えたりしている。

ニューヨーク、ロンドン、パリ、アムステルダム等々をつぶさに回覧し、研究してきた岩倉一行にとって、ベルリンは魅力に乏しいばかりか、新興都市なのにすでに風俗頽廃、人気《じんき》粗悪な都市としか見えなかったらしいのである。『米欧回覧実記』のベルリン到着第一日の記述は、これまでになく手きびしく、新興都市の見せる諸悪をほとんど指弾するかのごとき筆致である。これは、筆者久米邦武の洞察のするどさを、ロンドンやパリについてとは異なる意味で示す一例として、

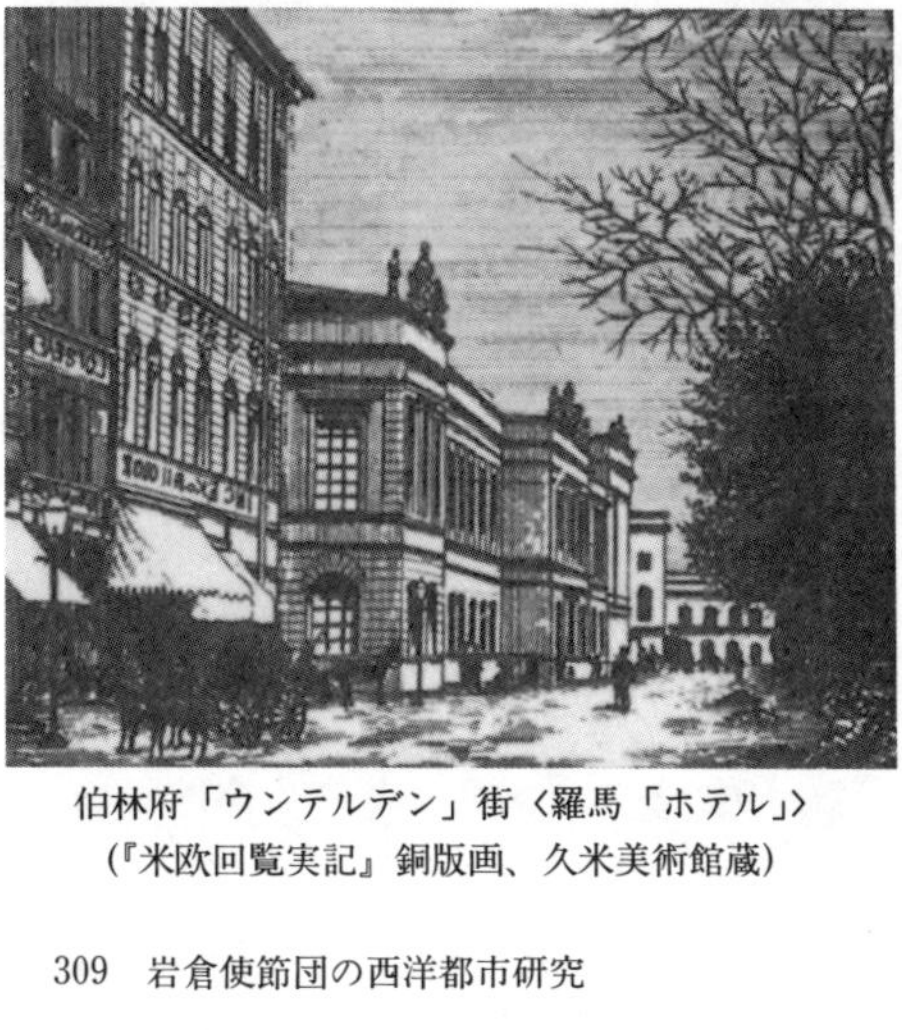

伯林府「ウンテルデン」街〈羅馬「ホテル」〉
（『米欧回覧実記』銅版画、久米美術館蔵）

やや長くとも引用しないでおくわけにはいかない。

(明治六年三月九日)此府ハ、新興ノ都ナレハ、一般人気《じんき》モ、朴素ニシテ、他大都府ノ軽薄ナルニ比セサリシニ、繁華ノ進ムニ従ヒ、次第ニ澆季《ぎょうき》シテ、輓近《ばんきん》殊ニ頽衰《たいすい》セリ、且近年頻《しきり》ニ兵革ヲ四境ニ用ヒ、人気激昂シ、操業粗暴ナリ、○府ノ四辺ニ、多ク遊苑ヲ修ム、必ス麦酒醸造ノ家ヲ設ク、都人男女ノ来遊スルモノ、庭上ニ羅坐シ、一小案ヲ対シテ、麦酒ヲ酌ミ、啜飲《せついん》一頓、以テ快ヲトル、演劇場ノ内ニモ、男女酒ヲ飲ムヲ厭ハス、英米ノ風ト、頓《とみ》ニ面目ヲ異ニス、(中略)○此府ノ人気粗率ナルハ、第一ニ兵隊学生ノ跋扈《ばっこ》スルニヨル、兵隊ハ数戦ノ余ニテ、左モアルヘキナレトモ、学生ノ気モ亦激昂《げきこう》ナリ、邏卒《らそつ》モ学生ニ対シテハ、権力ニ乏シ、蓋《けだし》仏国ノ革命ニアタリ、其自由ノ説独逸ニ波及シ、普国ノ立憲政体ニ改革スルトキニアタリ、他ノ各国ノ如ク、甚シキ擾乱《じょうらん》ニハ及ハサレトモ、大学生徒、及ヒ社会ニテ、政府ヲ衝動セルニヨレリ、此等ノ因縁ヨリシテ、学校ノ勢力ハ甚《はなはだ》盛ナリ、遊園ニ劇飲シ、酔ヲ帯ヒテ高吟朗謡、或ハ路傍ニ便溺《べんにょう》ス、又兵隊ハ、暇日毎ニ盛服シテ、遊園ヲ彷徨《ほうこう》スレハ、冶婦《やふ》ノ過ルモノ、ミナ一眄《いちべん》シ情ヲ送ル、俳優ニ似タルアリ、○淫風ノ年々ニ盛ナルハ、政治家モ実ニ蹙頞《しゅくあつ》シ、其制防ノ良法ヲ、宇内《うだい》各国ニ廉訪シ、我寛永年間ニ、江戸ノ吉原ヲ設ケシ規制ヲ賞嘆シ、其意ニ倣ヒ、適宜法ヲ設ケンコトヲ議セシコトアリト、嘗《かつ》テ「ウンテルデン、リンデン」街ノ写真店ニユキシニ、店夥《ミセノモノ》酔テ秘戯ノ写真ヲ、公然ト売ントセシコトアリ、欧洲ノ各都ニテ、春画ヲ公然ト人ニ販クニアヒシハ、只此府アルノミ(Ⅲ三〇四~三〇六頁)

右の引用の冒頭に出てくる「澆季《ぎょうき》」とは「澆末《ぎょうまつ》」というのと同じ意味で、「末の世」のこと。「澆」とは道徳感覚が希薄になることで、つまり、人心が軽薄になり、社会の秩序も風俗も乱れるがままになっているのが、いまのベルリンだという。その頽廃の傾向は最近いよいよ悪化し、とくに近年、東西南北にしきりに戦争（「兵革」）をしかけては勝ち誇るようになってからは、この首都を中心としてプロイセン人はいよいよ「人気激昂」「操業粗暴」のありさまだ、と久米はいう。

「兵革ヲ四境ニ用ヒ」とはドイツ概論である前々章の「普魯士《プロイス》国ノ總説」でも触れられていたように（Ⅲ二六九〜二七〇頁）、ヴィルヘルム一世が一八六一年にプロイセン王となって以来、ビスマルクを宰相としモルトケを参謀総長として軍備の強化拡張につとめ、北にデンマークを、南にオーストリアを攻め、一八七〇年にはついに長年文明開化の範として仰いできたフランスをも屈服させて領土を拡大、ヴィルヘルム一世が統一ドイツの初代皇帝となったことまでを意味していたろう。

たしかに、過去十数年の間のドイツの近代的工業力の充実と、それにもとづく軍事力の拡充とには、めざましいものがあった。岩倉使節団一行はオランダのハーグからベルリンに来る途上に、エッセンのアルフレッド・クルップ経営の「世界無双」の大製鉄・軍需工場に立ちより、まる一日をかけて詳細にこれを見学し、「西普魯士《プロイス》ノ鄙ニ、二万ニ余ル職工ヲ使役シ、一ノ閙熱場《とうねつじょう》ヲ開クニ至リシハ、普国ノ武名ト、共ニ不朽ナルベシ」（Ⅲ二九六頁）との讃辞をこれに捧げてもいたのである。

だが、プロイセンのこの急激な工業成長と相つぐ軍事的勝利のもたらした結果が、いまベルリンで眼の前にする市民生活のなにか殺伐とした情景、とくにむやみに奢り高ぶって粗暴な学生や兵隊たちのふるまいだ、と久米はいう。「此府ノ人気《じんき》粗率ナルハ、第一ニ兵隊学生ノ跋扈スルニヨル」とは、まことに興味深い観察ではないか。たしかに、市中に学生や軍人ばかりが目立ち、しかも彼らが肩で風を切るようにして歩きまわり、警官さえも彼らには遠慮しているような都市とは、久米がパリについて記した「文明都雅」とはまるで反対のものだろう。

兵隊たちは勝利を重ねてきたあとだからともかくとして、学生までが「激昂」して偉そうにしているのは、十九世紀前半以来、彼らがフランス革命の唱えた自由平等のイデオロギーを受け売りし、それを振りかざしてプロイセンの政治近代化にそれなりに促進役を果してきたとされるからだとは、これも久米邦武自身の観察なのか、誰かから聞いた説なのかは不明にしても、なかなか当を得た解釈だろう（この気風がやがて日本の旧制高校生の一部に伝染してゆくことまでは、さすがの久米もまだ予測はしていなかったろう）。

それにしても、そのエリートたるはずの学生どもが昼間から麦酒《ビール》に飲んだくれて、高歌放吟、あげくのはてには公道に大小便を垂れ流す（「便溺《べんにょう》」）にいたっては、まさに「澆季」の世という以外にあるまい。これに加えて軍人たちは、休暇の日となれば、はでな盛装に肩章《エポレット》などをきらめかせて、これ見よがしに大通りや公園を闊歩する。すると、色気たっぷりの女たち（「冶婦《やふ》」）は、通りすがりにその男どもに流し目を送る。そのさまは芝居がかっていて、まさに「俳優ニ似タルアリ」とは、久米邦武自身が現地現場で目撃しての証言であったにちがいない。

これは、森鷗外が、先に引用した『舞姫』の一節で、「この大道髪《かみ》の如きウンテル、デン、リンデンに来て両辺なる石だゝみの人道を行く隊々《くみぐみ》の士女を見よ。胸張り肩聳《そび》えたる士官の、（中略）様々の色に飾り成したる礼装をなしたる、妍《かほよ》き少女《をとめ》の巴里《パリー》まねびの粧《よそほひ》したる、彼も此《これ》も目を驚かさぬはなきに…」と述べたとおりの、ほとんどそのままの光景をさしていたのだろう。また、同じ鷗外が、その『舞姫』時代のベルリン体験からちょうど二十年後、日露戦争従軍中に書いた『うた日記』（明治四十年刊）の詩の一篇「扣鈕《ぼたん》」で、「べるりんの　都大路《みやこおほぢ》の／ぱつさあじゅ　電燈あをき／店《みせ》にて買」った金製のカフスボタンをなくしたことを惜しんで——

えぽれつと　かがやきし友
こがね髪　ゆらぎし少女《をとめ》

はや老いにけん
死にもやしけん

と回想した、そのはなやかな若者たちの情景をさしてもいたのだろう。

岩倉使節団から十一年後（明治十七年）、二十二歳の陸軍軍医士官としてベルリンに渡った鷗外は、肩の飾りをそびやかす若い将校たちと並んで、その一員として都大路を闊歩し、パリまねびの金髪の少女たちと仲よくすることもできた。ミュンヘンに移れば、その街の画学生たちと親しんで、彼らのコンパや馬鹿さわぎにさえ加わって、みずから大いに青春をたのしむことができた。ところが、明治六年の久米邦武は、同じ「兵隊学生ノ跋扈」のさま、彼らの「操業粗暴」ぶりに鼻白み、文字どおり顰蹙《ひんしゅく》したことが、右に引用の文章にははなはだ露骨にあらわれていて面白いのである。

久米にとって、ベルリンの「人気粗率」を示す極めつけは、ウンター・デン・リンデンの写真館で、酔っぱらった店員が久米たちに「公然ト」ポルノ写真を売りつけようとしたことだった。当時、ヨーロッパの日本趣味《ジャポニスム》はベルリンにもおよびはじめていて、春画の名作の系譜をもつ日本人なら、こういうものをよろこぶはずと店員はすでに知っていて、売りつけようとしたのか。とてもそのようなことではなくて、極東から来た田舎ものはこれを目を丸くして珍しがるだろうと、高値で押しつけようとしたのにちがいない。久米らにとって、その態度は心外であり、無礼であり、侮辱とさえ思われたらしい。だから久米の、引用末尾の言葉は、ベルリンをロンドンやパリと比べつつ、もっとも手きびしい結語となった。――「欧州ノ各都ニテ、春画ヲ公然ト人ニ販《ひさ》クニアヒシハ、只此府アルノミ」

パリでならば、売春婦が昼間から街頭に立っていようと平気で寛容だった岩倉一行である。久米が鷗外とは違ってベルリンに興ざめし、この新興都市がどうしても気に入らなかったらしいのは、彼がこの年すでに三十四歳の中年男で、鷗外の若さをとうに失っていたからか。天保生まれの旧佐賀藩士は、明治育ちの鷗外と違って、やはりはるかに旧弊な武士気質、加えて儒者根性を残していたからか。それともそれは、長期留学のエリート秀才と、わずか三週間逗留の外交使節団の下級随員との、身分および状況の差異による違いであったろうか。それとも、サンフランシスコから始めて、ニューヨーク、ロンドン、パリ、ブリュッセル、ハーグと、つぶさに比較文化の回覧を実行してきた岩倉使節一行と、日本からドイツに直行した若き鷗外との、視野の広さ、経験の豊かさの違いが、「欧州ノ各都ニテ…只此府（ベルリン）アルノミ」との語気の強さに出ていたのだろうか。

それらのすべてが、久米邦武と森鷗外の、それぞれの同時代ドイツの社会に対する反応の違いの理由たりえよう。そしてもう一つ、ドイツ側から見て、岩倉使節団のベルリン訪問の一八七三年と、森鷗外のドイツ留学の一八八〇年代との、時代相の差異もそこには若干働いていたかもしれない。一八七三年といえば、前にも触れたように、ドイツが普仏戦争の勝利に酔い、国家統一に歓喜し、それらの幸運をもってあたかもドイツ人が教養・文化においてまでフランス人に勝ったかのような自己満悦に陥っていたときだった。その驕慢と楽天的享楽主義とドイツ的「似而非教養」への開き直りが市民の間にひろまり、ドイツの社会がまさに久米のいう「澆季」（末世）の相をおびはじめていた年代だったのである。

岩倉使節団を論じながら詩人哲学者ニーチェを想いおこすのは場違いだろうか。そうとは思えない。当時バーゼル大学文献学教授のニーチェ（一八四四―一九〇〇）は、戦勝国ドイツにひろがるこの「澆季」の世相に痛切な危機感をおぼえ、「教養俗物《フィリステイン》」どもの支配する世論を真向から徹底して批判していたからである。とくにその『反時代的考察』（一八七三―七六）の第一論文「信仰者兼著述家ダーヴィト・シュトラウス」（一八七三）は、ヘーゲル左派の首領と目されるこの哲学者を標的として、彼が代弁する戦後思想の安易で平板な進化論的合理主義、倫理感覚の浅薄さ、快適主義の人生観等々を、その俗悪で大仰な文体にまで立ち入って、痛烈に論駁した長篇であった。この論文は、岩倉使節団がまだドイツに、あるいはヨーロッパにいるうちに雑誌に発表されていたかもしれない。(一八七三年四月―六月執筆、同年八月発表という)といって、岩倉一行の誰ひとり、これを眼にしたり話に聞いたりした可能性はないが、久米の観察対象の背景にあった同時代ドイツの文化環境を示唆する文章として、ここにその冒頭のほんの一節だけでも引いておくこととする。

今次のフランスとの戦争にもとづくすべての悪結果の中の最悪のものは、ひろく、いや、あまねくゆきわたった錯誤すなわちドイツ文化そのものもまたかの戦いにおいて勝利を博したのであり、従ってそれはいまや、かくも未曽有な事件と成功にふさわしい栄冠を受けなければならないという、世論ならびにその唱道者すべての錯誤である。この妄想の害毒は大きい。といってもそれが妄想だからではない、――なぜならしごく有益であり大きな祝福をもたらす錯誤というものもあるから、――然らずして、それがわれわれの勝利を完全な敗北に変えてしまうことができるからだ。「ドイツ帝国」に名をなさしめんとしてドイツ精神の敗北に、いな絶滅にまで到らしめうるからだ。

……

(戦後ドイツの文化という)この領域ではたんに満足があるばかりではない。ここには幸福と陶酔がある。私はかかる陶酔、かかる幸福を、ドイツのジャーナリストや小説・悲劇・歌謡および歴史の製造者の比類なく自身たっぷりな態度において感ずる。けだしこうした人々は明らかに相関連せる一団であり、この一団は現代人の閑暇と消化の時間、すなわちその「文化的時間」を独占し、現代人を印刷した紙で麻痺させようと相結託したかのごとくである。この一団にあっては、戦争このかた一切が幸福と尊厳と自負である。かかる

「ドイツ文化の成果」以後、この一団はたんに確認され裁可されたばかりでなく、ほとんど聖化された気持ちでおり、そのためいよいよ荘重に語り、ドイツ国民に好んで呼びかけ（ている）。（中略）おかしな格好をしたものが雄鶏よろしく胸を張って鏡に向い、手前の姿に惚れ惚れした目付をかわしている図ぐらいやりきれないものはない。(27)

ニーチェは、このあとに「文化はなによりもまず一民族のすべての生表現における芸術的様式の統一である」という有名な定義を下し、そのようなものとしての「文化」がドイツ人の間に浸透し一般化するにはなお数世紀かかるかもしれない、というゲーテのエッカーマンに対する言葉を引いて、この冒頭の一章を終る。まことに辛辣にして激越な自己批判の論文であった。前引の久米邦武のベルリン嫌いの発言は、たしかに、三週間にも足らぬ滞在の間の、市民風俗の嘱目に発するものではあった。しかし、他の主要都市についてとはまったく異なる論調のきびしさから見て、その観察は単なる表層の現象の記録たることをこえて、ニーチェの攻撃してやまぬ戦後ドイツの「雄鶏」たちの自己陶酔ぶりへの批判にまで、実は達していたと考えられる。

明治六年三月十五日夕方、宰相ビスマルクが使節団のほとんど全員を晩餐に招き、その席で有名な卓上演説《ティッシュレーゼ》をおこなって、国際公法を勝手にまげて領土拡張をする英仏の帝国主義を信用するな、国権自主を重んずるドイツこそこれからの日本の最良の盟邦、と断じて、日本側に一種の感銘を与えようとしたとき、久米邦武はその演説をかなり詳しく引用した上でこうつけ加えた。――「交際ノ使臣、相宴会スル際ニ、此語ハ甚タ意味アルモノニテ、此侯（ビスマルク）ノ、辞令ニ嫺《ナラ》ヘルト、政略ニ長セルコトヲヨク識認シテ、玩味スヘキ言ト謂《いい》ツヘシ」（Ⅲ三三〇頁）。

名宰相との誉れ高いビスマルクの演説に対して、「辞令ニ嫺《ナラ》ヘルト、政略ニ長セルトヲヨク識認シテ」玩味すべしとの、この知的留保の一節があることによって、岩倉使節団に対する、また『米欧回覧実記』に対する史的評価はまた一段と高くなる。たしかに大久保利通は、このベルリンで使節一行と別れて先に帰国する直前に、東京の西郷隆盛・吉井友実にあてて、「当国ハ他ノ欧洲各国トハ大ニ相異ナリ、淳朴ノ風有之《これあり》、殊ニ有名ノ「ヒスマロク」「モロトケ」等ノ大先生輩出、自《おのずか》ラ思ヲ属《つなぎ》候心持ニ御坐候」などと書き送っていた（明治六年三月二十一日）[28]。そして今次戦後は、この種の言説を根拠として、岩倉、大久保、木戸、伊藤らは、ビスマルクを範として「絶対主義政治家として色あげされて帰ってきた」[29]といった単純粗放な解釈が繰返し説かれてきた。

そのような解釈をここですべて否定し去ろうというわけではない。しかし一方で、右の久米の一節のような微妙な留保の言が『米欧回覧実記』に記されていたことは、まことに貴重で、これを見落としてはならない。これは岩倉使節団が擁していた西洋文明への対応態度の振幅の広さ、責任あるゆえのその自由さを、よく示すものでもあるからだ。そして少なくとも久米邦武が巨頭ビスマルクに対してこのような冷めた見かたを持ちえたのは、実は彼がビスマルクお膝もとの新興首都ベルリンの頽廃の現実について、すでにニーチェ的といってよいあの批判の眼を向けていたからなのではないか——と私は考えている。

4　ヴェネツィア——「愉快ノ楽境」

岩倉使節団はベルリンから長い汽車旅をしてロシアの聖ペテルブルグに赴いた。明治六年三月末のことで、ネヴァ河両岸にひろがる人口六十万のこの大都市を例によってつぶさに見聞するうちに、使節一行はこの国が「全ク貴族ノ開化ニテ、人民ハ全ク奴隷ニ同シ」（Ⅳ五八頁）ことを知った。専制政治の下に、産業・貿易の実利は外国資本に奪われている、その体制の脆弱さをはじめて察知したのである。文化元年（一八〇四）のロシア使節レザノフの長崎来航以来、日本人がこの国について抱きつづけてきた「ロシヤ＝おそろしや」の像は、「虎狼心ヲ以テ露国ヲ憚《はばか》ルノ妄想ヲ生シ、両国人ノ際ニ、一ノ奇影ヲ幻出シタルノミ」（Ⅳ一〇九頁）であったことを、とくに長崎港警備の任にあった旧佐賀藩の出身者久米邦武は痛感したのであったろう。そこから久米の「世界ノ真形ヲ瞭知《りょうち》シ、的実ニ深察スヘシ、以来妄想虚影ノ論ハ、痛ク排斥シテ、精神ヲ澄《ちょう》センコト、識者ニ望ム所ナリ」（Ⅳ一〇〇頁）という、『米欧回覧実記』全巻中屈指の名箴言は、実感に裏打ちされてこのロシア編に記されたのである。

ペテルブルグ市街の建築物や街路についての記述も興味深い。岩倉一行訪露の七年前（一八六六）に、この都市の貧民街を舞台として書かれたドストエフスキーの『罪と罰』のなかの描写と符号する数節さえある。だが、ここでは一行とともに旅路を急いで、イタリアの水都ヴェネチアへと向かうこととしよう(30)。

岩倉使節団一行（このとき副使大久保利通はすでにベルリンで、同木戸孝允は聖ペテルブルグで一行を離れて帰国の途につき、加わっていない）は、明治六年四月十四日に聖ペテルブルク発、デンマークのコペンハーゲン、スウェーデンのストックホルムを訪礼して約二週間を過し、そこからまっすぐにドイツを南下してミュンヘンに至る。そしてミュンヘンから汽車でブレンナー峠経由でついにイタリアに入ったのは、明治六年五月八日。フィレンツェ、ローマ、ナポリでたっぷりとイタリア文化研究を重ね、五月二十六日ローマを夜行列車で発ってボローニャ、パードヴァを過ぎて、「湖上ノ長橋」を渡ってヴェネツィアのサンタ・ルチア駅に到着したのは、二十七日の夜十時のことだった。東西交易上なお枢要の地として、この年から日本総領事

（*Appleton's European Guide Book*, 1872 より、久米美術館蔵）

館がここに設けられていたが、中山総領事と書記官とが一行を駅に迎えに出ていた。

一行は駅前からすぐに「艇」に、つまりゴンドラに分乗して大運河、小運河を行き、宿舎であるホテル・ニューヨーク（いまのGritti Palaceホテル）に向かったらしい。その晩のことと、その後のゴンドラ体験とを合わせてのことと思われるが、久米はこの日の『米欧回覧実記』の記事の最後につぎのように書いた。

> 此日ハ駅舎ヨリ直ニ艇ニ上ル、艇ノ製作奇異ナリ、舳首《じくしゅ》鶱起《けんき》シ、艇底円転トシテ、舳ニ屋根アリ、中ニ茵席《いんせき》ヲ安ンス、棹ヲ打テ泛泛《はんぱん》トシテ往返ス、身ヲ清明《せいめい》上河《じょうか》ノ図中ニオクカ如シ、市廛《してん》鱗鱗トシテ水ニ鑑《かんが》ミ、空気清ク、日光爽カニ、嵐翠《らんすい》水ヲ篭メテ、晴波《せいは》淪紋《りんもん》ヲ皺《しわ》ム、艇ハ雲靄《うんあい》杳渺《ようびょう》ノ中ヲユク、飄飄《ひょうひょう》乎《こ》トシテ登仙スルカ如シ、府中ノ人、音楽ヲ好ミ、唱歌ヲ喜ヒ、伴《はん》ヲ結ヒ舟ヲ蕩《うごか》シテ、中流ニ游フ、水調《すいちょう》一声、響キ海雲ヲ遏《とど》メテ瀏湸《りゅうりょう》タリ、旅客ノ来ルモノ、相楽ミテ帰ルヲ忘ル、トナン、此日旅館ニ至レハ、楽伴館下ノ水上ニテ楽ヲ奏シテ、著府ヲ祝セリ（Ⅳ三四六頁）

夜十時にヴェネツィアに着いてゴンドラに乗り込んだはずなのに、「空気清く、日光爽カニ」などとあるので、後日の経験も合わせてこの日の日記に書きこんだのだろうと考えるのだが、それにしてもこれは実に美しく水の都ヴェネツィアの恍惚をとらえた一節ではなかろうか。感嘆に値する。いまから百三十年前、季節ももっ

PIAZZETTA, VENICE.

とも好ましい初夏の頃、岩倉具視一行はこの古都に来て、私たちよりももっと鋭くこの「一奇郷」の水と光と風と楽の音の官能の美をとらえ、私たちには及びもつかぬ的確な語彙でそれを表現している。

これはほとんどヴェネツィア讃歌ともいうべき一篇の散文詩ではないか。むずかしい漢語は多い。だが、眺めていれば、大概の意味はわかる。原著ではページの裏に凹凸が出るほど強く押された活字の字づらさえ、黒っぽくて手ごたえがあって、美しい。それに「市廛鱗鱗《してんりんりん》」（ならび立つ館《やかた》がうろこのように鮮やかに）とか、「晴波淪紋《りんもん》」（明るい波とさざなみと）とか、「飄飄乎《ひょうひょうこ》」（風に吹かれてかろやかに）とか、その意味や字づらがよいばかりでなく、その字音のひびきまでが高く耳にこころよい。

これまでも指摘してきたように、漢学者久米は『米欧回覧実記』の全編を通じて、佐賀藩弘道館以来の自分のなかの漢語漢文知識のストックを総動員し、それによっていまはじめて対決する西洋文明の細部と大局とをつぎつぎに「領略」してきた。そのことは第一巻アメリカ編、第二巻イギリス編と読みすすめるうちに明らかになってきた。だが、その「領略」の作業が、ロッキー越えの車窓の風景や、マンチェスターやシェフィールドの各種工場の製造工程、あるいはロンドンやパリの都市基盤と景観美などばかりでなく、このヴェネツィアの水路をゆくときの五感のよろこびのような、本来「領略」しにくいはずのものを対象としてさえ発揮され、みごとにそれに成功していた。

右の一節では久米邦武は、他の章節とくらべてもたしかに特別に修辞に工夫を凝らして、ヴィヴァルディの音楽の世界にも通じるような

威尼斯府ノ古政事堂側面並ニ「サンマリコ」寺鐘楼
（『米欧回覧実記』銅版画、久米美術館蔵）

文明の悦楽をとらえ、それを読者に伝えようとしている。

「舳首騫起《けんき》シ、艇底円転トシテ……棹ヲ打テ泛泛《はんぱん》トシテ往返ス」というのが、すでに実によくゴンドラの姿態をとらえた言葉ではなかったろうか。この一節は、原著の反対側のページに掲げられた、ラグーナをゆくゴンドラの銅版挿画と相まって、このヴェネツィア独特の小舟の「奇異」にして粋《いき》なすがたを、はじめて日本人に伝える文章であった。「騫起」とは首を高く持ち上げているさまをいう。「泛泛」とは浮かびただようさまをいい、杜甫の詩（「秋興詩」）以来よく使われてきた詩語である。いずれも、巧みで的確な語彙の選択であり、あの黒い小舟が鳥のような首をふるわせながら軽やかに水の上を滑ってゆくすがたを彷彿とさせる。

その水の面には両岸に立ちならぶ館《やかた》がこまやかな影を映し、晴れた空からは青々とした初夏の風が吹きめぐって水上にさざなみをひろげてゆく。この不思議な都にやって来て、どこまでも光と風が戯れあうなかをゴンドラで進んでゆくとき、明治六年の日本の政治家、外交官、官僚たちも、蘇東坡の「赤壁賦」にいわれるように、思わず風に誘われて仙界に登ってゆくような恍惚をおぼえずにはいられなかったのである。

しかも水上のあちらこちらからは音楽が湧き、歌声がひびいてくる。この都の人たちが仲間とともに屋形船を出し、あるいはゴンドラを繰り出して、船上に楽を奏で、歌を唱っているのだと、久米は書いている。ちょうどなにかの祭りの日にでもめぐりあわせたのであったろうか。いや、そうでなくても、ヴェネツィアは、ことにサン・マルコ広場に近づけば、いつでもどこからか朗らかな楽曲やオペラのアリアなどが聞こえてくる都なのである。岩倉大使一行も、横浜を出てアメリカ、ヨーロッパ諸国を回覧してきてもう一年半、西洋音楽への抵抗感は薄れ、むしろそれをよろこぶ感受性が彼らのなかにはめざめてきていた。

それにしても、「水調一声、響キ海雲ヲ遏《とど》メテ瀏湸タリ」とは、まことにみごとな、漢語の響きの美しい表現である。久米邦武は漢学者なのに、米欧回覧中に漢詩を作ったという様子はない。その暇もないほどに、連日岩倉大使に密着しての観察と記録に忙殺されていたのにちがいないが、彼の詩に代る一句を求めるとすればこの言葉かとも思われる。

ところが、あらためて『諸橋大漢和辞典』などによってこの一句の語彙を調べてみると、これはただ語調がいいなどというだけではないことがわかる。一語一語に中国古典の典拠があり、筆者久米邦武のさすがに広く深い漢籍知識のほどを示すものであった。

「水調」とは、ただ水の上にひびく楽曲、つまり水上の音楽のことかと思いこんでいたが、そうではない。これは中国古代の歌謡であり楽曲でもあった楽府の一つ、水調歌のことで、隋の煬帝が汴河《べんが》（黄河に注ぐ）を開いて、その河畔の都汴京《べんけい》（開封）に行幸あったとき、みずから作った歌曲にはじまるものという。帝の作は「曲成リテ之《これ》ヲ奏ス、声韻怨切ナリ」と『大漢和』の引用の説明はいい、その後は哀艶断腸の古体詩として代々作られ好まれてきたという。「時ニ唱フ一声ノ新水調」という、白楽天が菱《ひし》とり歌を聞いて作った一句（「看採菱」）もある。

久米邦武はおそらく、この隋の煬帝の故事をよく知っていて、ここに「水調一声」の語句を用いたのであったろう。とすると、このヴェネツィア礼讃の一節の前半に、ゴンドラで大運河《グランカナル》を行くときの快感を「身ヲ清明上河ノ図中ニオクカ如シ」とたとえたのも、よく辻褄が合うことになる。なぜなら『清明上河図』は、いまは台北故宮博物院蔵の画院合作本（一七三六）が台北の桃園空港の待合室壁面に陶板のパネルとなって飾られたりしていて、誰でもよく知っているが、もともとこれは煬帝の水調歌の舞台となった汴京（開封）の、春三月、清明節のころの汴河両岸の郊外から城内にかけての繁華の風俗を描いた長大な図巻だからである。汴京が北宋の都であった当時、北宋の画人張択瑞が描いた名作（北京故宮博物院蔵）が、この画題の端緒とされている。久米邦武ら幕末育ちの漢学知識人は、どこかでそのいずれかのヴァージョンを模写で知るか、あるいは少なくともその名声と図柄とを聞き知っていたのだろう。そしていま西方の水都ヴェネツィアの運河を舟で行くとき、たちまちその汴京の図巻を連想し、さらにその水上に湧く歌曲をさして「水調一声」とも呼んだのである。

そのヴェネツィアの「水調」とは、平川祐弘氏が想像するような「アリオストの詩句」であったか、それともヴィヴァルディの一曲でもあったか、それは知るよしもないが、その曲が「響キ海雲ヲ遏《とど》メテ瀏滺タリ」というのも、実は古い典拠のある表現であった。「遏」という見なれぬ文字を『大漢和』で引くと、それはまさに「とめる」「さえぎる」の意味で、「遏雲《あつうん》」の熟語もあり、これは「空行く雲をもとどめるほどの妙を得た音曲。歌声のすぐれたのをほめていふ」語だという。そして『列子』「湯問」のつぎのような一挿話があげられている。読み下してみると――

薛譚《せつたん》、謳《うた》ヲ秦青《しんせい》ニ学ブ。未ダ青ノ技ヲ窮メズシテ、自ラ謂フ、之《これ》ヲ尽セリト。遂ニ辞シテ帰ル。秦青止メズ。郊衢《こうく》(町はずれの分れ道)ニ餞《はなむけ》シ、節ヲ撫シテ悲シミ歌フ。声、林木ヲ振ハシ、響キ行雲ヲ遏《とど》ム。薛譚乃チ謝シ、反《かえ》ルヲ求メ、終身敢テ帰ヲ言ハズ。

久米は直接に『列子』によって、この「響遏行雲」の語句を記憶していたのか、それとも後代の中国あるいは日本の詩にすでにこれが使われているのを知っていて、ここで「行雲」を「海雲」と変えて用いたのか、おそらく前者であろうと思うが、いずれにしても、こうしてこの小さな一節についてだけでもあらためて調べてみれば、『米欧回覧実記』の著者は自家嚢中の漢語ストックをいかに自由自在に活用し、いかに適切な箇所にいかに適切で典拠ある言葉をとりだしてきて用いていたかが、よくわかる。そのような修辞の工夫が『米欧回覧実記』というこの雄渾な「先進」文明の観察記録に、単なる事実の列挙に終らない文学的表現の奥ゆきの深さを与え、記録者自身の現場での感興をもあわせてそこに盛り、同時代の福沢諭吉の西洋ものにはない詩的な響きの高さ、映像のゆたかさを全編にみなぎらせる結果ともなったのであろう。(32)

私たちが『米欧回覧実記』にいまなお心ひかれてしばしばこれを読み返すのも、畢竟はこの書をつらぬく明治知識人の精神の緊張と躍動、そしてその文学的表現の複層の響きに魅せられてのことらしいと、あらためて納得する。右のヴェネツィア記の一節だけでも、以上述べてきたように、著者久米邦武は「清明上河図」や「水調歌」や「遏雲」など、中国の古典や故事をつぎつぎに想起し、それらをいわゆる「引照基準」(frame of reference) として、いまはじめて知る海辺の古都の官能の美をわがものとして「領略」し、同時代日本の読者にもそのよろこびを分とうとしていた。それはつまり、幕末までの日本における漢学の蓄積が、明治日本人の西洋文明摂取に、ひいては日本近代化の運動に、いかに不可欠な有効な働きをしたかの有力な証左の一つなのだが、久米らはまたこの中国文物への引照によって、みずからの西洋文明の発見をより確実なものとし、そのよろこびを数次元深いものとした上に、西洋の「先進」性によって圧倒されることからみずからを守りぬくこともできたのである。

久米はこのヴェネツィア到着の日の日記の結びに、「(この水都では) 旅客ノ来ルモノ、相楽ミテ帰ルヲ忘ル、トナン」と書いた。翌五月二十八日も「晴、気候甚タ清シ」という爽快な初夏の一日で、岩倉一行はゆっくりとバラッツォ・ドゥカーレやサン・マルコ寺院の見学をした。その日の日記の一節に久米はサン・マルコ広場の壮麗を叙述した上で、こう感想を書き加えている。——

此府ニ車ナシ、車輪喧囂《けんごう》ノ声ヲキカス、常ニ男女相攜《あいたずさ》ヘテ、市廛《てん》ノ前ヲ彷徨逍遥ス、夜ハ瓦斯燈ヲ焼キテ、白日ノ如ク、子夜《しや》ニ至ル、愉快ノ楽境ナリ (Ⅳ三五〇頁)

明治日本の「文明の技師」たちの多忙な研究旅行の合間には、ときにこのような忘れがたい愉悦の日々もあって、それが彼らの西洋文明理解を一段と深い親密なものとしたのである。一八七三年――森鷗外のヨーロッパ留学よりも十一年前のことだった。

（1） 明治維新以後、欧米からの工業技術また工学の導入の急速な展開に際して、技術用語の日本語訳に多大な困難と混乱が生じたことは容易に想像される。この事態に対し、「訳語ヲ一定シテ学術ノ進歩ヲ帮助スルハ方今学士ノ一義務」との至極もっともな趣意から、工学協会が編集し刊行したのが『工学字彙』である。第一版は明治十九年（一八八六）八月、第二版の増補改訂版は同二十一年（一八八八）十一月、第三版はさらに二千余語を増補して総計約六千七百語の英和対照技術用語辞典として明治二十七年（一八九四）十一月に、毎回代表委員による簡潔な「緒言」を附して刊行された。本文第一頁にはEngineering Dictionaryと英語題名が冠せられており、発売所は日本橋の丸善書店となっている。筆者は現国会図書館蔵の第三版をコピーによって検索した。

（2） 筆者が東大教養学部の教師であった時代、ある年、フランス語の授業を担当した理科一類のクラスに、たしか五十嵐榮という名のよくできる女子学生がいた。いまから十五年か二十年も前のことである。彼女は教養課程を終えると工学部の都市工学科に進んだ。そして二年後の卒業論文のために岩倉使節団と都市問題というテーマを選んだといって、私の家にまで相談にやってきた。私が岩倉使節研究にたずさわっていることを指導教官から聞いたらしかった。私はもちろん大いに面白がり、よろこんで彼女の話を聞き、資料若干を貸してやったりもした。やがて彼女は卒論が完成したといって、そのコピーを私のところに届けてくれた。見ると、岩倉使節団が『回覧実記』でとりあげた米欧諸都市の都市基盤、都市内の諸施設の問題を、各都市ごとに一覧表まで作って網羅して論じており、大学四年生としては十分に充実した出来栄えであった。その日以来、私は自分でもいつか「岩倉使節団の西洋都市研究」を書いてみようと思いつづけ、十五年か二十年たってようやく一応のまとまりをつけたのが本稿である。
　五十嵐さんは卒業後、東京都庁に就職すると語っていたが、あれ以後私は再会を果たしていない。彼女の論文のコピーも書斎のどこかにとってあるはずだが、見あたらない。しかし、私にこの絶好のテーマへの誘いをしてくれたのが、あの若い才媛であったことを思いおこして、ここに彼女への感謝の念を述べておかずにはいられない。

(3) 塩田良平編『成島柳北・服部撫松・栗本鋤雲集』「明治文学全集」4、筑摩書房、一九六九年、三〇二頁、三〇八頁。「暁窓追録」はもちろん、鋤雲歿後刊の『匏庵遺稿』(一九〇〇)などにも収められている。

(4) 芳賀徹『大君の使節』中公新書、一九六八年、一一三、一六一頁参照。

(5) Charles A. Beard, *The Administration and Politics of Tokyo, A Survey and Opinions*, New York, Macmillan, 1923, pp.168-174.

(6) Ibid., p.137. なお、ビアードのこの東京市政批判と同時代の萩原朔太郎の都会詩とのかかわりについては、芳賀『みだれ髪の系譜』講談社学術文庫、一九八八年、所収「かなしい遠景―ビアード博士と朔太郎」の章を参照。

(7) G. P. Gooch, *The Second Empire*, Longmans, 1960, pp.204-205. この前後の記述はグーチのこの名著によるところが多い。

(8) 前掲、「明治文学全集」4、三〇三頁。

(9) 小木新造『東京時代―江戸と東京の間で』NHKブックス、一九八〇年、一一二-一一八頁。

(10) 工学会編(田辺朔郎)『明治工業史土木篇』一九二九年(一九七〇年復刻版)、四八五-四八七頁。

(11) Simon Shama, *Landscape and Memory*, Vintage Books, 1996, pp.567-570.

(12) Ibid., p.570.

(13) Adolphe Alphand, *Les Promenades de Paris*, Paris, 1867-1873, 2 vol., pp.198-204. 著者アドルフ・アルファン(一八一七-一八九一)はもとフランス南西部ジロンド県の土木主任技師だったが、同県知事だったオスマンがセーヌ県知事に任命されてパリ改造に乗りだすと、一八五三年、彼をボルドーから呼び出して、パリの公共事業担当の局長とした。――参照、ピエール・ラヴダ、土居義岳訳『パリ都市計画の歴史』中央公論美術出版、二〇〇二年、三一一-三二六頁など。

(14) Ibid., p.203.

(15) 『木戸孝允日記』第二巻(日本史籍協会叢書75)、東京大学出版会、一九六七年、三〇〇頁。明治五年十二月二日の条。

(16) ソルテアおよびタイタス・ソルトについては、Jack Reynolds, *Saltaire, An Introduction to the Village of*

Sir Titus Salt, Bradford Art Galleries and Museums, 1985という小冊子を参照。なお木戸孝允もソルテアについては大いに興味をそそられたらしく、明治五年九月二十三日の『日記』にかなり詳しく村の現況を記した上に、創立者ソルトについては「ソールトは人となり寛容にして仁恵あり製造家中には実に稀なるものと云」と書いている。前掲『木戸孝允日記』第二巻、二六三頁。

(17) Reynolds前掲書、一一頁。および岩波文庫版『米欧回覧実記』(二)四〇一頁の田中彰註。

(18) 前掲『木戸孝允日記』第二巻、二八九頁、明治五年十一月十二日の条。その日の夜八時前から、木戸は大久保利通、三等書記官杉浦弘蔵(畠山義成)とともに、英国側迎接員アレキサンダーの案内で、イースト・エンドの「極貧人の宿泊所」「貧人極隘の小屋」などを見てまわり、中国人移民や英国婦人のアヘン吸引のさまをも目撃して、午前一時に宿に帰った。

(19) 佐野鼎『萬延元年訪米日記』金沢文化協会、一九四六年、九五頁。なお佐野は引用部分の少し後に、同行の肥前佐賀藩士小出千之助の訳による「ニウヨルク府の地誌」を十頁ほどにわたって書写している(九九―一〇九頁)。

(20) 村垣範正『航海日記』(吉田常吉編)時事通信社、一九五九年、二〇八頁。

(21) 同右、二〇九頁。

(22) この「汗ヲ揮ヘバ雨ヲ成ス」の典拠については、明星大学比較文学教授古田島洋介氏に教示を仰いだ。また、これを最近の『米欧回覧実記』英訳版ではどう訳しているかも興味があって検索してみると、"The shops and houses were closely packed together and the scene was so bustling that it recalled the phrase 'sweat tossed from your brow falling like rain'." となっている(Kume Kunitake, *The Iwakura Embassy, 1871-73, I The United States of America*, tr. by Martin Collcutt, The Japan Documents, 2002, p.266.)。さすがにコルカット教授は「汗ヲ揮ヘバ…」が古語によることを察して訳していた。

(22) 明治新政府は明治五年に改暦を強行実施して、陰暦の同年十二月三日をもって陽暦明治六年一月一日とした。そのため、パリ滞在は三ヶ月ではなく正味二ヶ月となり、明治六年以降は日付を陰から陽にいちいち換算する必要がなくなる。

(24) 「領略」とは、一望のうちに収めてしっかりと把握し、わがものとすること。森鷗外は短篇『花子』のなかで、ロダンがモデルの花子を頭から足の先までつぎつぎに凝視して、これを「領略」した、というように使う。一方、久米邦武も、凱旋門の上に登れば「巴黎府中ノ地、ミナ森森トシテ指点ノ下ニ環拱《かんきょう》シ（ぐるりと抱えこみ）、米ヲ聚《あつ》メルカ如ク、大都ノ繁華ヲ領略スヘシ」（Ⅲ四三頁）と使っている。徳川・明治の「マテリヤリスト」たちの観察対象把握の態度とその強さを示唆する、いい言葉である。

(25) 岩倉使節団がパリでも砲台や要塞や裁判所や監獄などを視察して廻ったことをめぐって、いまはなき畏友前田愛氏が、それを同じ明治五、六年にパリに滞在していた旧幕遺臣の文人成島柳北の見聞記『航西日乗』と故意に対比させて一論をなしたことがあった（前田愛『成島柳北』朝日評伝選11、一九七六年）。前田愛ともあろう人が、そこでは、「支配する側の論理と支配される側に立つものの論理」といった、一九七〇年代にはまだまだ論壇に流行していた割切り図式を利用して、柳北に対しひいきのひき倒しをしているのを見て、私はその左肩をちょっとそびやかす前田さんを揶揄しつつ、岩倉の側から反論を書いたことがあった（「岩倉使節団のパリ」、『歴史と人物』〔中央公論社〕一九七八年一月号）。いまでもなおその種の議論が出現しないとは限らず、歴史を論ずる上で大切な一点とも考えられるので、ここに私の旧稿の一部を、少々長くはなるが再録しておくこととする。

「すなわち、明治六年一月二十二日（陽暦）、成島柳北は随行していた東本願寺法主現如上人とともに岩倉、木戸、大久保をその宿舎に訪ね、その日の午後は大使一行に同行して、パリの天文台、高等裁判所、牢獄などを見学した。その見学内容について、『回覧実記』は裁判所で傍聴した夫殺しの女の公判の模様を詳細に記録し、柳北の『航西日乗』の方はむしろ牢獄の施設の描写に例外的に力をこめていた。「総テ当牢ノ入費ハ八百万フランクヲ用フ」というような客観的記述でしめくくった『実記』に対し、囚人の日常を克明に記した『日乗』は、「百事整頓シ、厳ハ厳ヲ極メ慈ハ慈ヲ尽クス。寔《まこと》に感嘆ニ堪ザルナリ」と述べ、「柳北自身の感動をかくそうとはしていない」と前田氏はいう。そしてさらにつづけて氏は、そこに、「いわば支配する側の論理と支配される側に立つものの論理のくいちがいが、微妙なかたちで露わにされている」（傍点芳賀）と評するのである。

だが、はたして、ここでそのようなことがいえるのであろうか。「支配する側」といっても、岩倉一行は、なお内外の危機にさらされた祖国をいかにして保全しつつ近代化してゆくべきか、その多様な方途の探索という重い国民的使命に緊張し、ときにはその重さに耐えかねて喘ぎながら、いま回覧をつづけている。「支配する側」という表現が連想させようとするような、権力への開き直りや私物化はまだまだ縁遠い。同じように、「支配される側に立つ」といっても、柳北はほんとうにそんな「側」に立っていたのか。幕府の敗北によって、やむをえずその

「側」に廻る羽目になっていただけで、実は彼こそ岩倉一行の多くの者などよりもっと強烈な同胞愚民観を抱いていたのではないか。疑いだせばきりがない。要するに、このようなファッショナブルな言い方は、事の実相を一見明らかにするようにみえて、かえって晦《くら》ませるだけなのではないか。

それに、これは私の古い論文（「明治初期一知識人の西洋体験」、『島田謹二教授還暦記念論文集比較文学比較文化』弘文堂、一九六一年）ですでに触れたことでもあったが、『米欧回覧実記』は、栗本鋤雲の『暁窓追録』や柳北の『航西日乗』など同時代の個人の西洋見聞録、旅行記とくらべて、まさに「寔ニ感嘆ニ堪ザルナリ」式の感嘆詞がめったに使われないところにこそ、その特徴の一つはあったのである。それは編者久米邦武が西洋文明の多くの点に「感嘆」しなかったからでは無論ない。彼は国民への公的使節報告の執筆者として、感嘆詞を頻発させてすます代りに、むしろ何がどのように彼を感嘆させ、瞠目させたかを、できるだけ客観的に説明せねばならなかった。その抑制が『回覧実記』に、かえって個人の回想や旅日記におけるよりも、もっと強く深い感動と反省とを宿らせることとなったとさえいえるのである。

『回覧実記』と『航西日乗』との差は、要するに、久米自身の「例言」の言葉を用いれば、使節団の記録は「固《もとよ》リ操觚《そうこ》ノ士（＝文筆業者）、雲水ノ客ガ、意ノ適スルニ任セ漫游シ、耳目ヲ快クスルニ異ナリ」ということに尽きるだろう。だから前田氏が、明治六年一月十五日から二十一日までの一週間の、岩倉一行と柳北個人のパリおよびその周辺で見学したものを対比して、「回覧使節の側には要塞と工場のパリがあり、柳北の側には劇場と美術館のパリがある」と、意味ありげにいうのも、実はあまり意味がないのではないか。明治六年の日本政府使節団が、砲台や地下下水道やヴェルサイユ宮、ゴブラン織工場や鉱山学校や兵営を探索せず、ゲイティ座のミュージカルを楽しみ、パレ・ロワイヤルの一楼に飲むなどという散策ばかりをしていたなら、それこそ国税の浪費であり、同胞に対し使節としての面目が立たぬことであったのは、いうまでもないことなのである。

そして、つけ加えるならば、使節一行にとってたまたま右の一週間には、サンシールの陸軍士官学校と、モンヴァレリヤン砲台と、ヴァンセンヌの兵営など、陸軍関係の見学が数箇所つづいたというだけであって、彼らが実際に「要塞と工場のパリ」しか見なかったなどというのでは全くなかった。それどころか彼らは一方では、柳北にまさるとも劣らぬほどにパリの景観と風物の美しさを享受し、フランスの文化の分厚さ、根の深さに感銘して、よくその由来までも洞察していたのである。」（以下略）

(26) マーク・トウェイン、浜田政二郎訳『赤毛布外遊記』上、岩波文庫、一三八頁。
(27) フリードリッヒ・ニーチェ、氷上英廣訳『反時代的考察』新潮文庫、一九五四年、九－一二頁。
(28) 『大久保利通文書』四（日本史籍協会叢書31）、東京大学出版会、一九六八年、四九二頁。
(29) たとえば、戦後の日本史学界に大きな影響力をふるった遠山茂樹の『明治維新』（岩波全書、一九五一年）は、その数百頁の論述のなかで岩倉使節団派遣に触れるのは、たった一行、それも対象の実体と釣合わないこの貧相で卑しい一言にすぎなかった（同書、三一九頁）。
(30) 以下、ヴェネツィア見聞についての一章は、旧稿「岩倉使節団のヴェネチア」（『学士会報』788号、一九九〇年七月）の主要部分を、若干の語句修正を加えて再掲しておくこととする。
(31) 平川祐弘『芸術にあらわれたヴェネチア』内田老鶴圃、一九六二年、三五四頁。
(32) さて、それならば、ヴェネツィアの記のこの中国古典への引照に富んだ玲瓏の一節はどう英訳されているか。*The Iwakura Embassy, 1871-73, IV Continental Europe 2*, tr. by P. F. Kornicki, The Japan Documents, 2002 の当該ページを探ってみると、つぎのように訳されている。

On this day, we immediately boarded a boat [gondola] after emerging from the station. The construction of the boat was very curious. The stern and the prow are bent upwards and the keel is rounded, while the stern part has a roof and is fitted with comfortable cushioned seats; the boat is propelled with a gentle, floating motion by pushing a pole. It felt *as if we had placed ourselves in a picture of a pellucid river*. The houses and shops jostling together were reflected in the water, the air was clean, the sunlight pleasant and the water, suffused with an azure colour, was marked by gentle ripples over its surface. The boat glided through the dim and misty air, and it felt as if one was being gently wafted into the sky. The local people are fond of music and delight in song; they make up a party and idle their time away in a boat, relaxing in midstream. The water and the music are in harmony and ring out so melodiously that *the sea and the clouds come to a stop*. It is said that travellers who come here and share in these pleasures are usually too enraptured to think of going home. When we reached our hotel, music was being played on the water down in front of the lounge in celebration of our arrival in this city. (p.348)

なるほど、原文の一語をも落とさずに実に上手に平明に訳している。ただ「身ヲ清明上河ノ図中ニオクカ如シ」(イタリック部分)が、中国絵画史上の特定の一名品に言及していることが十分に訳出されているとはいえない。「水調一声、響キ海雲ヲ遏メテ…」(イタリック部分)も、コーニツキ教授の英語は原文から少しばかりずれている。たしかに、久米の原文の意味と映像の和漢洋の複層性が薄くなり、平板になっていることは否み難い。ただし、これは翻訳というものの宿命ともいうべきものであろうか。

あとがき

この論文集『岩倉使節団の比較文化史的研究』は、いまから十四年前の一九八九年（平成元年）九月、英国のシェフィールド大学でおこなわれた国際会議を一つの出発点として、編まれたものである。

イングランド中部の都市シェフィールドは、バーミンガム、リヴァプール、マンチェスターなどとならんで、明治五年（一八七二）の秋九月から十月にかけて、岩倉使節団がもっとも熱心に見てまわった重工業地帯の一中心地である。今日ではもはや往年の巨大工場はそのおもかげしか残していないのはやむをえないが、そのかわりともいうべきか、シェフィールド大学は英国における日本研究の重要拠点の一つとなっている。

同大学の日本研究センターは、私たちが当地に集まったときに、ちょうど創立十周年であったか二十周年であったかの記念シンポジウムを開催していた。私たちの岩倉使節研究国際会議も、部分的にはその創立記念事業の一翼であったのかもしれない。同センターの専任研究員のヒーリー氏（G. H. Healey）とウェールズ大学のアンソニー教授（D. W. Anthony）のお二人が、会議進行のすべてと、参加者のための岩倉使節関係史蹟見学の一切を準備してくれた。お二人は、本書のなかでも資料としてひんぱんに使用されている『英国における岩倉使節団の旅程一覧』（*The Itinerary of the Iwakura Embassy in Britain*, Occasional papers No.1, Centre for Japanese Studies, University of Sheffield, 1987）を、共編で二年前に出版したばかりであった。久米邦武の『特命全権大使米欧回覧実記』を読む人は、誰でも悩まされつづけてきた片仮名綴りの地名・人名の正体が、少なくとも英国に関してはこれですべて判明という、実に有難い仕事であり、英国で岩倉使節研究会議を主催するにはうってつけのお二人だった。

私自身は、プリンストン大学のマリウス・ジャンセン教授に誘われて、大学の秋休みを幸いにこの会議に参加したのであったが、出発前に、はじめてのシェフィールドへの行き方がよくわからず、ロンドンから汽車で行けば一番簡単だったのに、飛行機でマンチェスターに行ってしまったりした。飛行場からタクシーに乗ったら、ペニン山脈の丘陵地帯をこえて、なかなか遠い高い道のりだったことを思いだす。

帰国して二ヶ月ほどたったとき、新聞の求めに応じて、この会議のことを報告した記事がある。それをここに再録して、本書の成立の端緒とその内容の一部をあらためて紹介しておくこととする。

《視野広がる岩倉使節団研究——シェフィールドでの国際会議から》

「岩倉使節団っていうのは、ほんとうに、限りもなく面白いですね」

プリンストン大学のマリウス・ジャンセン教授とそう語りあったのは、この夏八月、カリフォルニアで一緒に或る会議に出ていたときのことだった。「限りもなく」というのは、何回論じてみても、という意味でもあった。ジャンセン氏は太平洋の向こう側ではいちばん早く、一九六〇年代の初めから、この使節団とその報告書『特命全権大使米欧回覧実記』(久米邦武編、明治十一年刊)に関心を寄せ、さまざまな著述でこれを論じてきた一人である。氏の比較的最近の本『日本——二百年の変貌』(一九八〇)でも、江戸の杉田玄白と昭和の松本重治の間に明治のこれを据えて、相変わらず手なみあざやかに腑分けしている。

規模こそ小さいが

ジャンセン氏とのやりとりをあらためて思いおこし、さらにも強く実感したのは、右の会議からほどなく、九月の十八日から二十三日まで英国のシェフィールド大学で開かれた「岩倉使節の米欧回覧」研究会議においてである。これは同使節団だけを研究対象とした国際会議としては、史上初めてのものだったのではなかろうか。

といっても、規模はごくささやかな会議であった。シェフィールド大学日本研究センターのヒーリー氏と、ウェールズ大学のアンソニー教授とが、主催者と世話役とを兼ねていた。その二人を入れても正式の参加者は計十六名。うち英国はロンドン大学のイアン・ニッシュ教授も含めて六名、米国はジャンセン氏を含めて四名、日本はちょうど英国留学を終えようとしていた北海道大学経済学部の吉田文和助教授とカンザス大学で博士号をとったばかりという高橋裕子さんに私を加えて三名、それに西独、オランダ、フィンランドからそれぞれ一名、という構成である。

なんといってもジャンセン氏が長老格であった。なんの儀式もなしに始まった会議の冒頭に、氏は「アメリカにおける岩倉使節団」と題して発表、これが事実上の基調報告となった。岩倉一行の回覧がいろいろな経緯で、「欧米」ではなく「米欧」の順となったことの意味から始めて、一八七一―七三年（明治四―六）の回覧当時、実は米国も産業、経済の面では日本と大差ない近代化途上国であったことを指摘し、その事実が米国各都市各地域での岩倉一行への歓迎熱をうながす一方、岩倉らを西洋近代文明の内面へよりなめらかに導入するゆえんともなったろうと論じた。

アメリカでは初等教育は充実していて優秀なのに高等教育が遅れていること、黒人・先住民族への差別の問題、またアメリカ社会における宗教（プロテスタンティズム）の重要性等々に、一行がすでに鋭い眼を向けていたことも指摘された。木戸孝允はワシントン滞在中、連日、若い書記官に米国憲法を訳読させて勉強し、その基本の精神は自分も草案作成にたずさわった五箇条御誓文にすでに表明されていると知って、喜んだという。

新事実も明らかに

ヒーリー氏の「英国における岩倉使節団」も、氏ならではの地の利を生かして当時の地方紙を徹底調査し、一行に対する地もとの反応など、多くの新事実を明らかにした。岩倉らの一ケ月半におよぶ地方都市歴訪の旅は、意外にその場その場で準備されることが多かったようで、ときに混乱をひきおこすこともあったという。一行がまる一日をかけて見学し、久米邦武が詳密この上ない記録を書き残しているシェフィールドのカンメル製鋼工場などについても、当時彼らを迎接した社主や工場長の伝記までが明らかにされてくると、使節団の文明回覧の意義が彼我相まっていよいよ立体的に浮かびあがってきて、息を呑む思いさえする。

米国オクラホマ大学のシドニー・ブラウン教授は『木戸孝允日記』全三巻を英訳刊行した日本史家だが、氏は「岩倉使節団における木戸孝允の役割」について、ほとんど司馬遼太郎の小説になりそうなほどに面白い発表をした。メリーランド大学のマーリン・メイヨ教授も一九六〇年前後の修士論文のときから『回覧実記』の研究を続けてきた、私のよきライヴァルの一人である。今回は「工場大回覧——岩倉使節団の工業学習」と題して、とくに一行の英国滞在中の最大の関心事であった、当時の先端技術の実地調査と日本への導入の問題について、数百ページの論文の一部を発表した。

その近代科学技術の「領略」の過程ではなはだ興味深いのは、漢学者久米邦武が機械や工程の全細部を記述するために、自分のストックのなかから、『回覧実記』中に総動員して使用した漢語語彙の大群である。それらの典拠を漢籍中に探るのも面白いが、他方ではそれらの語彙が今日の技術用語とどう対応するかを識別しておくことも、不可欠の仕事である。ことに私ども文科系の人間にとって、それはいつも頭を悩ます問題だった。ところが、田中彰教授を中心とする北大グループは、すでに昭和六十一年以来『米欧回覧実記』

の科学技術史的研究」と題して学際的な研究をおこない、報告書として『「実記」語彙集』を出している。今回出席がかなわなかった田中氏に代わって、このグループの仕事を紹介したのが、吉田文和氏であった。

プリンストンのマーチン・コルカット教授は「岩倉使節と明治宗教政策」、私自身は「岩倉使節団の西洋都市研究」（近代都市をどのように観察し把握し批判したか、の問題）、高橋さんは「日本女子留学生と岩倉使節」と題してもっぱら津田梅子や山川捨松のことを報告した。

一行の情熱しのぶ

これらの研究発表は実は毎日午前中におこなわれた。午後はバスを仕立てて、全員でシェフィールド市内および近郊に使節関係の史跡を見学に出かけるためである。最終日は一日かけてブラッドフォードまで遠征し、労働者福祉の実験市街であったソルテアや、いまはほとんど廃墟のごとくになった巨大な煉瓦造りの毛織物工場や、機械工場を三つほど見てまわった。そしてそれだけでも疲れはてて、またあらためて思わざるをえなかったのは、明治五年、六年というころ、岩倉や木戸や大久保利通や伊藤博文、また四十余名の理事官や書記官にとって、連日朝から晩までこのような工場見学や各所訪問を繰り返し、観察し、質問し、記録することは、いかに緊張を強いるきつい仕事であったか、ということだった。なにが彼らをしてそれに耐えさせたのか。やはり、彼らが見積もった「四十年」の文明の時差を一日も早く追いつめて、祖国日本を近代国際社会の一角に存続させねばならぬとの使命感、責任感、「ヴィジョンの力」であったろう。

日本としてはすでにそのヴィジョンを実現しえたかに思われるいま、過去百年の近代化運動の「起源」、というよりはジャンセン氏のいうようにその「象徴」であった岩倉使節団の世界史的な意味合いは、むしろこれから多様な国際的な視野のなかではじめて浮き彫りにされてゆくのだろう。シェフィールドでの「国際岩倉使節研究学会」第一回セミナーは、そのほんの端緒にすぎなかったのである。

（『朝日新聞』一九八九年十一月九日（木）夕刊）

このシェフィールド会議の発表論文のうち、マリウス・ジャンセン、マリーン・メイヨ、シドニー・ブラウンの三氏、および私自身の、四人のもののみが本書に収められた。ヒーリー氏やコルカット氏の論文は、それぞれの都合で別なかたちで発表されているはずである。そのかわりともいうべきか、会議の討議には大いに参加したがこのときは発表のなかったイアン・ニッシュ教授が、ロンドンにおける岩倉全権とグランヴィル外相の日英条約改正に関する交渉について、英国側史料による詳細な考察を寄稿してくれた。

また松村剛氏はなんと中世フランス文学の文献学的研究が専門であり、その道では国際的に知られた学者なのだが、たまたま読んだ一八七〇年代のパリの新聞記事がきっかけで、岩倉使節団に興味を寄せ、その後調査をひろげて、パリにおける使節の評判とその動静の未知の部分をパリの側から一挙に明らかにしてくれた。太田昭子氏は学部学生時代から『米欧回覧実記』を愛読しつづけてきた才媛である。その後、イタリアに長期滞在の機会を得て、その間に同国の統一後間もないころの多種多様の地方紙を調査し、松村氏と相似た手法で、すでに小規模に縮小していた使節団の、意外にわかりにくかったイタリアでの動向を、『米欧回覧実記』と表裏させながら論じた。

泉三郎氏については喋々するまでもない。三十年近くも前から『米欧回覧実記』の面白さのとりことなって、岩倉使節団の世界一周の足跡を幾たびかにわたってほとんど全部たどり直したという、おそらく現代世界に唯一の人である。『明治四年のアンバッサドル——岩倉使節団文明開化の旅』(日本経済新聞社、一九八四年)以来、すでに数冊の使節団論を著わしている。十年余り前からは志ある市民(主としてリタイアしたビジネスマン)二百数十名を糾合して、「米欧回覧の会」を発足させ、年に四回ほど、活潑な岩倉使節研究セミナーを主催している。同会は二〇〇一年十一月、東京ではじめての国際会議「岩倉使節団の再発見とその今日的意義」を開催し、英米独伊中、またベルギーの研究者も招聘して、充実した三日間の発表と討議をおこなった。その成果は二〇〇三年三月、『岩倉使節団の再発見』と題して思文閣出版から刊行されている。

ジャンセン、メイヨ、ニッシュ、ブラウンという歴史家たちのいかにもみごとに円熟した、周到にしてなお知的刺戟に富む論攷に合わせて、この松村、太田、泉氏らの論の新知見が盛られ、本書はなかなか多彩な読みごたえのある一冊となったと、編者は考えている。私自身の論文は、シェフィールドで発表したのは本書所載のものの冒頭の一章のみだった。その後、一九九二年春、私の東大定年退官に際し、いわゆる最終講義として「岩倉使節団の西洋都市研究」を一時間半語ったが、論文としては今回はじめてまとめてみた。


いずれにしても、シェフィールド会議からは長い月日がたってしまった。同会議出席の四氏は、その後それぞれの論文に十分に手を入れ、太田昭子、井戸桂子、鶴見太郎氏らによる訳文にまで眼をとおしてくれた。日本側三氏の論文も早くから寄せられていた。それがこのように遅れて刊行となったのは、一重に編者たる私の多忙にことよせた怠慢による。寄稿者たちにおわびしなければならないし、その間倦むことなく編集を進め、ついに刊行にまでもってきてくれた思文閣出版の後藤美香子さんの努力と熱意には、最大の感謝と敬意を捧げる以外にない。後藤さんには今後頭が上がらないままだろう。ジャンセン教授が二〇〇〇年十二月、プリンストンで急逝したことも、あらためて思い起こされて、胸が痛くなる。

岩倉使節団および『米欧回覧実記』に関する研究は、シェフィールド会議以降、内外にいよいよ盛んで、日本語によるもっとも主要な成果だけをあげても次のようなリストになる。
○田中彰・高田誠二編『「米欧回覧実記」の学際的研究』北海道大学図書刊行会、一九九三年
○西川長夫・松宮秀治編『「米欧回覧実記」を読む――一八七〇年代の世界と日本』法律文化社、一九九五年
○イアン・ニッシュ編、麻田貞雄他訳『欧米から見た岩倉使節団』ミネルヴァ書房、二〇〇二年

○田中彰『岩倉使節団の歴史的研究』岩波書店、二〇〇二年
いずれもそれぞれに一期を画す重厚でまた面白い著書であり、論文集である。これらに加えて、前記の米欧回覧の全編『岩倉使節団の再発見』（思文閣出版、二〇〇三年）があり、さらに昨年、二〇〇二年には、ついに『米欧回覧実記』全五冊の完全な英訳——
○*The Iwakura Embassy 1871-73, A True Account of the Ambassador Extraordinary & Plenipotentiary's Journey of Observation Through the United States of America and Europe*, I-V, Compiled by Kume Kunitake, Translated by Martin Collcutt (I), Graham Healey (II), Andrew Cobbing (III), P. F. Kornicki (IV) and Graham Healey, Eugene Soviak and Chushichi Tsuzuki (V), The Japan Documents and Princeton University Press, 2002.
が出版された。それぞれに、担当の訳者の調査による貴重な脚註もつけた、ずっしりと重い美しい五冊である。私はまだ手にしていないが、ボン大学のパンツァー教授による『米欧回覧実記』ドイツ編の訳もすでに出たと聞く。大妻女子大学の井田進也、銭国紅氏らによる中国語訳も企画され、現在進行中という。
岩倉使節団と『米欧回覧実記』が試みた近代日本の国際化、「五箇条の御誓文」にいわれた「智識ヲ世界ニ求メ、大ニ皇基ヲ振起スベシ」の精神の実行、そして日本と「米欧」との比較文化史的考察が、いまや『米欧回覧実記』そのものをめぐって着々と進められつつあるかに見える。まことにめでたい、新しい「学問の共和国」の形成である。私たちのこの論集『岩倉使節団の比較文化史的研究』も、その知的「共和国」創出のための一つの礎石となることをこそ願っている。

二〇〇三年六月

洛北上賀茂河畔

芳賀　徹

人名索引

＊できる限り原綴りを付したが、付けきれなかったものもある。
＊フルネームのわからないものについては、地位・職分を付した。

え

お

か

へ

ほ

ま

み

地名索引

＊通り名、駅名、固有名詞ではない施設名などは、その所在都市名の小項目とした。

り

る

ろ

わ

翻訳者一覧（掲載順）

太田昭子（ŌTA Akiko）（ジャンセン、ブラウン各論文）　執筆者一覧参照

井戸桂子（IDO Keiko）（メイヨ論文）　1984年東京大学大学院人文科学研究科博士課程修了。駒沢女子大学助教授。主要論文に、"Les Expressions de la perversite chez Baudelaire"（1985）、「19世紀ヨーロッパ人のアメリカ観」（1983）、「フランスに於けるポオとドス・パソス」（1987）、「アメリカの作家と旧世界」（1990）、「明治19年アメリカからの来訪者―アダムスとラファージの相反する日本理解」（1993）、「日光東照宮を訪れた海外の知識人たち」（1997）など。

鶴見太郎（TSURUMI Tarō）（ニッシュ論文）　1965年生まれ。京都大学大学院文学研究科博士課程修了。早稲田大学文学部専任講師。主要著書に、『柳田国男とその弟子たち―民俗学を学ぶマルクス主義者』（1998）、『橋浦泰雄伝―柳田学の大いなる伴走者』（2000）、『ある邂逅―柳田国男と牧口常三郎』（2002）など。

執筆者一覧（掲載順）

芳賀　徹（Haga Tōru）　編者略歴参照

マリウス・ジャンセン（Marius B. JANSEN）　1922年オランダ生まれ。ハーバード大学博士。プリンストン大学名誉教授。主要著書に、*The Japanese and Sun Yat Sen* (1954)、*Sakamoto Ryoma and the Meiji Restoration* (1961)、*Japan and China, from War to Peace, 1894-1972* (1975)、*Japan and its World: Two Centuries of Change* (1981)、*The Making of Modern Japan (2000)* など多数。2000年逝去。

マリーン・メイヨ（Marlene J. MAYO）　1932年アメリカ生まれ。メリーランド大学準教授（日本語および東洋史）。主著に、*The Emergence of Imperial Japan: Self-Defense or Systematic Aggression?* (1970)、"The Western Education of Kume Kunitake, 1871-76" (1973)、"American Wartime Planning for Occupied Japan: The Role of the Japan Experts" (1984)、"The War of Words Continues: American Radio Guidance in Occupied Japan" (1988)、*War, Occupation, and Creativity: Japan and East Asia,* 1920-1960 (2001) など。

イアン・ニッシュ（Ian NISH）　1926年スコットランド生まれ。ロンドン大学博士。ロンドン大学政治経済学部名誉教授。主要著書に、*The Anglo-Japanese Alliance: The Diplomacy of Two Island Empires, 1894-1907* (1966)、*Japan's Struggle with Internationalism: Japan, China and the League of Nations,* 1931-33 (1993)、編著に、*Britain and Japan: Biographical Portraits, Vol. II* (1997)、*The Iwakura Mission in America & Europe: A New Assessment* (1998) など。

松村　剛（MATSUMURA Takeshi）　1960年生まれ。東京大学教養学部卒、パリ第4大学文学博士。東京大学大学院総合文化研究科助教授。主要著書に、*Jourdain de Blaye en alexandrins* (1999) など。

太田昭子（ŌTA Akiko）　1986年東京大学大学院総合文化研究科博士課程修了。慶應義塾大学教授。主要論文に、「イタリアにおける岩倉使節団―現地新聞報道の分析―」(1989)、「『米欧回覧実記』を読む」(1994)、「サー・ラザフォード・オールコック『大君の都』」(1995)、"The Iwakura Mission in Britain" (1998)、「岩倉使節団とシカゴ」(1999)、"Nakamura Masanao" (2002)、など。

シドニー・ブラウン（Sidney D. BROWN）　1925年生まれ。ウィスコンシン大学博士。オクラホマ大学名誉教授、ミシガン大学客員教授。論文に、"Nanasaki in the Meiji Restoration: Choshu Loyalists and British Arms Merchants" (1993)、"Kido Takayoshi and the Young Emperor Meiji" (1986)、"Okubo Toshimichi and the First Home Ministry Bureaucracy, 1873-1878" (1966)、「アメリカの岩倉使節団」(1993)、共訳に、*The Diary of Kido Takayoshi* (1983) など。

泉　三郎（IZUMI Saburō）　1935年生まれ。一橋大学経済学部卒。ノンフィクション作家。主要著書に、『明治四年のアンバッサドル』(1984)、『米欧回覧百二十年の旅』（上下）(1993)、『堂々たる日本人』(1996)など。米欧回覧の会代表。

編者略歴

芳賀 徹（HAGA Tōru）

1931年生まれ。東京大学教養学部卒。東京大学教授、国際日本文化研究センター教授を経て、現在、京都造形芸術大学学長、東京大学名誉教授。文学博士。

1955-57年パリ大学留学、1965-67年プリンストン大学東アジア学科客員研究員、1975-76年ウッドロー・ウィルソン国際研究センター所員。

著書に、『大君の使節—幕末日本人の西欧体験』(1968)、『明治維新と日本人』(1969)、『渡辺崋山—優しい旅びと』(1974)、『みだれ髪の系譜—詩と絵の比較文学』(1981)、『平賀源内』(1981、サントリー学芸賞)、『絵画の領分—近代日本比較文化史研究』(1984、大佛次郎賞)、『与謝蕪村の小さな世界』(1986)、『文化の往還—比較文化のたのしみ』(1989)、『きのふの空—東大駒場小景集』(1992)、『詩の国詩人の国』(1997)、『ひびきあう詩心—俳句とフランスの詩人たち』(2002)、『詩歌の森へ—日本詩へのいざない』(2002)など多数。

岩倉《いわくら》使節団《しせつだん》の比較《ひかく》文化《ぶんか》史的《してき》研究《けんきゅう》

2003年7月17日発行　　定価：本体6,500円（税別）

編　者　　芳　賀　　徹
発行者　　田　中　周　二

発行所　株式会社　思文閣出版
京都市左京区田中関田町2-7
〒606-8203　TEL 075-751-1781

印　刷
製　本　株式会社 図書印刷 同朋舎

ISBN4-7842-1145-4 C3024

岩倉使節団の再発見　　米欧回覧の会＝編

2001年11月に開催された岩倉使節団派遣130年記念国際シンポジウム「岩倉使節団の再発見とその今日的意義」のセミナーおよび公開フォーラムの報告書。近代的国家の建設をめざし明治４年から６年にかけて実行された世界周遊視察団「岩倉使節団」の全容と現在の研究情況を第一線の研究者がわかりやすく論じた好書。

まえがき　泉　三郎
第一部：セミナー　I．ホール／川勝平太／P．パンツァー／坂内知子／岩倉翔子／S．デマイオ／持田鋼一郎／H．コータッツィ／西川長夫／岩倉具忠／M.コルカット／銭　国紅／古田島洋介／水谷三公／山崎渾子／W．F．ヴァンドゥワラ／園田英弘／高田誠二／泉　三郎
第二部：公開フォーラム　芳賀　徹／M．コルカット／S．D．ブラウン／P．パンツァー／岩倉具忠／川勝平太／久米邦貞／H．コータッツィ／藤井宏昭
あとがき　水沢　周

● A5判・284頁／本体3,600円　ISBN4-7842-1144-6

西洋化の構造　黒船・武士・国家　　園田英弘著

「蒸気船の時代」から始まった日本の近代化の特質と諸相を検証し、従来の近代化論に一石を投じた論考。　《サントリー学芸賞》
〈好評３刷〉　● A5判・380頁／本体7,500円　ISBN4-7842-0801-1

近代日本と幕末外交文書編纂の研究　　田中正弘著

外交文書編纂事情、文書集の内容構成、諸本の性格、また徳川幕府外国方の編集構想から明治初期外務省の編集組織の確立過程など、その全容に迫る初の本格的研究。

● A5判・480頁／本体9,800円　ISBN4-7842-0958-1

鮫島尚信在欧外交書簡録　　鮫島文書研究会編

鮫島が初代駐仏公使として在勤中に、英・独・仏その他ヨーロッパ各国の外相、政府要人、学界・産業界の人々に宛てた公信442通（英仏語）を原文・翻訳で収録。

● A5判・620頁／本体12,800円　ISBN4-7842-0962-X

（表示価格は税別）